2026

교정직 7·9급
시험대비

박상민 JUSTICE 교정학

박상민 편저

[최신기출 600제 단기완성]

메가 공무원

박영사

머리말

이 책의 특징은 다음과 같습니다.

첫째, 최근 17년간의 7·9급 기출문제와 함께 최신 개정법령을 반영한 해설을 수록하였습니다. 기출문제는 모든 시험에 있어 그 지침이 된다 해도 과언이 아닙니다. 따라서 기출문제를 분석하는 데 중점을 두고, 이를 근거로 앞으로 출제될 문제의 방향성을 정확히 제시하였습니다.

둘째, 기출문제 외에도 출제 가능한 개념들을 추가로 보충하였고, 이로써 기출문제를 응용·변형한 문제 또한 대비할 수 있도록 구성하였습니다.

셋째, 기본서를 기반으로 상세하지만 간결한 해설을 수록함으로써 수험생들이 최대한 쉽게 학습할 수 있도록 하였습니다.

넷째, 지면 관계상 다루지 못한 부족한 부분은 동영상강의를 통해 보완할 것을 약속합니다.

마지막으로, 기본서 및 핵심지문 총정리와 연계하여 학습한다면 더 좋은 결과가 있을 것이라고 믿습니다.

아무쪼록 이 졸저가 조금이나마 합격에 일조할 수 있기를 기대합니다.

봄, 연구실에서
박상민 드림

차례

PART 01 교정학

PART 02 형사정책

PART 03 최신기출

PART

박상민 JUSTICE 교정학

1

교정학

CHAPTER 01

교정학의 이해

01

교정학에 대한 설명으로 옳지 않은 것은? 교정7급 2014

① 교정학은 교화개선 및 교정행정과 관련된 일련의 문제들을 이론적·과학적으로 연구하는 학문이다.
② 교정학은 감옥학에서 시작되어 행형학, 교정교육학, 교정보호론의 명칭으로 발전해왔다.
③ 교정은 수형자에 대해 이루어지므로 교정학의 연구대상은 형벌부과대상인 범죄인에 국한된다.
④ 교정학은 자유형의 집행과정 등을 중심으로 교정 전반에 관한 이념과 학리를 계통적으로 연구하는 학문일 뿐만 아니라 사회학, 심리학, 정신의학 등 관련 학문의 종합적 응용이 요청되는 분야이다.

해설

교정은 수형자와 같은 형벌부과 대상 범죄인만 연구대상이 되는 것이 아니라, 미결수용자와 형벌이 부과되지 않고 보호관찰, 사회봉사명령 및 수강명령을 받게 되는 사회 내 처우 대상자까지 그 연구대상으로 한다.

정답 | ③

02

교정학을 다음과 같이 정의할 때 교정학의 연구대상에 포함되지 않는 것은? 교정7급 2007

> 교정학이란 형사제재 및 미결구금의 집행방법에 관한 학문분야를 말한다.

① 효과적인 사회봉사명령의 실시에 관한 사항
② 구치소 수용자의 관리에 관한 사항
③ 양형기준의 수립에 관한 사항
④ 가석방의 기준에 관한 사항

해설

③ 양형이란 「형법」상 일정한 범죄에 대하여 그에 해당하는 형벌의 종류와 범위를 규정함에 있어서 그 범위 내에서 법관이 피고인에 대하여 선고할 형을 구체적으로 정하는 것이므로, 형의 집행과정을 연구하는 교정학의 학문개념에 포함될 수 없다.
① 형사제재는 형벌 및 보안처분을 모두 포함하는 개념이므로, 구금형을 포함한 벌금형, 사회봉사명령, 수강명령, 치료감호처분 등이 모두 포함된다.
② 구치소의 수용자는 미결수용자뿐만 아니라 수형자를 모두 포함하는 개념이므로, 미결수용자의 처우와 관리방법도 교정학에 포함될 수 있다.
④ 가석방·임시퇴원 등의 기준을 정하는 것은 형사제재의 공평성을 확립하기 위한 수단이라고 할 수 있다.

정답 | ③

03

교정목적의 이론에 대한 설명으로 옳은 것은?

교정7급 2011

① 목적형주의는 교육주의 입장에서 수형자에게 사회방위를 위한 형벌과 병행하여 직업교육, 기술교육, 개선교육 등을 실시하는 것이다.
② 응보형주의는 어떠한 목적을 실현하기 위하여 개인에게 형벌을 과하는 것이 아니라, 야기된 범죄에 대하여 보복적인 의미로 형벌을 과하는 것이다.
③ 교육형주의는 범죄인에게 형벌을 과하는 대신 각종 교육을 통해 교화·개선함으로써 선량한 국민으로 재사회화시키는 것을 목적으로 한다.
④ 현대교정주의는 피해자에게 가해진 해악의 정도와 그 피해가 가해진 방법·형태에 상응하는 보복의 원칙에 따라 자유를 박탈하는 것이다.

해설

①·② 형벌을 통한 사회방위와 단순한 지적·도덕적 교육을 통한 개선을 강조하는 것은 목적형주의이고, 이에 그치지 않고, 범죄인을 지(知)·정(情)·의(意)를 겸비한 사회인으로 복귀시키기 위한 온갖 방법을 포함하는 것은 교육형주의이다.
③ 형벌의 목적을 범죄인의 교육에 두려는 학설인 교육형주의는 범죄인의 자유박탈과 사회로부터의 격리, 즉 형벌을 교육을 위한 수단으로 보았다. 따라서 형벌을 배제한 것은 아니다.
④ 과거 전통적인 교정주의는 피해자에게 가해진 해악의 정도와 그 피해가 가해진 방법·형태에 상응하는 보복의 원칙에 따라 자유를 박탈하는 것이다. 현대 교정주의는 응보형과 목적형 및 교육형이 조화를 이루어 범죄인을 건전한 국민으로 사회에 복귀시키는 데 있다.

정답 | ②

04

교정이념으로서의 정의모형에 대한 설명으로 옳지 않은 것은?

교정7급 2018

① 교화개선모형을 통한 수형자의 성공적인 사회복귀는 실패하였다고 주장한다.
② 처벌은 범죄로 인한 사회적 해악이나 범죄의 경중에 상응해야 한다고 주장한다.
③ 교화개선보다 사법정의의 실현이 바람직하고 성취 가능한 형사사법의 목표라고 주장한다.
④ 범죄자는 정상인과 다른 병자이므로 적절한 처우를 통하여 치료해 주어야 한다고 주장한다.

해설

범죄자는 정상인과 다른 병자이므로 적절한 처우를 통하여 치료해 주어야 한다고 주장하는 모형은 치료모형이다.
기존의 치료모형이나 개선모형이 재범방지에 그다지 효과적인 결과를 얻지 못하였으며, 극단적인 의료모델이나 개선모형에 따른 인권침해의 문제점을 유발하였다는 점을 비판하고, 형사사법기관의 재량권 남용은 시민에 대한 국가권력의 남용이라고 보아 처우의 중점을 정의 내지 공정성 확보에 두고, 범죄자의 법적 권리보호를 보장하는 방법으로 처우하여야 한다는 주장이다.

정답 | ④

05

교정처우의 모델 중 재통합모델(또는 재사회화모델)에 대한 설명으로 옳지 않은 것은? 교정7급 2014

① 수형자의 주체성과 자율성을 중시하여 수형자를 처우의 객체가 아니라 처우의 주체로 보기 때문에 처우행형과 수형자의 법적지위 확립은 조화를 이루기 어렵다고 본다.

② 범죄자의 사회재통합을 위해서는 지역사회와의 접촉과 유대관계가 중요한 전제이므로 지역사회에 기초한 교정을 강조한다.

③ 수형자의 처우프로그램은 교도관과 수형자의 공동토의에 의해 결정되므로 처우프로그램에 수형자를 강제로 참여시키는 것은 허용되지 않는다고 본다.

④ 범죄문제의 근본적 해결을 위해서는 수형자 스스로의 행동변화는 물론 범죄를 유발했던 지역사회도 변화되어야 한다는 입장이다.

해설

수용자를 처우의 객체에서 주체적 지위로 끌어올려 자발적 참여와 동의를 전제로 하였기 때문에 주체성과 책임이 전제된 처우가 가능해졌고, 처우의 객체가 아닌 주체로 보았기 때문에 인권보장을 위한 법적 지위확립도 가능해졌다.

정답 | ①

06

교정의 이념에 대한 설명으로 옳지 않은 것은? 교정7급 2015

① 사회적 결정론자들은 사회경제적 조건을 범죄의 원인으로 보기 때문에 시장성 있는 기술교육과 취업기회의 제공 등으로 범죄자를 복귀시키는 경제모델(economic model)을 지지한다.

② 재통합모델(reintegration model)은 범죄자의 사회재통합을 위해서 지역사회와의 의미 있는 접촉과 유대관계를 중시하므로 지역사회 교정을 강조한다.

③ 의료모델(medical model)은 범죄자가 자신의 의지에 따라 의사를 결정하고 선택할 능력이 없으며 교정을 통해서도 치료할 수 없기 때문에 선택적 무력화(selective incapacitation)를 주장한다.

④ 정의모델(justice model)은 형사사법기관의 재량권 남용은 시민에 대한 국가권력의 남용이라고 보아 공정성으로서 정의를 중시한다.

해설

범죄자는 자신의 의지에 따라 의사를 결정하고 선택할 능력이 없으며, 교정을 통해서 치료될 수 있다고 한다. 결정론적 시각에서 범죄자를 사회화나 인성에 결함이 있는 환자로 취급하면서, 범죄의 원인은 치료의 대상이고 완치될 수 있다고 보아 치료모델이라고도 한다.
참고로, 선택적 무력화(선별적 무능화)는 정의모델에서 제시한 내용이다.

정답 | ③

07

교화개선모형에 대한 설명으로 옳지 않은 것은?

교정7급 2021

① 범죄자의 형기는 범죄행위에 대한 것이 아니라 범죄자를 교화개선시키는 데 요구되는 시간이 되어야 한다.

② 적응모형(adjustment model)의 처우기법은 주로 지역사회에 기초한 사회복귀프로그램이다.

③ 교화개선모형에 입각한 대부분의 처우프로그램은 효과가 없다고 비판받는다.

④ 범죄자의 사회재통합을 위해서는 지역사회와의 의미 있는 접촉과 유대관계가 전제되어야 한다.

해설

지역사회에 기초한 사회복귀프로그램을 처우기법으로 하는 것은 적응모형이 아닌 재통합모델이다. 재통합모델은 범죄자의 사회재통합을 위해서 지역사회와의 의미 있는 접촉과 유대관계를 중시하므로, 지역사회 교정을 강조한다. 적응모형(adjustment model)은 범죄자는 결함이 있는 환자로서 치료의 대상이며, 동시에 범죄자 스스로 의사결정을 하고 책임을 질 수 있다고 보는 모델로, 처우기법으로서 심리상담, 종교상담, 직업훈련 등을 실시할 것을 강조한다.

정답 | ②

08

다음은 교정처우에 관한 두 개의 모델을 설명하고 있다. A모델과 B모델에 대한 연결이 옳은 것은?

교정9급 2007

- A모델은 수형자를 공정하게 취급해야 하며, 수형자도 각종 권리와 의무의 주체라는 점을 강조한다. 그리하여 부정기형에서 정기형으로의 복귀, 미결구금기간의 형기산입, 교도소 처우의 공개 등을 주장하게 된다.
- B모델은 수형자의 주체성과 자율성을 중시하면서 범죄인의 개선을 도모하려는 모델이다. 즉, 수형자를 단순히 객체로 취급하지 않을 뿐 아니라, 교도관과 수형자 간의 상호신뢰에 입각하여 수형자로 하여금 자발적으로 규율을 준수하도록 노력한다. 여기서는 과학적인 처우기법, 외부통근, 귀휴제도 등이 주장된다.

① A모델 – 재사회화모델(resocialization model)
B모델 – 의료모델(medical model)

② A모델 – 재사회화모델(resocialization model)
B모델 – 개선모델(rehabilitation model)

③ A모델 – 정의모델(justice model)
B모델 – 재사회화모델(resocialization model)

④ A모델 – 의료모델(medical model)
B모델 – 개선모델(rehabilitation model)

해설

- A모델은 신응보주의인 공정모델에 대한 설명으로, 적법절차를 기본으로 하면서 강경한 대응과 인권보장을 위한 다양한 배려를 그 내용으로 하고 있다.
- B모델은 재통합 또는 재사회화모델로, 1960년대 의료모델과 개선모델의 한계를 보완하기 위해 대두된 것인데, 시설 내 구금에 따른 갖가지 폐단을 줄이기 위해 시설 내 처우보다 사회적 처우 또는 사회 내 처우를 강조하는 모델이다.

정답 | ③

09

수용자처우모델에 대한 설명으로 옳은 것만을 모두 고르면? 교정9급 2024

ㄱ. 정의모델(Justice Model)은 범죄자의 법적 지위와 권리보장이라는 관점에서 처우의 문제에 접근하는 것으로, 형집행의 공정성과 법관의 재량권 제한을 강조한다.
ㄴ. 의료모델(Medical Model)은 치료를 통한 사회복귀를 목적으로 하는 것으로, 가석방제도를 중요시한다.
ㄷ. 적응모델(Adjustment Model)은 정의모델에 대한 비판·보완을 위해 등장한 것으로, 교정처우기법으로 현실요법과 교류분석을 중요시한다.
ㄹ. 재통합모델(Reintegration Model)은 사회도 범죄유발의 책임이 있으므로 지역사회에 기초한 교정을 강조한다.

① ㄴ, ㄷ ② ㄷ, ㄹ
③ ㄱ, ㄴ, ㄷ ④ ㄱ, ㄴ, ㄹ

해설

적응모델은 1960년대 등장한 의료모델에 대한 비판·보완을 위해 등장한 것으로, 19세기 후반의 진보주의와 교육형주의 사상에 기초한다. 적응모델에 따르면, 범죄자는 결함이 있는 환자로서 치료의 대상이며, 스스로 의사결정을 하고 책임 또한 질 수 있다고 본다.
참고로, 교정처우기법으로는 현실요법과 교류분석을 중요시한다.

정답 | ④

10

다음에서 설명하는 교화개선모형은? 교정9급 2022

○ 1920년대 말과 1930년대 초에 미국 교정국 등의 주도하에 발전한 모델로 범죄원인은 개인에게 있으므로 진단하고 치료할 수 있다고 본다.
○ 처벌은 범죄자문제를 해결하는 데 전혀 도움이 되지 않고, 오히려 범죄자의 부정적 관념을 강화시킬 수 있으므로 범죄자를 치료할 수 있는 치료 프로그램을 개발하고 적용하는 것이 필요하다.

① 적응모형(adjustment model)
② 의료모형(medical model)
③ 재통합모형(reintegration model)
④ 무력화모형(incapacitation model)

해설

의료(치료 · 갱생)모델
• 범죄자를 반사회적 태도 또는 정신적·심리적으로 이상이 있는 사람으로 보아 환자라는 관점에서 접근하는 모델이다.
• 범죄자를 일종의 환자로 보므로 교정기관에게 광범위한 재량권을 인정하고, 완치될 때까지 치료해야 하므로 부정기형 제도의 이론적 기초가 되었다.
• 생물학적 측면인 선례적 원인을 중시하고, 처벌은 바람직하지 않은 것으로 여긴다.
• 결정론적 입장에서 범죄자를 일종의 환자로 취급하므로, 치료적 처우를 중시한다.
• 범죄자는 환자라는 관점에서 수용자처우프로그램을 강제로 실시한다.

정답 | ②

11

범죄자 처우의 모델에 대한 설명으로 옳지 않은 것은? 교정9급 2018

① 재통합모델 – 범죄자와 지역사회의 유대 및 지역사회에 기초한 처우를 중요시한다.
② 사법(정의 · 공정)모델 – 갱생에 대한 회의론과 의료모델로의 회귀경향이 맞물려 등장하였다.
③ 의료(치료 · 갱생)모델 – 수용자에 대한 강제적 처우로 인권침해라는 비판을 받았다.
④ 개선모델 – 가혹한 형벌을 지양하고 개선과 교화를 강조한다.

해설

정의모델은 개선모델과 의료모델의 인권침해적 요소(재량권 남용, 차별적 처우 등)에 대한 반성과 더불어, 행형의 특별예방효과와 개방적 교정처우제도의 효과에 대한 의심에서 비롯되었다.

정답 | ②

12

교정이념으로서 정의(Just Deserts)모형이 채택될 때 예상되는 교정현상으로서 가장 거리가 먼 것은? 교정9급 2012

① 지역사회교정의 확대 ② 부정기형의 지양
③ 가석방의 지양 ④ 응보측면의 강조

해설

정의(=공정=사법)모형은 다음과 같은 주장을 했다. 따라서 정의모형은 재통합모형과 관련이 있는 지역사회교정의 확대와 무관하다는 것이다.

- 마약과의 전쟁 선포
- 부정기형이나 보호관찰부가석방(parole)위원회 폐지(부정기형은 상대적 부정기형으로 제한하고, parole에 대한 요건 강화)
- 자유의사론에 근거
- 형사사법기관의 재량권 제한
- 수형자의 법적 지위 및 권리구제 중시

정답 | ①

13

교정의 이념에 대한 설명으로 옳지 않은 것은?

교정7급 2021

① 집합적 무력화(collective incapacitation)는 과학적 방법을 활용하여 재범의 위험성이 높은 것으로 판단되는 개인을 구금하기 위해서 활용되고 있다.
② 범죄자를 건설적이고 법을 준수하는 방향으로 전환시키기 위해 범죄자를 구금하는 것을 교정의 교화개선(rehabilitation)적 목적이라고 할 수 있다.
③ 무력화(incapacitation)는 범죄자가 구금기간 동안 범행할 수 없도록 범행의 능력을 무력화시키는 것을 의미한다.
④ 형벌의 억제(deterrence)효과는 처벌의 확실성, 엄중성, 신속성의 세 가지 차원에 의해 결정된다.

해설

집합적 무능력화(무력화)는 모든 강력범죄자들에게 장기간의 구금을 통하여 범죄능력을 무력화하는 것을 말하고, 과학적 방법을 활용하여 재범의 위험성이 높은 것으로 판단되는 개인을 구금하여 범죄능력을 무력화하는 것은 선별적 무능력화(무력화)이다.

정답 | ①

14

다음의 괄호 안에 들어갈 내용으로 옳은 것은?

교정7급 2010

> 집합적 무력화(collective incapacitation)란 (A)를 정해진 기간 동안 구금함으로써 범죄를 예방할 수 있다고 보는 것이다. 반면에 선별적 무력화(selective incapacitation)란 (B)를 장기간 구금함으로써 부분의 중요범죄를 예방할 수 있다고 주장한다. 그런데 선별적 무력화는 (C)으로 개인의 자유와 인권을 침해할 우려가 있으며, (D)으로 인하여 안전한 사람을 지속적으로 수용할 우려가 있다.

> ㄱ. 모든 범죄자
> ㄴ. 소수의 위험한 범죄자
> ㄷ. 잘못된 긍정(false positive)
> ㄹ. 잘못된 부정(false negative)

	A	B	C	D
①	ㄱ	ㄴ	ㄷ	ㄹ
②	ㄱ	ㄴ	ㄹ	ㄷ
③	ㄴ	ㄱ	ㄹ	ㄹ
④	ㄱ	ㄴ	ㄷ	ㄷ

해설

집합적 무력화전략은 모든 강력범죄자들을 장기간 구금시키자는 논리로 A에 해당하고, 선별적 무력화전략은 소수의 중·누범죄자들을 장기간 구금시키자는 논리로 B에 해당한다. 이러한 선별적 무력화전략에서 중요시되는 것은, 과학적 범죄예측을 통해 소수의 위험한 범죄자를 선별할 수 있다고는 하나, 그 범죄예측의 한계로 인해 잘못된 긍정과 잘못된 부정의 오류가 발생할 수 있다는 점이다. 개인의 자유와 인권을 침해할 우려는 잘못된 긍정과 관련이 있는데, 이는 범죄성이 없는 자가 범죄를 할 것이라고 예측하여 장기간 구금시키는 오류로, 안전한 사람을 지속적으로 수용할 우려를 야기한다.

정답 | ④

15

선별적 무능력화(selective incapacitation)에 대한 설명으로 옳지 않은 것은? 교정7급 2013

① 집합적 무능력화(collective incapacitation)에 비하여 교정예산의 절감에 도움이 되지 않는다.

② 범죄자 대체효과를 야기할 가능성이 있어 범죄예방에 도움이 되지 않는다는 비판이 있다.

③ 잘못된 부정(false negative)과 잘못된 긍정(false positive)의 문제를 야기할 수 있다.

④ 과학적 방법에 의하여 재범의 위험성이 높은 것으로 판단되는 개인을 구금하는 방법이다.

해설

집합적 무능력화(collective incapacitation)에 비해 수용되는 범죄자가 줄어들기 때문에 교정예산 절감에 도움이 된다.

정답 | ①

16

행형에서 재사회화를 실현하기 위한 구체적인 실천원리로 적합하지 않은 것은? 교정7급 2008

① 행형에서의 생활조건은 시설 밖의 일상생활과 가능한 한 유사하게 이루어지도록 해야 하고, 특히 수형자의 자존심을 침해할 수 있는 것은 최대한 축소하여야 한다.

② 재사회화를 지향하는 과정에서 처우의 목적과 보안의 목표가 충돌할 때에는 처우의 목적을 우선하는 것이 바람직하다.

③ 행형은 구금에 따른 지위변화, 박탈감 그리고 교도소에 고유한 하위문화의 형성 등 구금에 따른 부작용들을 상쇄하도록 이루어져야 한다.

④ 자율적인 재사회화를 기대하기 어려운 수형자에 대하여는 엄정구금 등의 재사회화프로그램을 실시하여야 한다.

해설

엄정구금은 재사회화와 상충되는 의미이므로, 자율적인 재사회화를 기대하기 어려운 수형자에 대하여는 지속적인 상담과 치료 그리고 관련된 재사회화프로그램을 실시하여야 한다.

정답 | ④

17

「UN피구금자처우최저기준규칙」에 대한 설명으로 옳지 않은 것은? 교정7급 2012

① 미결수용자는 기결수용자와 분리하여 구금하여야 하지만, 교도소장이 수용자의 교정을 위하여 특별히 필요하다고 인정하는 경우에는 분리하지 아니하고 구금할 수 있다.
② 피구금자에게는 신체를 청결히 유지할 의무를 부과하여야 하며, 이를 위하여 건강 및 청결 유지에 필요한 만큼의 물과 세면용품을 지급하여야 한다.
③ 모든 피구금자는 자격 있는 치과의사의 치료를 받을 수 있어야 한다.
④ 여자 피구금자는 여자직원에 의하여서만 보호되고 감독되어야 하지만, 남자의사는 여자시설에서 의료행위를 할 수 있다.

해설

미결수용자와 기결수용자는 반드시 분리·구금되어야 한다. 이외에도 성인과 소년, 여성과 남성, 민사상 피구금자와 형사상 피구금자에 대한 분리수용을 규정하고 있다.

정답 | ①

18

피구금자의 처우에 대하여 유엔의 피구금자처우최저기준규칙에 규정된 내용으로 옳지 않은 것은? 교정9급 2008

① 피구금자에게는 신체를 청결히 유지할 것을 요구하여야 한다.
② 규율과 질서는 엄정히 유지되어야 하나, 안전한 구금과 질서 있는 소내 생활을 유지하기 위하여 필요한 한도를 넘어서는 안 된다.
③ 구금형의 목적과 정당성은 궁극적으로 사회를 범죄로부터 보호하는 데 있다.
④ 정신병자로 판명된 수형자는 원칙적으로 교도소에 구금하되 의무관의 특별한 감독을 받아야 한다.

해설

정신병자로 판명된 수형자는 교도소에 구금해 두어서는 안 되고, 가능한 한 신속히 정신건강의학과 의료시설로 이송하기 위한 조치가 필요하다.

정답 | ④

19

조선시대 행형제도에 대한 설명으로 옳은 것만을 모두 고르면? 교정9급 2024

ㄱ. 인신을 직접 구속할 수 있는 권한이 부여된 기관인 직수아문(直囚衙門)에 옥(獄)이 부설되어 있었다.
ㄴ. 휼형제도(恤刑制度, 또는 휼수제도(恤囚制度))는 조선시대에 들어와서 더욱 폭넓게 사용되었으며, 대표적으로 감강종경(減降從輕)과 보방제도(保放制度)가 있었다.
ㄷ. 도형(徒刑)에는 태형(笞刑)이 병과되었으며, 도형을 대신하는 것으로 충군(充軍)이 있었다.
ㄹ. 1895년 「징역처단례」를 통하여 장형(杖刑)과 유형(流刑)을 전면적으로 폐지하였다.

① ㄱ, ㄴ ② ㄷ, ㄹ
③ ㄱ, ㄴ, ㄷ ④ ㄱ, ㄴ, ㄹ

해설

옳은 것은 ㄱ, ㄴ이다.
ㄱ. 형조, 한성부, 사헌부, 병조, 승정원, 수령 등의 직수아문에는 감옥시설이 부설되어 있어 구금기능을 담당하였다.
ㄴ. 조선시대 휼형의 종류로는 보방(保放), 감강종경(減降從輕), 사면(赦免)제도 및 각종 인권보호조치가 있었다.
ㄷ. 도형(徒刑)에는 장형이 병과되었으며, 도형을 대신하는 것으로 충군(充軍)이 있었다.
ㄹ. 1895년 「징역처단례」에서 장형을 폐지하였고, 유형은 정치범에 한하여 적용하였다.

정답 | ①

20

조선시대 유형(流刑)에 대한 설명으로 옳은 것은? 교정7급 2018

① 유배지에 직계존속을 동반할 수도 있었다.
② 중도부처는 유형 중 행동의 제한이 가장 많았다.
③ 유배죄인에 대한 계호와 처우의 책임은 형조에 있었다.
④ 유형은 기간이 정해져 있어 현재의 유기금고형에 해당한다.

해설

① 유형에는 본향안치, 절도안치, 위리안치 등이 있고, 이 중에서 위리안치(가시나무)는 다른 유형과 달리 가족동반도 금지되었다.
② 중도부처는 관원에 대한 유형이다. 가까운 중간지점을 지정하여 그곳에서 머물러 살게 하는 형벌로, 안치보다는 가벼운 유배형으로서 행동의 제약이 비교적 자유로웠다.
③ 유배죄인에 대한 계호와 처우의 책임은 형조가 아닌 그 유배지의 수령에게 있었다.
④ 유형은 유배지에서 죽을 때까지 지내야 하는 형벌로, 기간의 정함이 없어 오늘 날에 형벌 중 무기금고에 해당한다.

정답 | ①

21

조선시대 형벌제도에 대한 설명으로 옳지 않은 것은?

교정9급 2008

① 형조(刑曹)에서 감옥과 범죄수사 업무를 담당했던 부서는 전옥서(典獄署)이다.
② 사형수를 수용하는 시설로 남간(南間)을 두었다.
③ 도형(徒刑)은 일정 기간 동안 관아에서 노역에 종사하게 하는 것으로 장형(杖刑)이 병과되었다.
④ 유형(流刑)의 일종인 안치(安置)는 주로 왕족이나 현직고관에 대해서 인정되었다.

해설

형조(刑曹)에서 감옥과 범죄수사 업무를 담당했던 부서는 장금사이다.

정답 | ①

22

다음 교정(행형)제도의 각 단계를 역사적 발전순서대로 나열한 것은?

교정7급 2010

ㄱ. 교육개신단계
ㄴ. 위하단계
ㄷ. 복수단계
ㄹ. 사회적 권리보장단계
ㅁ. 과학적 처우단계

① ㄷ → ㄴ → ㄱ → ㄹ → ㅁ
② ㄷ → ㄴ → ㅁ → ㄱ → ㄹ
③ ㄷ → ㄴ → ㄱ → ㅁ → ㄹ
④ ㄴ → ㄷ → ㄱ → ㄹ → ㅁ

해설

원시시대부터 고대사회까지는 복수적 단계, 고대부터 18세기 중반까지는 위하적 단계, 18세기 말에서 19세기 중반까지는 교육적 개선단계, 19세기 말에서 20세기 초까지는 과학적 처우단계, 제2차 세계대전 이후에는 사회적 권리보장단계 혹은 국제적 협력단계이다.

정답 | ③

23

우리나라 형벌의 역사에 대한 설명으로 옳지 않은 것은? 교정7급 2012

① 고려시대에는 속전제도가 있어 일정한 범위에서 속전을 내고 형벌을 대신할 수 있었다.
② 고구려에는 훔친 물건에 대하여 12배의 배상을 부과하는 일책십이법이 존재하였다.
③ 조선시대 도형(徒刑)의 기간은 1년에서 5년까지 3종으로 구분하였는데, 장형(杖刑)이 병과되었다.
④ 1894년 갑오개혁을 계기로 종래의 전통적인 5형(태형, 장형, 도형, 유형, 사형) 중심의 형벌체계가 자유형 중심으로 전환되었다.

해설

조선시대 도형(徒刑)의 기간은 1년에서 3년까지 5종으로 구분하였는데, 장형(杖刑)이 병과되었다.

정답 | ③

24

조선시대 휼형(恤刑)과 형벌제도에 대한 설명으로 옳지 않은 것은? 교정7급 2013

① 휼형이란 범죄인에 대한 수사와 재판, 형집행을 엄중·공정하게 진행하되, 죄인을 진실로 불쌍히 여겨 성심껏 보살피며 용서하는 방향으로 고려해주는 일체의 행위라고 정의할 수 있다.
② 휼형의 사례로는 사형은 유형, 유형은 장형, 도형은 태형으로 처리하는 감형(減刑)이 있었다.
③ 구금 중인 죄인의 건강이 좋지 않거나 구금 중에 친상을 당한 때에 죄인을 옥에서 석방하여 불구속 상태로 재판을 받게 하거나 상을 치르고 난 후 다시 구금하는 보방(保放)제도가 있었다.
④ 조선시대 유형은 중죄자를 지방으로 귀양 보내 죽을 때까지 고향으로 돌아오지 못하게 하는 형벌로 기간이 정해지지 않았다는 점에서 오늘날 무기금고형에 속한다.

해설

휼형의 사례로는 사형 → 유형 → 도형 → 장형으로 처리하는 감형(減刑)이 있었다.

정답 | ②

25

조선시대의 형벌제도에 대한 설명으로 옳지 않은 것은? 교정9급 2015

① 유형은 중죄인을 먼 지방으로 귀양 보내 죽을 때까지 고향으로 돌아오지 못하게 하는 형벌이다.
② 충군은 왕족이나 현직고관인 사람에 한하여 일정한 장소에 격리시켜 유지하게 하는 형벌이다.
③ 도형은 오늘날의 유기징역형에 해당하는 것으로 범죄인을 관아에 구금하여 소금을 굽거나 쇠를 달구는 등의 노역에 종사하게 하는 형벌이다.
④ 자자형은 부가형으로 신체의 어느 부위에 먹물로 글씨를 새겨 넣는 형벌이다.

해설

충군은 도형(도역) 대신 군역에 복무시키는 일종의 대체형벌로, 주로 군인이나 군사 관련 범죄에 대하여 적용하였다.

정답 | ②

26

조선시대의 형벌제도에 대한 설명으로 옳지 않은 것은? 교정7급 2016

① 도형(徒刑)은 형집행에 있어서 집행관의 지의가 개입하기 쉽기 때문에 남형(濫刑)의 폐해가 가장 많았다.
② 질병에 걸린 자나 임신한 여자는 태형(笞刑)을 집행하지 않고 대신 속전을 받았다.
③ 장형(杖刑)은 태형보다 중한 벌로서 60대에서 100대까지 5등급이 있었고, 별도로 집행하는 경우도 있었지만 도·유형에 대하여 병과하는 것이 보통이었다.
④ 유형(流刑) 중 안치(安置)는 왕족이나 고관현직자에 적용되었고, 유거의 성질에 따라 본향안치(本鄕安置), 절도안치(絕島安置), 위리안치(圍籬安置) 등이 있었다.

해설

① 행형에 있어서 남형(濫刑)의 폐해가 가장 많았던 것은 장형(杖刑)이었는데, 이는 집행관의 자의가 개입하기 쉽기 때문이었다.
② 나이가 70세 이상인 자, 15세 미만인 자, 폐질환자 및 임신한 여자 등은 태형(笞刑)을 집행하지 않고, 대신 속전을 받았다.

정답 | ①

27

우리나라 교정(행형)의 역사에 대한 설명으로 옳지 않은 것은? 교정7급 2018

① 조선시대 장형(杖刑)은 갑오개혁 이후에 폐지되었다.
② 미군정기에는 선시제도가 실시되고 간수교습규정이 마련되었다.
③ 1961년 법개정으로 형무소의 명칭이 교도소로 변경되었다.
④ 1894년에 마련된 징역표는 수형자의 단계적 처우에 관한 내용을 담고 있었다.

해설

② 미군정기에 선시제도인 우량수형자석방령이 실시되었다. 그러나 간수교습규정은 일제시대인 1917년에 간수를 채용하고 교육하기 위하여 둔 규정을 말한다.
① 장형은 갑오개혁 때 행형제도를 개혁하면서 폐지되었다.
③ 교정시설의 명칭은 일제시대에는 1923년부터 '형무소'를 사용하다가, 1961년 법개정으로 '교도소'로 변경되었다.
④ 1894년에 마련된 징역표에는 징역수형자에 대한 누진처우를 시행하였다.

정답 | ②

28

우리나라 가석방제도의 역사적 발전에 관한 설명으로 옳지 않은 것은? 교정7급 2007

① 고려 · 조선시대의 휼형(恤刑)제도는 가석방과 유사한 측면을 가지고 있었다.
② 1905년 형법대전에 규정된 보방(保放)규칙은 죄수를 일시석방할 수 있도록 하였다.
③ 1908년 법률은 종신형 수형자에 대해서는 가방(假放)을 불허하였다.
④ 미군정하에서 실시된 우량수형자석방령은 선시제(Good Time System)의 성격을 가진 것이다.

해설

1908년 법률, 즉 형법대전은 종신형 수형자에 대해서는 조건 없는 가방(假放)을 허가하였다.

정답 | ③

29

우리나라 행형의 역사에 관한 내용 중 옳지 않은 것은?

교정9급 2007

① 고조선시대의 행형은 8조법금 등에서 나타난 바와 같이 복수적 응보가 강했다.

② 조선시대 형벌 가운데 도형(徒刑)과 유형(流刑)은 오늘날의 자유형과 비슷하다.

③ 일제침략기에는 일본행형법규를 그대로 의용하여 근대적 교육형주의 행형을 시행하였다.

④ 미군정시대에는 재소자석방청원제도가 있었다.

해설

일제침략기에는 민족차별적 처우와 응보형이 주류를 이루었다. 또한 형무소와 형무관이라는 용어의 사용과 조선감옥령이라는 법령의 사용이 그 특징이다.

정답 | ③

30

우리나라 교정사를 시기순으로 바르게 나열한 것은?

교정7급 2017

> ㉠ 「감옥규칙」의 제정
> ㉡ 4개 지방교정청의 신설
> ㉢ 「행형법」의 제정
> ㉣ 「민영교도소 등의 설치·운영에 관한 법률」의 제정
> ㉤ 교정국을 교정본부로 확대개편

① ㉠ → ㉡ → ㉢ → ㉣ → ㉤
② ㉠ → ㉢ → ㉡ → ㉣ → ㉤
③ ㉠ → ㉢ → ㉡ → ㉤ → ㉣
④ ㉠ → ㉢ → ㉣ → ㉡ → ㉤

해설

㉠ 1894년 12월 25일에 제정된 「감옥규칙」은 감옥사무의 지침으로, 근대적 형집행법의 효시이다.
㉢ 1950년 3월 2일 「행형법」이 제정·공포되었다.
㉡ 1991년 9월 30일 서울, 대구, 대전, 광주의 4개 지방교정청이 신설되었다.
㉣ 2000년 1월 28일 「민영교도소 등의 설치·운영에 관한 법률」이 제정되었다.
㉤ 2007년 11월 30일 법무부 교정국이 교정본부로 확대 개편되었다.

정답 | ②

31

우리나라 교정역사에 대한 설명으로 옳지 않은 것은?

교정7급 2022

① 고려와 조선시대에는 일정한 조건 아래 형을 대신하여 속전을 받는 제도가 있었다.
② 조선시대 죄인의 수감을 담당하던 전옥서는 갑오개혁 이후 경무청 감옥서로 변경되었다.
③ 갑오개혁 시 근대적 행형제도의 도입으로 '간수교습규정'이 제정되어 교도관학교를 설치·운영할 근거가 마련되었다.
④ 광무시대에 제정된 감옥규칙의 징역수형자 누진처우를 규정한 징역표는 범죄인의 개과촉진을 목적으로 수용자를 4종으로 분류하였다.

해설

③ 일본은 일제침략기인 1917년 「간수교습규정」을 제정하여 교도관학교를 설치·운영할 근거를 마련하였다.
① 오늘날의 벌금과 유사하나, 벌금은 형의 선고 자체가 재산형인 반면, 속전은 신체형(태·장), 자유형(도·유) 및 생명형(사)을 선고받은 후 본형을 재산형으로 대신한다는 점에서 구별된다.
② 뇌옥 등(삼국시대) → 전옥서(고려·조선시대) → 감옥서·감옥(갑오경장 후) → 형무소(1923년) → 교도소(1961년)
④ 1895년 범죄인의 개과천선을 목적으로 징역수형자에 대한 기초적 분류 및 누진처우규정을 두고 있던 징역표는 수형자를 보통자, 특수기능소지자, 노유자 및 부녀자의 4종으로 구분하고, 각 수형자의 종류에 따라 다시 5등급으로 분류하여 단계처우를 하였다.
참고로, 단계처우는 형구(보호장비)의 사용 정도를 정하는 수준에 불과하였다.

정답 | ③

32

교정제도의 역사적 발전단계를 시대순으로 바르게 나열한 것은?

교정7급 2019

㉠ 일반예방에 입각한 심리강제와 가혹하고 준엄한 형벌부과를 강조하였다.
㉡ 실증적인 범죄분석과 범죄자에 대한 개별적 처우를 실시하였다.
㉢ 인간다운 삶의 권리, 법률구조, 종교의 자유 등 헌법상 보장된 기본적 인권을 수형자들에게도 폭넓게 인정하였다.
㉣ 공리주의의 영향을 받았으며, 국가형벌권의 행사에 있어서도 박애주의사상이 도입되었다.

① ㉠ → ㉡ → ㉣ → ㉢
② ㉠ → ㉢ → ㉣ → ㉡
③ ㉠ → ㉣ → ㉡ → ㉢
④ ㉡ → ㉠ → ㉢ → ㉣

해설

㉠ 위하적 단계 → ㉣ 교육적 개선단계 → ㉡ 과학적 처우단계 → ㉢ 사회적 권리보장단계

정답 | ③

33

교정사에 대한 설명으로 옳지 않은 것은? 교정7급 2024

① 1896년 법률 제3호 「형률명례(刑律名例)」는 형률(刑律)을 사형(死刑), 유형(流刑), 역형(役刑), 태형(笞刑)의 4종류로 규정하였다.
② 1912년 「조선태형령(朝鮮笞刑令)」에 의하면 태형(笞刑)은 16세 이상 60세 이하의 남자가 아니면 이를 부과할 수 없다.
③ 미군정하에서 실시된 「우량한수형자석방령」은 선시제(Good Time system)의 성격을 가진다.
④ 교정관계법령은 「조선감옥령」, 「감옥규칙」, 「행형법」, 「형의 집행 및 수용자의 처우에 관한 법률」의 순으로 변천되었다.

해설

「감옥규칙」(1912), 「행형법」(1961), 「조선감옥령」(1984) 순으로 제정되었고, 「행형법」은 2008년 「형의 집행 및 수용자의 처우에 관한 법률」로 변경되었다.

정답 | ④

34

형사사법정책의 새로운 방향으로서 회복적 사법(Restorative Justice)에 대한 설명으로 옳지 않은 것은 몇 개인가? 교정9급 2012

- 회복적 사법의 핵심가치는 피해자, 가해자 욕구뿐만 아니라 지역사회 욕구까지 반영하는 것이다.
- 범죄를 개인 대 국가의 갈등으로 인식한다.
- 회복적 사법은 범죄가 발생하는 여건·환경에 관심을 둔다.
- 회복적 사법은 범죄로 인한 손해의 복구를 위해 중재, 협상, 화합의 방법을 강조한다.
- 회복적 사법은 범죄자의 교화개선이라는 교정의 이념을 실현시키기 위해 등장했으며 피해자 권리운동의 발전과는 관련이 없다.

① 1개 ② 2개 ③ 3개 ④ 4개

해설

회복적 사법은 피해자와 가해자 또는 지역사회 구성원, 사법기관 관련자 등 범죄사건 관련자들이 화해와 조정을 통한 사건해결과정에 능동적으로 참여하여 피해자 또는 지역사회의 손실을 복구하고, 관련 당사자들의 재통합을 추구하는 일체의 범죄대응형식을 말한다. 회복적 사법의 이론과 지향점은 사법에 시민참여의 이념을 반영할 수 있고, 시민사회의 자율적인 갈등해결역량을 극대화시키는 전략이라는 점에서 기본적으로 지향해야 할 방향이다. 회복적 사법은 미국과 유럽에서는 이미 단순한 이론적 차원의 논의를 넘어 다양한 프로그램이 개발·시행됨으로써 범죄통제제도에 상당한 변화를 가져오고 있으며, 세계적으로 확산되어 사법중재의 대안이나 보완책으로서 수용되는 추세에 있다.

정답 | ②

35

회복적 사법(restorative justice)에 대한 설명으로 옳지 않은 것은? 교정9급 2020

① 경쟁적, 개인주의적 가치를 권장한다.
② 형사절차상 피해자의 능동적 참여와 감정적 치유를 추구한다.
③ 가족집단회합(family group conference)은 피해자와 가해자 및 양 당사자의 가족까지 만나 피해회복에 대해 논의하는 회복적 사법프로그램 중 하나이다.
④ 사건의 처리과정이나 결과에 대한 보다 많은 정보를 피해자에게 제공해줄 수 있다.

해설

회복적 사법은 중재자의 도움으로써 범죄의 피해자와 가해자, 그 밖의 관련자 및 지역공동체가 함께 범죄로 인한 문제를 치유하고 해결하는 데 적극적으로 참여하는 절차를 의미한다.

정답 | ①

36

우리나라 교정조직에 관한 설명으로 옳은 것은? 교정7급 2008

① 행형업무를 관장하는 최고책임자는 법무부장관이며, 교정정책단장은 법무부장관의 행형관장업무를 보좌한다.
② 가석방의 적격 여부는 가석방심사위원회에서 심사하는데, 동 위원회의 위원장은 교정본부장이다.
③ 법원, 검찰청, 학교 등에서 의뢰한 위기청소년에 대한 대안교육 및 부모 등에 대한 보호자교육을 실시하는 청소년 꿈키움센터(비행예방센터)를 운영하고 있다.
④ 귀휴심사위원회는 수형자의 귀휴에 관한 사항을 심사하고, 징벌위원회는 규율위반수용자에 대한 징벌부과 여부를 심사하는데, 이들은 모두 지방교정청에 설치되어 있다.

해설

① 행형업무를 관장하는 최고책임자는 법무부장관이며, 교정정책단장은 교정본부장의 행형관장업무를 보좌한다.
② 가석방의 적격 여부는 가석방심사위원회에서 심사하는데, 동 위원회의 위원장은 법무부차관이다.
④ 귀휴심사위원회는 수형자의 귀휴에 관한 사항을 심사하고, 징벌위원회는 규율위반수용자에 대한 징벌부과 여부를 심사하는데, 이들은 모두 일선기관에 설치되어 있다.

정답 | ③

37

교정자문위원회에 대한 설명으로 옳지 않은 것은?

교정7급 2012

① 수용자의 관리 · 교정교화 실무에 관한 지방교정청장의 자문에 응하기 위하여 지방교정청에 둔다.
② 교정자문위원회의 위원은 교정에 관한 학식과 경험이 풍부한 외부인사 중에서 소장의 추천을 받아 법무부장관이 위촉한다.
③ 교정자문위원회의 회의는 공개하지 아니한다. 다만, 위원회의 의결을 거친 경우에는 공개할 수 있다.
④ 교정자문위원회의 회의는 위원 과반수의 요청이 있거나 지방교정청장이 필요하다고 인정하는 경우에 개최한다.

해설

교정자문위원회의 위원은 교정에 관한 학식과 경험이 풍부한 외부인사 중에서 지방교정청장의 추천을 받아 법무부장관이 위촉한다.
참고로, 취업지원협의회, 교정위원 등은 동일하게 법무부장관이 위촉하고, 귀휴심사위원회와 징벌위원회의 외부인사는 소장이 위촉한다.

정답 | ②

38

형의 집행 및 수용자의 처우에 관한 법령상 교정시설에 둔다고 규정된 위원회가 아닌 것은?

교정7급 2017

① 귀휴심사위원회
② 치료감호심의위원회
③ 징벌위원회
④ 분류처우위원회

해설

보호관찰심사위위원회와 가석방심사위원회는 법무부장관 소속하에 있고, 중앙급식관리위원회 · 치료감호심의위원회 · 보안관찰처분심의위원회는 법무부에 설치되어 있으며, 징벌위원회 · 귀휴심사위원회 · 분류처우위원회 · 취업지원협의회 · 교도관회의 · 지방급식관리위원회는 교정시설에 설치되어 있다.

정답 | ②

39

「형의 집행 및 수용자의 처우에 관한 법률」상 가석방심사위원회에 대한 설명으로 옳지 않은 것은?

교정7급 2017

① 가석방심사위원회의 위원장은 법무부차관이 된다.
② 가석방심사위원회는 위원장을 포함한 5인 이상 9인 이하의 위원으로 구성한다.
③ 가석방심사위원회 위원의 명단과 경력사항은 임명 또는 위촉 즉시 공개한다.
④ 가석방심사위원회는 가석방 적격결정을 하였으면 3일 이내에 법무부장관에게 가석방 허가를 신청하여야 한다.

해설

④ 가석방심사위원회는 가석방 적격결정을 하였으면 5일 이내에 법무부장관에게 가석방 허가를 신청하여야 한다[형의 집행 및 수용자의 처우에 관한 법률(이하 "형집행법") 제122조 제1항].
① 동법 제120조 제2항
② 동조 제1항
③ 동조 제3항 제1호

정답 | ④

40

형의 집행 및 수용자의 처우에 관한 법령상 각종 위원회의 구성에 대한 설명으로 옳지 않은 것은?

교정7급 2019

① 귀휴심사위원회의 위원장은 소장의 바로 다음 순위자가 되고, 위원은 소장이 소속 기관의 과장(지소의 경우에는 7급 이상의 교도관) 및 교정에 관한 학식과 경험이 풍부한 외부인사 중에서 임명 또는 위촉한다.
② 분류처우위원회의 위원장은 소장이 되고, 위원은 위원장이 소속 기관의 부소장 및 과장(지소의 경우에는 7급 이상의 교도관) 중에서 임명한다.
③ 징벌위원회의 위원장은 소장의 바로 다음 순위자가 되고, 위원은 소장이 소속 기관의 과장(지소의 경우에는 7급 이상의 교도관) 및 교정에 관한 학식과 경험이 풍부한 외부인사 중에서 임명 또는 위촉한다.
④ 가석방심사위원회의 위원장은 법무부차관이 되고, 위원은 판사, 검사, 변호사, 법무부 소속 공무원, 교정에 관한 학식과 경험이 풍부한 사람 중에서 법무부장관이 임명 또는 위촉한다.

해설

귀휴심사위원회의 위원장은 소장이 되며, 위원은 소장이 소속 기관의 부소장·과장(지소의 경우에는 7급 이상의 교도관) 및 교정에 관한 학식과 경험이 풍부한 외부인사 중에서 임명 또는 위촉한다. 이 경우 외부위원은 2명 이상으로 한다(형집행법 시행규칙 제131조 제3항).

정답 | ①

41

교정조직에 대한 설명으로 옳은 것은? 교정9급 2011

① 교정시설에는 징벌대상자의 징벌을 결정하기 위하여 징벌위원회를 둔다.
② 교정본부에는 귀휴의 적격 여부를 심사하기 위하여 귀휴심사위원회를 둔다.
③ 지방교정청에는 수형자의 분류처우에 관한 중요사항을 심의·의결하기 위하여 분류처우위원회를 둔다.
④ 교도관의 직무에 관하여 필요한 사항은 법무부장관이 정한다.

해설

② 교정시설에는 귀휴의 적격 여부를 심사하기 위하여 귀휴심사위원회를 둔다.
③ 교정시설에는 수형자의 분류처우에 관한 중요사항을 심의·의결하기 위하여 분류처우위원회를 둔다.
④ 교도관의 직무에 관하여 필요한 사항은 법률로 정한다.

정답 | ①

42

「형의 집행 및 수용자의 처우에 관한 법률」상 징벌위원회에 대한 설명으로 옳지 않은 것은? 교정9급 2015

① 징벌대상자는 위원에 대하여 기피신청을 할 수 있다.
② 위원장을 포함한 5인 이상 7인 이하의 위원으로 구성한다.
③ 위원장은 소장이 된다.
④ 징벌대상자는 징벌위원회에 서면 또는 말로써 자기에게 유리한 사실을 진술하거나 증거를 제출할 수 있다.

해설

③ 위원장은 소장의 바로 다음 순위자가 된다(형집행법 제111조 제2항).
① 동조 제5항
② 동조 제2항
④ 동조 제6항

정답 | ③

43

형의 집행 및 수용자의 처우에 관한 법령상 교정자문위원회에 대한 설명으로 옳은 것은? 교정9급 2021

① 수용자의 관리 · 교정교화 등 사무에 관한 소장의 자문에 응하기 위하여 교도소에 교정자문위원회를 둔다.

② 교정자문위원회는 5명 이상 7명 이하의 위원으로 성별을 고려하여 구성하고, 위원장은 위원 중에서 호선하며, 위원은 교정에 관한 학식과 경험이 풍부한 외부인사 중에서 소장의 추천을 받아 법무부장관이 위촉한다.

③ 교정자문위원회 위원장이 부득이한 사유로 직무를 수행할 수 없을 때에는 부위원장이 그 직무를 대행하고, 부위원장도 부득이한 사유로 직무를 수행할 수 없을 때에는 위원 중 연장자인 위원이 그 직무를 대행한다.

④ 교정자문위원회 위원 중 4명 이상은 여성으로 한다.

해설

④ 형집행법 시행규칙 제265조 제2항

① 수용자의 관리 · 교정교화 등 사무에 관한 지방교정청장의 자문에 응하기 위하여 지방교정청에 교정자문위원회를 둔다(동법 제129조 제1항).

② 위원회는 10명 이상 15명 이하의 위원으로 성별을 고려하여 구성하고, 위원장은 위원 중에서 호선하며, 위원은 교정에 관한 학식과 경험이 풍부한 외부인사 중에서 지방교정청장의 추천을 받아 법무부장관이 위촉한다(동조 제2항).

③ 위원장이 부득이한 사유로 직무를 수행할 수 없을 때에는 부위원장이 그 직무를 대행하고, 부위원장도 부득이한 사유로 직무를 수행할 수 없을 때에는 위원장이 미리 지명한 위원이 그 직무를 대행한다(동법 시행규칙 제267조 제2항).

정답 | ④

44

우리나라의 교정시설 운영에 대한 설명으로 옳지 않은 것은? 교정9급 2013

① 신설하는 교정시설은 수용인원이 500명 이내의 규모로 하는 것을 원칙으로 한다.

② 교정시설의 운영과 수용자 처우 등에 관한 교도소장의 자문에 응하기 위하여 교정시설에 교정위원을 둔다.

③ 교정시설의 설치와 운영에 관한 업무의 일부를 법인 또는 개인에게 위탁할 수 있다.

④ 법무부장관은 매년 1회 이상 교정시설의 운영 실태를 순회점검하거나, 소속 공무원으로 하여금 순회점검하게 하여야 한다.

해설

교정시설의 운영과 수용자 처우 등에 관한 지방교정청장의 자문에 응하기 위하여 지방교정청에 교정자문위원회를 두고 있다. 수용자의 교육 · 교화 · 의료, 그 밖에 수용자의 처우를 후원하기 위하여 교정시설에 교정위원을 둘 수 있다.

정답 | ②

CHAPTER 02

교정시설과 수용제도론

01

구금방법에 대한 설명으로 옳지 않은 것은?

교정9급 2018

① 펜실베니아시스템(Pennsylvania System)은 독거생활을 통한 반성과 참회를 강조한다.

② 오번시스템(Auburn System)은 도덕적 개선보다 노동습관의 형성을 더 중요시한다.

③ 펜실베니아시스템은 윌리엄 펜(William Penn)의 참회사상에 기초하여 창안되었으며 침묵제 또는 교담금지제로 불린다.

④ 오번시스템은 엘람 린즈(Elam Lynds)가 창안하였으며 반독거제 또는 완화독거제로 불린다.

해설

펜실베니아제는 절대침묵과 정숙을 유지하며 주야 구분 없는 엄정한 독거수용을 통해 회오반성을 목적으로 한 구금방식으로서 엄정독거제, 분방제 및 필라델피아제로도 불린다. 오번제는 엄정독거제의 결점을 보완하고, 혼거제의 폐해인 수형자 상호 간의 악풍감염을 제거하기 위한 구금형태로서 절충제(엄정독거제와 혼거제를 절충), 완화독거제(반독거제, 엄정독거제보다 완화된 형태), 교담금지제(침묵제, 주간작업 시 엄중침묵 강요)라고도 한다.

정답 | ③

02

구금제도에 대한 설명으로 옳지 않은 것은?

교정9급 2009

① 수형자를 주간에는 엄정한 침묵하에 일정한 작업에 종사케 하여 혼거시키고 야간에는 각자 독방에 수용하여 침식케 하는 반독거구금제를 엘마이라제(Elmira system)라고 한다.

② 수형자를 주야간 단독으로 수용하여 수형자 상호간의 접촉을 방지하는 주야독거구금제를 펜실베니아제(Pennsylvania system)라고 한다.

③ 소집단처우제도인 카티지제(Cottage system)는 수형자를 개별 특성에 따라 20명 내지 30명 정도의 카티지로 분류하고 각 카티지별로 행형내용의 강도를 달리하는 적합한 처우방법을 적용함으로써 독거제 및 혼거제의 단점을 보완할 수 있는 제도라고 할 수 있다.

④ 시설구금의 대안으로 범죄자로 하여금 단기간의 강도 높은 구금을 경험케 하여 형벌의 억제효과를 심어준 다음 보호관찰과 같은 사회 내 처우를 하는 충격구금(shock incarceration)제도가 있다.

해설

오번제에 대한 설명이다.

정답 | ①

03

다음은 구금제도에 대한 설명이다. (　　) 안에 들어갈 내용을 [보기]에서 골라 순서대로 바르게 나열한 것은?

교정9급 2008

> 구금제도로는 수용자를 주야 구별 없이 계속하여 독거수용하는 (　　)와(과) 주간에는 엄격한 침묵하에 함께 작업시키고 야간에는 독거수용하는 (　　) 등이 있다. 이에 따른 구금시설로 (　　)는(은) 전자의 기원이라고 볼 수 있으며, (　　)는(은) 후자의 기원을 이룬 교도소라고 할 수 있다.

[보기]

㉠ 오번제(Auburn System)
㉡ 월넛 스트리트 감옥(Walnut Street jail)
㉢ 펜실베니아제(Pennsylvania System)
㉣ 싱싱(Sing Sing) 교도소
㉤ 간트(Gand) 교도소
㉥ 엘마이라제(Elmira System)

① ㉢ − ㉠ − ㉤ − ㉡
② ㉠ − ㉢ − ㉣ − ㉤
③ ㉠ − ㉥ − ㉤ − ㉡
④ ㉢ − ㉠ − ㉡ − ㉤

해설

구금제도로는 수용자를 주야 구별 없이 계속하여 독거수용하는 펜실베니아제(Pennsylvania System)와, 주간에는 엄격한 침묵하에 함께 작업시키고 야간에는 독거수용하는 오번제(Auburn System) 등이 있다. 이에 따른 구금시설로 월넛 스트리트 감옥(Walnut Street Jail)은 전자의 기원, 칸트(Gand) 교도소는 후자의 기원을 이룬 교도소라고 할 수 있다.

정답 | ④

04

오번제(Auburn System) 구금방식에 대한 설명을 모두 고른 것은?

교정9급 2012

> ㄱ. 엄정독거제의 결함을 보완할 수 있다.
> ㄴ. 수형자를 개별 특성에 따라 소수의 카티지로 분류수용한다.
> ㄷ. 주간에는 혼거작업, 야간에는 독거수용을 원칙으로 한다.
> ㄹ. 침묵제 또는 교담금지제라고도 부른다.
> ㅁ. 퀘이커교도에 의한 미국 감옥개량운동의 결실이다.
> ㅂ. 단기간의 강도 높은 구금 후에 사회 내 처우를 한다.

① ㄱ, ㄴ, ㅂ　　② ㄴ, ㄹ, ㅁ
③ ㄱ, ㄷ, ㄹ　　④ ㄴ, ㄷ, ㅂ

해설

ㄱ, ㄷ, ㄹ이 옳은 지문이다.
ㄴ. 수형자를 개별 특성에 따라 소수의 카티지로 분류수용하는 것은 카티지제이다.
ㅁ. 퀘이커교도에 의한 미국 감옥개량운동의 결실이 되는 것은 펜실베이니아제도이다.
ㅂ. 단기간의 강도 높은 구금 후 사회 내 처우를 하는 것은 충격구금제도를 의미한다.

정답 | ③

05

구금 및 교정처우제도에 대한 설명으로 옳지 않은 것은? 교정7급 2024

① 펜실베이니아제(Pennsylvania system)는 혼거구금을 통해 상호 간의 대화를 장려하여 자신의 범죄에 대해 반성하고 속죄케 하는 정신적 개선에 중점을 둔 구금제도이다.

② 오번제(Auburn system)는 주간에는 대화를 엄격히 금지한 가운데 수형자들을 공장에 혼거취업하게 하고, 야간에는 독방에 구금하여 취침하게 하는 제도이다.

③ 보스탈제(Borstal system)는 주로 16세에서 21세까지의 범죄소년을 수용하여 직업훈련 및 학과교육 등을 실시함으로써 교정·교화하려는 제도이다.

④ 아일랜드제(Irish system)는 단계별 진급에 따라 수용자들을 관리하고 석방이나 조건부 석방이 가능한 제도이다.

해설

펜실페니아제는 <u>독거구금을 통한 절대 침묵</u>을 강조하여 자신의 범죄에 대해 반성하고 속죄케 하는 정신적인 개선에 중점을 두었다.

정답 | ①

06

[보기 1]의 수용자 구금제도와 [보기 2]의 설명이 바르게 연결된 것은? 교정9급 2014

[보기 1]

ㄱ. 펜실베니아제(Pennsylvania System)
ㄴ. 오번제(Auburn System)
ㄷ. 엘마이라제(Elmira System)
ㄹ. 카티지제(Cottage System)

[보기 2]

a. 대규모 수형자자치제의 단점을 보완하기 위해 수형자를 소집단으로 처우하는 제도
b. 수형자의 자력적 개선에 중점을 두며 사회복귀 프로그램의 동기부여 등 누진적 처우방법을 시도하는 제도
c. 수형자의 개별처우에 적정을 기할 수 있고 범죄적 악성오염을 예방하기 위한 제도
d. 주간에는 작업에 종사하게 하고 야간에는 독방에 수용하여 교화개선을 시도하는 제도

	ㄱ	ㄴ	ㄷ	ㄹ
①	c	b	d	a
②	c	d	b	a
③	d	a	c	b
④	d	c	a	b

해설

a. 대규모 수형자자치제의 단점을 보완하기 위해 수형자를 소집단으로 처우하는 제도: 카티지제(Cottage System)
b. 수형자의 자력적 개선에 중점을 두며 사회복귀프로그램의 동기부여 등 누진적 처우방법을 시도하는 제도: 엘마이라제(Elmira System)
c. 수형자의 개별처우에 적정을 기할 수 있고 범죄적 악성오염을 예방하기 위한 제도: 펜실베니아제(Pennsylvania System)
d. 주간에는 작업에 종사하게 하고 야간에는 독방에 수용하여 교화개선을 시도하는 제도: 오번제(Auburn System)

정답 | ②

07

교정시설의 경비등급에 대한 설명으로 ㉠과 ㉡에 들어갈 적절한 용어는? 교정9급 2012

> • 도주방지를 한 통상적인 설비의 전부 또는 일부를 갖추지 아니하고 수형자의 자율적 활동이 가능하도록 통상적인 관리·감시의 전부 또는 일부를 하지 아니하는 교정시설을 (㉠)이라고 하며,
> • 도주방지를 위한 통상적인 설비를 갖추고 수형자에 대하여 통상적인 관리·감시를 하는 교정시설을 (㉡)이라고 한다.

	㉠	㉡
①	완화경비시설	경비시설
②	개방시설	일반경비시설
③	완화경비시설	일반경비시설
④	개방시설	경비시설

해설

• 개방시설: 도주방지를 위한 통상적인 설비의 전부 또는 일부를 갖추지 아니하고 수형자의 자율적 활동이 가능하도록 통상적인 관리·감시의 전부 또는 일부를 하지 아니하는 교정시설
• 완화경비시설: 도주방지를 위한 통상적인 설비 및 수형자에 대한 관리·감시를 일반경비시설보다 완화한 교정시설
• 일반경비시설: 도주방지를 위한 통상적인 설비를 갖추고 수형자에 대하여 통상적인 관리·감시를 하는 교정시설
• 중(重)경비시설: 도주방지 및 수형자 상호 간의 접촉을 차단하는 설비를 강화하고 수형자에 대한 관리·감시를 엄중히 하는 교정시설

정답 | ②

08

「형의 집행 및 수용자의 처우에 관한 법률 시행령」상 수용자의 독거수용에 대한 설명으로 옳지 않은 것은? 교정9급 2024

① 처우상 독거수용이란 주간에는 교육·작업 등의 처우를 위하여 일과(日課)에 따른 공동생활을 하게 하고, 휴일과 야간에만 독거수용하는 것을 말한다.
② 계호상 독거수용이란 사람의 생명·신체의 보호 또는 교정시설의 안전과 질서유지를 위하여 항상 독거수용하고 다른 수용자와의 접촉을 금지하는 것을 말한다. 다만, 수사·재판·실외운동·목욕·접견·진료 등을 위하여 필요한 경우에는 그러하지 아니하다.
③ 교도관은 계호상 독거수용자를 수시로 시찰하여 건강상 또는 교화상 이상이 없는지 살펴야 하며, 시찰 결과 계호상 독거수용자가 건강상 이상이 있는 것으로 보이는 경우에는 교정시설에 근무하는 의사(공중보건의사를 포함한다)에게 즉시 알려야 하고, 교화상 문제가 있다고 인정하는 경우에는 소장에게 지체 없이 보고하여야 한다.
④ 소장은 계호상 독거수용자를 계속하여 독거수용하는 것이 건강상 또는 교화상 해롭다고 인정하는 경우에는 이를 즉시 중단하여야 한다.

해설

① 주간에는 교육·작업 등의 처우를 위하여 일과에 따른 공동생활을 하게 하고 휴업일과 야간에만 독거수용하는 것을 말한다(형집행법 시행령 제5조 제1호).
② 동조 제2호
③ 동법 시행령 제6조 제1항·제2항
④ 동조 제4항

정답 | ①

09

교도소화(prisonization)에 대한 설명으로 옳은 것만을 모두 고르면? 교정7급 2018

> ㄱ. 교정시설에서 문화, 관습, 규범 등을 학습하는 과정을 의미한다.
> ㄴ. 박탈모형은 수형자의 문화를 사회로부터 수형자와 함께 들어온 것으로 파악한다.
> ㄷ. 유입모형은 교도소화의 원인을 수용으로 인한 고통 및 각종 권익의 상실로 본다.
> ㄹ. 자유주의자들은 박탈모형을, 보수주의자들은 유입모형을 지지하는 경향이 있다.

① ㄱ, ㄴ ② ㄱ, ㄷ
③ ㄱ, ㄹ ④ ㄷ, ㄹ

해설

ㄱ. (○) 교도소화(prisonization)란 수형자가 교도소에 입소한 후 교도소사회의 문화, 관습, 규범 및 가치에 동화되는 과정을 말한다.

ㄴ. (×) 설문은 유입모형에 대한 내용이다. 박탈모형은 교도소의 수용에 따른 고통, 권익의 박탈에 대한 수형자들의 저항으로 교도소화가 진행된다고 보는 모형이다.

ㄷ. (×) 설문은 박탈모형에 대한 내용이다. 유입모형은 수형자의 교도소화는 교정시설 내에서 형성된 것이 아니라, 사회의 특정한 문화가 수형자의 입소와 함께 유입(들여온)된 것이라고 보는 모형이다.

ㄹ. (○) 자유주의자들은 범죄자를 격리·구금하는 시설 내 처우를 피하고, 사회 내 처우를 실시할 것을 주장한다. 그러나 보수주의자들은 교정에 회의적인 견해를 가지고, 범죄자들을 시설에 격리·구금하여 강력한 처벌을 해야 한다고 본다.

정답 | ③

10

교도소화(prisonization)에 대한 설명으로 옳지 않은 것은? 교정7급 2021

① 교도소화란 교정당국과 교도관에 대해 적대적인 태도를 학습하는 것을 말한다.
② 클레머(Clemmer)는 수형기간이 증가함에 따라 수형자의 교도소화가 강화된다고 보았다.
③ 수형지향적 하위문화에 속하는 수형자는 교도소 내의 지위획득에 관심이 없다.
④ 휠러(Wheeler)는 형기의 중간단계에서 수형자가 교도관에 대해 가장 적대적으로 된다고 보았다.

해설

수형지향적 하위문화에 속하는 수형자는 교도소 내에서의 지위획득에 깊은 관심을 보이는 반면, 출소 후 생활문제는 2차적으로 돌리는 사람들이다.

수형자사회의 부문화 형태(서덜랜드와 크레세이)

- 합법주의 부문화(합법생활지향적 수형자)
  - 하루 속히 형기를 마치고 사회에 나가서 정상적인 사회생활을 하고자 하는 사람들이다.
  - 고지식자에 해당하는 합법생활지향적 수형자들로서 수형자 중에 가장 많으며, 재범율은 낮다.
- 범죄주의 부문화(범죄생활지향적 수형자)
  - 자신이 터득한 반사회적인 부문화를 고수하여 출소 후에도 계속해서 범죄행위를 추구하는 범죄생활지향적인 수형자이다. 그들 나름대로의 권력조직이나 인간관계는 계속 존중하지만, 교도소 내에서는 어떠한 지위를 얻고자 노력하는 일 없이 그냥 반교정적이거나 조용한 수형생활을 보낸다.
  - 정의한에 해당하는 사람들로 재범률이 높다.
- 수형주의 부문화(수형생활지향적 수형자)
  - 교도소에서의 생활상을 자신의 생활양식으로 받아들여 깊이 적응해 나가면서 교도소 내에서의 지위획득에 깊은 관심을 보이는 반면, 출소 후 생활문제는 2차적으로 돌리는 사람들이다.
  - 수형생활지향적 수형자들로, 교도소화가 극도로 잘된 사람들로서 가장 공리주의적이고 교묘하며, 재입소율이 가장 높다.

정답 | ③

11

재소자의 교도소화와 하위문화에 대한 설명으로 옳지 않은 것은? 교정9급 2019

① 클레머(D. Clemmer)는 수용기간이 장기화될수록 재소자의 교도소화가 강화된다고 한다.

② 휠러(S. Wheler)는 재소자의 교도관에 대한 친화성 정도가 입소 초기와 말기에는 높고, 중기에는 낮다고 하면서 교도소화의 정도가 U자형 곡선 모양을 보인다고 한다.

③ 서덜랜드(E. Sutherland)와 크레시(D. Cresey)는 재소자가 지향하는 가치를 기준으로 범죄지향적 부문화, 수형지향적 부문화, 합법지향적 부문화로 구분하고, 수형지향적 재소자는 자신의 수용생활을 보다 쉽고 편하게 보내는 데 관심을 둘 뿐만 아니라, 이를 이용하여 출소 후의 생활을 원활히 하는 데 많은 관심을 둔다고 한다.

④ 슈랙(C. Schrag)은 재소자의 역할유형을 고지식자(square Johns), 정의한(right guys), 정치인(politcians), 무법자(outlaws)로 구분하고, 고지식자는 친사회적 수형자로서 교정시설의 규율에 동조하며 법을 준수하는 생활을 긍정적으로 지향하는 유형이라고 한다.

해설

수형지향적 부문화는 교도소사회에서의 모든 생활방식을 수용하고 적응하려고 하며, 자신의 수용생활을 보다 쉽고 편하게 보내기 위해 교도소 내에서의 지위획득에만 몰두하고, 출소 후의 생활에 대해서는 관심을 두지 않는다.

수형자 사회부문화의 형태(Sutherland & Cressey)

- 합법지향적 부문화
  - 가족이나 친지 등의 외부사회로부터의 강한 유대관계에서 오는 형태로, 수형자의 역할 중 '고지식자'에 해당되는 자들이 지향하는 부문화이다.
  - 아무 사고 없이 속히 형기를 마치고 사회로 나아가 정상적인 사회생활을 하고자 하는 부류로서 재입소율이 가장 낮으며, 전체 수형자 중 가장 높은 비율을 점하고 있다.
  - 교정시설 입소 시에도 범죄지향적 부문화에 속하지 않았으며, 수용생활 중에서도 범죄지향적 부문화나 수형지향적 부문화를 받아들이지 않는다.
- 범죄지향적 부문화
  - 외부에서 터득한 범죄주의 부문화를 그대로 고집하고, 앞으로 사회에 나가서도 계속 범죄행위를 행할 것을 지향하며, 수형자의 역할 중 '정의한'에 해당한다.
  - 교도소 내에서 공식적으로 인정되는 어떠한 지위를 얻고자 하지 않고, 그냥 반교도소적이거나 합법지향적 수형자들과 같이 조용한 수형생활을 보낸다.
- 수형지향적 부문화
  - 교도소사회에서의 생활방식들을 자신의 생활방식으로 인용하고 적응해 나가며, 수형자의 역할 중 '정치인'에 해당한다.
  - 교도소 내에서의 지위획득에 깊은 관심을 가질 뿐, 사회에 나가서의 생활문제를 부차적인 문제로 돌리는 이른바 "교도소화"가 극도로 잘된 사람들로, 재입소율이 가장 높다.

정답 | ③

12

서덜랜드와 크레시(Sutherland & Cressey)가 제시한 수형자 하위문화에 대한 설명으로 옳은 것은?

교정9급 2023

① 수형자들이 지향하는 가치를 기준으로 하위문화를 구분했다.
② 범죄지향적 하위문화를 수용하는 수형자들은 교도소 내에서의 지위확보에 관심을 가진다.
③ 수형지향적 하위문화를 수용하는 수형자들은 모범적으로 수형생활을 하며, 성공적인 사회복귀의 가능성이 높다.
④ 합법지향적 하위문화를 수용하는 수형자들은 수형자의 역할 중 '정의한'에 가깝고, 교도관보다는 재소자와 긍정적인 관계를 유지하며, 가급적 교정시설의 규율에 따른다.

해설

① 수형자들이 지향하는 가치를 기준으로 범죄지향적·수형지향적·합법지향적 부문화로 하위문화 유형을 나누었다.
② 범죄지향적 하위문화를 수용하는 수형자들은 자신이 터득한 반사회적 부문화를 고수하여 출소 후에도 계속해서 범죄행위를 추구하고, 그들 나름대로의 권력조직이나 인간관계는 계속 존중하지만, 교도소 내에서는 어떠한 지위를 얻고자 노력하는 일 없이 반교정적이거나 조용한 수형생활을 보낸다.
③ 수형지향적 하위문화를 수용하는 수형자들은 교도소의 생활상을 자신의 생활상으로 받아들이고 적응하면서 교도소 내에서의 지위획득에 깊은 관심을 보이는 반면, 출소 후 생활상은 등한시하고, 교도소화가 극도로 잘되며, 가장 공리주의적이고, 교묘한 사람들로서 재입소율이 가장 높다.
④ 합법지향적 하위문화를 수용하는 수형자들은 준법적인 성향을 가진 사람들로, 교도소에서 생활하는 동안 범죄문화에 가담하지 않고, 교정시설의 규율에 따르며, 교도관과도 긍정적인 관계를 유지하고, 재범률이 가장 낮다.

참고로, 슈랙(Schrag)이 분류한 수형자의 역할유형 중 반사회적 정의한(Antisocial right guys)에 가까운 것은 범죄지향적 하위문화를 수용하는 수형자, 친사회적 고지식자(Prosocial square johns)에 가까운 것은 합법지향적 하위문화를 수용하는 수형자이다.

정답 | ①

13

다음에 제시된 [보기 1]의 과밀수용 해소방안과 [보기 2]의 전략이 바르게 연결된 것으로만 묶인 것은?

교정7급 2008

[보기 1]

㉠ 교정 이전 단계에서 범죄자를 보호관찰, 가택구금, 배상처분 등 비구금적 제재로 전환시킴으로써 수용인구를 줄일 수 있다.
㉡ 검찰의 기소나 법원의 양형결정 시 수용능력과 현황에 관한 자료를 참고한다.
㉢ 별다른 대책 없이 증가되는 재소자만큼 더 수용시킬 수밖에 없다는 수용전략으로 단기적으로 교정시설의 증설을 회피할 수 있다.
㉣ 일단 수용된 범죄자를 보호관찰부 가석방, 선시제도 등을 이용하여 새로운 입소자들을 위한 공간확보를 위해서 그들의 형기종료 이전에 미리 출소시킨다.
㉤ 범죄인을 선별적으로 구금하여 교정시설공간을 보다 효율적으로 운영하자는 내용으로 전체적으로 상당한 범죄감소효과와 과밀수용을 해소할 수 있다.

[보기 2]

(ㄱ) 정문정책(front－door)전략
(ㄴ) 후문정책(back－door)전략
(ㄷ) 선별적 무능력화
(ㄹ) 무익한 전략(null strategy)
(ㅁ) 교정시설의 증설
(ㅂ) 사법절차와 과정의 개선

① ㉠ － (ㄱ), ㉡ － (ㄴ)
② ㉡ － (ㄷ), ㉢ － (ㅂ)
③ ㉢ － (ㄹ), ㉣ － (ㄴ)
④ ㉣ － (ㅁ), ㉤ － (ㄷ)

해설

㉠ 교정 이전 단계에서 범죄자를 보호관찰, 가택구금, 배상처분 등 비구금적 제재로 전환시킴으로써 수용인구를 줄일

수 있다. – (ㄱ) 정문정책(front–door)전략

ⓛ 검찰의 기소나 법원의 양형결정 시 수용능력과 현황에 관한 자료를 참고한다. – (ㅂ) 사법절차와 과정의 개선

ⓒ 별다른 대책 없이 증가되는 재소자만큼 더 수용시킬 수밖에 없다는 수용전략으로 단기적으로 교정시설의 증설을 회피할 수 있다. – (ㄹ) 무익한 전략(null strategy)

ⓔ 일단 수용된 범죄자를 보호관찰부 가석방, 선시제도 등을 이용하여 새로운 입소자들을 위한 공간확보를 위해서 그들의 형기종료 이전에 미리 출소시킨다. – (ㄴ) 후문정책(back–door)전략

ⓜ 범죄인을 선별적으로 구금하여 교정시설공간을 보다 효율적으로 운영하자는 내용으로 전체적으로 상당한 범죄감소효과와 과밀수용을 해소할 수 있다. – (ㄷ) 선별적 무능력화

정답 | ③

14

다음은 브럼스타인(A. Blumstein)이 주장한 교도소 과밀화 해소방안전략 중 어느 것에 해당하는가?

교정9급 2019

- 교정 이전단계에서 범죄자를 보호관찰, 가택구금, 벌금형, 배상처분, 사회봉사명령 등 비구금적 제재로 전환시킴으로써 교정시설에 수용되는 인구 자체를 줄이자는 전략이다.
- 이 전략은 강력범죄자에게는 적용이 적절하지 않기 때문에 일부 경미범죄자나 초범자들에게만 적용 가능하다는 한계가 있다.

① 후문정책(back–door policy)
② 정문정책(front–door policy)
③ 선별적 무능력화(selective incapacitation)
④ 무익한 전략(null strategy)

해설

정문정책에 대한 설명으로, 교정 이전 단계에서 범죄자를 보호관찰, 가택구금, 벌금형, 배상처분, 사회봉사명령 등 비구금적 제재로 전환시킴으로써 교정시설에 수용되는 인구자체를 줄이자는 주장이다. 그러나 이러한 방식은 중요한 강력범죄자에게는 적용할 수 없고, 오히려 형사사법망을 확대시키는 결과를 초래하여 더 많은 사람을 교정의 대상으로 삼게 되는 문제점을 야기할 가능성도 배제할 수 없다.

정답 | ②

15

블럼스타인(Blumstein)이 주장한 과밀수용 해소방안에 대한 설명으로 옳지 않은 것은? 교정9급 2022

① 교정시설의 증설: 재정부담이 크고 증설 후 단기간에 과밀수용이 재연될 수 있다는 점에서 주의가 요망된다.

② 구금인구 감소전략: 형벌의 제지효과는 형벌의 확실성보다 엄중성에 더 크게 좌우된다는 논리에 근거하고 있다.

③ 사법절차와 과정의 개선: 검찰의 기소나 법원의 양형결정 시 교정시설의 수용능력과 현황을 고려하여 과밀수용을 조정해야 한다는 전략이다.

④ 선별적 무력화: 재범위험이 높은 수형자를 예측하여 제한된 공간에 선별적으로 구금함으로써 교정시설의 공간을 보다 효율적으로 운영하려는 방안이다.

해설

형벌의 제지효과로서의 엄중성은 고전학파의 시각에서 주장되는 것으로, 격리·구금을 강조하므로 과밀수용의 해소방안이 될 수 없다.

수용인구 감소전략(정문정책전략 · 후문정책전략)

- 정문(Front－door)정책전략
  - 정문정책전략은 교정(수용처분) 이전 단계에서 비구금적인 제재로 전환하는 것으로, 보호관찰·가택구금·벌금형·배상처분·사회봉사명령·선도조건부 기소유예 등이 있으며, 일부 경미한 범죄자나 초범자들에게 가능하다.
  - 중누범자나 강력범에게는 적용하기 어렵고, 형사사법망을 확대시키는 결과를 초래할 수 있다.
- 후문(Back－door)정책전략
  - 후문정책전략은 일단 교정시설에 수용된 범죄자를 보호관찰부 가석방·선시제도·사면·감형 등을 활용하여 형기종료 이전에 출소시키는 정책이다.
  - 가석방정책이나 선시제도 확대실시는 과밀수용에 대한 신속하고 용이한 임시방편으로 이용되고 있는 반면, '회전식 교도소문 증후군'이라는 비판을 받고 있다.

정답 | ②

16

교정이념 중 무력화(incapacitation)에 대한 설명으로 옳지 않은 것은? 교정7급 2023

① 일반적으로 구금을 의미하고, 국외추방이나 사형집행도 포함한다.

② 집단적 무력화(collective incapacitation)란 재범의 위험성이 높다고 판단되는 상습범죄자의 구금을 통해 추가적인 범죄가 발생할 가능성을 제거하는 것을 의미한다.

③ 선택적 무력화(selective incapacitation)는 과학적인 방법으로 범죄를 예측하며, 교정자원을 효율적으로 활용할 수 있다.

④ 무력화 대상자 선택에 있어 잘못된 긍정(false positive)과 잘못된 부정(false negative)의 문제를 야기할 수 있다.

해설

②는 집단적 무력화가 아닌 선택적 무력화에 대한 설명이다.

무능력화

구분		집합적 무력화	선별적 무력화
차이점	대상	유죄확정된 모든 강력범죄자	소수 중·누범자
차이점	내용	• 가석방 지침이나 요건을 강화하여 가석방 지연 • 정기형하에서 장기형을 강제하는 법률 제정 • 선시제도에서 선행에 대한 가산점을 삭감하여 석방시기 지연	• 과학적 방법에 의해 재범위험성이 높은 것으로 판단되는 개인을 구금 • 위험성이 높은 범죄자일수록 장기간 구금 • 부정기형과 유사 • 지역사회교정 발전에 기여 • 잘못된 긍정의 오류나 부정의 오류 야기
공통점		범죄예방이 그 목적	

정답 | ②

CHAPTER 03 .... 2026 박상민 JUSTICE 교정학

수용자의 지위와 처우

01

시찰과 참관에 대한 설명으로 옳지 않은 것은?

교정7급 2011

① 판사와 검사는 직무상 필요하면 교정시설을 시찰할 수 있다.
② 소장은 교도관에게 시찰을 요구받은 장소를 안내하게 한다.
③ 외국인에게 참관을 허가할 경우에는 법무부장관의 승인을 받아야 한다.
④ 미결수용자가 수용된 거실은 참관할 수 없다.

해설

외국인에게 참관을 허가할 경우에는 미리 관할 지방교정청장의 승인을 받아야 한다.

정답 | ③

02

행위와 그 주체를 연결한 것으로 옳지 않은 것은?

교정9급 2010

① 교정시설의 시찰－판사와 검사
② 교정시설의 참관－판사와 검사 외의 사람
③ 교정시설의 순회점검－법무부장관과 소속 공무원
④ 교정시설의 설치·운영의 민간위탁－교정시설의 장

해설

교정시설의 설치·운영의 민간위탁 － 법무부장관

정답 | ④

03

「형의 집행 및 수용자의 처우에 한 법률」의 규정에 의하여 참관이 금지된 곳으로 옳은 것은? 교정9급 2010

① 여성수용자의 거실
② 전담교정시설 수용자의 거실
③ 개방시설 수용자의 거실
④ 사형확정자의 거실

해설

사형확정자와 미결수용자가 수용된 거실은 참관이 금지된다.

정답 | ④

04

「형의 집행 및 수용자의 처우에 관한 법률」의 내용으로 옳지 않은 것은? 교정9급 2018

① 교정시설의 장은 법률이 정한 사유가 있는 수형자에게 5일 이내의 특별귀휴를 허가할 수 있다.
② 수형자가 소년교도소에 수용 중에 19세가 된 경우에도 교육·교화프로그램, 작업, 직업훈련 등을 실시하기 위하여 특히 필요하다고 인정되면 23세가 되기 전까지는 계속하여 수용할 수 있다.
③ 법무부장관은 교정시설의 운영, 교도관의 복무, 수용자의 처우 및 인권실태 등을 파악하기 위하여 매월 1회 이상 교정시설을 순회점검하거나 소속 공무원으로 하여금 순회점거하게 하여야 한다.
④ 법무부장관은 교정시설의 설치 및 운영에 관한 업무의 일부를 법인 또는 개인에게 위탁할 수 있다.

해설

③ 법무부장관은 교정시설의 운영, 교도관의 복무, 수용자의 처우 및 인권실태 등을 파악하기 위하여 매년 1회 이상 교정시설을 순회점검하거나 소속 공무원으로 하여금 순회점검하게 하여야 한다(형집행법 제8조).
① 소장은 다음 각 호의 어느 하나에 해당하는 사유가 있는 수형자에 대하여는 제1항에도 불구하고 5일 이내의 특별귀휴를 허가할 수 있다(동법 제77조 제2항).
  1. 가족 또는 배우자의 직계존속이 사망한 때
  2. 직계비속의 혼례가 있는 때
② 동법 제12조 제3항
④ 동법 제7조 제1항

정답 | ③

05

현행 「형의 집행 및 수용자의 처우에 관한 법률」이 명문으로 인정하고 있는 수형자의 권리는? 교정9급 2008

① 가석방재심사 요구
② 징벌집행의 유예신청
③ 자비부담의 신문구매신청
④ 귀휴심사청구

해설

자비부담의 신문구매는 권리로 보고 있지만, 나머지 사항은 권리가 아니다.

정답 | ③

06

교정시설에 대한 설명으로 옳지 않은 것은?

교정9급 2011

① 법무부장관은 교정시설 설치 및 운영에 관한 업무의 일부를 법인 또는 개인에게 위탁할 수 있다.
② 법무부장관은 교정시설의 운영, 교도관의 복무, 수용자의 처우 및 인권실태 등을 파악하기 위하여 매년 1회 이상 교정시설을 순회점검하거나 소속 공무원으로 하여금 순회점검하게 하여야 한다.
③ 검사는 직무상 필요하면 교정시설을 시찰할 수 있다.
④ 판사는 교정시설을 시찰하고자 하는 때에는 정당한 이유를 명시하여 교정시설의 장의 허가를 받아야 한다.

해설

소장(교정시설의 장)은 시찰의 경우에는 허가권자가 아니지만, 참관의 경우에는 허가권자이다.

정답 | ④

07

형의 집행 및 수용자의 처우에 관한 법령상 교정시설의 시찰 및 참관에 대한 설명으로 옳지 않은 것은?

교정9급 2018

① 교정시설의 장은 판사와 검사 외의 사람이 교정시설의 참관을 신청하는 경우에는 그 성명·직업·주소·나이·성별 및 참관목적을 확인한 후 허가 여부를 결정하여야 한다.

② 판사와 검사 외의 사람은 교정시설을 참관하려면 학술연구 등 정당한 이유를 명시하여 관할 지방교정청장의 허가를 받아야 한다.

③ 판사 또는 검사가 교정시설을 시찰할 경우에는 미리 그 신분을 나타내는 증표를 교정시설의 장에게 제시하여야 한다.

④ 교정시설의 장은 판사와 검사를 교도관에게 시찰을 요구받은 장소로 안내하여야 한다.

해설

② 판사와 검사 외의 사람은 교정시설을 참관하려면 학술연구 등 정당한 이유를 명시하여 소장의 허가를 받아야 한다(형집행법 제9조 제2항).

① 동법 시행령 제3조 제1항

정답 | ②

08

형의 집행 및 수용자의 처우에 관한 법령상 교정시설에 대한 설명으로 옳지 않은 것은?

교정7급 2015

① 판사와 검사는 직무상 필요하면 교정시설을 시찰할 수 있다.

② 교정시설의 거실은 수용자가 건강하게 생활할 수 있도록 적정한 수준의 공간과 채광·통풍·난방을 위한 시설이 갖추어져야 한다.

③ 교정시설의 장은 외국인에게 교정시설의 참관을 허가할 경우에는 미리 법무부장관의 승인을 받아야 한다.

④ 신설하는 교정시설은 수용인원이 500명 이내의 규모가 되도록 하여야 하나, 교정시설의 기능·위치나 그 밖의 사정을 고려하여 그 규모를 증대할 수 있다.

해설

③ 소장은 외국인에게 참관을 허가할 경우에는 미리 관할 지방교정청장의 승인을 받아야 한다(형집행법 시행령 제3조 제2항).

① 동법 제9조 제1항

② 동법 제6조 제2항

④ 동조 제1항

정답 | ③

09

수형자의 권리 및 권리구제에 대한 설명으로 옳지 않은 것은? (다툼이 있는 경우 판례에 의함) 교정7급 2017

① 교도소의 안전 및 질서유지를 위하여 행해지는 규율과 징계로 인한 기본권의 제한도 다른 방법으로는 그 목적을 달성할 수 없는 경우에만 예외적으로 허용되어야 한다.

② 교도관의 시선에 의한 감시만으로는 자살·자해 등의 교정사고 발생을 막는 데 시간적·공간적 공백이 있으므로 이를 메우기 위하여는 CCTV를 설치하여 수형자를 상시적으로 관찰하는 것이 적합한 수단이 될 수 있다.

③ 수형자의 영치품에 대한 사용신청 불허처분 후 수형자가 다른 교도소로 이송되었더라도 권리와 이익의 침해 등이 해소되지 않고 형기가 만료되기까지는 아직 상당한 기간이 남아 있을 뿐만 아니라, 재이송 가능성이 소멸하였다고 단정하기 어려운 점에서 영치품 사용신청 불허처분의 취소를 구할 이익이 있다.

④ 교정시설의 1인당 수용면적이 수형자의 인간으로서의 기본 욕구에 따른 생활조차 어렵게 할 만큼 지나치게 협소하더라도, 이는 그 자체로 국가형벌권 행사의 한계를 넘어 수형자의 인간의 존엄과 가치를 침해한다고 보기는 어렵다.

해설

④ 수형자가 인간 생존의 기본조건이 박탈된 교정시설에 수용되어 인간의 존엄과 가치를 침해당하였는지 여부를 판단함에 있어서는 1인당 수용면적뿐만 아니라 수형자 수와 수용거실 현황 등 수용시설 전반의 운영 실태와 수용기간, 국가 예산의 문제 등 제반 사정을 종합적으로 고려할 필요가 있다. 그러나 교정시설의 1인당 수용면적이 수형자의 인간으로서의 기본 욕구에 따른 생활조차 어렵게 할 만큼 지나치게 협소하다면, 이는 그 자체로 국가형벌권 행사의 한계를 넘어 수형자의 인간의 존엄과 가치를 침해하는 것이다.

① 수용자의 경우에도 모든 기본권의 제한이 정당화될 수 없으며 국가가 개인의 불가침의 기본적인 인권을 확인하고 보장할 의무로부터 자유로워질 수는 없다. 따라서 수용자의 지위에서 예정되어 있는 기본권 제한이라도 형의 집행과 도주 방지라는 구금의 목적과 관련되어야 하고 그 필요한 범위를 벗어날 수 없으며, 교도소의 안전 및 질서유지를 위하여 행해지는 규율과 징계로 인한 기본권의 제한도 다른 방법으로는 그 목적을 달성할 수 없는 경우에만 예외적으로 허용되어야 한다.

② CCTV 계호행위는 청구인의 생명·신체의 안전을 보호하기 위한 것으로서 그 목적이 정당하고, 교도관의 시선에 의한 감시만으로는 자살·자해 등의 교정사고 발생을 막는 데 시간적·공간적 공백이 있으므로 이를 메우기 위하여 CCTV를 설치하여 수형자를 상시적으로 관찰하는 것은 위 목적 달성에 적합한 수단이라 할 것이다.

③ 원고의 긴 팔 티셔츠 2개(영치품)에 대한 사용신청 불허처분 이후 이루어진 원고의 다른 교도소로의 이송이라는 사정에 의하여 원고의 권리와 이익의 침해 등이 해소되지 아니한 점, 원고의 형기가 만료되기까지는 아직 상당한 기간이 남아 있을 뿐만 아니라, ○○교도소가 전국 교정시설의 결핵 및 정신질환 수형자들을 수용·관리하는 의료교도소인 사정을 감안할 때 원고의 ○○교도소로의 재이송 가능성이 소멸하였다고 단정하기 어려운 점 등을 종합하면, 원고로서는 영치품 사용신청 불허처분의 취소를 구할 이익이 있다고 봄이 상당하다.

정답 | ④

10

수용자의 기본권에 대한 설명으로 옳은 것은? (다툼이 있는 경우 헌법재판소 판례에 의함) 교정7급 2014

① 변호사와 접견하는 경우에도 수용자의 접견은 원칙적으로 접촉 차단시설이 설치된 장소에서 하도록 규정하고 있는 형의 집행 및 수용자의 처우에 관한 법률 시행령 관련 조항은 수용자의 재판청구권을 침해한다.

② 수형자의 선거권을 전면적·획일적으로 제한하는 공직선거법 관련 조항은 범행의 불법성이 커 교정시설에 구금되어 있는 자들의 선거권을 일률적으로 제한해야 할 필요성에 근거한 것으로 수형자의 선거권을 침해하는 것은 아니다.

③ 교도소에 수용된 때에는 국민건강급여를 정지하도록 한 국민건강보험법상의 규정은 수용자의 건강권, 인간의 존엄성, 행복추구권, 인간다운 생활을 할 권리를 침해하는 것으로 위헌이다.

④ 교화상 또는 구금목적에 특히 부적당하다고 인정되는 기사, 조직범죄 등 수용자 관련 범죄기사에 대한 신문기사를 삭제한 후 수용자에게 구독케 한 행위는 알 권리의 과잉침해에 해당한다.

해설

② 유기징역과 유기금고 수형자의 선거권을 전면적, 획일적으로 제한하는 것은 선거권을 침해하는 것이다.

③ 교도소에서 수용된 때에는 국민건강급여를 정지하도록 한 국민건강보험법 상의 규정은 수용자의 건강권, 인간의 존엄성, 행복추구권, 인간다운 생활을 할 권리를 침해한 것이 아니다.

④ 교화상 또는 구금목적에 특히 부적당하다고 인정되는 기사, 조직범죄 등 수용자 등 수용자 관련 범죄기사에 대한 신문기사를 삭제한 후 수용자에게 구독케 한 행위는 알 권리의 과잉침해에 해당되지 않는다.

정답 | ①

11

수용자의 처우 및 권리에 대한 설명으로 옳지 않은 것은? (다툼이 있는 경우 판례에 의함) 교정7급 2022

① 수용자가 변호사와 접견하는 경우에도 일률적으로 접촉차단시설이 설치된 장소에서 하도록 하는 규정은 과잉금지원칙에 위배되지 않으며 재판청구권을 침해하는 것도 아니다.

② 수형자가 헌법소원사건의 국선대리인인 변호사를 접견함에 있어서 교도관이 그 접견내용을 녹음, 기록한 행위는 해당 수형자의 재판을 받을 권리를 침해한다.

③ 수용자가 보내려는 모든 서신에 대해 무봉함상태의 제출을 강제함으로써 수용자의 발송서신 모두를 검열 가능한 상태에 놓이도록 하는 것은 수용자의 통신비밀의 자유를 침해하는 것이다.

④ 수형자에 대하여 전면적·획일적으로 선거권을 제한하는 것은 헌법상 선거권을 침해하는 것이며, 보통선거원칙에 위반하여 평등원칙에도 어긋난다.

해설

① 변호사와 접견하는 경우에도 수용자의 접견은 원칙적으로 접촉차단시설이 설치된 장소에서 하도록 규정은 과잉금지원칙에 위배하여 청구인의 재판청구권을 지나치게 제한하고 있으므로, 헌법에 위반된다(헌재 2013.8.29. 2011헌마122).

② 수형자인 청구인이 헌법소원 사건의 국선대리인인 변호사를 접견함에 있어서 그 접견내용을 녹음, 기록한 피청구인의 행위 즉, 이 사건에 있어서 청구인과 헌법소원 사건의 국선대리인인 변호사의 접견내용에 대해서는 접견의 목적이나 접견의 상대방 등을 고려할 때 녹음, 기록이 허용되어서는 아니 될 것임에도, 이를 녹음, 기록한 행위는 청구인의 재판을 받을 권리를 침해한다(헌재 2013.9.26. 2011헌마398).

③ 수용자가 밖으로 내보내는 모든 서신을 봉함하지 않은 상태로 교정시설에 제출하도록 규정하고 있는 '형의 집행 및 수용자의 처우에 관한 법률 시행령'(2008.10.29. 대통령령 21095호로 개정된 것) 제65조 제1항(이하 '이 사건 시행령조항')이 청구인의 통신 비밀의 자유를 침해하는지 여부(적극)

이 사건 시행령조항은 교정시설의 안전과 질서유지, 수용자의 교화 및 사회복귀를 원활하게 하기 위해 수용자가 밖으로 내보내는 서신을 봉함하지 않은 상태로 제출하도록 한 것이나, 이와 같은 목적은 교도관이 수용자의 면전에서 서신에 금지물품이 들어 있는지를 확인하고 수용자로 하여금 서신을 봉함하게 하는 방법, 봉함된 상태로 제출된 서신을 X-ray 검색기 등으로 확인한 후 의심이 있는 경우에만 개봉하여 확인하는 방법, 서신에 대한 검열이 허용되는 경우에만 무봉함상태로 제출하도록 하는 방법 등으로도 얼마든지 달성할 수 있다고 할 것인바, 위 시행령 조항이 수용자가 보내려는 모든 서신에 대해 무봉함상태의 제출을 강제함으로써 수용자의 발송서신 모두를 사실상 검열 가능한 상태에 놓이도록 하는 것은 기본권 제한의 최소 침해성 요건을 위반하여 수용자인 청구인의 통신비밀의 자유를 침해하는 것이다(헌재결 2012.2.23. 2009헌마333).

④ 집행유예기간 중인 자와 수형자의 선거권을 제한하고 있는 공직선거법(2005.8.4. 법률 제7681호로 개정된 것) 제18조 제1항 제2호 중 '유기징역 또는 유기금고의 선고를 받고 그 집행이 종료되지 아니한 자(이하 '수형자')'에 관한 부분과 '유기징역 또는 유기금고의 선고를 받고 그 집행유예기간 중인 자(이하 '집행유예자')'에 관한 부분 및 형법(1953.9.18. 법률 제293호로 제정된 것) 제43조 제2항 중 수형자와 집행유예자의 '공법상의 선거권'에 관한 부분(이하 '심판대상조항')이 헌법 제37조 제2항에 위반하여 청구인들의 선거권을 침해하고, 보통선거원칙에 위반하여 평등원칙에도 어긋나는지 여부(적극)
심판대상조항은 집행유예자와 수형자에 대하여 전면적·획일적으로 선거권을 제한하고 있다. 심판대상조항의 입법목적에 비추어 보더라도, 구체적인 범죄의 종류나 내용 및 불법성의 정도 등과 관계없이 일률적으로 선거권을 제한하여야 할 필요성이 있다고 보기는 어렵다. 범죄자가 저지른 범죄의 경중을 전혀 고려하지 않고 수형자와 집행유예자 모두의 선거권을 제한하는 것은 침해의 최소성원칙에 어긋난다. 특히 집행유예자는 집행유예 선고가 실효되거나 취소되지 않는 한 교정시설에 구금되지 않고 일반인과 동일한 사회생활을 하고 있으므로, 그들의 선거권을 제한해야 할 필요성이 크지 않다. 따라서 심판대상조항은 청구인들의 선거권을 침해하고, 보통선거원칙에 위반하여 집행유예자와 수형자를 차별취급하는 것이므로 평등원칙에도 어긋난다(헌재결 2014.1.28. 2012헌마409).

정답 | ①

12

수용자의 권리구제에 대한 설명으로 옳지 않은 것은?

교정7급 2020

① 소장은 특별한 사정이 있으면 소속 교도관으로 하여금 그 면담을 대리하게 할 수 있으며, 이 경우 면담을 대리한 사람은 그 결과를 소장에게 지체 없이 보고하여야 한다.

② 사법적 권리구제수단으로는 행정소송, 민·형사소송, 청원, 헌법소원이 있다.

③ 구금·보호시설의 직원은 국가인권위원회 위원 등이 시설에 수용되어 있는 진정인과 면담하는 장소에 참석할 수 없으며, 대화내용을 듣거나 녹취하지 못한다. 다만, 보이는 거리에서 시설수용자를 감시할 수 있다.

④ 청원권자는 수형자, 미결수용자, 내·외국인을 불문하고 「형의 집행 및 수용자의 처우에 관한 법률」상 수용자이다.

해설

② 사법적 권리구제수단으로는 행정소송, 민·형사소송, 헌법소원이 있으며, 비사법적 권리구제수단으로는 청원, 소장면담, 행정심판, 국가인권위원회 진정, 민원조사관제, 중재, 감사원 심사청구 등이 있다.

① 형집행법 제116조 제3항

③ 시설에 수용되어 있는 진정인(진정을 하려는 사람을 포함)과 위원 또는 위원회 소속 직원의 면담에는 구금·보호시설의 직원이 참여하거나 그 내용을 듣거나 녹취하지 못한다. 다만, 보이는 거리에서 시설수용자를 감시할 수 있다(국가인권위원회법 제31조 제6항).

④ 형집행법 제117조 제1항

정답 | ②

13

수용자의 권리보호에 대한 설명으로 옳지 않은 것은?

교정7급 2013

① 헌법 제10조에서 규정하고 있는 모든 국민의 인간으로서의 존엄과 가치, 행복추구권은 이의 근거가 된다.

② 수용자는 청원, 진정, 소장과의 면담, 그 밖의 권리구제를 위한 행위를 하였다는 이유로 불이익한 처우를 받지 아니한다.

③ 사법적 권리구제수단으로, 공권력의 부당한 행사 내지 불행사로 인하여 기본권을 침해받은 수용자는 법원의 재판을 제외하고는 헌법소원을 제기할 수 있다.

④ 비사법적 권리구제수단으로, 서면으로 청원을 하는 경우 수용자는 청원서를 작성하여 봉한 후 소장 또는 순회점검공무원에게 제출하여야 한다.

해설

비사법적 권리구제수단으로, 서면으로 청원을 하는 경우 수용자는 청원서를 작성하여 봉한 후 소장에게 제출한다. 즉, 순회점검공무원에게의 제출(전달)은 소장이 하도록 되어있다.

정답 | ④

14

「형의 집행 및 수용자의 처우에 관한 법률」상 권리구제에 대한 설명으로 옳은 것은?

교정7급 2023

① 소장은 수용자의 신청에 따라 면담한 결과, 처리가 필요한 사항이 있으면 그 결과를 수용자에게 알려야 한다.

② 수용자가 순회점검공무원에게 말로 청원하여 순회점검공무원이 그 청원을 청취하는 경우에는 해당 교정시설의 교도관이 참여한다.

③ 수용자는 그 처우에 관하여 불복하는 경우 법무부장관·순회점검공무원 또는 소장에게 청원할 수 있다.

④ 수용자는 「공공기관의 정보공개에 관한 법률」에 따라 법무부장관, 순회점검공무원 또는 관할 지방교정청장에게 정보의 공개를 청구할 수 있다.

해설

① 형집행법 제116조 제4항

② 순회점검공무원이 청원을 청취하는 경우에는 해당 교정시설의 교도관이 참여하여서는 아니 된다(동법 제117조 제4항).

③ 수용자는 그 처우에 관하여 불복하는 경우 법무부장관·순회점검공무원 또는 관할 지방교정청장에게 청원할 수 있다(동조 제1항).

④ 수용자는 「공공기관의 정보공개에 관한 법률」에 따라 법무부장관, 지방교정청장 또는 소장에게 정보의 공개를 청구할 수 있다(동법 제117조의2 제1항).

정답 | ①

15

수용자의 권리구제수단에 관한 설명으로 옳은 것은?

교정9급 2008

① 수용자가 법무부장관에게 청원하는 경우에는 청원서를 작성하여 당해 시설의 소장에게 제출하며, 소장은 청원서를 검토한 후 법무부장관에게 송부한다.

② 수용자가 순회점검공무원에게 청원하는 경우에는 서면 또는 말로써 할 수 있으며, 순회점검공무원이 말로써 청원을 청취하는 때에는 교도관을 참여시킬 수 있다.

③ 법무부장관은 교도소 등을 순회점검하거나 소속 공무원으로 하여금 순회점검하게 할 수 있으며, 판사와 검사는 교도소 등을 수시로 시찰할 수 있다.

④ 수용자는 교도소의 처우에 대하여 행정심판 및 행정소송을 제기할 수 있으나, 헌법소원의 제기는 불가능하다.

해설

① 수용자가 법무부장관에게 청원하는 경우에는 청원서를 작성하여 당해 시설의 소장에게 제출하며, 소장은 청원서의 내용을 확인할 수 없고 법무부장관에게 보내야 한다.

② 수용자가 순회점검공무원에게 청원하는 경우에는 서면 또는 말로써 할 수 있으며, 순회점검공무원이 말로써 청원을 청취하는 때에는 교도관을 참여시켜서는 아니 된다.

④ 수용자는 교도소의 처우에 대하여 행정심판 및 행정소송 그리고 헌법소원을 제기할 수 있다.

정답 | ③

16

「형의 집행 및 수용자의 처우에 관한 법률」상 수용자의 권리구제에 대한 내용으로 옳지 않은 것은?

교정7급 2021

① 소장은 청원서의 내용을 확인한 후, 이를 지체 없이 법무부장관·순회점검공무원 또는 관할 지방교정청장에게 보내거나 순회점검공무원에게 전달하여야 한다.

② 수용자는 그 처우에 관하여 불복하는 경우 법무부장관·순회점검공무원 또는 관할 지방교정청장에게 청원할 수 있다.

③ 청원에 관한 결정은 문서로 하여야 한다.

④ 순회점검공무원에 대한 청원은 말로도 할 수 있다.

해설

소장은 청원서를 개봉하여서는 아니 되며, 이를 지체 없이 법무부장관·순회점검공무원 또는 관할 지방교정청장에게 보내거나 순회점검공무원에게 전달하여야 한다(형집행법 제117조 제3항).

정답 | ①

17

수용자의 권리구제에 대한 설명으로 옳지 않은 것은?

교정7급 2012

① 비사법적 구제의 일환으로 수용자는 소장에게 면담을 신청할 수 있지만, 소장은 수용자가 정당한 사유 없이 면담사유를 밝히지 아니하는 때에는 면담에 응하지 않을 수 있다.

② 수용자는 자기 또는 타인의 처우에 대한 불복이 있는 경우 법무부장관·순회점검공무원 또는 관할 지방교정청장에게 청원할 수 있다.

③ 수용자는 소장의 위법, 부당한 처분으로 인하여 자신의 권리나 이익이 침해되었다고 판단한 때에는 지방교정청장에게 행정심판을 청구할 수 있다.

④ 사법적 권리구제로서 헌법소원을 제기하기 위해서 법률에 정해진 기본권 구제절차를 거쳐야 하지만, 「형의 집행 및 수용자의 처우에 관한 법률」상의 청원을 거쳐야 할 필요는 없다.

해설

청원은 수용자 자신의 처우상의 불복에 대해서만 허용된다. 참고로 국가인권위원회로의 진정은 수용자 또는 제3자도 가능하다. ③은 행정심판위원회의 위원장인 지방교정청장에게 행정심판을 청구할 수 있으므로 맞는 지문이고, ④의 경우, 판례의 입장으로서 청원을 헌법소원 제기 전에 거쳐야 하는 사전절차로 보고 있지 않다.

정답 | ②

18

현행법령상 수용자의 권리구제제도로서 청원에 관한 설명으로 옳지 않은 것은?

교정9급 2009

① 수용자는 그 처우에 관하여 불복하는 경우 법무부장관·순회점검공무원 또는 관할 지방교정청장에게 청원할 수 있다.

② 청원에 관한 결정은 문서로써 하여야 하며, 소장은 결정서를 접수하면 청원인에게 지체 없이 전달하여야 한다.

③ 청원하려는 수용자는 청원서를 작성하여 봉한 후 소장에게 제출하여야 한다.

④ 순회점검공무원에게 하는 청원은 말로도 할 수 있으며, 이 경우 해당 교정시설의 교도관 등이 참여할 수 있다.

해설

외부인과 수용자가 대면하는 경우 교도관이 참여할 수 없는 경우는 진정인과 인권위 위원 및 직원과의 면담 시(다만, 보이는 거리에서 감시 가능), 미결수용자와 변호인 간의 접견 시(다만, 보이는 거리에서 관찰 가능), 순회점검공무원에게 말로써 청원하는 경우(보이는 거리에서 감시 및 관찰규정 없음)이다.

정답 | ④

19

수용자의 권리구제에 대한 설명으로 옳지 않은 것은?

교정9급 2011

① 수용자가 교정시설의 처우에 불복하는 경우 교정시설의 소장에게 청원할 수 있다.
② 순회점검공무원이 수용자의 청원을 청취하는 경우에는 해당 교정시설의 교도관 등이 참여하여서는 아니 된다.
③ 수용자는 「공공기관의 정보공개에 관한 법률」에 따라 소장에게 정보의 공개를 청구할 수 있다.
④ 수용자는 권리구제를 위한 행위를 하였다는 이유로 불이익한 처우를 받지 아니한다.

해설

수용자가 교정시설의 처우에 불복하는 경우 법무부장관·순회점검공무원 또는 관할 지방교정청장에게 청원할 수 있고, 정보공개청구는 법무부장관, 지방교정청장 또는 소장에게 할 수 있다.

정답 | ①

20

「형의 집행 및 수용자의 처우에 관한 법률」상 수용자의 권리구제에 대한 설명으로 옳지 않은 것은?

교정9급 2015

① 처우에 불복하여 청원하려는 수용자는 청원서를 작성하여 봉한 후 소장에게 제출하여야 하나, 순회점검공무원에 대한 청원은 말로도 할 수 있다.
② 소장은 청원에 관한 결정서를 접수하면 청원인에게 지체 없이 전달하여야 한다.
③ 청원에 관한 결정은 문서 또는 말로 할 수 있다.
④ 수용자가 정당한 사유 없이 면담사유를 밝히지 아니하고 면담을 신청한 경우 소장은 그 면담에 응하지 아니할 수 있다.

해설

③ 청원에 관한 결정은 문서로써 하여야 한다(형집행법 제117조 제5항).
① 동조 제2항
② 동조 제6항
④ 동법 제116조 제2항

정답 | ③

21

형의 집행 및 수용자의 처우에 관한 법률상 수용자 권리구제에 대한 설명으로 옳지 않은 것은? 교정9급 2020

① 소장은 수용자가 정당한 사유 없이 면담사유를 밝히지 아니하는 때에는 면담을 거부할 수 있다.
② 수용자는 그 처우에 관하여 불복하는 경우 법무부장관, 순회점검공무원 또는 관할 지방법원장에게만 청원할 수 있다.
③ 수용자는 그 처우에 관하여 불복하여 순회점검공무원에게 청원하는 경우 청원서가 아닌 말로도 할 수 있다.
④ 수용자는 청원, 진정, 소장과의 면담, 그 밖의 권리구제를 위한 행위를 하였다는 이유로 불이익한 처우를 받지 아니한다.

해설

② 수용자는 그 처우에 관하여 불복하는 경우 법무부장관·순회점검공무원 또는 관할 지방교정청장에게 청원할 수 있다(형집행법 제117조 제1항).
① 동법 제116조 제2항 제1호
③ 동법 제117조 제2항
④ 동법 제118조

정답 | ②

22

「형의 집행 및 수용자의 처우에 관한 법률」과 동법 시행령상 청원에 대한 설명으로 옳지 않은 것은? 교정7급 2016

① 수용자는 그 처우에 관하여 불복하는 경우 법무부장관·순회점검공무원 또는 관할 지방교정청장에게 청원할 수 있다.
② 청원하려는 수용자는 청원서를 작성하여 봉한 후 소장에게 제출하여야 한다. 다만, 순회점검공무원에 대한 청원은 말로도 할 수 있으며, 이때 그 내용을 전부 녹음하여야 한다.
③ 순회점검공무원이 청원을 청취하는 경우 해당 교정시설의 교도관이 참여하여서는 아니 된다.
④ 청원에 관한 결정은 문서로써 하여야 하며, 소장은 청원에 관한 결정서를 접수하면 청원인에게 지체 없이 전달하여야 한다.

해설

② 순회점검공무원이 청원을 청취하는 경우에는 그 내용을 청취 또는 녹취하지 못한다.
① 형집행법 제117조 제1항
③ 동조 제4항
④ 동조 제5항·제6항

정답 | ②

23

형의 집행 및 수용자의 처우에 관한 법령상 청원에 대한 설명으로 옳지 않은 것은? 교정9급 2019

① 수용자는 그 처우에 관하여 불복하는 경우 법무부장관·순회점검공무원 또는 관할 지방교정청장에게 청원할 수 있다.

② 청원하려는 수용자는 청원서를 작성하여 봉한 후 소장에게 제출하여야 한다. 다만, 순회점검공무원에 대한 청원은 말로도 할 수 있다.

③ 소장은 청원서를 개봉하여서는 아니 되며, 이를 지체 없이 법무부장관·순회점검공무원 또는 관할 지방교정청장에게 보내거나 순회점검공무원에게 전달하여야 한다.

④ 소장은 수용자가 관할 지방교정청장에게 청원하는 경우에는 그 인적사항을 청원부에 기록하여야 한다.

해설

소장은 수용자가 순회점검공무원에게 청원하는 경우에는 그 인적사항을 청원부에 기록하여야 한다(형집행법 시행령 제139조 제1항).

정답 | ④

24

형의 집행 및 수용자의 처우에 관한 법령상 수용자의 권리구제에 대한 설명으로 옳은 것은? 교정7급 2024

① 처우에 불복하는 수용자는 소장에게 말로 하거나 청원서를 작성하여 봉한 후 제출하여 청원할 수 있다.

② 수용자가 처우에 관하여 각각 다른 사유로 반복하여 소장에게 면담을 신청하는 경우, 소장은 면담을 아니 할 수 있다.

③ 법무부장관, 지방교정청장 또는 소장은 청구일로부터 7일 이내에 정보의 공개 및 우송 등에 들 것으로 예상되는 비용을 산정하여, 정보공개를 청구한 수용자에게 미리 납부할 것을 통지하여야 한다.

④ 순회점검공무원은 수용자로부터 말로 청원을 받고 그 청원에 관하여 결정을 한 경우, 청원 및 결정의 요지를 청원부에 기록하여야 한다.

해설

④ 형집행법 시행령 제193조 제3항

① 청원하려는 수용자는 청원서를 작성하여 봉한 후 소장에게 제출하여야 한다. 다만, 순회점검공무원에 대한 청원은 말로도 할 수 있다(동법 제117조 제2항).

② 수용자가 동일한 사유로 면담한 사실이 있음에도 불구하고 정당한 사유 없이 반복하여 면담을 신청하는 경우, 소장은 면담을 아니할 수 있다(동법 제116조 제2항 제3호). 따라서 수용자가 처우에 관하여 각각 다른 사유로 반복하여 소장에게 면담을 신청하는 경우에는, 소장은 면담을 하여야 한다.

③ 법무부장관, 지방교정청장 또는 소장은 수용자가 정보공개의 청구를 한 경우에는 청구를 한 날부터 7일 이내에 정보의 공개 및 우송 등에 들 것으로 예상되는 비용을 산정하여 해당 수용자에게 미리 납부할 것을 통지할 수 있다(동법 시행령 제139조의2 제2항).

정답 | ④

25

재소자 권리구제제도로서 옴부즈맨(Ombudsman)에 대한 설명으로 옳지 않은 것은? 교정9급 2023

① 성공 여부는 독립성, 비당파성 및 전문성에 달려 있다.
② 옴부즈맨의 독립성과 전문성을 확보하기 위해서는 교정당국이 임명하여야 한다.
③ 재소자의 불평을 수리하여 조사하고 보고서를 작성하여 적절한 대안을 제시한다.
④ 원래 정부관리에 대한 시민의 불평을 조사할 수 있는 권한을 가진 스웨덴 공무원제도에서 유래하였다.

해설

옴부즈맨의 성공 여부는 독립성, 비당파성 및 전문성 확보가 관건이므로, 교정당국이 아닌 독립된 기관이 임명하여야 한다.

옴브즈맨

- 옴부즈맨은 1809년 스웨덴 헌법에서 채택된 후 각국에 전파되었다.
- 옴부즈맨은 의회나 정부가 임명한 일종의 사법관(공무원)으로, 직무수행에 대한 감시, 감독, 조사, 건의, 경고, 중재 등을 통해 민원을 구제하고, 행정의 폐해를 시정하는 역할을 한다.
- 스웨덴을 비롯하여 스칸디나비아 반도와 영국은 의회가 임명하는 옴부즈맨, 미국은 행정부가 임명하는 옴부즈맨을 운영하고 있는데, 옴부즈맨의 성공 여부는 독립성, 비당파성 및 전문성 확보가 관건이다.
- 미국에서는 옴부즈맨을 활용하여 비사법적인 방법으로 수용자의 권리구제 및 교정 관련 분쟁을 많이 해결하고 있다. 순회점검, 수용자 상담 및 고충처리, 소장면담 등은 수용자의 애로사항을 해결하는 측면에서 옴부즈맨과 유사한 점이 있지만, 독립적인 권한을 가지지 못한다는 점에서 옴부즈맨과 거리가 있다.

정답 | ②

26

수용자에 대한 징벌 및 권리구제에 대한 설명으로 옳은 것은? 교정9급 2012

① 소장은 동일한 사유로 면담한 사실이 있음에도 불구하고 정당한 사유 없이 반복하여 면담을 신청하는 경우 수용자의 면담에 응하지 아니할 수 있다.
② 수용자가 청원서를 제출한 경우, 소장은 지체 없이 청원내용을 확인하여야 한다.
③ 2회 이상 정보공개청구비용을 납부하지 않은 수용자는 향후 정보공개를 청구할 수 없다.
④ 징벌위원회는 징벌대상자에게 일정한 사유가 있는 경우 3개월 이하의 기간 내에서 징벌의 집행유예를 의결할 수 있다.

해설

① 면담제외사유(형집행법 제116조 제2항)
소장은 수용자의 면담신청이 있으면 다음 각 호의 어느 하나에 해당하는 사유가 있는 경우를 제외하고는 면담을 하여야 한다.
1. 정당한 사유 없이 면담사유를 밝히지 아니하는 때
2. 면담목적이 법령에 명백히 위배되는 사항을 요구하는 것인 때
3. 동일한 사유로 면담한 사실이 있음에도 불구하고 정당한 사유 없이 반복하여 면담을 신청하는 때
4. 교도관의 직무집행을 방해할 목적이라고 인정되는 상당한 이유가 있는 때

② 소장은 청원서를 개봉하여서는 아니 되며, 이를 지체 없이 법무부장관·순회점검공무원 또는 관할 지방교정청장에게 보내거나 순회점검공무원에게 전달하여야 한다(동법 제117조 제3항).

③ 현재의 수용기간 동안 법무부장관, 지방교정청장 또는 소장에게 제1항에 따른 정보공개청구를 한 후 정당한 사유 없이 그 청구를 취하하거나 「공공기관의 정보공개에 관한 법률」 제17조에 따른 비용을 납부하지 아니한 사실이 2회 이상 있는 수용자가 제1항에 따른 정보공개청구를 한 경우에 법무부장관, 지방교정청장 또는 소장은 그 수용자에게 정보의 공개 및 우송 등에 들 것으로 예상되는 비용을 미리 납부하게 할 수 있다. 정보의 공개 및 우송 등에 들 것으로 예상되는 비용을 미리 납부하여야 하는 수용자가 비용을 납부하지 아니한 경우 법무부장관, 지방교정청장

또는 소장은 그 비용을 납부할 때까지 「공공기관의 정보공개에 관한 법률」 제11조에 따른 정보공개 여부의 결정을 유예할 수 있다(동법 제117조의2 제2항 · 제3항).

④ 징벌위원회는 징벌을 의결하는 때에 행위의 동기 및 정황, 교정성적, 뉘우치는 정도 등 그 사정을 고려할 만한 사유가 있는 수용자에 대하여 2개월 이상 6개월 이하의 기간 내에서 징벌의 집행을 유예할 것을 의결할 수 있다(동법 제114조).

정답 | ①

27

수용자의 인권보호를 위한 국가인권위원회의 업무에 관한 설명으로 옳지 않은 것은? 교정9급 2008

① 국가인권위원회는 필요하다고 인정하면 그 의결로써 구금 · 보호시설을 방문하여 조사할 수 있다.

② 구금시설의 직원은 방문조사를 하는 위원이 시설수용자를 면담하는 장소에 입회할 수 없다.

③ 수용자는 구금시설의 업무수행과 관련하여 「헌법」 제10조 내지 제22조에 보장된 인권을 침해당한 때에는 위원회에 그 내용을 진정할 수 있다.

④ 구금시설에 소속된 공무원은 시설수용자가 위원회에 제출할 목적으로 작성한 진정서 및 서면을 열람할 수 없다.

해설

구금 · 보호시설의 직원은 방문조사를 하는 위원이 시설수용자를 면담하는 장소에 참석할 수 있다. 다만, 진정인과 면담하는 경우에는 참여할 수 없다.

정답 | ②

28

형의 집행 및 수용자의 처우에 관한 법령상 수형자의 분류심사에 대한 설명으로 옳은 것은? 교정9급 2019

① 법무부장관은 분류심사를 전담하는 교정시설을 지정·운영하는 경우에는 지방교정청별로 2개소 이상이 되도록 하여야 한다.

② 개별처우계획을 수립하기 위한 분류심사는 매월 초일부터 말일까지 형집행지휘서가 접수된 수형자를 대상으로 하며, 그 다음 달까지 완료하여야 한다. 다만, 특별한 사유가 있는 경우에는 그 기간을 연장할 수 있다.

③ 소장은 분류심사를 위하여 수형자와 그 가족을 대상으로 상담 등을 통해 수형자 신상에 관한 개별사안의 조사, 심리·지능·적성검사, 그 밖에 필요한 검사를 할 수 있다.

④ 징역형·금고형이 확정된 사람으로서 집행할 형기가 형집행지휘서 접수일부터 6개월 미만인 사람 또는 구류형이 확정된 사람에 대해서는 분류심사를 하지 아니한다.

해설

② 개별처우계획을 수립하기 위한 분류심사는 매월 초일부터 말일까지 형집행지휘서가 접수된 수형자를 대상으로 하며, 그 다음 달까지 완료하여야 한다. 다만, 특별한 사유가 있는 경우에는 그 기간을 연장할 수 있다(형집행법 시행규칙 제64조).

① 법무부장관은 분류심사를 전담하는 교정시설을 지정·운영하는 경우에는 지방교정청별로 1개소 이상이 되도록 하여야 한다(동법 시행령 제86조).

③ 소장은 분류심사를 위하여 수형자를 대상으로 상담 등을 통한 신상에 관한 개별사안의 조사, 심리·지능·적성검사, 그 밖에 필요한 검사를 할 수 있다(동법 제59조 제3항). 소장은 분류심사와 그 밖에 수용목적의 달성을 위하여 필요하면 수용자의 가족 등을 면담하거나 법원·경찰관서, 그 밖의 관계기관 또는 단체(관계기관 등)에 대하여 필요한 사실을 조회할 수 있다(동법 제60조 제1항).

④ 징역형·금고형이 확정된 사람으로서 집행할 형기가 형집행지휘서 접수일부터 3개월 미만인 사람 또는 구류형이 확정된 사람에 대해서는 분류심사를 하지 아니한다(동법 시행규칙 제62조 제1항).

정답 | ②

29

수형자 분류에 대한 설명으로 옳지 않은 것은? 교정9급 2019

① 우리나라에서는 1894년 갑오개혁으로 「징역표」가 제정되면서 수형자 분류사상이 처음으로 도입되었다고 한다.

② 수형자에 대한 분류는 1597년 네덜란드의 암스테르담 노역장에서 남녀혼거의 폐해를 막기 위하여 남자로부터 여자를 격리수용한 것에서부터 시작되었다고 한다.

③ 대인적 성숙도검사(I-Level)는 수형자를 지적 능력에 따라 분류하기 위해 사용하는 도구로서, 전문가의 도움 없이 교도관들이 분류심사에 활용할 수 있어 비용이 적게 든다는 장점이 있다.

④ 미네소타 다면적 인성검사(MMPI)는 인성에 기초한 수형자 분류방법으로서, 비정상적인 행동을 객관적으로 측정하기 위한 수단으로 만들어졌다.

해설

I-Level(Interpersonal maturity Level)

워렌(Warren, 1969)은 청소년의 대인적 성숙도를 1단계~7단계로 구분하여 청소년범죄자에게 그들의 성숙수준에 맞는 처우프로그램을 적용하는 데 활용하였다. 훈련이 잘된 전문가를 필요로 하고, 비교적 많은 비용이 소요된다.

정답 | ③

30

21세인 甲은 상습적인 성폭행으로 징역 5년이 확정되어 교도소에 수용되었다. 甲은 범죄성향이 진전되긴 했지만 개선이 가능하여 통상적인 수준의 처우가 필요한 수형자로 관리에 특별한 주의를 요하지는 않지만 개방지역작업을 하기에는 부적합하여 별도의 직업훈련이 필요하다는 판정을 받았다. 이 경우 현행 「형의 집행 및 수용자의 처우에 관한 법률」에 따를 때 甲에게 적합한 처우등급을 기본수용급, 경비처우급, 개별처우급의 순서로 올바르게 연결한 것은? 교정9급 2008

① 23세 미만의 청년수형자 – 완화경비처우급 – 직업훈련
② 20세 이상은 성인수형자 – 완화경비처우급 – 직업훈련
③ 23세 미만의 청년수형자 – 일반경비처우급 – 직업훈련
④ 20세 이상은 성인수형자 – 중경비처우급 – 작업지도

해설

처우등급

- 기본수용급: 성별 · 국적 · 나이 · 형기 등에 따라 수용할 시설 및 구획 등을 구별하는 기준
- 경비처우급: 도주 등의 위험성에 따라 수용시설과 계호의 정도를 구별하고, 범죄성향의 진전과 개선 정도, 교정성적에 따라 처우수준을 구별하는 기준
- 개별처우급: 수형자의 개별적인 특성에 따라 중점처우의 내용을 구별하는 기준

구분	개념	작업기준
개방처우급	개방시설에 수용되어 가장 높은 수준의 처우가 필요한 수형자	외부통근작업 및 개방지역작업 가능
완화경비처우급	완화경비시설에 수용되어 통상적인 수준보다 높은 수준의 처우가 필요한 수형자	개방지역작업 및 필요시 외부통근작업 가능
일반경비처우급	일반경비시설에 수용되어 통상적인 수준의 처우가 필요한 수형자	구내작업 및 필요시 개방지역작업 가능
중(重)경비처우급	중(重)경비시설에 수용되어 기본적인 처우가 필요한 수형자	필요시 구내작업 가능

정답 | ③

31

수용자의 정보공개청구에 대한 지방교정청장 甲의 처분으로 적법한 것은? 교정7급 2014

① 정보공개를 위한 비용납부의 통지를 받은 수용자 A가 그 비용을 납부하기 전에 지방교정청장 甲은 정보공개의 결정을 하고 해당 정보를 A에게 공개하였다.
② 과거의 수용기간 동안 정당한 사유 없이 정보공개를 위한 비용을 납부하지 아니한 사실이 1회 있는 수용자 B가 정보공개청구를 하자, 청구를 한 날부터 7일째 甲은 B에게 정보의 공개 및 우송 등에 들 것으로 예상되는 비용을 미리 납부할 것을 통지하였다.
③ 정보공개를 위한 비용납부의 통지를 받은 수용자 C가 그 통지를 받은 후 3일 만에 비용을 납부했지만, 甲은 비공개결정을 하고 C가 예납한 비용 중 공개 여부의 결정에 드는 비용을 제외한 금액을 반환하였다.
④ 현재의 수용기간 동안 甲에게 정보공개청구를 한 후 정당한 사유로 그 청구를 취하한 사실이 있는 수용자 D가 다시 정보공개청구를 하자, 甲은 D에게 정보의 공개 및 우송 등에 들 것으로 예상되는 비용을 미리 납부할 것을 통지하였다.

해설

① 법무부장관, 지방교정청장, 소장은 비용이 납부되기 전에 예외적으로 정보공개 여부의 결정을 할 수 있다.
② 과거의 수용기간 동안 정당한 사유 없이 정보공개를 위한 비용을 납부하지 아니한 사실이 2회 이상 있는 수용자이어야 한다.
③ 비공개결정을 한 경우에는 납부된 비용의 전부를 반환하여야 하고, 부분공개결정을 한 경우에는 공개결정한 부분에 대하여 드는 비용을 제외한 금액을 반환하여야 한다.
④ 현재의 수용기간 동안 甲에게 정보공개청구를 한 후 정당한 사유로 그 청구를 취하한 사실이 2회 이상 있어야 한다.

정답 | ①

32

누진계급의 측정방법으로 점수제에 해당하지 않는 것은? 교정9급 2022

① 고사제(probation system)
② 잉글랜드제(England system)
③ 아일랜드제(Irish system)
④ 엘마이라제(Elmira system)

해설

고사제(심사제)는 일정 기간이 경과한 후 그 기간 내의 교정성적을 고려한 담당교도관의 보고에 따라 교도위원회가 진급 여부를 심사·결정하는 방법을 말한다. 나머지는 책임점수를 소각하는 점수제이다.

고사제

- 1842년 영국의 식민장관 스탠리(L. Stanley)와 내무장관 그레이엄(J. Graham)이 창안하였다. 일정 기간이 경과한 후 교정성적을 고려하여 진급을 결정하는 방법으로, 기간제라고도 한다.
- 일정 기간이 경과한 후 담당교도관의 보고에 따라 교정위원회가 심사하여 진급을 결정하고, 입소자를 3분류하여 4단계의 처우를 하였다.
- 고사제의 단점
  - 교도관의 자의가 개입되기 쉽다.
  - 공평하지 못할 경우, 수형자들의 불신 및 자력갱생 의욕을 저하시킬 수 있다.
  - 영국에서도 기계적으로 흐르기 쉬운 단점이 있는 고사제보다 점수제에 의하고 있다.

정답 | ①

33

누진계급 측정방법의 명칭과 설명이 옳게 짝지어진 것은? 교정7급 2014

① 점수제(mark system) – 일정한 기간이 경과하였을 때 행형성적을 심사하여 진급을 결정하는 방법으로 기간제라고도 하며, 진급과 가석방 심사의 구체적 타당성을 기대할 수 있으나, 진급이 교도관의 자의에 의하여 좌우되기 쉽다.
② 고사제(probation system) – 최초 9개월의 독거구금 후 교도소에서 강제노동에 취업하는 수형자에게 고사급, 제3급, 제2급, 제1급, 특별급의 다섯 계급으로 나누어 상급에 진급함에 따라 우대를 더하는 방법으로 진급에는 지정된 책임점수를 소각하지 않으면 안 되는 방법이다.
③ 엘마이라제(Elmira reformatory system) – 누진계급을 제1급, 제2급, 제3급으로 구분하고 신입자를 제2급에 편입시켜 작업, 교육 및 행장에 따라 매월 각 3점 이하의 점수를 채점하여 54점을 취득하였을 때 제1급에 진급시키는 방법이다.
④ 잉글랜드제(England system) – 수형자가 매월 취득해야 하는 지정점수를 소각하는 방법으로서 책임점수제라고도 하며, 진급척도로서의 점수를 매일이 아닌 매월 계산한다.

해설

① 고사제(probation system): 일정한 기간이 경과하였을 때 행형성적을 심사하여 진급을 결정하는 방법으로 기간제라고도 하며, 진급과 가석방 심사의 구체적 타당성을 기대할 수 있으나, 진급이 교도관의 자의에 의하여 좌우되기 쉽다.
② 점수제(mark system): 최초 9개월의 독거구금 후 교도소에서 강제노동에 취업하는 수형자에게 고사급, 제3급, 제2급, 제1급, 특별급의 다섯 계급으로 나누어 상급에 진급함에 따라 우대를 더하는 방법으로, 진급에는 지정된 책임점수를 소각하지 않으면 안 되는 방법이다.
④ 잉글랜드제(England system): 수형자가 매일 취득해야 하는 지정점수를 소각하는 방법으로서 책임점수제라고도 하며, 진급척도로서의 점수를 매월이 아닌 매일 계산한다.

정답 | ③

34

재소자를 3등급으로 분류하여 월별 점수 합산방식에 의한 누진처우점수제를 실시하고 가석방제도와 연계하여 재소자들의 자발적인 개선노력을 유도하였던 제도는? 교정9급 2007

① 오번제(Auburn System)
② 엘마이라제(Elmira System)
③ 펜실베니아제(Pennsylvania System)
④ 카티지제(Cottage System)

해설

② 엘마이라제(Elmira System): 상대적 부정기형을 도입했고, 신입자는 2급에 편입되었다.
① 오번제(Auburn System): 주간에는 침묵을 조건으로 혼거작업을 하고, 야간에는 독거구금을 하는 제도
③ 펜실베니아제(Pennsylvania System): 주간과 야간 모두 엄정독거구금에 처하는 제도
④ 카티지제(Cottage System): 소집단 처우제도로서 가족적인 생활을 지향하고, 개인별 누진처우가 아닌 집단별 누진처우를 실시하는 제도

정답 | ②

35

수형자의 처우방식 중 누진처우제도에 대한 설명으로 옳지 않은 것은? 교정9급 2017

① 일종의 토큰경제(token economy)에 해당하는 제도로서, 재판상 선고된 자유형의 집행단계를 여러 개의 단계로 나누어 수형자의 개선 정도에 따라 상위계급으로 진급하게 함으로써 점차 자유제한적 처우를 완화하는 것이다.
② 영국에서 시작된 일종의 고사제(考査制)에 호주의 마코노키(A. Machonochie)가 점수제(點數制)를 결합시킴으로써 더욱 발전하였다고 한다.
③ 아일랜드제(Irish system)는 크로프톤(W. Crofton)이 창안한 것으로 매월 소득점수로 미리 정한 책임점수를 소각하는 방법을 말하며, 우리나라의 누진처우방식과 유사하다.
④ 엘마이라제(Elmira system)는 자력적 갱생에 중점을 둔 행형제도로 일명 감화제라고도 하는데, 전과 3범 이상의 청소년범죄자를 대상으로 하여 개선·교화를 위해 교도소를 학교와 같은 분위기에서 운영하는 제도이다.

해설

엘마이라제(Elmira system)는 자력적 갱생에 중점을 둔 행형제도로 일명 감화제라고도 하는데, 초범의 청소년범죄자를 대상으로 하여 개선·교화를 위해 교도소를 학교와 같은 분위기에서 운영하는 제도이다.

정답 | ④

36

수형자 분류 및 처우에 대한 설명으로 옳지 않은 것은?

교정7급 2019

① 수형자 분류는 수형자에 대한 개별적 처우를 가능하게 함으로써 수형자의 교화개선과 원만한 사회복귀에 도움을 준다.

② 19C 이후 과학의 발달에 힘입어 수형자의 합리적인 처우를 위하여 과학적인 분류의 도입이 주장되었으며, 뉴욕주 싱싱(Sing Sing)교도소에서 운영한 분류센터인 클리어링하우스(Clearing house)가 그 대표적인 예이다.

③ 누진계급(점수)의 측정방법인 고사제(기간제)는 일정 기간이 경과하였을 때에 그 기간 내의 수형자 교정성적을 담당교도관이 보고하고, 이를 교도위원회가 심사하여 진급을 결정하는 방법이다.

④ 누진계급(점수)의 측정방법인 아일랜드제(Irish system)는 수형자를 최초 9개월의 독거구금 후 교도소에서 강제노동에 취업시키고, 수형자를 5계급으로 나누어 이들이 지정된 책임점수를 소각하면 상급으로 진급시키는 방법이다.

해설

잉글랜드제에 대한 설문이다. 잉글랜드제는 수형자를 최초 9개월간 독거구금 후 공역교도소에서 혼거시켜 강제노역에 종사하도록 하고, 이들을 고사급 · 제3급 · 제2급 · 제1급 · 특별급의 5계급으로 나누어 지정된 책임점수를 소각하면 진급시키고 처우상 우대하였다. 매일의 작업에 대한 노력과 성적에 따라 소득점수와 작업상여금이 정해졌고, 적어도 4계급을 경과하지 않으면 가석방이 허가되지 않았으며, 형기단축의 최고한도는 공역감옥 복역기간의 1/4을 초과할 수 없었다. 참고로, 아일랜드제는 마코노키의 점수제를 응용하여 1854년부터 1862년 사이 아일랜드의 교정국장을 지냈던 월터 크로프턴이 창안한 제도로, 점차 자유로운 상태에 근접하게 하고, 마지막 단계에 가까울수록 규제는 최소화하고 자유는 확대하였으며, 석방 이후 엄격한 감시를 받게 되고, 재범의 우려가 높으면 석방허가증을 철회하였다.

아일랜드제 처우내용(4단계 처우)

엄정독거구금	최초 9개월 동안 엄정독거
혼거구금	• 혼거상태로 토목공사, 요새공사에 취업 • 5계급 처우(고사급 → 제3급 → 제2급 → 제1급 → 최상급)
중간감옥처우	최상급에 진급한 자는 중간감옥에 이송되어 사회적 응훈련 받음
가석방	가석방 후 경찰감시 실시[가석방자에 휴가증(ticket of leave) 발부(가석방증) 실시 → 보호관찰부 가석방의 시초가 됨]

정답 | ④

37

다음 수형자 중 「형의 집행 및 수용자의 처우에 관한 법률 시행규칙」상 분류심사 제외대상에 해당하지 않는 것은?

교정7급 2016

① 징역형·금고형이 확정된 사람으로서 집행할 형기가 형집행지휘서 접수일부터 3개월 미만인 사람
② 구류형이 확정된 사람
③ 징역형이 확정된 사람으로서 집행할 형기가 형집행지휘서 접수일부터 3개월 미만인 사람
④ 질병 등으로 분류심사가 곤란한 사람

해설

질병 등으로 분류심사가 곤란한 사람은 분류심사 유예대상에 해당한다(형집행법 제62조 제2항 제1호).

> 형집행법 시행규칙 제62조(분류심사 제외 및 유예)
> ① 다음 각 호의 사람에 대해서는 분류심사를 하지 아니한다.
> 1. 징역형·금고형이 확정된 사람으로서 집행할 형기가 형집행지휘서 접수일부터 3개월 미만인 사람
> 2. 구류형이 확정된 사람
> ② 소장은 수형자가 다음 각 호의 어느 하나에 해당하는 사유가 있으면 분류심사를 유예한다.
> 1. 질병 등으로 분류심사가 곤란한 때
> 2. 법 제107조 제1호부터 제5호까지의 규정에 해당하는 행위 및 이 규칙 제214조 각 호에 해당하는 행위(이하 "징벌대상행위"라 한다)의 혐의가 있어 조사 중이거나 징벌집행 중인 때
> 3. 그 밖의 사유로 분류심사가 특히 곤란하다고 인정하는 때

정답 | ④

38

「형의 집행 및 수용자의 처우에 관한 법률 시행규칙」상 분류심사에 대한 설명으로 옳지 않은 것은?

교정9급 2022

① 구류형이 확정된 사람에 대해서는 분류심사를 하지 아니한다.
② 무기징역형이 확정된 수형자의 정기재심사시기를 산정하는 경우에는 그 형기를 20년으로 본다.
③ 부정기형의 정기재심사시기는 장기형을 기준으로 한다.
④ 집행할 형기가 분류심사 유예사유 소멸일부터 3개월 미만인 경우 소장은 유예한 분류심사를 하지 아니한다.

해설

③ 부정기형의 재심사시기는 단기형을 기준으로 한다(형집행법 시행규칙 제66조 제2항).
① 동법 시행규칙 제62조 제1항 제2호
② 동법 시행규칙 제66조 제3항
④ 동법 시행규칙 제62조 제3항

정답 | ③

39

「형의 집행 및 수용자의 처우에 관한 법률」상 분류처우위원회에 대한 설명으로 옳지 않은 것은?

교정9급 2023

① 분류처우위원회는 심의·의결을 위하여 외부전문가로부터 의견을 들을 수 있다.

② 분류처우위원회는 위원장을 포함한 5명 이상 9명 이하의 위원으로 구성하고, 위원장은 소장이 된다.

③ 분류처우위원회의 위원은 위원장이 소속 기관의 부소장 및 과장(지소의 경우에는 7급 이상의 교도관) 중에서 임명한다.

④ 수형자의 개별처우계획, 가석방심사신청 대상자 선정, 그 밖에 수형자의 분류처우에 관한 중요사항을 심의·의결하기 위하여 교정시설에 분류처우위원회를 둔다.

해설

②·③ 위원회는 위원장을 포함한 5명 이상 7명 이하의 위원으로 구성하고, 위원장은 소장이 되며, 위원은 위원장이 소속 기관의 부소장 및 과장(지소의 경우에는 7급 이상의 교도관) 중에서 임명한다(형집행법 제62조 제2항).

① 동조 제3항

④ 동조 제1항

정답 | ②

40

형의 집행 및 수용자의 처우에 관한 법령상 정기재심사에 대한 내용으로 옳은 것은?

교정7급 2017

① 부정기형의 재심사시기는 장기형을 기준으로 한다.

② 소장은 재심사를 할 때는 그 사유가 발생한 달로부터 2월 이내까지 완료하여야 한다.

③ 무기형과 20년을 초과하는 징역형·금고형의 재심사 시기를 산정하는 경우에는 그 형기를 20년으로 본다.

④ 합산형기가 20년을 초과하는 경우에도 2개 이상의 징역형을 집행하는 수형자의 재심사 시기 산정은 그 형기를 합산한다.

해설

③ 형집행법 시행규칙 제66조 제3항

① 부정기형의 재심사시기는 단기형을 기준으로 한다(동법 시행규칙 제66조 제2항).

② 소장은 재심사를 할 때에는 그 사유가 발생한 달의 다음 달까지 완료하여야 한다(동법 시행규칙 제68조 제1항).

④ 2개 이상의 징역형 또는 금고형을 집행하는 수형자의 재심사시기를 산정하는 경우에는 그 형기를 합산한다. 다만, 합산한 형기가 20년을 초과하는 경우에는 그 형기를 20년으로 본다(동법 시행규칙 제66조 제4항).

정답 | ③

41

「형의 집행 및 수용자의 처우에 관한 법률 시행규칙」상 수형자에게 부정기재심사를 할 수 있는 경우만을 모두 고르면?

교정9급 2022

ㄱ. 수형자가 지방기능경기대회에서 입상한 때
ㄴ. 수형자가 현재 수용의 근거가 된 사건 외의 추가적 형사사건으로 인하여 벌금형이 확정된 때
ㄷ. 수형자를 징벌하기로 의결한 때
ㄹ. 분류심사에 오류가 있음을 발견한 때
ㅁ. 수형자가 학사학위를 취득한 때

① ㄱ, ㄷ
② ㄴ, ㄹ
③ ㄱ, ㄴ, ㅁ
④ ㄷ, ㄹ, ㅁ

해설

④ ㄷ, ㄹ, ㅁ이다.

ㄱ. (×) 수형자가 「숙련기술장려법」 제20조 제2항에 따른 전국기능경기대회 입상, 기사 이상의 자격취득, 학사 이상의 학위를 취득한 때(형집행법 시행규칙 제67조 제5호)

ㄴ. (×) 수형자가 집행유예의 실효 또는 추가사건(현재 수용의 근거가 된 사건 외의 형사사건을 말한다)으로 금고 이상의 형이 확정된 때(동법 시행규칙 제67조 제4호)

형집행법 시행규칙 제67조(부정기재심사사유)
부정기재심사는 다음 각 호의 어느 하나에 해당하는 경우에 할 수 있다.
1. 분류심사에 오류가 있음이 발견된 때
2. 수형자가 교정사고(교정시설에서 발생하는 화재, 수용자의 자살·도주·폭행·소란, 그 밖에 사람의 생명·신체를 해하거나 교정시설의 안전과 질서를 위태롭게 하는 사고를 말한다)의 예방에 뚜렷한 공로가 있는 때
3. 수형자를 징벌하기로 의결한 때
4. 수형자가 집행유예의 실효 또는 추가사건(현재 수용의 근거가 된 사건 외의 형사사건을 말한다)으로 금고 이상의 형이 확정된 때
5. 수형자가 「숙련기술장려법」 제20조 제2항에 따른 전국기능경기대회 입상, 기사 이상의 자격취득, 학사 이상의 학위를 취득한 때
6. 삭제 <2014.11.17.>
7. 그 밖에 수형자의 수용 또는 처우의 조정이 필요한 때

정답 | ④

42

「형의 집행 및 수용자의 처우에 관한 법률」상 수형자의 분류심사에 대한 설명으로 옳지 않은 것은?

교정9급 2015

① 수형자의 분류심사는 형이 확정된 경우에 개별처우계획을 수립하기 위하여 하는 심사와 일정한 형기가 지나거나 상벌 또는 그 밖의 사유가 발생한 경우에 개별처우계획을 조정하기 위하여 하는 심사로 구분한다.
② 분류처우위원회는 위원장을 포함한 5인 이상 7인 이하의 위원으로 구성하고, 위원장은 소장이 된다.
③ 법무부장관은 수형자를 과학적으로 분류하기 위하여 분류심사를 전담하는 교정시설을 지정·운영할 수 있다.
④ 법무부장관은 수형자에 대한 개별처우계획을 합리적으로 수립하고 조정하기 위하여 수형자의 인성, 행동특성 및 자질 등을 과학적으로 조사·측정·평가하여야 한다.

해설

④ 소장은 수형자에 대한 개별처우계획을 합리적으로 수립하고 조정하기 위하여 수형자의 인성, 행동특성 및 자질 등을 과학적으로 조사·측정·평가하여야 한다. 다만, 집행할 형기가 짧거나 그 밖의 특별한 사정이 있는 경우에는 예외로 할 수 있다(형집행법 제59조 제1항).
① 동법 제59조 제2항
② 동법 제62조 제2항
③ 동법 제61조

정답 | ④

43

「형의 집행 및 수용자의 처우에 관한 법률 시행규칙」상 경비처우급에 대한 설명으로 옳은 것은? 교정9급 2023

① 개방시설에 수용되어 가장 낮은 수준의 처우가 필요한 수형자는 개방처우급으로 구분한다.

② 완화경비시설에 수용되어 통상적인 수준보다 낮은 수준의 처우가 필요한 수형자는 완화경비처우급으로 구분한다.

③ 일반경비시설에 수용되어 통상적인 수준의 처우가 필요한 수형자는 일반경비처우급으로 구분한다.

④ 중(重)경비시설에 수용되어 가장 높은 수준의 처우가 필요한 수형자는 중(重)경비처우급으로 구분한다.

해설

형집행법 시행규칙 제74조(경비처우급)
① 경비처우급은 다음 각 호와 같이 구분한다.
1. 개방처우급: 개방시설에 수용되어 가장 높은 수준의 처우가 필요한 수형자
2. 완화경비처우급: 완화경비시설에 수용되어 통상적인 수준보다 높은 수준의 처우가 필요한 수형자
3. 일반경비처우급: 일반경비시설에 수용되어 통상적인 수준의 처우가 필요한 수형자
4. 중(重)경비처우급: 중(重)경비시설에 수용되어 기본적인 처우가 필요한 수형자

정답 | ③

44

「형의 집행 및 수용자의 처우에 관한 법률 시행규칙」상 [보기 1]의 경비처우급과 [보기 2]의 작업기준을 바르게 연결한 것은? 교정9급 2018

[보기 1]
㉠ 개방처우급　　㉡ 중(重)경비처우급
㉢ 완화경비처우급　　㉣ 일반경비처우급

[보기 2]
A. 개방지역작업 및 필요시 외부통근작업 가능
B. 구내작업 및 필요시 개방지역작업 가능
C. 외부통근작업 및 개방지역작업 가능
D. 필요시 구내작업 가능

① ㉠ – A　　② ㉡ – C
③ ㉢ – D　　④ ㉣ – B

해설

일반경비처우급은 구내작업 및 필요시 개방지역작업이 가능하다(형집행법 제74조 제2항).

경비처우급에 따른 작업기준

개방처우급	외부통근작업 및 개방지역작업 가능
완화경비처우급	개방지역작업 및 필요시 외부통근작업 가능
일반경비처우급	구내작업 및 필요시 개방지역작업 가능
중(重)경비처우급	필요시 구내작업 가능

정답 | ④

45

「형의 집행 및 수용자의 처우에 관한 법률 시행규칙」상의 수형자의 처우등급에 대한 설명으로 옳게 짝지어진 것은? 교정9급 2015

> ㄱ. 도주 등의 위험성에 따라 수용시설과 계호의 정도를 구별하고, 범죄성향의 진전과 개선 정도, 교정성적에 따라 처우수준을 구별하는 기준
> ㄴ. 성별·국적·나이·형기 등에 따라 수용할 시설 및 구획 등을 구별하는 기준
> ㄷ. 수형자의 개별적인 특성에 따라 중점처우의 내용을 구별하는 기준

	ㄱ	ㄴ	ㄷ
①	기본수용급	경비처우급	개별처우급
②	경비처우급	기본수용급	개별처우급
③	기본수용급	개별처우급	경비처우급
④	개별처우급	기본수용급	경비처우급

해설

형집행법 시행규칙 제72조

> 형집행법 시행규칙 제72조(처우등급)
> 부정기재심사는 다음 각 호의 어느 하나에 해당하는 경우에 할 수 있다.
> 수형자의 처우등급은 다음 각 호와 같이 구분한다.
> 1. 기본수용급: 성별·국적·나이·형기 등에 따라 수용할 시설 및 구획 등을 구별하는 기준
> 2. 경비처우급: 도주 등의 위험성에 따라 수용시설과 계호의 정도를 구별하고, 범죄성향의 진전과 개선정도, 교정성적에 따라 처우수준을 구별하는 기준
> 3. 개별처우급: 수형자의 개별적인 특성에 따라 중점처우의 내용을 구별하는 기준

정답 | ②

46

수형자 분류심사에 대한 설명으로 옳지 않은 것은? 교정7급 2012

① 교정시설의 장은 질병 등으로 분류심사가 곤란한 때에는 분류심사를 유예한다.
② 부정기형의 재심사시기는 단기형을 기준으로 한다.
③ 교정시설의 장은 재심사를 할 때에는 그 사유가 발생한 달의 다음 달까지 완료하여야 한다.
④ 교정시설의 장은 형집행정지 중이거나 가석방기간 중에 있는 사람이 형사사건으로 재수용되어 형이 확정된 경우에는 석방 당시와 동일한 처우등급을 부여한다.

해설

교정시설의 장은 형집행정지 중이거나 가석방기간 중에 있는 사람이 형사사건으로 재수용되어 형이 확정된 경우에는 개별처우계획을 새로 수립하여야 한다. 이외에도 군수형자와 국제수형자도 개별처우계획을 새로 수립하여야 한다.

정답 | ④

47

「형의 집행 및 수용자의 처우에 관한 법률 시행규칙」상 이송 · 재수용 수형자의 처우에 대한 설명으로 옳지 않은 것은? 교정9급 2017

① 소장은 형집행정지 중에 있는 사람이 정지사유 소멸로 재수용된 경우에는 석방 당시와 동일한 처우등급을 부여하여야 한다.

② 소장은 해당 교정시설의 특성 등을 고려하여 필요한 경우에는 다른 교정시설로부터 이송되어 온 수형자의 개별처우계획을 변경할 수 있다.

③ 소장은 수형자가 가석방의 취소로 재수용되어 잔형(殘刑)이 집행되는 경우에는 석방 당시보다 한 단계 낮은 처우등급(경비처우급에만 해당한다)을 부여하는 것을 원칙으로 한다.

④ 소장은 형집행정지 중이거나 가석방기간 중에 있는 사람이 형사사건으로 재수용되어 형이 확정된 경우에는 개별처우계획을 새로 수립하여야 한다.

해설

① 소장은 형집행정지 중에 있는 사람이 기간만료 또는 그 밖의 정지사유가 없어져 재수용된 경우에는 석방 당시와 동일한 처우등급을 부여할 수 있다(형집행법 시행규칙 제60조 제2항).

② 동조 제1항

③ 소장은 제260조에 따른 가석방의 취소로 재수용되어 잔형(殘刑)이 집행되는 경우에는 석방 당시보다 한 단계 낮은 처우등급(제74조의 경비처우급에만 해당한다)을 부여한다. 다만, 「가석방자관리규정」 제5조 단서를 위반하여 가석방이 취소되는 등 가석방 취소사유에 특히 고려할 만한 사정이 있는 때에는 석방 당시와 동일한 처우등급을 부여할 수 있다(동조 제3항).

④ 동조 제4항

개별처우계획 정리(형집행법 시행규칙)

구분	처우(시행규칙)
다른 교정시설로부터 이송되어 온 수형자	개별처우계획을 변경할 수 있다(제60조 제1항)
가석방의 취소로 재수용되어 잔형이 집행되는 경우	석방 당시보다 한 단계 낮은 처우등급을 부여한다(제60조 제3항 · 제4항 본문).
형집행정지 중에 있는 사람이 「자유형 등에 관한 검찰집행사무규칙」 제33조제2항에 따른 형집행정지의 취소로 재수용된 경우	〃
형집행정지 중에 있는 사람이 기간만료 또는 그 밖의 정지사유 소멸로 재수용된 경우	석방 당시와 동일한 처우등급을 부여할 수 있다(제60조 제2항 · 제3항 단서).
「가석방자관리규정」 제5조 단서(천재지변, 질병, 부득이한 사유로 출석의무를 위반 시)를 위반하여 가석방이 취소되는 등 가석방 취소사유에 특히 고려할 만한 사정이 있는 때	
형집행정지 중이거나 가석방기간 중에 있는 사람이 형사사건으로 재수용되어 형이 확정된 경우	개별처우계획을 새로 수립하여야 한다(제60조 제4항, 제61조 제1항 · 제2항).
「국제수형자이송법」에 따라 외국으로부터 이송되어 온 수형자	
군사법원에서 징역형 또는 금고형이 확정되거나 그 형의 집행 중에 있는 사람이 이송되어 온 경우	

정답 | ①

48

형의 집행 및 수용자의 처우에 관한 법령상 분류심사에 대한 설명으로 옳은 것만을 모두 고른 것은?

교정9급 2018

> ㉠ 교정시설의 장은 분류심사를 위하여 수형자를 대상으로 상담 등을 통한 신상에 관한 개별사안의 조사, 심리 · 지능 · 적성검사, 그 밖에 필요한 검사를 할 수 있다.
> ㉡ 개별처우계획을 조정할 것인지를 결정하기 위한 분류심사는 정기재심사, 부정기재심사, 특별재심사로 구분된다.
> ㉢ 경비처우급의 조정을 위한 평정소득점수 기준은 수용 및 처우를 위하여 필요한 경우 법무부장관이 달리 정할 수 있다.
> ㉣ 교정시설의 장은 수형자가 부상이나 질병, 그 밖의 부득이한 사유로 작업 또는 교육을 받지 못한 경우에는 3점 이내의 범위에서 작업 또는 교육성적을 부여할 수 있다.
> ㉤ 조정된 처우등급에 따른 처우는 그 조정이 확정된 다음 날부터 한다. 이 경우 조정된 처우등급은 조정이 확정된 날부터 적용된 것으로 본다.

① ㉠, ㉡, ㉢　　② ㉠, ㉢, ㉣
③ ㉡, ㉢, ㉤　　④ ㉡, ㉣, ㉤

해설

㉠ · ㉢ · ㉣이 옳은 지문이다.

㉠ 형집행법 제59조 제3항

㉡ 개별처우계획을 조정할 것인지를 결정하기 위한 분류심사(이하 "재심사"라 한다)는 다음 각 호와 같이 구분한다(동법 시행규칙 제65조).
1. 정기재심사: 일정한 형기가 도달한 때 하는 재심사
2. 부정기재심사: 상벌 또는 그 밖의 사유가 발생한 경우에 하는 재심사.

㉢ 경비처우급을 상향 또는 하향조정하기 위하여 고려할 수 있는 평정소득점수의 기준은 다음 각 호와 같다. 다만, 수용 및 처우를 위하여 특히 필요한 경우 법무부장관이 달리 정할 수 있다(동법 시행규칙 제81조).
1. 상향조정: 8점 이상(형기의 6분의 5에 도달한 때에 따른 재심사의 경우에는 7점 이상)
2. 하향조정: 5점 이하

㉣ 동법 제79조 제3항

㉤ 조정된 처우등급에 따른 처우는 그 조정이 확정된 다음 날부터 한다. 이 경우 조정된 처우등급은 그 달 초일부터 적용된 것으로 본다(동법 시행규칙 제82조 제1항).

정답 | ②

49

형의 집행 및 수용자의 처우에 관한 법령상 소득점수 평가에 대한 설명으로 옳은 것은? 교정7급 2024

① 소장이 작업장 중 작업의 특성이나 난이도 등을 고려하여 필수 작업장으로 지정하는 경우, 소득점수의 수는 10퍼센트 이내, 우는 30퍼센트 이내의 범위에서 각각 확대할 수 있다.

② 경비처우급을 상향 또는 하향 조정하기 위하여 고려할 수 있는 평정소득점수의 기준은 수용 및 처우를 위하여 특히 필요한 경우, 법무부장관이 달리 정할 수 있다.

③ 부정기재심사의 소득점수 평정대상기간은 사유가 발생한 달의 다음 달까지로 한다.

④ 수형자의 수형생활 태도는 책임감 및 협동심의 정도에 따라 매우양호(수, 5점) · 양호(우, 4점) · 보통(미, 3점) · 개선요망(양, 2점) · 불량(가, 0점)으로 구분하여 채점한다.

해설

② 형집행법 시행규칙 제81조

① 소장이 작업장 중 작업의 특성이나 난이도 등을 고려하여 필수 작업장으로 지정하는 경우 소득점수의 수는 5퍼센트 이내, 우는 10퍼센트 이내의 범위에서 각각 확대할 수 있다(동법 시행규칙 제79조 제2항).

③ 부정기재심사의 소득점수 평정대상기간은 사유가 발생한 달까지로 한다(동법 시행규칙 제80조 제1항 단서).

④ 수형생활 태도는 품행·책임감 및 협동심의 정도에 따라 매우양호(수, 5점) · 양호(우, 4점) · 보통(미, 3점) · 개선요망(양, 2점) · 불량(가, 1점)으로 구분하여 채점한다(동법 시행규칙 제78조 제2항 제1호).

정답 | ②

50

다음 수형자의 처우등급과 설명이 바르게 연결된 것은? 교정7급 2010

A. 개별처우급	B. 경비처우급
C. 기본수용급	D. 중간처우급

ㄱ. 도주 등의 위험성에 따라 수용시설과 계호의 정도를 구별하고, 범죄성향의 진전과 개선 정도, 교정성적에 따라 처우수준을 구별하는 기준
ㄴ. 성별, 국적, 나이, 형기 등에 따라 수용할 시설 및 구획 등을 구별하는 기준
ㄷ. 수형자의 개별적인 특성에 따라 중점처우의 내용을 구별하는 기준

① A－ㄷ ② B－ㄴ
③ C－ㄱ ④ D－ㄷ

해설

수형자에 대한 처우등급은 기본수용급, 경비처우급, 개별처우급으로 나누어진다.

ㄱ. 기본수용급: 성별·국적·나이·형기 등에 따라 수용할 시설 및 구획 등을 구별하는 기준
ㄴ. 경비처우급: 도주 등의 위험성에 따라 수용시설과 계호의 정도를 구별하고, 범죄성향의 진전과 개선 정도, 교정성적에 따라 처우수준을 구별하는 기준
ㄷ. 개별처우급: 수형자의 개별적인 특성에 따라 중점처우의 내용을 구별하는 기준

정답 | ①

51

수형자의 분류심사에 대한 설명으로 옳지 않은 것은?

교정7급 2009

① 교정시설의 장은 수형자의 개별처우계획을 합리적으로 수립하고 조정하기 위하여 수형자의 인성, 행동특성 및 자질 등을 과학적으로 조사·측정·평가하여야 한다.

② 수형자의 분류심사는 형이 확정된 경우에 개별처우계획을 수립하기 위하여 하는 심사와 일정한 형기가 지나거나 상벌 또는 그 밖의 사유가 발생한 경우에 개별처우계획을 조정하기 위하여 하는 심사로 구분된다.

③ 수형자의 처우등급은 수용급, 개선급, 관리급, 처우급으로 나눈다.

④ 교정시설의 장은 질병 등으로 분류심사가 곤란한 때는 분류심사를 유예한다.

해설

수형자의 처우등급은 기본수용급, 경비처우급, 개별처우급으로 나눈다.

정답 | ③

52

현행법령상 수형자의 분류와 처우에 관한 다음 설명 중 옳지 않은 것을 모두 고르면?

교정7급 2007

㉠ 시설의 설비 및 계호의 정도에 관하여 필요한 사항은 법무부령으로 정한다.
㉡ 수형자에 대한 처우는 교화 또는 건전한 사회복귀를 위하여 교정성적에 따라 상향조정될 수 있으며, 특히 그 성적이 우수한 수형자는 개방시설에 수용되어 사회생활에 필요한 적정한 처우를 받을 수 있다.
㉢ 수형자에게 부여하는 처우등급에 관하여 필요한 사항은 법무부령으로 정한다.
㉣ 수형자의 개별적인 특성에 따라 중점처우의 내용을 구별하는 기준은 기본수용급이다.
㉤ 법무부장관은 분류심사를 전담하는 교정시설을 지정·운영하는 경우에는 지방교정청별로 1개소 이상이 되도록 하여야 한다.
㉥ 누진처우제도는 수형자의 개선징후나 행형성적에 따라 단계별로 정해진 처우방법을 선택적으로 적용하는 제도이다.
㉦ 우리나라는 과거에는 누진처우제도를 운영하였으나, 현재는 분류처우제도를 운영하고 있다.

① ㉠, ㉡, ㉤　② ㉠, ㉣, ㉥
③ ㉡, ㉢, ㉦　④ ㉢, ㉣, ㉤

해설

㉠ 시설의 설비 및 계호의 정도에 관하여 필요한 사항은 대통령령으로 정한다.
㉣ 수형자의 개별적인 특성에 따라 중점처우의 내용을 구별하는 기준은 개별처우급이다.
㉥ 처우방법을 선택적으로 적용하는 것은 분류처우이다. 누진처우는 집단에 대해 일괄적으로 적용하는 것이다.

정답 | ②

53

「형의 집행 및 수용자의 처우에 관한 법률 시행규칙」상 '23세 미만의 성년남자의 수형자로서 범죄성향의 진전과 개선 정도 및 교정성적에 따라 기본적인 수준의 처우가 필요한 수형자로 필요한 경우 구내작업을 부과할 수 있는 자'에 대한 기본수용급과 경비처우급을 바르게 나열한 것은? 교정7급 2008

① 23세 미만의 청년수형자 – 일반경비처우급
② 23세 미만의 청년수형자 – 중(重)경비처우급
③ 20세 이상의 성인수형자 – 일반경비처우급
④ 20세 이상의 성인수형자 – 중(重)경비처우급

해설

연령에 따른 기본수용급은 19세 미만의 소년수형자, 23세 미만의 청년수형자, 65세 이상의 노인수형자로 구분한다. 기본적인 처우수준이면서 필요한 경우 구내작업이 부과될 수 있는 것은 중경비처우급이다.

정답 | ②

54

(가)~(라)에 들어갈 숫자를 바르게 연결한 것은? 교정7급 2024

> 「형의 집행 및 수용자의 처우에 관한 법률 시행규칙」상 기본수용급은 여성수형자, 외국인수형자, 금고형수형자, (가)세 미만의 소년수형자, (나)세 미만의 청년수형자, (다)세 이상의 노인수형자, 형기가 (라)년 이상인 장기수형자, 정신질환 또는 장애가 있는 수형자, 신체질환 또는 장애가 있는 수형자로 구분한다.

	(가)	(나)	(다)	(라)
①	18	23	65	15
②	18	25	70	10
③	19	23	65	10
④	19	25	70	15

해설

19세 미만의 소년수형자, 23세 미만의 청년수형자, 65세 이상의 노인수형자, 형기가 10년 이상인 장기수형자 등으로 구분한다.

> 형집행법 제73조(기본수용급)
> 기본수용급은 다음 각 호와 같이 구분한다.
> 1. 여성수형자
> 2. 외국인수형자
> 3. 금고형수형자
> 4. 19세 미만의 소년수형자
> 5. 23세 미만의 청년수형자
> 6. 65세 이상의 노인수형자
> 7. 형기가 10년 이상인 장기수형자
> 8. 정신질환 또는 장애가 있는 수형자
> 9. 신체질환 또는 장애가 있는 수형자

정답 | ③

55

「형의 집행 및 수용자의 처우에 관한 법률」상 분류심사에 대한 설명으로 옳지 않은 것은? 교정7급 2013

① 소장은 분류심사를 위하여 수형자를 대상으로 상담 등을 통한 신상에 관한 개별사안의 조사, 심리·지능·적성검사, 그 밖에 필요한 검사를 할 수 있다.
② 집행할 형기가 짧거나 그 밖의 특별한 사정이 있는 경우에는 분류심사를 하지 않을 수 있다.
③ 동법의 시행규칙상 재심사는 정기재심사, 부정기재심사, 특별재심사로 구분된다.
④ 분류심사 사항으로는 처우등급, 교육 및 교화프로그램 등의 처우방침, 거실지정에 관한 사항, 이송에 관한 사항, 석방 후의 생활계획에 관한 사항이 포함된다.

해설

형집행법 시행규칙상 재심사는 정기재심사와 부정기재심사로 구분된다. 특별재심사 규정은 없다.

정답 | ③

56

「형의 집행 및 수용자의 처우에 관한 법률 시행규칙」상 경비처우급에 따른 작업기준이 바르게 짝지어진 것은? 교정7급 2013

① 개방처우급 – 구내작업 및 외부통근작업 가능
② 일반경비처우급 – 구내작업 및 필요시 개방지역작업 가능
③ 완화경비처우급 – 구내작업 및 필요시 외부통근작업 가능
④ 중경비처우급 – 필요시 개방지역작업 가능

해설

구분	개념	작업기준
개방처우급	개방시설에 수용되어 가장 높은 수준의 처우가 필요한 수형자	외부통근작업 및 개방지역작업 가능
완화경비처우급	완화경비시설에 수용되어 통상적인 수준보다 높은 수준의 처우가 필요한 수형자	개방지역작업 및 필요시 외부통근작업 가능
일반경비처우급	일반경비시설에 수용되어 통상적인 수준의 처우가 필요한 수형자	구내작업 및 필요시 개방지역작업 가능
중(重)경비처우급	중(重)경비시설에 수용되어 기본적인 처우가 필요한 수형자	필요시 구내작업 가능

정답 | ②

57

「형의 집행 및 수용자의 처우에 관한 법률 시행규칙」상 소득점수 평가기준과 처우등급 조정에 대한 설명으로 옳지 않은 것은? 교정7급 2015

① 소득점수는 수형생활 태도와 작업 또는 교육성적으로 구성되며, 수형생활 태도는 품행·책임감 및 협동심의 정도에 따라, 작업 또는 교육성적은 부과된 작업·교육의 실적 정도와 근면성 등에 따라 채점한다.

② 수형생활 태도 점수와 작업 또는 교육성적 점수를 채점하는 경우에 수는 소속작업장 또는 교육장 전체 인원의 10퍼센트를 초과할 수 없고, 우는 30퍼센트를 초과할 수 없으나, 작업장 또는 교육장 전체 인원이 4명 이하인 경우에는 수·우를 각각 1명으로 채점할 수 있다.

③ 소득점수를 평정하는 경우에 평정 대상기간 동안 매월 평가된 소득점수를 합산하여 평정 대상기간의 개월 수로 나누어 얻은 점수인 평정소득점수가 5점 이하인 경우 경비처우급을 하향조정할 수 있다.

④ 조정된 처우등급의 처우는 그 조정이 확정된 날부터 하며, 이 경우 조정된 처우등급은 그 달 초일부터 적용된 것으로 본다.

해설

④ 조정된 처우등급에 따른 처우는 그 조정이 확정된 다음 날부터 한다. 이 경우 조정된 처우등급은 그 달 초일부터 적용된 것으로 본다(형집행법 시행규칙 제82조 제1항).
① 동법 시행규칙 제77조, 제78조 제2항
② 동법 시행규칙 제79조 제1항
③ 동법 시행규칙 제80조 제2항, 제81조

정답 | ④

58

「형의 집행 및 수용자의 처우에 관한 법률 시행규칙」상 분류심사에 관한 설명으로 옳은 것은? 교정7급 2023

① 정기재심사는 일정한 형기가 도달한 때 하는 재심사를 말하고, 형기의 3분의 1에 도달한 때 실시하며, 부정기형의 정기재심사 시기는 장기형을 기준으로 한다.

② 분류조사 방법에는 수용기록 확인 및 수형자와의 상담, 수형자의 가족 등과의 면담, 외부전문가에 대한 의견조회 등이 포함된다.

③ 수형자가 질병으로 인해 분류심사가 곤란한 경우, 소장은 그 수형자에 대해서는 분류심사를 하지 아니한다.

④ 소장은 분류심사를 위하여 수형자의 인성, 지능, 적성 등의 특성을 진단하기 위한 검사를 할 수 있으며, 인성검사는 신입심사 대상자만을 그 대상으로 한다.

해설

② 형집행법 시행규칙 제70조
① 정기재심사는 형기의 3분의 1에 도달한 때, 형기의 2분의 1에 도달한 때, 형기의 3분의 2에 도달한 때, 형기의 6분의 5에 도달한 때에 하고(동법 시행규칙 제66조 제1항 본문), 부정기형의 재심사 시기는 단기형을 기준으로 한다(동법 시행규칙 제66조 제2항).
③ 소장은 수형자가 다음 각 호의 어느 하나에 해당하는 사유가 있으면 분류심사를 유예한다(동법 시행규칙 제62조 제2항).
1. 질병 등으로 분류심사가 곤란한 때
2. 징벌대상행위의 혐의가 있어 조사 중이거나 징벌집행 중인 때
3. 그 밖의 사유로 분류심사가 특히 곤란하다고 인정하는 때
④ 인성검사는 신입심사 대상자 및 그 밖에 처우상 필요한 수형자를 대상으로 한다(동법 시행규칙 제71조 제2항 본문).

정답 | ②

59

「형의 집행 및 수용자의 처우에 관한 법률 시행규칙」의 부정기재심사를 실시하는 경우에 해당하지 않는 것은?

교정9급 2013

① 수형자가 집행유예의 실효 또는 추가사건으로 벌금 이상의 형이 확정된 때
② 수형자가 교정사고의 예방에 뚜렷한 공로가 있는 때
③ 수형자가 전국기능경기대회 입상, 기사 이상의 자격취득, 학사 이상의 학위를 취득한 때
④ 수형자를 징벌하기로 의결한 때

해설

수형자가 집행유예의 실효 또는 추가사건으로 금고 이상의 형이 확정된 때이다.

형집행법 시행규칙 제67조(부정기재심사)
부정기재심사는 다음 각 호의 어느 하나에 해당하는 경우에 할 수 있다.
1. 분류심사에 오류가 있음이 발견된 때
2. 수형자가 교정사고(교정시설에서 발생하는 화재, 수용자의 자살·도주·폭행·소란, 그 밖에 사람의 생명·신체를 해하거나 교정시설의 안전과 질서를 위태롭게 하는 사고를 말한다)의 예방에 뚜렷한 공로가 있는 때
3. 수형자를 징벌하기로 의결한 때
4. 수형자가 집행유예의 실효 또는 추가사건(현재 수용의 근거가 된 사건 외의 형사사건을 말한다)으로 금고이상의 형이 확정된 때
5. 수형자가 「숙련기술장려법」 제20조 제2항에 따른 전국기능경기대회 입상, 기사 이상의 자격취득, 학사 이상의 학위를 취득한 때
6. 그 밖에 수형자의 수용 또는 처우의 조정이 필요한 때

정답 | ①

60

현행법령상 분류심사와 관련된 내용으로 옳지 않은 것은?

교정7급 2011

① 분류심사 사항에는 분류급에 관한 사항과 작업, 직업훈련, 교육 및 교화프로그램 등의 처우방침에 관한 사항 그리고 수용 전 전과에 관한 사항 등이 포함된다.
② 수용자가 교정사고 예방에 뚜렷한 공로가 있을 때에는 부정기재심사를 할 수 있다.
③ 집행할 형기가 형집행지휘서 접수일로부터 3개월 미만인 징역형 및 금고형 수형자와 구류 수형자는 분류심사대상에서 제외한다.
④ 분류조사방법으로는 수용기록 확인 및 수형자 상담, 수형자 가족 등과의 면담, 그리고 관계기관에 대한 사실조회 등이 있다.

해설

분류급이 아니라 처우등급이고, 수용 전 전과에 관한 사항은 분류심사 사항이 아니다.

형집행법 시행규칙 제63조(분류심사 사항)
1. 처우등급에 관한 사항
2. 작업, 직업훈련, 교육 및 교화프로그램 등의 처우방침에 관한 사항
3. 보안상의 위험도 측정 및 거실지정 등에 관한 사항
4. 보건 및 위생관리에 관한 사항
5. 이송에 관한 사항
6. 가석방 및 귀휴심사에 관한 사항
7. 석방 후의 생활계획에 관한 사항
8. 그 밖에 수형자의 처우 및 관리에 관한 사항

정답 | ①

61

수형자자치제(Inmate Self-government System)에 대한 설명으로 옳지 않은 것은? 교정9급 2024

① 수형자자치제는 부정기형제도하에서 효과적인 것으로, 수형자에 대한 과학적 분류심사를 전제로 한다.
② 수형자자치제는 수형자의 처우에 있어서 자기통제원리에 입각한 자기조절 훈련과정을 결합한 것으로, 수형자의 사회적응력을 키울 수 있다.
③ 오스본(T. Osborne)은 1914년 싱싱교도소(Sing Sing Prison)에서 행형시설 최초로 수형자자치제를 실시하였다.
④ 수형자자치제는 교도관의 권위를 저하시킬 수 있고, 소수의 힘 있는 수형자에 의해 대다수의 일반 수형자가 억압·통제되는 폐단을 가져올 수 있다.

해설

최초의 수형자자치제는 1914년 미국의 오스본이 오번(Auburn) 교도소에 소년공화국제도를 도입함으로써 시작되었다.

정답 | ③

62

수형자자치제에 대한 내용으로 옳지 않은 것으로만 묶인 것은? 교정7급 2011

ㄱ. 미국 메사추세츠주의 노포크(Norfolk)교도소에서 최초로 시작되었다.
ㄴ. 과학적 분류처우가 전제돼야 하며, 대규모 시설보다 소규모 시설에서 효과적이다.
ㄷ. 사회 내 처우의 일환으로 혼거제하에서 그 효용성이 높다.
ㄹ. 대규모 수형자처우제의 단점을 보완하기 위한 대안적 제도로 카티지제도(cottage system)가 시행되었다.
ㅁ. 계호인원이 늘어 행형경비가 늘어날 수 있다.
ㅂ. 수형자의 자치의식과 책임감을 기본으로 하며, 정기형하에서 실시하는 것이 효과적이다.

① ㄱ, ㄷ, ㄹ, ㅁ ② ㄱ, ㄷ, ㅁ, ㅂ
③ ㄴ, ㄷ, ㄹ, ㅂ ④ ㄴ, ㄹ, ㅁ, ㅂ

해설

ㄱ, ㄷ, ㅁ, ㅂ이 옳지 않은 지문이다.
ㄱ. 오번교도소에서 최초로 시작되었다.
ㄷ. 시설 내 처우의 일환으로 혼거제하에서 그 효용성이 높다.
ㅁ. 계호인원이 줄어 행형경비가 감소된다는 이점이 있다.
ㅂ. 수형자의 자치의식과 책임감을 기본으로 하며, 부정기형하에서 실시하는 것이 효과적이다.

정답 | ②

63

교정처우에 대한 설명으로 옳은 것은? 교정7급 2019

① 선시제도(god time system)는 대규모 시설에서의 획일적인 수용처우로 인한 문제점을 해소하기 위해 가족적인 분위기에서 소집단으로 처우하는 제도이다.

② 개방형(사회적) 처우는 폐쇄형(시설 내) 처우의 폐해를 최소화하기 위한 것으로, 개방시설에 대한 논의가 1950년 네덜란드 헤이그에서 개최된 제12회 '국제형법 및 형무회의'에서 있었다.

③ 사회형(사회 내) 처우의 유형으로는 민영교도소, 보호관찰제도, 중간처우소 등을 들 수 있다.

④ 수형자자치제는 부정기형제도보다 정기형제도 하에서 더욱 효과적으로 운영될 수 있는 반면, 소수의 힘 있는 수형자에게 권한이 집중될 수 있어서 수형자에 의한 수형자의 억압과 통제라는 폐해를 유발할 수 있다.

해설

① 소규모 수형자자치제인 카티지제에 대한 설명이다.
③ 민영교도소는 시설 내 처우이다.
④ 수형자자치제는 가석방을 전제로 하기에 정기형제도보다 부정기형제도하에서 더욱 효과적으로 운영될 수 있다.

정답 | ②

64

수형자의 경비처우급에 대한 설명으로 옳은 것은? 교정9급 2013

① 교도소장은 중경비처우급 수형자라도 처우상 특히 필요하다고 인정하는 경우에는 접촉차단시설이 설치된 장소 외의 적당한 곳에서 접견을 실시할 수 있다.

② 교도소장은 봉사원을 선정할 때에는 개방처우급 또는 완화경비처우급 수형자 중에서 교정성적, 나이, 인성을 고려하여 교도관회의에 상정하고 심의·의결을 거쳐야 한다.

③ 교도소장은 개방처우급 수형자에 한하여 사회견학, 사회봉사, 교정시설 외부 종교행사를 허용할 수 있으며, 처우상 특히 필요한 경우 완화경비처우급 수형자와 일반경비처우급 수형자에게도 이를 허가할 수 있다.

④ 교도소장은 수형자의 모든 물품, 의류에 대하여 경비처우급에 따라 차이를 두어 지급하지 아니한다.

해설

① 원칙은 개방처우급 수형자에 대해서만 접촉차단시설이 설치된 장소 외의 적당한 곳에서 접견을 실시할 수 있지만, 소장의 재량을 인정하고 있기에 옳은 지문이다.
② 교도소장은 봉사원을 선정할 때에는 개방처우급·완화경비처우급·일반경비처우급 수형자 중에서 교정성적, 나이, 인성을 고려하여 분류처우위원회에 상정하고 심의·의결을 거쳐야 한다.

> 형집행법 시행규칙 제85조(봉사원 선정)
> ① 소장은 개방처우급·완화경비처우급·일반경비처우급 수형자로서 교정성적, 나이, 인성 등을 고려하여 다른 수형자의 모범이 된다고 인정되는 경우에는 봉사원으로 선정하여 담당교도관의 사무처리와 그 밖의 업무를 보조하게 할 수 있다.
> ② 소장은 봉사원의 활동기간을 1년 이하로 정하되, 필요한 경우에는 그 기간을 연장할 수 있다.
> ③ 소장은 봉사원의 활동과 역할 수행이 부적당하다고 인정하는 경우에는 그 선정을 취소할 수 있다.
> ④ 소장은 제1항부터 제3항까지의 봉사원 선정, 기간연장 및 선정취소에 관한 사항을 결정할 때에는 법무부장관이 정하는 바에 따라 분류처우위원회의 심의·의결을 거쳐야 한다.

동법 시행규칙 제84조(물품지급)
① 소장은 수형자의 경비처우급에 따라 물품에 차이를 두어 지급할 수 있다. 다만, 주·부식, 음료, 그 밖에 건강유지에 필요한 물품은 그러하지 아니하다.
② 제1항에 따라 의류를 지급하는 경우 수형자가 개방처우급인 경우에는 색상, 디자인 등을 다르게 할 수 있다.

정답 | ①

65

형의 집행 및 수용자의 처우에 관한 법령상 수용자의 이송에 대한 설명으로 옳은 것은? 교정7급 2024

① 소장은 사형확정자의 교육·교화프로그램, 작업 등을 위하여 필요하거나 교정시설의 안전과 질서유지를 위하여 특히 필요하다고 인정하는 경우에는 지방교정청장의 승인을 받아 사형확정자를 다른 교정시설로 이송할 수 있다.

② 소장은 징벌을 받고 교육부적격자로 판단되어 교육대상자 선발이 취소된 수형자를 반드시 선발 당시 소속기관으로 이송하여야 한다.

③ 지방교정청장은 교정시설의 안전과 질서유지를 위하여 긴급하게 이송할 필요가 있다고 인정되는 때에는 관할 내 수용자 이송을 승인할 수 있다.

④ 소장은 조직폭력수형자가 작업장 등에서 다른 수형자와 음성적으로 세력을 형성하는 등 집단화할 우려가 있다고 인정하는 경우에는 지방교정청장에게 해당 조직폭력수형자의 이송을 지체 없이 신청하여야 한다.

해설

③ 형집행법 시행령 제22조 제1항 제3호

① 소장은 사형확정자의 교육·교화프로그램, 작업 등을 위하여 필요하거나 교정시설의 안전과 질서유지를 위하여 특히 필요하다고 인정하는 경우에는 법무부장관의 승인을 받아 사형확정자를 다른 교정시설로 이송할 수 있다(동법 시행규칙 제151조).

② 교육대상자의 선발이 취소되거나 교육대상자가 교육을 수료하였을 때에는 선발 당시 소속기관으로 이송한다. 다만, 다음 각 호의 어느 하나에 해당하는 경우에는 소속기관으로 이송하지 아니하거나 다른 기관으로 이송할 수 있다(동법 시행규칙 제106조).

1. 집행할 형기가 이송사유가 발생한 날부터 3개월 이내인 때
2. 제105조 제1항 제3호(징벌을 받고 교육부적격자로 판단되는 때)의 사유로 인하여 교육대상자 선발이 취소된 때
3. 소속기관으로의 이송이 부적당하다고 인정되는 특별

한 사유가 있는 때

④ 소장은 조직폭력수형자가 작업장 등에서 다른 수형자와 음성적으로 세력을 형성하는 등 집단화할 우려가 있다고 인정하는 경우에는 법무부장관에게 해당 조직폭력수형자의 이송을 지체 없이 신청하여야 한다(동법 시행규칙 제201조).

정답 | ③

66

「형의 집행 및 수용자의 처우에 관한 법률」, 동법 시행령 및 시행규칙상 허용되지 않는 사례는? 교정7급 2014

① 교도소장 A는 개방처우급 수형자인 B의 사회복귀와 기술습득을 촉진하기 위하여 필요하다고 여겨, B를 교도소 외부에 소재한 기업체인 C사로 통근하며 작업을 할 수 있도록 허가하였다.

② 개방처우급 수형자인 B가 교정성적이 우수하고 타 수형자의 모범이 되는 점을 감안하여, 교도소장 A는 B가 교정시설에 수용동과 별도로 설치된 일반주택 형태의 건축물에서 1박 2일간 가족과 숙식을 함께할 수 있도록 허가하였다.

③ 교도소장 A는 수형자 B의 교화 또는 건전한 사회복귀에 필요하다고 여겨, 인근 대학의 심리학 전공교수 D를 초청하여 상담 및 심리치료를 하게 하였다.

④ 일반경비처우급 수용자인 E의 교정성적이 우수하자, 교도소장 A는 E에게 자치생활을 허용하면서 월 1회 토론회를 할 수 있도록 허가하였다.

해설

자치생활은 개방처우급·완화경비처우급 수형자에게만 허용된다.

경비처우급별 처우 정리

구분	내용
개방처우급	의류의 색상 및 디자인 변경 가능
개방처우급·완화경비처우급	교도관의 작업(교육)지도 보조, 개인작업, 외부 직업훈련, 자치생활 허가, 중간처우(개방, 완화경비처우급 중에 요건을 갖춘 자)
개방처우급·완화경비처우급·일반경비처우급	봉사원 선정(담당교도관의 사무처리 그 밖의 업무보조), 일반귀휴, 가족 만남의 집, 가족만남의 날, 사회견학, 사회봉사, 자신이 신봉하는 종교행사 참석, 연극·영화 그 밖의 문화공연 관람
개방처우급, 완화경비처우급 또는 자치수형자	경기 또는 오락회 매월 2회 이내 개최
전 수용자	물품 자비구매, 자비치료, 건강유지에 적합한 생활용품 지급, 건강 및 체력을 유지하는데 필요한 음식물, 라디오 청취, TV 시청, 신문 등의 구독, 집필, 전화통화 허가
처우등급별 횟수 차등	• 접견(개방처우급: 1일 1회, 완화경비처우급: 매월 6회, 일반경비처우급: 매월 5회, 중경비처우

처우등급별 횟수 차등	급: 매월 4회) • 전화통화 허용횟수 - 개방처우급: 매월 20회 이내 - 완화경비처우급: 매월 10회 이내 - 일반경비처우급: 월 5회 이내 - 중경비처우급: 처우상 특히 필요한 경우, 월 2회 이내 • 물품지급(경비처우급에 따라 물품에 차이를 두고 지급할 수 있다. 다만, 식량·음료 등 건강유지에 필요한 물품은 그러하지 아니하다)

정답 | ④

67

형의 집행 및 수용자의 처우에 관한 법령상 소장이 완화경비처우급 수형자에게 할 수 있는 처우내용이 아닌 것은? 교정7급 2017

① 자치생활을 허가하는 경우에는 월 1회 이상 토론회를 할 수 있도록 하여야 한다.

② 의류를 지급하는 경우에 색상, 디자인 등을 다르게 할 수 있다.

③ 작업·교육 등의 성적이 우수하고 관련 기술이 있는 경우에 교도관의 작업지도를 보조하게 할 수 있다.

④ 직업능력 향상을 위하여 특히 필요한 경우에는 교정시설 외부의 기업체 등에서 운영하는 직업훈련을 받게 할 수 있다.

해설

② 의류를 지급하는 경우 수형자가 개방처우급인 경우에는 색상, 디자인 등을 다르게 할 수 있다(형집행법 시행규칙 제84조 제2항).

① 소장은 개방처우급·완화경비처우급 수형자에게 자치생활을 허가할 수 있고(동법 시행규칙 제86조 제1항), 자치생활 수형자들이 교육실, 강당 등 적당한 장소에서 월 1회 이상 토론회를 할 수 있도록 하여야 한다(동조 제3항).

③ 소장은 수형자가 개방처우급 또는 완화경비처우급으로서 작업·교육 등의 성적이 우수하고 관련 기술이 있는 경우에는 교도관의 작업지도를 보조하게 할 수 있다(동법 시행규칙 제94조).

④ 소장은 수형자가 개방처우급 또는 완화경비처우급으로서 직업능력 향상을 위하여 특히 필요한 경우에는 교정시설 외부의 공공기관 또는 기업체 등에서 운영하는 직업훈련을 받게 할 수 있다(동법 시행규칙 제96조 제1항).

정답 | ②

68

「형의 집행 및 수용자의 처우에 관한 법률 시행규칙」상 수용자의 처우에 대한 설명으로 옳은 것은?

교정7급 2019

① 소장은 수형자가 완화경비처우급 또는 일반경비처우급으로서 작업·교육 등의 성적이 우수하고 관련 기술이 있는 경우에는 교도관의 작업지도를 보조하게 할 수 있다.

② 소장은 형집행정지 중인 사람이 기간만료로 재수용된 경우에는 석방 당시와 동일한 처우등급을 부여한다.

③ 분류심사에 있어서 무기형과 20년을 초과하는 징역형·금고형의 정기재심사시기를 산정하는 경우에는 그 형기를 20년으로 본다.

④ 소장은 수형자의 경비처우급에 따라 부식, 음료, 그 밖에 건강유지에 필요한 물품에 차이를 두어 지급할 수 있다.

해설

① 소장은 수형자가 개방처우급 또는 완화경비처우급으로서 작업·교육 등의 성적이 우수하고 관련 기술이 있는 경우에는 교도관의 작업지도를 보조하게 할 수 있다(형집행법 시행규칙 제94조).

② 소장은 형집행정지 중에 있는 사람이 기간만료 또는 그 밖의 정지사유가 없어져 재수용된 경우에는 석방 당시와 동일한 처우등급을 부여할 수 있다(동법 시행규칙 제60조 제2항).

④ 소장은 수형자의 경비처우급에 따라 물품에 차이를 두어 지급할 수 있다. 다만, 주·부식, 음료, 그 밖에 건강유지에 필요한 물품은 그러하지 아니하다(동법 시행규칙 제84조 제1항).

정답 | ③

69

「형의 집행 및 수용자의 처우에 관한 법률 시행규칙」상 자치생활에 대한 설명으로 옳지 않은 것은?

교정9급 2012

① 소장은 완화경비처우급 수형자에게 자치생활을 허가할 수 있다.

② 수형자 자치생활의 범위는 인원점검, 취미활동, 일정한 구역 안에서의 생활 등으로 한다.

③ 소장은 자치생활 수형자들이 교육실, 강당 등 적당한 장소에서 최대 월 2회까지 토론회를 할 수 있도록 하여야 한다.

④ 소장은 자치생활 수형자가 법무부장관 또는 소장이 정하는 자치생활 준수사항을 위반한 경우에는 자치생활허가를 취소할 수 있다.

해설

소장은 자치생활 수형자들이 교육실, 강당 등 적당한 장소에서 월 1회 이상 토론회를 할 수 있도록 하여야 한다.

형집행법 시행규칙 제86조(자치생활)
① 소장은 개방처우급·완화경비처우급 수형자에게 자치생활을 허가할 수 있다.
② 수형자 자치생활의 범위는 인원점검, 취미활동, 일정한 구역 안에서의 생활 등으로 한다.
③ 소장은 자치생활 수형자들이 교육실, 강당 등 적당한 장소에서 월 1회 이상 토론회를 할 수 있도록 하여야 한다.
④ 소장은 자치생활 수형자가 법무부장관 또는 소장이 정하는 자치생활 중 지켜야 할 사항을 위반한 경우에는 자치생활 허가를 취소할 수 있다.

정답 | ③

70

「형의 집행 및 수용자의 처우에 관한 법률」상 '형의 집행 및 수용자 처우에 관한 기본계획'(이하 "기본계획"이라 함)에 대한 설명으로 옳지 않은 것은? 교정7급 2024

① 법무부장관은 5년마다 기본계획을 수립하여야 한다.

② 법무부장관은 기본계획을 수립 또는 변경하려는 때에는 법원, 검찰 및 경찰 등 관계기관과 협의하여야 한다.

③ 법무부장관은 교정자문위원회의 심의를 받아 기본계획을 수립 또는 변경하여야 한다.

④ 법무부장관은 기본계획을 수립하기 위하여 실태조사와 수요예측조사를 실시할 수 있다.

해설

②·③ 법무부장관은 기본계획을 수립 또는 변경하려는 때에는 법원, 검찰 및 경찰 등 관계기관과 협의하여야 한다(형집행법 제5조의2 제3항). 교정자문위원회의 심의를 받아야 한다는 규정은 없다.

① 동법 제5조의2 제1항

④ 동법 제5조의2 제4항

정답 | ③

CHAPTER 04

시설 내 처우 I

01

「형의 집행 및 수용자의 처우에 관한 법률」 제1조에 규정된 목적이 아닌 것은? 교정9급 2009

① 수형자의 교정교화와 건전한 사회복귀 도모
② 수형자, 미결수용자, 사형확정자 등의 처우와 권리를 규정
③ 보호관찰과 갱생보호의 처우를 규정
④ 교정시설의 운영에 관한 사항을 규정

해설

형집행법은 시설 내 처우와 사회적 처우만을 규정하고 있다. 보호관찰과 갱생보호의 처우는 「보호관찰 등에 관한 법률」에 규정되어 있다.

정답 | ③

02

「형의 집행 및 수용자의 처우에 관한 법률」에 대한 설명으로 옳지 않은 것은? 교정7급 2008

① 수형자라 함은 징역형·금고형 또는 구류형을 선고받아 그 형이 확정된 자와 벌금과 과료를 완납하지 아니하여 노역장 유치명령을 받아 교정시설에 수용된 자를 말한다.
② 「형의 집행 및 수용자의 처우에 관한 법률」의 목적은 수용자의 교정교화와 건전한 사회복귀를 도모하고, 수용자의 처우와 권리 및 교정시설의 운영에 관하여 필요한 사항을 규정함을 목적으로 한다.
③ 형사피의자로서 구속영장의 집행을 받은 자를 수용하기 위하여 교도소 안에 미결수용실을 둘 수 있다.
④ 형사피고인으로서 구속영장의 집행을 받은 자를 수용하기 위하여 소년교도소 안에 미결수용실을 둘 수 있다.

해설

수용자의 교정교화가 아니라 수형자의 교정교화이다. 형집행법의 목적은 수형자의 교정교화와 건전한 사회복귀를 도모하고, 수용자의 처우와 권리 및 교정시설의 운영에 관하여 필요한 사항을 규정함을 목적으로 한다.

정답 | ②

03

「형의 집행 및 수용자의 처우에 관한 법률 시행규칙」상 중간처우에 관한 규정이다. (가)~(다)에 들어갈 숫자를 바르게 연결한 것은? 교정7급 2022

> 소장은 개방처우급 혹은 완화경비처우급 수형자가 다음 각 호의 사유에 모두 해당하는 경우에는 교정시설에 설치된 개방시설에 수용하여 사회적응에 필요한 교육, 취업지원 등 적정한 처우를 할 수 있다.
> 1. 형기가 (가) 년 이상인 사람
> 2. 범죄횟수가 (나) 회 이하인 사람
> 3. 중간처우를 받는 날부터 가석방 또는 형기종료 예정일까지 기간이 (다) 개월 이상 1년 6개월 미만인 사람

	(가)	(나)	(다)
①	2	2	6
②	2	3	3
③	3	2	6
④	3	3	3

해설

형집행법 시행규칙 제93조(중간처우)
① 소장은 개방처우급 혹은 완화경비처우급 수형자가 다음 각 호의 사유에 모두 해당하는 경우에는 교정시설에 설치된 개방시설에 수용하여 사회적응에 필요한 교육, 취업지원 등 적정한 처우를 할 수 있다.
1. 형기가 2년 이상인 사람
2. 범죄횟수가 3회 이하인 사람
3. 중간처우를 받는 날부터 가석방 또는 형기종료 예정일까지 기간이 3개월 이상 2년 6개월 미만인 사람

정답 | ②

04

「형의 집행 및 수용자의 처우에 관한 법률」상 용어에 대한 설명으로 옳지 않은 것은? 교정9급 2018

① '수용자'란 법률과 적법한 절차에 따라 교정시설에 수용된 사람으로서 수형자 및 미결수용자는 물론이고 사형확정자까지도 포함한다.
② '수형자'란 징역형 · 금고형 또는 구류형의 선고를 받아 그 형이 확정되어 교정시설에 수용된 사람을 말하며, 벌금 또는 과료를 완납하지 아니하여 노역장 유치명령을 받아 교정시설에 수용된 사람은 제외한다.
③ '미결수용자'란 형사피고인 또는 형사피의자로서 체포되거나 구속영장의 집행을 받아 교정시설에 수용된 사람을 말한다.
④ '사형확정자'란 사형의 선고를 받아 그 형이 확정되어 교정시설에 수용된 사람을 말한다.

해설

- "수용자"란 수형자 · 미결수용자 · 사형확정자 등 법률과 적법한 절차에 따라 교도소 · 구치소 및 그 지소(이하 "교정시설"이라 한다)에 수용된 사람을 말한다(형집행법 제2조 제1호).
- "수형자"란 징역형 · 금고형 또는 구류형의 선고를 받아 그 형이 확정되어 교정시설에 수용된 사람과 벌금 또는 과료를 완납하지 아니하여 노역장 유치명령을 받아 교정시설에 수용된 사람을 말한다(동조 제2호).

정답 | ②

05

외국 국적의 여성 A가 죄를 범해 신입자로 교도소에 수용된 경우, 「형의 집행 및 수용자의 처우에 관한 법령」상 A에 대한 설명으로 옳지 않은 것은? 교정7급 2023

① 소장은 A가 질병 등으로 위독하거나 사망한 경우에는 그의 국적이 속하는 나라의 외교공관 또는 영사관의 장이나 그 관원 또는 가족에게 이를 즉시 알려야 한다.

② A를 이송이나 출정으로 호송하는 경우, 남성수용자와 호송차량의 좌석을 분리하는 등의 방법으로 서로 접촉하지 못하게 하여야 한다.

③ A와 교정시설 외부의 사람이 접견하는 경우에 접견내용이 청취·녹음 또는 녹화될 때, A가 국어로 의사소통하기 곤란한 사정이 있는 경우에는 외국어를 사용할 수 있다.

④ 소장은 A가 환자이거나 부득이한 사정이 있는 경우가 아니면 수용된 날부터 3일 동안 신입자거실에 수용해야 하고, 신청에 따라 작업을 부과할 수 있다.

해설

④ 소장은 신입자거실에 수용된 사람에게는 작업을 부과해서는 아니 된다(형집행법 시행령 제18조 제2항).
① 동법 시행규칙 제59조
② 동법 시행령 제24조
③ 수용자와 교정시설 외부의 사람이 접견하는 경우에 접견내용이 청취·녹음 또는 녹화될 때에는 외국어를 사용해서는 아니 된다. 다만, 국어로 의사소통하기 곤란한 사정이 있는 경우에는 외국어를 사용할 수 있다(동법 시행령 제60조 제1항).

정답 | ④

06

미결수용자를 교도소에 수용할 수 있는 사유가 아닌 것은? 교정7급 2010

① 관할 법원 및 검찰청 소재지에 구치소가 없는 경우
② 취사 등의 작업을 위하여 필요한 경우
③ 구치소의 수용인원이 정원을 훨씬 초과하여 정상적인 운영이 곤란한 경우
④ 범죄의 증거인멸을 방지하기 위하여 필요한 경우

해설

취사 등의 작업을 위하여 필요한 경우는 구치소에 수형자를 수용할 수 있는 사유이다.

> 형집행법 제12조(구분수용의 예외)
> ① 다음 각 호의 어느 하나에 해당하는 사유가 있으면 교도소에 미결수용자를 수용할 수 있다.
> 1. 관할 법원 및 검찰청 소재지에 구치소가 없는 때
> 2. 구치소의 수용인원이 정원을 훨씬 초과하여 정상적인 운영이 곤란한 때
> 3. 범죄의 증거인멸을 방지하기 위하여 필요하거나 그 밖에 특별한 사정이 있는 때

정답 | ②

07

현행법상 수용자의 구분 또는 분리수용을 결정할 때 기준이 되는 사항이 아닌 것은? 교정9급 2009

① 19세 미만 여부 ② 종교
③ 형의 확정 여부 ④ 성별

해설

연령(일반교도소와 소년교도소), 성별(일반교도소와 여자교도소), 형의 확정 여부(교도소와 구치소), 신분(군교도소) 등을 기준으로 구금시설이 구분된다.

정답 | ②

08

「형의 집행 및 수용자의 처우에 관한 법률」에 따르면, 수용자는 독거수용을 원칙으로 한다. 예외로 혼거수용할 수 있는 경우가 아닌 것은? 교정9급 2012

① 독거실 부족 등 시설여건이 충분하지 아니한 때
② 노역장 유치명령을 받은 수형자와 징역형을 선고받아 형이 확정된 수형자
③ 수용자의 생명 또는 신체의 보호를 위하여 필요한 때
④ 수형자의 건전한 사회복귀를 위하여 필요한 때

해설

노역장 유치명령을 받은 수형자와 징역형을 선고받아 형이 확정된 수형자는 혼거수용할 수 없고, 자유형 집행 이후에 노역장 유치명령을 받은 수형자는 자유형 수형자와 혼거수용할 수 있다.

> 형집행법 제14조(독거수용)
> 수용자는 독거수용한다. 다만, 다음 각 호의 어느 하나에 해당하는 사유가 있으면 혼거수용할 수 있다.
> 1. 독거실 부족 등 시설여건이 충분하지 아니한 때
> 2. 수용자의 생명 또는 신체의 보호, 정서적 안정을 위하여 필요한 때
> 3. 수형자의 교화 또는 건전한 사회복귀를 위하여 필요한 때

정답 | ②

09

「형의 집행 및 수용자의 처우에 관한 법률」상 혼거수용 사유로 옳지 않은 것은? 교정7급 2022

① 시설의 안전과 질서유지를 위하여 필요한 때
② 수형자의 교화 또는 건전한 사회복귀를 위하여 필요한 때
③ 수용자의 생명 또는 신체의 보호, 정서적 안정을 위하여 필요한 때
④ 독거실 부족 등 시설여건이 충분하지 아니한 때

해설

시설의 안전과 질서유지를 위하여 필요한 때는, 혼거수용사유에 해당하지 않는다(형집행법 제14조).

정답 | ①

10

형의 집행 및 수용자의 처우에 관한 법령상 신입자의 수용에 대한 설명으로 옳지 않은 것은? 교정9급 2016

① 신입자에 대한 고지사항에는 형기의 기산일 및 종료일, 수용자의 권리 및 권리구제에 관한 사항이 포함된다.
② 신입자의 건강진단은 수용된 날부터 3일 이내에 하여야 한다. 다만, 휴무일이 연속되는 등 부득이한 사정이 있는 경우에는 예외로 한다.
③ 소장은 신입자가 환자이거나 부득이한 사정이 있는 경우가 아니면 수용된 날부터 3일 동안 신입자거실에 수용하여야 하며, 19세 미만의 신입자에 대하여는 그 수용기간을 45일까지 연장할 수 있다.
④ 소장은 신입자가 있으면 그 사실을 수용자의 가족(배우자, 직계 존속·비속 또는 형제자매)에게 지체 없이 통지하여야 한다. 다만, 수용자가 통지를 원하지 아니하면 그러하지 아니하다.

해설

③ 소장은 신입자가 환자이거나 부득이한 사정이 있는 경우가 아니면 수용된 날부터 3일 동안 신입자거실에 수용하여야 하며(형집행법 시행령 제18조 제1항), 19세 미만의 신입자 그 밖에 특히 필요하다고 인정하는 수용자에 대하여는 신입자거실 수용기간을 30일까지 연장할 수 있다(동법 시행령 제18조 제3항).
① 신입자 및 다른 교정시설로부터 이송되어 온 사람에 대하여는 말이나 서면으로 형기의 기산일 및 종료일, 접견·편지, 그 밖의 수용자의 권리에 관한 사항, 청원,「국가인권위원회법」에 따른 진정, 그 밖의 권리구제에 관한 사항, 징벌·규율, 그 밖의 수용자의 의무에 관한 사항, 일과 그 밖의 수용생활에 필요한 기본적인 사항을 알려 주어야 한다(동법 제17조).
② 동법 시행령 제15조
④ 동법 제21조

정답 | ③

11

「형의 집행 및 수용자의 처우에 관한 법률」상 구분수용의 예외로 옳지 않은 것은? 교정7급 2021

① 관할 법원 및 검찰청 소재지에 구치소가 없는 때에는 교도소에 미결수용자를 수용할 수 있다.
② 범죄의 증거인멸을 방지하기 위하여 필요하거나 그 밖에 특별한 사정이 있는 때에는 교도소에 미결수용자를 수용할 수 있다.
③ 취사 등의 작업을 위하여 필요하거나 그 밖에 특별한 사정이 있으면 구치소에 수형자를 수용할 수 있다.
④ 수형자가 소년교도소에 수용 중에 19세가 된 경우에도 교육·교화프로그램, 작업, 직업훈련 등을 실시하기 위하여 특히 필요하다고 인정되면 25세가 되기 전까지는 계속하여 수용할 수 있다.

해설

수형자가 소년교도소에 수용 중에 19세가 된 경우에도 교육·교화프로그램, 작업, 직업훈련 등을 실시하기 위하여 특히 필요하다고 인정되면 23세가 되기 전까지는 계속하여 수용할 수 있다(형집행법 제12조 제3항).

형집행법 제12조(구분수용의 예외)
① 다음 각 호의 어느 하나에 해당하는 사유가 있으면 교도소에 미결수용자를 수용할 수 있다.
1. 관할 법원 및 검찰청 소재지에 구치소가 없는 때
2. 구치소의 수용인원이 정원을 훨씬 초과하여 정상적인 운영이 곤란한 때
3. 범죄의 증거인멸을 방지하기 위하여 필요하거나 그 밖에 특별한 사정이 있는 때
② 취사 등의 작업을 위하여 필요하거나 그 밖에 특별한 사정이 있으면 구치소에 수형자를 수용할 수 있다.
③ 수형자가 소년교도소에 수용 중에 19세가 된 경우에도 교육·교화프로그램, 작업, 직업훈련 등을 실시하기 위하여 특히 필요하다고 인정되면 23세가 되기 전까지는 계속하여 수용할 수 있다.
④ 소장은 특별한 사정이 있으면 제11조의 구분수용 기준에 따라 다른 교정시설로 이송하여야 할 수형자를 6개월을 초과하지 아니하는 기간 동안 계속하여 수용할 수 있다.

정답 | ④

12

「형의 집행 및 수용자의 처우에 관한 법률」상 수용에 대한 설명으로 옳지 않은 것은? 교정9급 2023

① 독거수용이 원칙이지만 수용자의 생명 또는 신체의 보호, 정서적 안정을 위하여 필요한 때에는 혼거수용할 수 있다.
② 구치소의 수용인원이 정원을 훨씬 초과하여 정상적인 운영이 곤란한 때에는 교도소에 미결수용자를 수용할 수 있다.
③ 수형자가 소년교도소에 수용 중에 19세가 된 경우에도 교육·교화프로그램, 작업, 직업훈련 등을 실시하기 위하여 특히 필요하다고 인정되면 23세가 되기 전까지는 계속하여 수용할 수 있다.
④ 소장은 특별한 사정이 있으면 「형의 집행 및 수용자의 처우에 관한 법률」 제11조의 구분수용 기준에 따라 다른 교정시설로 이송하여야 할 수형자를 9개월을 초과하지 아니하는 기간 동안 계속하여 수용할 수 있다.

해설

④ 소장은 특별한 사정이 있으면 제11조의 구분수용 기준에 따라 다른 교정시설로 이송하여야 할 수형자를 6개월을 초과하지 아니하는 기간 동안 계속하여 수용할 수 있다(형집행법 제12조 제4항).
① 동법 제14조 제2호
② 동법 제12조 제1항 제2호
③ 동조 제3항

형집행법 제14조(독거수용)
수용자는 독거수용한다. 다만, 다음 각 호의 어느 하나에 해당하는 사유가 있으면 혼거수용할 수 있다.
1. 독거실 부족 등 시설여건이 충분하지 아니한 때
2. 수용자의 생명 또는 신체의 보호, 정서적 안정을 위하여 필요한 때
3. 수형자의 교화 또는 건전한 사회복귀를 위하여 필요한 때

정답 | ④

13

「형의 집행 및 수용자의 처우에 관한 법률」에 의할 때 수용자를 교정시설에 수용하는 기준으로 옳지 않은 것은? 교정9급 2011

① 소년교도소에는 19세 미만의 수형자를 수용하는 것이 원칙이지만, 수형자가 소년교도소에 수용 중에 19세가 된 경우에 본인의 신청으로 23세가 되기 전까지는 계속하여 수용할 수 있다.

② 미결수용자는 구치소에 수용하는 것이 원칙이지만, 범죄의 증거인멸을 방지하기 위하여 필요하거나 그 밖에 특별한 사정이 있는 때에는 교도소에 미결수용자를 수용할 수 있다.

③ 수형자는 교도소에 수용하는 것이 원칙이지만, 취사 등의 작업을 위하여 필요한 경우에는 수형자를 구치소에 수용할 수 있다.

④ 수용자는 독거수용하는 것이 원칙이지만, 수용자의 생명 또는 신체의 보호, 정서적 안정을 위하여 필요한 때에는 수용자를 혼거수용할 수 있다.

해설

수형자가 소년교도소에 수용 중에 19세가 된 경우에도 교육·교화프로그램, 작업, 직업훈련 등을 실시하기 위하여 특히 필요하다고 인정되면 23세가 되기 전까지는 계속하여 수용할 수 있다(형집행법 제12조 제3항). 즉, 23세가 되기 전까지 계속하여 수용하는 것은 교정기관의 재량인 것이지 본인의 신청사항이 아니다.

정답 | ①

14

「형의 집행 및 수용자의 처우에 관한 법률」상 수용자의 수용에 대한 설명으로 옳은 것은? 교정9급 2009

① 사형확정자는 기결수용시설인 교도소에만 수용한다.

② 범죄의 증거인멸을 방지하기 위해 필요하다는 이유만으로는 미결수용자를 교도소에 수용할 수 없다.

③ 수형자가 소년교도소에 수용 중에 19세가 된 경우에도 교육·교화프로그램, 작업, 직업훈련 등을 위해 특히 필요하다고 인정되면 23세가 되기 전까지는 계속하여 수용할 수 있다.

④ 수용자가 암과 같은 불치병에 걸린 경우에는 소장은 수용을 거부할 수 있고, 그 경우 그 사유를 지체 없이 수용지휘기관과 관할 보건소장에게 통보하고 법무부장관에게 보고하여야 한다.

해설

① 사형확정자는 교도소와 구치소에 수용된다.
② 구치소가 없는 때, 정원초과, 증거인멸을 방지하기 위하여 필요한 때에는 미결수용자를 교도소에 수용할 수 있다.
④ 수용자가 감염병에 걸린 경우에는 소장은 수용을 거부할 수 있고, 그 경우 그 사유를 지체 없이 수용지휘기관과 관할 보건소장에게 통보하고 법무부장관에게 보고하여야 한다.

정답 | ③

15

「형의 집행 및 수용자의 처우에 관한 법률 시행령」상 신입자의 처우에 대한 설명으로 옳지 않은 것은?

교정7급 2016

① 신입자의 건강진단은 수용된 날부터 3일 이내에 하여야 한다. 다만, 휴무일이 연속되는 등 부득이한 사정이 있는 경우에는 예외로 한다.

② 소장은 신입자거실에 수용된 사람에게 교화를 위해 필요한 경우 작업을 부과할 수 있다.

③ 소장은 19세 미만의 신입자 그 밖에 특히 필요하다고 인정하는 수용자에 대하여는 신입자거실 수용기간을 30일까지 연장할 수 있다.

④ 소장은 신입자를 인수한 경우에는 교도관에게 신입자의 신체·의류 및 휴대품을 지체 없이 검사하게 하여야 한다.

해설

② 소장은 신입자거실에 수용된 사람에게는 작업을 부과해서는 아니 된다(형집행법 시행령 제18조 제2항).
① 동법 시행령 제15조
③ 동법 시행령 제18조 제3항
④ 동법 시행령 제14조

정답 | ②

16

「형의 집행 및 수용자의 처우에 관한 법률」상 간이입소절차를 실시하는 대상에 해당하지 않는 것은?

교정7급 2018

① 긴급체포되어 교정시설에 유치된 피의자

② 체포영장에 의하여 체포되어 교정시설에 유치된 피의자

③ 판사의 피의자 심문 후 구속영장이 발부되어 교정시설에 유치된 피의자

④ 구인 또는 구속영장청구에 따라 피의자 심문을 위하여 교정시설에 유치된 피의자

해설

판사의 피의자 심문 후 구속영장이 발부되어 교정시설에 유치된 피의자는 간이입소절차 대상자가 될 수 없다.

형집행법 제16조의2(간이입소절차)
다음 각 호의 어느 하나에 해당하는 신입자의 경우에는 법무부장관이 정하는 바에 따라 간이입소절차를 실시한다.
1. 「형사소송법」 제200조의2, 제200조의3 또는 제212조에 따라 체포되어 교정시설에 유치된 피의자
2. 「형사소송법」 제201조의2 제10항 및 제71조의2에 따른 구속영장 청구에 따라 피의자 심문을 위하여 교정시설에 유치된 피의자

정답 | ③

17

형의 집행 및 수용자의 처우에 관한 법령상 수용자의 수용에 대한 설명으로 옳지 않은 것은? 교정7급 2015

① 수용자는 독거수용하나, 수형자의 교화 또는 건전한 사회복귀를 위하여 필요한 때에는 혼거수용할 수 있다.

② 취사작업을 위하여 필요하거나 그 밖에 특별한 사정이 있으면 구치소에 수형자를 수용할 수 있다.

③ 교정시설의 장은 신입자의 의사에 반하여 건강진단을 할 수 없다.

④ 수용자의 생명·신체의 보호, 증거인멸의 방지 및 교정시설의 안전과 질서유지를 위하여 필요하다고 인정하면 혼거실이나 교육실, 그 밖에 수용자들이 서로 접촉할 수 있는 장소에서 수용자의 자리를 지정할 수 있다.

해설

③ 소장은 신입자에 대하여는 지체 없이 건강진단을 하여야 하며(형집행법 제16조 제2항)(필요적 건강진단 실시규정), 신입자는 소장이 실시하는 건강진단을 받아야 한다(동조 제3항)(신입자에게 건강진단을 받을 의무규정).

① 동법 제14조

② 동법 제12조 제2항

④ 동법 시행령 제10조

정답 | ③

18

형의 집행 및 수용자의 처우에 관한 법률 시행령상 수용에 대한 설명으로 옳은 것은? 교정7급 2018

① 혼거수용 인원은 2명 이상으로 한다. 다만, 요양이나 그 밖의 부득이한 사정이 있는 경우에는 예외로 한다.

② 처우상 독거수용이란 주간과 야간에는 일과에 따른 공동생활을 하게 하고, 휴업일에만 독거수용하는 것을 말한다.

③ 계호상 독거수용이란 사람의 생명·신체의 보호 또는 교정시설의 안전과 질서유지를 위하여 실외운동·목욕 시에도 예외 없이 독거수용하는 것을 말한다.

④ 수용자를 호송하는 경우 수형자는 미결수용자와, 여성수용자는 남성수용자와, 19세 미만의 수용자는 19세 이상의 수용자와 서로 접촉하지 못하게 하여야 한다.

해설

④ 형집행법 시행령 제24조

① 혼거수용 인원은 3명 이상으로 한다. 다만, 요양이나 그 밖의 부득이한 사정이 있는 경우에는 예외로 한다(동법 시행령 제8조).

② 처우상 독거수용이란 주간에는 교육·작업 등의 처우를 위하여 일과(日課)에 따른 공동생활을 하게 하고 휴업일과 야간에만 독거수용하는 것을 말한다(동법 시행령 제5조 제1호).

③ 계호상 독거수용이란 사람의 생명·신체의 보호 또는 교정시설의 안전과 질서유지를 위하여 항상 독거수용하고 다른 수용자와의 접촉을 금지하는 것을 말한다. 다만, 수사·재판·실외운동·목욕·접견·진료 등을 위하여 필요한 경우에는 그러하지 아니하다(동조 제2호).

정답 | ④

19

「형의 집행 및 수용자의 처우에 관한 법률」의 내용에 대한 설명으로 옳은 것은? 교정9급 2017

① 이 법은 교정시설의 구내에서만 적용된다.
② 법무부장관은 교정시설의 설치 및 운영에 관한 업무의 일부를 법인에게 위탁할 수 있으나 개인에게 위탁할 수는 없다.
③ 판사, 검사 및 당해 사건의 변호인은 직무상 필요하면 교정시설을 시찰할 수 있다.
④ 신설하는 교정시설은 수용인원이 500명 이내의 규모가 되도록 하여야 한다. 다만, 교정시설의 기능·위치나 그 밖의 사정을 고려하여 그 규모를 증대할 수 있다.

해설

④ 형집행법 제6조 제1항
① 이 법은 교정시설의 구내와 교도관이 수용자를 계호(戒護)하고 있는 그 밖의 장소로서 교도관의 통제가 요구되는 공간에 대하여 적용한다(동법 제3조).
② 법무부장관은 교정시설의 설치 및 운영에 관한 업무의 일부를 법인 또는 개인에게 위탁할 수 있다(동법 제7조 제1항).
③ 판사와 검사는 직무상 필요하면 교정시설을 시찰할 수 있다(동법 제9조 제1항).

정답 | ④

20

미성년자의 교정보호시설에의 수용에 대한 설명으로 옳지 않은 것은? 교정7급 2012

① 무기징역형을 받은 소년수형자는 5년이 경과하면 가석방될 수 있다.
② 보호처분을 받아 소년원에 수용 중인 소년에 대하여 징역형의 유죄판결이 확정되면 보호처분을 집행한 후 소년교도소로 이송한다.
③ 소년교도소에 수용 중인 미성년수형자가 특히 필요하다고 인정되면 만 23세가 되기 전까지는 계속하여 수용할 수 있다.
④ 장기 6년, 단기 3년의 부정기형을 선고받은 소년수형자의 경우 최소 1년이 지나야 가석방대상자가 될 수 있다.

해설

보호처분이 계속 중일 때에 징역, 금고 또는 구류를 선고받은 소년에 대하여는 먼저 그 형을 집행한다(소년법 제64조). 참고로, 문제에서 어떠한 법을 특정하지 않았기 때문에 소년법과 형집행법 모두 맞는 지문으로 보아야 한다. ③은 형집행법에 규정된 내용이다.

정답 | ②

21

「수형자 등 호송 규정」에 대한 설명으로 옳지 않은 것은? 교정9급 2013

① 발송관서는 미리 수송관서에 대하여 피호송자의 성명·발송시일·호송사유 및 방법을 통지하여야 한다.

② 호송관의 여비나 피호송자의 호송비용은 원칙적으로 호송관서가 부담한다.

③ 피호송자가 열차·선박 또는 항공기에서 사망 시 호송관서는 최초 도착지 관할 검사의 지휘에 따라 필요한 조치를 취한다.

④ 교도소와 교도소 사이의 호송과 그 밖의 호송 모두 교도관만이 행한다.

해설

교도소와 교도소 사이의 호송은 교도관이 행하고, 그 밖의 호송은 경찰관 또는 「검찰청법」 제47조에 따라 사법경찰관리로서의 직무를 수행하는 검찰청 직원이 행한다.

> 검찰청법 제47조(사법경찰관리로서의 직무수행)
> ① 검찰주사, 마약수사주사, 검찰주사보, 마약수사주사보, 검찰서기, 마약수사서기, 검찰서기보 또는 마약수사서기보로서 검찰총장 또는 각급 검찰청 검사장의 지명을 받은 사람은 소속 검찰청 또는 지청에서 접수한 사건에 관하여 다음 각 호의 구분에 따른 직무를 수행한다.
> 1. 검찰주사, 마약수사주사, 검찰주사보 및 마약수사주사보
> 2. 검찰서기, 마약수사서기, 검찰서기보 및 마약수사서기보
> ② 별정직공무원으로서 검찰총장 또는 각급 검찰청 검사장의 지명을 받은 공무원은 다음 각 호의 구분에 따른 직무를 수행한다.
> 1. 5급 상당부터 7급 상당까지의 공무원
> 2. 8급 상당 및 9급 상당 공무원

정답 | ④

22

「수형자 등 호송 규정」상 호송에 대한 설명으로 옳지 않은 것은? 교정9급 2021

① 피호송자가 도주한 때에 서류와 금품은 수송관서로 송부하여야 한다.

② 교도소·구치소 및 그 지소 간의 호송은 교도관이 행한다.

③ 송치 중의 영치금품을 호송관에게 탁송한 때에는 호송관서에 보관책임이 있고, 그러하지 아니한 때에는 발송관서에 보관책임이 있다.

④ 호송관의 여비나 피호송자의 호송비용은 호송관서가 부담하나, 피호송자를 교정시설이나 경찰관서에 숙식하게 한 때에는 그 비용은 교정시설이나 경찰관서가 부담한다.

해설

① 피호송자가 도주한 경우에는 서류와 금품은 발송관서에 반환하여야 한다(수형자 등 호송 규정 제10조 제2항).
② 동 규정 제2조
③ 동 규정 제6조 제4항
④ 동 규정 제13조 제1항

정답 | ①

23

형의 집행 및 수용자의 처우에 관한 법령상 수용자 이송에 대한 설명으로 옳은 것은? 교정9급 2021

① 법무부장관은 이송승인에 관한 권한을 법무부령으로 정하는 바에 따라 지방교정청장에게 위임할 수 있다.

② 소장은 수용자를 다른 교정시설에 이송하는 경우에 의무관으로부터 수용자가 건강상 감당하기 어렵다는 보고를 받으면 이송을 중지하고 그 사실을 지방교정청장에게 알려야 한다.

③ 소장은 수용자의 정신질환 치료를 위하여 필요하다고 인정하면 법무부장관의 승인을 받아 치료감호시설로 이송할 수 있다.

④ 수용자가 이송 중에 징벌대상행위를 하거나 다른 교정시설에서 징벌대상행위를 한 사실이 이송된 후에 발각된 경우에는 그 수용자를 인수한 지방교정청장이 징벌을 부과한다.

해설

③ 형집행법 제37조 제2항

① 법무부장관은 이송승인에 관한 권한을 대통령령으로 정하는 바에 따라 지방교정청장에게 위임할 수 있다(동법 제20조 제2항).

② 소장은 수용자를 다른 교정시설에 이송하는 경우에 의무관으로부터 수용자가 건강상 감당하기 어렵다는 보고를 받으면 이송을 중지하고 그 사실을 이송받을 소장에게 알려야 한다(동법 시행령 제23조).

④ 수용자가 이송 중에 징벌대상행위를 하거나 다른 교정시설에서 징벌대상행위를 한 사실이 이송된 후에 발각된 경우에는 그 수용자를 인수한 소장이 징벌을 부과한다(동법 시행령 제136조).

정답 | ③

24

「형의 집행 및 수용자의 처우에 관한 법률 시행령」상 지방교정청장의 이송승인권에 따라 수용자의 이송을 승인할 수 있는 경우로 옳지 않은 것은? 교정7급 2023

① 수용시설의 공사 등으로 수용거실이 일시적으로 부족한 때

② 교정시설 간 수용인원의 뚜렷한 불균형을 조정하기 위하여 특히 필요하다고 인정되는 때

③ 교정시설의 안전과 질서유지를 위하여 긴급하게 이송할 필요가 있다고 인정되는 때

④ 다른 지방교정청장의 요청에 의하여 수용인원을 다른 지방교정청과 조정할 필요가 있을 때

해설

다른 지방교정청장의 요청에 의하여 수용인원을 다른 지방교정청과 조정할 필요가 있을 때는 이송승인 대상이 아니다.

형집행법 시행령 제22조(지방교정청장의 이송승인권)
① 지방교정청장은 다음 각 호의 어느 하나에 해당하는 경우에는 수용자의 이송을 승인할 수 있다.
1. 수용시설의 공사 등으로 수용거실이 일시적으로 부족한 때
2. 교정시설 간 수용인원의 뚜렷한 불균형을 조정하기 위하여 특히 필요하다고 인정되는 때
3. 교정시설의 안전과 질서유지를 위하여 긴급하게 이송할 필요가 있다고 인정되는 때

정답 | ④

25

「형의 집행 및 수용자의 처우에 관한 법률」상 교도소장 A가 취한 조치 중 타당한 것은? 교정7급 2015

① 정치인 B가 신입자로 수용되면서 자신의 수감 사실을 가족에게 알려줄 것을 원하였으나, 교도소장 A는 정치인 B에게 아첨하는 것처럼 비칠까봐 요청을 거부하고 가족에게 통지하지 않았다.
② 기독교 신자이며 교도소장 A의 동창인 수용자 C는 성경책을 소지하기를 원하였으나, 교도소장 A는 지인에 대한 특혜처럼 비칠까봐 별다른 교화나 질서유지상의 문제가 없음에도 성경책 소지를 제한하였다.
③ 수용자인 연예인 D가 교도소 외부 대형병원에서 자신의 비용으로 치료받기를 원하였으나, 교도소장 A는 교도소의 의무관으로부터 소내 치료가 충분히 가능한 단순 타박상이라 보고받고 명백한 꾀병으로 보이기에 외부병원 치료요청을 거부하였다.
④ 교도소장 A는 금고형을 선고받고 복역 중인 기업인 E가 교도작업을 하지 않는 것은 특혜라고 비칠까봐 기업인 E가 거부함에도 불구하고 교도작업을 부과하였다.

해설

③ 소장은 수용자가 자신의 비용으로 외부 의료시설에서 근무하는 의사(이하 "외부의사"라 한다)에게 치료받기를 원하면 교정시설에 근무하는 의사(공중보건의사를 포함하며, 이하 "의무관"이라 한다)의 의견을 고려하여 이를 허가할 수 있다(형집행법 제38조).
① 소장은 신입자 또는 다른 교정시설로부터 이송되어 온 사람이 있으면 그 사실을 수용자의 가족(배우자, 직계 존속·비속 또는 형제자매를 말한다)에게 지체 없이 알려야 한다. 다만, 수용자가 알리는 것을 원하지 아니하면 그러하지 아니하다(동법 제21조). 즉, 수용사실의 가족에 대한 통지는 소장의 의무이다.
② 수용자는 자신의 신앙생활에 필요한 책이나 물품을 지닐 수 있다(동법 제45조 제2항).
④ 금고형 수형자는 교도작업의 의무가 없고 신청에 따라 작업을 부과할 수 있을 뿐이다(동법 제67조).

정답 | ③

26

형의 집행 및 수용자의 처우에 관한 법령상 수용자의 위생과 의료에 대한 설명으로 옳은 것으로만 묶은 것은? 교정7급 2017

㉠ 소장은 저수조 등 급수시설을 1년에 1회 이상 청소·소독하여야 한다.
㉡ 소장은 수용자가 위독한 경우에는 그 사실을 가족에게 지체 없이 알려야 한다.
㉢ 교정시설에 근무하는 간호사는 야간 또는 공휴일 등에 응급을 요하는 수용자에 대한 응급처치를 할 수 있다.
㉣ 소장은 19세 미만의 수용자와 계호상 독거수용자에 대하여는 1년에 1회 이상 건강검진을 하여야 한다.
㉤ 소장은 수용자를 외부 의료시설에 입원시키거나 입원 중인 수용자를 교정시설로 데려온 경우에는 그 사실을 법무부장관에게 지체 없이 보고하여야 한다.

① ㉠, ㉡, ㉢ ② ㉡, ㉢, ㉣
③ ㉡, ㉢, ㉤ ④ ㉢, ㉣, ㉤

해설

㉠ 소장은 저수조 등 급수시설을 6개월에 1회 이상 청소·소독하여야 한다(형집행법 시행령 제47조 제2항).
㉡ 동법 시행령 제56조
㉢ 동법 제36조 제2항, 동법 시행령 제54조의2 제2호
㉣ 소장은 수용자에 대하여 1년에 1회 이상 건강검진을 하여야 한다. 다만, 19세 미만의 수용자와 계호상 독거수용자에 대하여는 6개월에 1회 이상 하여야 한다(동법 시행령 제51조 제1항).
㉤ 동법 시행령 제57조

정답 | ③

27

형의 집행 및 수용자의 처우에 관한 법령상 수용자의 의료에 대한 설명으로 옳지 않은 것은? 교정7급 2019

① 소장은 수용자가 감염병에 걸렸다고 인정되는 경우에는 1주 이상 격리수용하고 그 수용자의 휴대품을 소독하여야 한다.

② 소장은 19세 미만의 수용자, 계호상 독거수용자 및 노인수용자에 대하여는 6개월에 1회 이상 건강검진을 하여야 한다.

③ 장애인수형자 전담교정시설의 장은 장애인의 재활에 관한 전문적인 지식을 가진 의료진과 장비를 갖추도록 노력하여야 한다.

④ 소장은 수용자를 외부 의료시설에 입원시키거나 입원 중인 수용자를 교정시설로 데려온 경우에는 그 사실을 법무부장관에게 지체 없이 보고하여야 한다.

해설

소장은 수용자가 감염병에 걸린 경우에는 즉시 격리수용하고 그 수용자가 사용한 물품과 설비를 철저히 소독하여야 한다(형집행법 시행령 제53조 제3항).

정답 | ①

28

「교도관직무규칙」상 교정직교도관의 직무에 대한 설명으로 옳지 않은 것은? 교정7급 2020

① 수용자를 부를 때에는 수용자 번호와 성명을 함께 부르는 것이 원칙이다.

② 수용자의 도주, 폭행, 소요, 자살 등 구금목적을 해치는 행위에 관한 방지조치는 다른 모든 직무에 우선한다.

③ 교정직교도관이 수용자의 접견에 참여하는 경우에는 수용자와 그 상대방의 행동·대화내용을 자세히 관찰하여야 한다.

④ 수용자가 작성한 문서로서 해당 수용자의 날인이 필요한 것은 오른손 엄지손가락으로 손도장을 찍게 하는 것이 원칙이다.

해설

① 수용자를 부를 때에는 수용자 번호를 사용한다. 다만, 수용자의 심리적 안정이나 교화를 위하여 필요한 경우에는 수용자 번호와 성명을 함께 부르거나 성명만을 부를 수 있다(교도관직무규칙 제12조).
② 동 규칙 제6조
③ 동 규칙 제41조 제1항
④ 동 규칙 제14조 제1항

정답 | ①

29

「교도관직무규칙」상의 내용으로 옳은 것은?

교정7급 2021

① 소장은 교도관으로 하여금 매주 1회 이상 소화기 등 소방기구를 점검하게 하고 그 사용법의 교육과 소방훈련을 하게 하여야 한다.

② 당직간부란 보안과장이 지명하는 교정직교도관으로서 보안과의 보안업무 전반에 걸쳐 보안과장을 보좌하고, 휴일 또는 야간에 소장을 대리하는 사람을 말한다.

③ 교정직교도관이 수용자를 교정시설 밖으로 호송하는 경우에는 미리 호송계획서를 작성하여 상관에게 보고하여야 한다.

④ 정문근무자는 수용자의 취침시간부터 기상시간까지는 보안과장의 허가 없이 정문을 여닫을 수 없다.

해설

③ 교도관직무규칙 제40조 제1항

① 소장은 교도관으로 하여금 매월 1회 이상 소화기 등 소방기구를 점검하게 하고 그 사용법의 교육과 소방훈련을 하게 하여야 한다(동 규칙 제16조).

② "당직간부"란 교정시설의 장(이하 "소장"이라 한다)이 지명하는 교정직교도관으로서 보안과의 보안업무 전반에 걸쳐 보안과장을 보좌하고, 휴일 또는 야간(당일 오후 6시부터 다음 날 오전 9시까지를 말한다)에 소장을 대리하는 사람을 말한다(동 규칙 제2조 제8호).

④ 정문근무자는 수용자의 취침시간부터 기상시간까지는 당직간부의 허가 없이 정문을 여닫을 수 없다(동 규칙 제42조 제4항).

정답 | ③

30

교정직교도관이 지체 없이 상관에게 보고하여야 할 사안으로 옳지 않은 것은?

교정9급 2010

① 수용자가 형의 집행 및 수용자의 처우에 한 법률 제117조에 따른 청원을 하는 경우

② 수용자가 교도관직무규칙 제32조에 의하여 상관 등과의 면담을 요청하는 경우

③ 수용자가 공공기관의 정보공개에 한 법률에 의한 정보공개청구를 하는 경우

④ 수용자가 국가인권위원회법 제31조에 의한 진정을 하는 경우

해설

①·③·④는 지체 없이 상관에게 보고하여야 하고, ②는 그 사유를 파악하여 상관에게 보고하여야 하는 사안이다.

> 교도관직무규칙 제32조(수용자의 청원 등 처리)
> ① 교정직교도관은 수용자가 「형의 집행 및 수용자의 처우에 관한 법률」(이하 "법"이라 한다) 제117조에 따른 청원, 「국가인권위원회법」 제31조에 따른 진정 및 「공공기관의 정보공개에 관한 법률」에 따른 정보공개청구 등을 하는 경우에는 지체 없이 상관에게 보고하여야 한다.
> ② 수용자가 상관 등과의 면담을 요청한 경우에는 그 사유를 파악하여 상관에게 보고하여야 한다.

정답 | ②

31

형의 집행 및 수용자의 처우에 관한 법령상 수형자 계호에 대한 내용으로 옳지 않은 것은? 교정7급 2021

① 소장은 교정성적 등을 고려하여 검사가 필요하지 않다고 인정되는 경우 교도관에게 작업장이나 실외에서 거실로 돌아오는 수용자의 신체·의류 및 휴대품을 검사하지 않게 할 수 있다.
② 금치처분 집행 중인 수용자가 법원 또는 검찰청 등에 출석하는 경우에 징벌집행은 중지된 것으로 본다.
③ 교도관은 교정시설 밖에서 수용자를 계호하는 경우 보호장비나 수용자의 팔목 등에 전자경보기를 부착하여 사용할 수 있다.
④ 보호침대는 다른 보호장비와 같이 사용할 수 없다.

해설

- 법 제108조 제4호부터 제14호까지의 징벌(30일 이내의 공동행사 참가정지부터 금치까지의 각종 제한)집행 중인 수용자가 다른 교정시설로 이송되거나 법원 또는 검찰청 등에 출석하는 경우에는 징벌집행이 계속되는 것으로 본다(형집행법 시행령 제134조)
- 하나의 보호장비로 사용목적을 달성할 수 없는 경우에는 둘 이상의 보호장비를 사용할 수 있다. 다만, 다음 각 호의 어느 하나에 해당하는 경우에는 다른 보호장비와 같이 사용할 수 없다(동법 시행규칙 제180조).
  1. 보호의자를 사용하는 경우
  2. 보호침대를 사용하는 경우

정답 | ②

32

「형의 집행 및 수용자의 처우에 관한 법률」상 수용을 위한 체포에 대한 설명으로 옳지 않은 것은? 교정9급 2024

① 천재지변으로 일시석방된 수용자는 정당한 사유가 없는 한 출석요구를 받은 후 24시간 이내에 교정시설 또는 경찰관서에 출석하여야 한다.
② 교도관은 수용자가 도주한 경우, 도주 후 72시간 이내에만 그를 체포할 수 있다.
③ 교도관은 도주한 수용자의 체포를 위하여 긴급히 필요하면 도주를 한 사람의 이동경로나 소재를 안다고 인정되는 사람을 정지시켜 질문할 수 있다.
④ 교도관은 도주한 수용자의 체포를 위하여 영업시간 내에 공연장·여관·음식점·역, 그 밖에 다수인이 출입하는 장소의 관리자 또는 관계인에게 그 장소의 출입이나 그 밖에 특히 필요한 사항에 관하여 협조를 요구할 수 있다.

해설

① 석방 후 24시간 이내에 교정시설 또는 경찰관서에 출석하여야 한다(형집행법 제102조 제4항).
② 동법 제103조 제1항
③ 동조 제2항
④ 동조 제4항

정답 | ①

33

「형의 집행 및 수용자의 처우에 관한 법률 시행규칙」 제210조에서 명시하고 있는 관심대상수용자의 지정기준이 아닌 것으로만 묶인 것은? 교정7급 2012

> ㄱ. 중형선고 등에 따른 심적 불안으로 수용생활에 적응하기 곤란하다고 인정되는 수용자
> ㄴ. 사회적 물의를 일으킨 사람으로서 죄책감 등으로 인하여 상습적으로 자해를 하는 수용자
> ㄷ. 다른 수용자를 괴롭히거나 세력을 모으는 등 수용질서를 문란하게 하는 조직폭력수용자
> ㄹ. 도주를 예비한 전력이 있는 사람으로서 도주의 우려가 있는 수용자
> ㅁ. 다른 수용자를 협박하여 징벌을 받은 전력이 있는 수용자

① ㄱ, ㅁ ② ㄴ, ㄹ
③ ㄴ, ㅁ ④ ㄷ, ㄹ

해설

ⓛ 사회적 물의를 일으킨 사람으로서 죄책감 등으로 인하여 자살 등 교정사고를 일으킬 우려가 큰 수용자이다. 상습적으로 자해를 하는 수용자는 자신의 요구를 관철할 목적이어야 한다.
ⓜ 수용자가 아닌 교도관에 대한 폭행과 협박이어야 한다.

관심대상수용자
- 타 수용자 상습 폭행
- 교도관 폭행·협박의 재발우려
- 요구관철을 목적으로 상습 자해
- 수용질서 문란 조직폭력수용자(조폭행세 포함)
- 무죄 외 사유로 출소 후 5년 이내 재수용된 조직폭력수용자
- 상습 공무집행 방해
- 도주의 재발우려
- 중형선고 등에 따른 적응곤란
- 자살시도의 재발우려
- 자살 등 교정사고 우려
- 규율위반의 상습성 인정
- 상습 부조리 기도

정답 | ③

34

형의 집행 및 수용자의 처우에 관한 법령상 수용자의 처우에 대한 설명으로 옳은 것은? 교정7급 2019

① 소장은 징역형·금고형이 확정된 사람으로서 집행할 형기가 형집행지휘서 접수일부터 3개월 미만인 사람, 노역장 유치명령을 받은 사람, 구류형이 확정된 사람에 대해서는 분류심사를 하지 아니한다.
② 소장은 공범·피해자 등의 체포영장·구속영장·공소장 또는 재판서에 마약사범으로 명시된 수용자는 마약류수용자로 지정한다.
③ 소장은 미결수용자 등 분류처우위원회의 의결대상자가 아닌 경우에도 관심대상수용자로 지정할 필요가 있다고 인정되는 수용자에 대하여는 교도관회의의 심의를 거쳐 관심대상수용자로 지정할 수 있다.
④ 소장은 신입자에 대하여 시설 내의 안전과 질서유지를 위하여 특히 필요하다고 인정하면 번호표를 붙이지 아니할 수 있다.

해설

① 징역형·금고형이 확정된 사람으로서 집행할 형기가 형집행지휘서 접수일부터 3개월 미만인 사람, 구류형이 확정된 사람에 대해서는 분류심사를 하지 아니한다(동법 시행규칙 제62조 제1항).
② 소장은 체포영장·구속영장·공소장 또는 재판서에 「마약류관리에 관한 법률」, 「마약류 불법거래 방지에 관한 특례법」, 그 밖에 마약류에 관한 형사법률이 적용된 수용자 또는 마약류에 관한 형사법률을 적용받아 집행유예가 선고되어 그 집행유예기간 중에 별건으로 수용된 수용자에 대하여는 마약류수용자로 지정하여야 한다(동법 시행규칙 제204조, 제205조 제1항).
④ 소장은 신입자 및 다른 교정시설로부터 이송되어 온 사람에 대하여 수용자번호를 지정하고 수용 중 번호표를 상의의 왼쪽 가슴에 붙이게 하여야 한다. 다만, 수용자의 교화 또는 건전한 사회복귀를 위하여 특히 필요하다고 인정하면 번호표를 붙이지 아니할 수 있다(동법 시행령 제17조 제2항).

정답 | ③

35

「형의 집행 및 수용자의 처우에 관한 법률 시행규칙」상 엄중관리대상자에 대한 설명으로 옳지 않은 것은?

교정7급 2017

① 조직폭력수용자는 번호표와 거실표의 색상을 노란색으로 한다.

② 엄중관리대상자는 조직폭력수용자, 마약류수용자, 그리고 관심대상수용자로 구분한다.

③ 소장은 마약류수용자로 지정된 수용자들에게 정기적으로 수용자의 소변을 채취하여 마약반응검사를 하여야 한다.

④ 소장은 엄중관리대상자 중 지속적인 상담이 필요하다고 인정되는 사람에 대하여는 상담책임자를 지정한다.

해설

③ 소장은 교정시설에 마약류를 반입하는 것을 방지하기 위하여 필요하면 강제에 의하지 아니하는 범위에서 수용자의 소변을 채취하여 마약반응검사를 할 수 있다(형집행법 시행규칙 제206조 제2항).

① 동법 시행규칙 제195조 제1항

② 동법 시행규칙 제194조

④ 동법 시행규칙 제196조 제1항

정답 | ③

36

형의 집행 및 수용자의 처우에 관한 법령상 조직폭력수용자에 대한 설명으로 옳지 않은 것은? 교정9급 2020

① 소장은 공범·피해자 등의 체포영장, 구속영장, 공소장 또는 재판서에 조직폭력사범으로 명시된 수용자에 대하여는 조직폭력수용자로 지정한다.

② 소장은 조직폭력수용자에게 거실 및 작업장 등의 봉사원, 반장, 조장, 분임장, 그 밖에 수용자를 대표하는 직책을 부여해서는 아니 된다.

③ 소장은 조직폭력수용자로 지정된 사람이 공소장 변경 또는 재판확정에 따라 지정사유가 해소되었다고 인정되는 경우에는 교도관회의의 심의 또는 교정자문위원회의 의결을 거쳐 지정을 해제한다.

④ 소장은 조직폭력수형자가 작업장 등에서 다른 수형자와 음성적으로 세력을 형성하는 등 집단화할 우려가 있다고 인정하는 경우에는 법무부장관에게 해당 조직폭력수형자의 이송을 지체 없이 신청하여야 한다.

해설

③ 소장은 조직폭력수용자로 지정된 사람에 대하여는 석방할 때까지 지정을 해제할 수 없다. 다만, 공소장 변경 또는 재판확정에 따라 지정사유가 해소되었다고 인정되는 경우에는 교도관회의의 심의 또는 분류처우위원회의 의결을 거쳐 지정을 해제한다(형집행법 시행규칙 제199조 제2항).

① 동법 시행규칙 제198조 제3호

② 동법 시행규칙 제200조

④ 동법 시행규칙 제201조

정답 | ③

37

「형의 집행 및 수용자의 처우에 관한 법률 시행규칙」상 엄중관리대상자에 대한 설명으로 옳은 것은?

교정9급 2022

① 소장은 교정시설에 마약류를 반입하는 것을 방지하기 위하여 필요하면 강제로 수용자의 소변을 채취하여 마약반응검사를 할 수 있다.
② 소장은 엄중관리대상자 중 지속적인 상담이 필요하다고 인정되는 사람에 대하여는 상담책임자를 지정하는데, 상담대상자는 상담책임자 1명당 20명 이내로 하여야 한다.
③ 소장은 관심대상수용자로 지정할 필요가 있다고 인정되는 미결수용자에 대하여는 교도관회의의 심의를 거쳐 관심대상수용자로 지정할 수 있다.
④ 소장은 조직폭력수용자에게 거실 및 작업장 등의 수용자를 대표하는 직책을 부여할 수 있다.

해설

③ 소장은 관심대상수용자 지정대상의 어느 하나에 해당하는 수용자에 대하여는 분류처우위원회의 의결을 거쳐 관심대상수용자로 지정한다. 다만, 미결수용자 등 분류처우위원회의 의결대상자가 아닌 경우에도 관심대상수용자로 지정할 필요가 있다고 인정되는 수용자에 대하여는 교도관회의의 심의를 거쳐 관심대상수용자로 지정할 수 있다(형집행법 시행규칙 제211조 제1항).
① 소장은 교정시설에 마약류를 반입하는 것을 방지하기 위하여 필요하면 강제에 의하지 아니하는 범위에서 수용자의 소변을 채취하여 마약반응검사를 할 수 있다(동법 시행규칙 제206조 제2항).
② 상담책임자는 감독교도관 또는 상담 관련 전문교육을 이수한 교도관을 우선하여 지정하여야 하며, 상담대상자는 상담책임자 1명당 10명 이내로 하여야 한다(동법 시행규칙 제196조 제2항).
④ 소장은 조직폭력수용자에게 거실 및 작업장 등의 봉사원, 반장, 조장, 분임장, 그 밖에 수용자를 대표하는 직책을 부여해서는 아니 된다(동법 시행규칙 제200조).

정답 | ③

38

「형의 집행 및 수용자의 처우에 관한 법률 시행규칙」상 마약류수용자의 처우에 대한 설명으로 옳은 것만을 모두 고르면?

교정7급 2024

ㄱ. 소장은 체포영장·구속영장·공소장 또는 재판서에 「마약류관리에 관한 법률」, 「마약류 불법거래방지에 관한 특례법」, 그 밖에 마약류에 관한 형사 법률이 적용된 수용자에 대하여는 마약류수용자로 지정하여야 한다.
ㄴ. 소장은 마약류수용자로 지정 후 5년이 지난 수용자(마약류에 관한 형사 법률 외의 법률이 같이 적용된 마약류수용자로 한정함)로서 수용생활태도, 교정성적 등이 양호한 경우에는 교도관회의의 심의 또는 분류처우위원회의 의결을 거쳐 지정을 해제할 수 있다.
ㄷ. 소장은 교정시설에 마약류를 반입하는 것을 방지하기 위하여 필요하면 강제적으로 수용자의 소변을 채취하여 마약반응검사를 할 수 있다.
ㄹ. 담당교도관은 마약류수용자의 보관품 및 지니는 물건의 변동 상황을 수시로 점검하고, 특이사항이 있는 경우에는 감독교도관에게 보고해야 한다.

① ㄱ, ㄷ　　② ㄴ, ㄹ
③ ㄱ, ㄴ, ㄷ　　④ ㄱ, ㄴ, ㄹ

해설

옳은 것은 ㄱ, ㄴ, ㄹ이다.
ㄱ. 형집행법 시행규칙 제204조 제1호
ㄴ. 동법 시행규칙 제205조 제2항 제2호
ㄹ. 동법 시행규칙 제208조
ㄷ. 소장은 교정시설에 마약류를 반입하는 것을 방지하기 위하여 필요하면 강제에 의하지 아니하는 범위에서 수용자의 소변을 채취하여 마약반응검사를 할 수 있다(동법 시행규칙 제206조 제2항).

정답 | ④

39

「형의 집행 및 수용자의 처우에 관한 법령」상 수용시설 내 감염병 관련 조치에 대한 설명으로 옳지 않은 것은?

교정9급 2023

① 소장은 감염병이 유행하는 경우 수용자가 자비로 구매하는 음식물의 공급을 중지하여야 한다.

② 소장은 수용자가 감염병에 걸렸다고 의심되는 경우에는 1주 이상 격리수용하고 그 수용자의 휴대품을 소독하여야 한다.

③ 소장은 감염병이나 그 밖에 감염의 우려가 있는 질병의 발생과 확산을 방지하기 위하여 필요한 경우 수용자에 대하여 예방접종·격리수용·이송, 그 밖에 필요한 조치를 하여야 한다.

④ 소장은 수용자가 감염병에 걸린 경우에는 즉시 격리수용하고 그 수용자가 사용한 물품 및 설비를 철저히 소독해야 한다. 또한 이 사실을 지체 없이 법무부장관에게 보고하고 관할 보건기관의 장에게 알려야 한다.

해설

① 소장은 감염병이 유행하는 경우에는 수용자가 자비로 구매하는 음식물의 공급을 중지할 수 있다(형집행법 시행령 제53조 제2항).
② 동조 제1항
③ 동법 제35조
④ 동법 시행령 제53조 제3항·제4항

정답 | ①

40

수용자의 의료처우에 관한 설명으로 옳은 것은?

교정7급 2008

① 수용자가 자비로써 치료를 원하는 때에는 의무관의 의견을 고려하여 당해 소장은 이를 허가할 수 있다(임의적).

② 소장은 수용자에 대한 적당한 치료를 하기 위하여 필요하다고 인정하는 때에는 당해 수용자를 교도소 밖에 있는 병원에 이송하여야 한다(필요적).

③ 소장은 감염병에 걸린 수용자를 다른 수용자와 격리수용할 수 있다(임의적).

④ 소장은 감염병에 유행이 있을 때에는 그 예방을 위하여 음식물의 자비부담 취식을 금지해야 한다(필요적).

해설

② 수용자를 교도소 밖에 있는 병원에 이송할 수 있다(임의적).
③ 감염병에 걸린 수용자를 다른 수용자와 격리수용하여야 한다(필요적).
④ 감염병의 유행이 있을 때에는 그 예방을 위하여 음식물의 자비부담 취식을 제한할 수 있다(임의적).

정답 | ①

41

「형의 집행 및 수용자의 처우에 관한 법률 시행령」에 따를 때, 괄호 안에 들어갈 내용을 옳게 짝지은 것은?

교정9급 2018

- 미결수용자의 접견횟수는 (㉠)로 하되, 변호인과의 접견은 그 횟수에 포함시키지 않는다.
- 교정시설의 장은 19세 미만의 수용자와 계호상 독거수용자에 대하여 (㉡) 이상 건강검진을 하여야 한다.
- 교정시설의 장은 작업의 특성, 계절, 그 밖의 사정을 고려하여 수용자의 목욕횟수를 정하되 부득이한 사정이 없으면 (㉢) 이상이 되도록 한다.

	㉠	㉡	㉢
①	매일 1회	6개월에 1회	매주 1회
②	매일 1회	1년에 1회	매주 1회
③	매주 1회	6개월에 1회	매주 1회
④	매주 1회	1년에 1회	매월 1회

해설

- 미결수용자의 접견횟수는 매일 1회로 하되, 변호인과의 접견은 그 횟수에 포함시키지 않는다(형집행법 시행령 제101조).
- 소장은 수용자에 대하여 1년에 1회 이상 건강검진을 하여야 한다. 다만, 19세 미만의 수용자와 계호상 독거수용자에 대하여는 6개월에 1회 이상 하여야 한다(동법 시행령 제51조 제1항).
- 소장은 작업의 특성, 계절, 그 밖의 사정을 고려하여 수용자의 목욕횟수를 정하되 부득이한 사정이 없으면 매주 1회 이상이 되도록 한다(동법 시행령 제50조).

정답 | ①

42

수용자의 위생과 의료에 대한 설명으로 옳지 않은 것은?

교정7급 2011

① 소장은 다른 사람의 건강에 해를 끼칠 우려가 있는 감염병에 걸린 사람의 수용을 거절할 수 있다.

② 소장은 수용자에 대한 적절한 치료를 위해 필요한 경우 법무부장관의 승인을 받아 외부 의료시설에 진료를 받게 할 수 있다.

③ 소장은 수용자의 정신질환치료를 위해 필요한 경우 법무부장관의 승인을 받아 치료감호시설에 이송할 수 있다.

④ 소장은 수용자에 대하여 건강검진을 정기적으로 해야 하고 횟수는 대통령령으로 정한다.

해설

소장은 수용자에 대한 적절한 치료를 위해 필요한 경우 외부 의료시설에 진료를 받게 할 수 있다. 즉, 법무부장관의 승인사항이 아니다. 의료와 관하여, 치료감호시설로의 이송은 법무부장관의 승인사항이다.

형집행법 제37조(외부의료시설 진료 등)
① 소장은 수용자에 대한 적절한 치료를 위하여 필요하다고 인정하면 교정시설 밖에 있는 의료시설(이하 "외부의료시설"이라 한다)에서 진료를 받게 할 수 있다.
② 소장은 수용자의 정신질환 치료를 위하여 필요하다고 인정하면 법무부장관의 승인을 받아 치료감호시설로 이송할 수 있다.

정답 | ②

43

수용자의 위생과 의료에 대한 설명으로 옳은 것은?

교정7급 2013

① 19세 미만의 수용자와 계호상 독거수용자에 대하여는 건강검진을 1년에 1회 이상 하여야 한다.

② 소장은 감염병이 유행하는 경우에는 수용자에게 지급하는 음식물의 배급을 일시적으로 중지할 수 있다.

③ 교정시설에서 간호사가 할 수 있는 의료행위에는 응급을 요하는 수용자에 대한 응급처치가 포함된다.

④ 소장은 수용자를 외부 의료시설에 입원시키는 경우에는 그 사실을 지방교정청장에게까지 지체 없이 보고하여야 한다.

해설

③ 응급을 요하는 수용자에 대한 응급처치에 해당한다.
① 6개월에 1회이다.
② 자비로 구매하는 음식물의 공급을 중지할 수 있다.
④ 법무부장관에게 보고하여야 한다.

정답 | ③

44

형의 집행 및 수용자의 처우에 관한 법령상 감염성 질병에 관한 조치에 대한 내용으로 옳지 않은 것은?

교정7급 2020

① 소장은 수용자가 감염병에 걸렸다고 의심되는 경우에는 2주 이상 격리수용하고 그 수용자의 휴대품을 소독하여야 한다.

② 소장은 감염병이 유행하는 경우에는 수용자가 자비로 구매하는 음식물의 공급을 중지할 수 있다.

③ 소장은 수용자가 감염병에 걸린 경우 지체 없이 법무부장관에게 보고하고 관할 보건기관의 장에게 알려야 한다.

④ 소장은 감염병의 유행으로 자비구매 물품의 사용이 중지된 경우에는 구매신청을 제한할 수 있다.

해설

① 소장은 수용자가 감염병에 걸렸다고 의심되는 경우에는 1주 이상 격리수용하고 그 수용자의 휴대품을 소독하여야 한다(형집행법 시행령 제53조 제1항).
② 동조 제2항
③ 동조 제4항
④ 동법 시행규칙 제17조 제2항

정답 | ①

45

「형의 집행 및 수용자의 처우에 관한 법률」상 수용자의 위생과 의료에 대한 내용으로 옳지 않은 것은?

교정7급 2021

① 수용자는 자신의 신체 및 의류를 청결히 하여야 하며, 자신이 사용하는 거실·작업장, 그 밖의 수용시설의 청결유지에 협력하여야 하며, 위생을 위하여 머리카락과 수염을 단정하게 유지하여야 한다.

② 소장은 수용자가 외부 의료시설에서 진료받거나 치료감호시설로 이송되면 그 사실을 그 가족(가족이 없는 경우에는 수용자가 지정하는 사람)에게 지체 없이 알려야 한다. 다만, 수용자가 알리는 것을 원하지 아니하면 그러하지 아니하다.

③ 소장은 감염병이나 그 밖에 감염의 우려가 있는 질병의 발생과 확산을 방지하기 위하여 필요한 경우 수용자에 대하여 예방접종·격리수용·이송, 그 밖에 필요한 조치를 하여야 한다.

④ 소장은 수용자의 정신질환 치료를 위하여 필요하다고 인정하면 직권으로 치료감호시설로 이송할 수 있다.

해설

④ 소장은 수용자의 정신질환 치료를 위하여 필요하다고 인정하면 법무부장관의 승인을 받아 치료감호시설로 이송할 수 있다(형집행법 제37조 제2항). 따라서 소장의 직권으로 이송할 수 없다.
① 동법 제32조 제1항·제2항
② 동법 제37조 제4항
③ 동법 제35조

정답 | ④

46

현행법령상 수용자의 위생과 의료에 관한 설명으로 옳지 않은 것은?

교정9급 2010

① 소장은 수용자가 특별한 경우와 공휴일과 법무부장관이 정하는 날을 제외하고는 매일 근무시간 내에서 1시간 이내의 실외운동을 할 수 있도록 하여야 한다.

② 소장은 작업의 특성, 계절, 그 밖의 사정을 고려하여 수용자의 목욕횟수를 정하되 부득이한 사정이 없으면 매주 1회 이상이 되도록 한다.

③ 소장은 19세 미만의 수용자와 계호상 독거수용자에 대하여는 1년에 1회 이상 건강검진을 하여야 한다.

④ 소장은 수용자가 자신의 비용으로 외부 의료시설에서 근무하는 의사에게 치료받기를 원하는 때에는 이를 허가할 수 있다.

해설

소장은 19세 미만의 수용자와 계호상 독거수용자에 대하여는 6개월에 1회 이상 건강검진을 하여야 한다(노인수용자 포함).

정답 | ③

47

형의 집행 및 수용자의 처우에 관한 법령상 수용자의 의료처우에 대한 설명으로 옳지 않은 것은?

교정9급 2017

① 소장은 수용자가 자신의 비용으로 외부 의료시설에서 근무하는 의사에게 치료받기를 원하면 교정시설에 근무하는 의사의 의견을 고려하여 이를 허가할 수 있다.

② 소장은 진료를 거부하는 수용자가 교정시설에 근무하는 의사의 설득 등에도 불구하고 진료를 계속 거부하여 그 생명에 위험을 가져올 급박한 우려가 있으면 위 의사로 하여금 적당한 진료 등의 조치를 하게 할 수 있다.

③ 소장은 19세 미만의 수용자와 계호상 독거수용자에 대하여는 6개월에 1회 이상 건강검진을 하여야 한다.

④ 소장은 수용자가 자신의 고의 또는 과실로 부상 등이 발생하여 외부 의료시설에서 진료를 받은 경우에는 그 진료비의 전부 또는 일부를 그 수용자에게 부담하게 하여야 한다.

해설

④ 소장은 수용자가 자신의 고의 또는 중대한 과실로 부상 등이 발생하여 외부 의료시설에서 진료를 받은 경우에는 그 진료비의 전부 또는 일부를 그 수용자에게 부담하게 할 수 있다(형집행법 제37조 제5항).
① 동법 제38조
② 동법 제40조 제2항
③ 동법 시행령 제51조 제1항

정답 | ④

48

「형의 집행 및 수용자의 처우에 한 법률」에 규정된 보호장비가 아닌 것은 몇 개인가?

교정9급 2011

• 수갑	• 머리보호장비
• 발목보호장비	• 보호대
• 교도봉	• 보호의자
• 보호침대	• 안면보호구
• 포승	• 손목보호장비
• 보호복	• 휴대식 금속탐지기

① 2개　② 3개　③ 4개　④ 5개

해설

교도봉은 보안장비이고, 안면보호구는 구 형집행법상의 계구이며, 손목보호장비는 법률에 규정되어 있지 않고, 휴대식 금속탐지기는 전자장비이다(형집행법 제98조 제1항).

보호장비의 종류

• 수갑	• 머리보호장비
• 발목보호장비	• 보호대(帶)
• 보호의자	• 보호침대
• 보호복	• 포승

정답 | ③

49

현행법상 수용자의 안전과 질서유지에 대한 설명으로 옳지 않은 것은? 교정9급 2009

① 교정장비의 종류로는 전자장비, 보호장비, 보안장비, 무기 등이 있다.

② 전자영상장비로 거실에 있는 수용자를 계호하는 것은 자살 등의 우려가 큰 때에만 할 수 있다.

③ 보호장비의 종류로는 수갑, 포승, 사슬, 머리보호장비 등이 있다.

④ 보호장비는 징벌의 수단으로 사용되어서는 아니되며 사유가 소멸하면 사용을 지체 없이 중단하여야 한다.

해설

사슬과 안면보호구 등은 보호장비의 종류에 해당되지 않는다(형집행법 제98조 제1항).

보호장비의 종류

- 수갑
- 머리보호장비
- 발목보호장비
- 보호대(帶)
- 보호의자
- 보호침대
- 보호복
- 포승

정답 | ③

50

형의 집행 및 수용자의 처우에 관한 법령상 교도관의 보호장비 및 무기의 사용에 대한 설명으로 옳지 않은 것은? 교정9급 2016

① 보호장비를 사용하는 경우에는 수용자에게 그 사유를 알려주어야 한다.

② 수용자가 위력으로 교도관 등의 정당한 직무집행을 방해하는 때에는 보호장비를 사용할 수 있다.

③ 수갑, 포승, 발목보호장비는 이송·출정, 그 밖에 교정시설 밖의 장소로 수용자를 호송하는 때 사용할 수 있다.

④ 교정시설 안에서 자기 또는 타인의 생명·신체를 보호하기 위하여 급박하다고 인정되는 상당한 이유가 있으면 수용자 외의 사람에 대하여도 무기를 사용할 수 있다.

해설

③ 수갑·포승은 제97조 제1항 제1호부터 제4호까지의 어느 하나에 해당하는 때에 사용할 수 있고, 발목보호장비는 제97조 제1항 제2호부터 제4호까지의 어느 하나에 해당하는 때에 사용할 수 있다.

① 형집행법 시행령 제122조

② 동법 제97조 제1항 제3호

④ 동법 제101조 제2항

> 형집행법 제97조(보호장비의 사용)
> ① 교도관은 수용자가 다음 각 호의 어느 하나에 해당하면 보호장비를 사용할 수 있다.
> 1. 이송·출정, 그 밖에 교정시설 밖의 장소로 수용자를 호송하는 때
> 2. 도주·자살·자해 또는 다른 사람에 대한 위해의 우려가 큰 때
> 3. 위력으로 교도관 등의 정당한 직무집행을 방해하는 때
> 4. 교정시설의 설비·기구 등을 손괴하거나 그 밖에 시설의 안전 또는 질서를 해칠 우려가 큰 때

정답 | ③

51

교정시설의 안전과 질서에 대한 설명으로 옳지 않은 것은? 교정9급 2011

① 교도관은 수용자가 자살, 자해하려고 하는 때 가스총이나 가스분사기와 같은 보안장비로 강제력을 행사할 수 있다.
② 교도관은 소장의 명령 없이 강제력을 행사해서는 아니 되지만 명령을 받을 시간적 여유가 없을 경우에는 강제력 행사 후 소장에게 즉시 보고하여야 한다.
③ 교도관은 수용자가 정당한 사유 없이 작업이나 교육을 거부하는 경우에는 수갑, 포승 등의 보호장비를 사용할 수 있다.
④ 수용자의 진정실 수용기간은 24시간 이내로 하되, 소장은 특히 계속하여 수용할 필요가 있으면 의무관의 의견을 고려하여 연장할 수 있다.

해설

수용자가 정당한 사유 없이 작업이나 교육을 거부하는 경우는 징벌 부과사유이지 보호장비 사용사유가 아니다.

> 형집행법 제96조(진정실 수용)
> ① 소장은 수용자가 다음 각 호의 어느 하나에 해당하는 경우로서 강제력을 행사하거나 제98조의 보호장비를 사용하여도 그 목적을 달성할 수 없는 경우에만 진정실(일반 수용거실로부터 격리되어 있고 방음설비 등을 갖춘 거실을 말한다. 이하 같다)에 수용할 수 있다.
> 1. 교정시설의 설비 또는 기구 등을 손괴하거나 손괴하려고 하는 때
> 2. 교도관의 제지에도 불구하고 소란행위를 계속하여 다른 수용자의 평온한 수용생활을 방해하는 때
>
> ② 수용자의 진정실 수용기간은 24시간 이내로 한다. 다만, 소장은 특히 계속하여 수용할 필요가 있으면 의무관의 의견을 고려하여 1회당 12시간의 범위에서 기간을 연장할 수 있다.

정답 | ③

52

현행법령에 따른 보호장비사용의 절차에 대한 설명으로 옳지 않은 것은? 교정9급 2008

① 교도관은 원칙적으로 소장의 명을 받아 보호장비를 사용하여야 하며, 사전에 해당 수용자에게 그 이유를 알려야 한다.
② 보호복을 사용하는 경우에는 다른 보호장비와 같이 사용할 수 없다.
③ 의무관은 보호장비 착용 수용자의 건강상태를 확인한 결과 특이사항을 발견한 경우에는 보호장비 사용 심사부에 이를 기록하여야 한다.
④ 교도관은 보호장비 사용사유가 소멸한 경우에는 소장의 허가를 받아 지체 없이 사용 중인 보호장비를 중단하여야 한다. 다만, 교도관이 소장의 허가를 받을 시간적 여유가 없는 때에는 보호장비를 중단한 후 지체 없이 소장의 승인을 받아야 한다.

해설

보호의자와 보호침대만 다른 보호장비와 같이 사용할 수 없다.

> 형집행법 시행규칙 제180조(둘 이상의 보호장비 사용)
> 하나의 보호장비로 사용목적을 달성할 수 없는 경우에는 둘 이상의 보호장비를 사용할 수 있다. 다만, 다음의 어느 하나에 해당하는 경우에는 다른 보호장비와 같이 사용할 수 없다.
> 1. 보호의자를 사용하는 경우
> 2. 보호침대를 사용하는 경우

정답 | ②

53

계호행위에 대한 설명으로 옳지 않은 것은?

교정9급 2007

① 계호는 강제력이 수반되므로 수형자에 대해서만 행사되어야 한다.
② 비상계호는 폭동, 도주, 화재 등이 있는 경우에 특별한 수단과 방법으로 행해지는 계호를 말한다.
③ 계호행위의 내용에는 시찰, 명령, 강제, 검사, 정돈, 구제, 배제 등이 있다.
④ 계호행위의 행사 시에는 비례성의 원칙이 적용된다.

해설

계호권은 수용자와 계호자 사이에 발생하는 것이 원칙이지만, 특별한 경우에는 수용자 외의 자에게도 성립할 수 있다(보안장비와 무기의 사용).

정답 | ①

54

교정시설의 안전과 질서유지를 위한 교도관 또는 교도소장 甲의 행위 중 법령에 적합한 것은? 교정7급 2012

① 교도관 甲은 도주 및 손괴의 우려가 있는 수용자 A의 거실을 전자영상장비로 계호하였다.
② 교도소장 甲은 자해의 우려가 있는 수용자 B를 14일간 보호실에 수용하였지만, 의무관의 의견을 고려하여 계속 수용할 필요가 있다고 판단하여 14일간 기간연장을 하였다.
③ 교도소장 甲은 교정시설의 물품검색기를 손괴하고, 교도관의 제지에도 불구하고 소란행위를 계속한 수용자 C에 대하여 즉시 48시간 동안 진정실에 수용하였다.
④ 교도관 甲은 자신의 머리를 자해하려는 수용자 D를 발견하고 강제력을 행사하겠다고 경고하였으나 듣지 않자 가스분사기를 발사하고 보호복을 사용한 후 소장에게 즉시 보고하였다.

해설

① 전자영상장비로 계호를 하기 위해서는 단순한 우려가 있는 때가 아닌 우려가 큰 때에만 가능하다.
② 최초 및 연장 시에 의무관의 의견을 고려하여 보호실에 수용할 수 있고, 7일의 범위 내에서 연장할 수 있으며, 최대 3개월을 초과할 수 없다.
③ 진정실에 수용하기 위한 전제조건은 강제력을 행사하거나 보호장비를 사용하여도 그 목적을 달성할 수 없는 경우이다. 즉, 단순한 교도관의 제지만으로는 진정실 수용요건을 충족하지 못한다.

정답 | ④

55

형의 집행 및 수용자의 처우에 관한 법률 시행규칙상 교정장비의 하나인 보안장비에 해당하는 것만을 모두 고르면? 교정9급 2020

> ㉠ 포승
> ㉡ 교도봉
> ㉢ 전자경보기
> ㉣ 전자충격기

① ㉠, ㉢ ② ㉠, ㉣
③ ㉡, ㉢ ④ ㉡, ㉣

해설

㉡·㉣ 교도봉과 전자충격기는 보안장비에 해당한다(형집행법 시행규칙 제186조).
㉠ 포승은 보호장비에 해당한다(동법 제98조 제1항, 동법 시행규칙 제169조).
㉢ 전자경보기는 전자장비에 해당한다(동법 시행규칙 제160조).

정답 | ④

56

「형의 집행 및 수용자의 처우에 관한 법률」상 보호장비에 대한 설명으로 옳지 않은 것은? 교정7급 2023

① 이송·출정, 그 밖에 교정시설 밖의 장소로 수용자를 호송할 때는 수갑을 사용할 수 있으며, 진료를 받거나 입원 중인 수용자에 대하여 한손수갑을 사용할 수 있다.
② 머리부분을 자해할 우려가 큰 때에는 머리보호장비를 사용할 수 있으며, 머리보호장비를 포함한 다른 보호장비로는 자살·자해를 방지하기 어려운 특별한 사정이 있는 경우는 보호침대를 사용할 수 있다.
③ 하나의 보호장비로 사용목적을 달성할 수 없는 경우에는 둘 이상의 보호장비를 사용할 수 있으며, 주로 수갑과 보호의자를 함께 사용한다.
④ 보호침대는 그 사용을 일시중지하거나 완화하는 경우를 포함하여 8시간을 초과하여 사용할 수 없으며, 사용중지 후 4시간이 경과하지 아니하면 다시 사용할 수 없다.

해설

③ 하나의 보호장비로 사용목적을 달성할 수 없는 경우에는 둘 이상의 보호장비를 사용할 수 있다. 다만, 다음 각 호의 어느 하나에 해당하는 경우에는 다른 보호장비와 같이 사용할 수 없다(형집행법 시행규칙 180조).
1. 보호의자를 사용하는 경우
2. 보호침대를 사용하는 경우

① 동법 제98조 제2항 제1호, 동법 시행규칙 제172조 제1항 제3호
② 동법 제98조 제2항 제2호, 동법 시행규칙 제177조 제1항
④ 동법 시행규칙 제177조 제2항, 제176조 제2항 준용

정답 | ③

57

형의 집행 및 수용자의 처우에 관한 법령상 교도관의 강제력 행사에 대한 설명으로 옳지 않은 것은?

교정9급 2017

① 교도관은 수용자가 위계 또는 위력으로 교도관의 정당한 직무집행을 방해하는 때에 강제력을 행사할 수 있다.
② 교도관은 수용자 이외의 사람이 교도관 또는 수용자에게 위해를 끼치거나 끼치려고 하는 때에 강제력을 행사할 수 있다.
③ 교도관이 수용자 등에게 강제력을 행사하려면 사전에 상대방에게 이를 경고하여야 한다. 다만, 상황이 급박하여 경고할 시간적인 여유가 없는 때에는 그러하지 아니하다.
④ 교도관은 수용자 등에게 소장의 명령 없이 강제력을 행사해서는 아니 된다. 다만, 그 명령을 받을 시간적 여유가 없는 경우에는 강제력을 행사한 후 소장에게 즉시 보고하여야 한다.

해설

① 교도관은 수용자가 위력으로 교도관의 정당한 직무집행을 방해하는 때에 강제력을 행사할 수 있다(형집행법 제100조 제1항 제5호).
② 동조 제2항 제2호
③ 동조 제5항
④ 동법 시행령 제125조

정답 | ①

58

「형의 집행 및 수용자의 처우에 관한 법률」상 교도관이 수용자에 대하여 무기를 사용할 수 있는 경우로 옳은 것은?

교정9급 2014

① 이송·출정, 그 밖에 교정시설 밖의 장소로 수용자를 호송하는 때
② 도주·자살·자해 또는 다른 사람에 대한 위해의 우려가 큰 때
③ 위력으로 교도관 등의 정당한 직무집행을 방해하는 때
④ 수용자가 다른 사람에게 중대한 위해를 끼치거나 끼치려고 하여 그 사태가 위급한 때

해설

① 이송·출정, 그 밖에 교정시설 밖의 장소로 수용자를 호송하는 때 – 보호장비
② 도주·자살·자해 또는 다른 사람에 대한 위해의 우려가 큰 때 – 보호장비
③ 위력으로 교도관 등의 정당한 직무집행을 방해하는 때 – 보호장비·보안장비

형집행법 제101조(무기의 사용)
① 교도관은 다음의 어느 하나에 해당하는 사유가 있으면 수용자에 대하여 무기를 사용할 수 있다.
1. 수용자가 다른 사람에게 중대한 위해를 끼치거나 끼치려고 하여 그 사태가 위급한 때
2. 수용자가 폭행 또는 협박에 사용할 위험물을 지니고 있어 교도관이 버릴 것을 명령하였음에도 이에 따르지 아니하는 때
3. 수용자가 폭동을 일으키거나 일으키려고 하여 신속하게 제지하지 아니하면 그 확산을 방지하기 어렵다고 인정되는 때
4. 도주하는 수용자에게 교도관이 정지할 것을 명령하였음에도 계속하여 도주하는 때
5. 수용자가 교도관의 무기를 탈취하거나 탈취하려고 하는 때
6. 그 밖에 사람의 생명·신체 및 설비에 대한 중대하고도 뚜렷한 위험을 방지하기 위하여 무기의 사용을 피할 수 없는 때
② 교도관은 교정시설의 안(교도관이 교정시설의 밖에서 수용자를 계호하고 있는 경우 그 장소를 포함한다)에서 자기 또는 타인의 생명·신체를 보호하거나 수용자의 탈취를 저지하거나 건물 또는 그 밖의 시설과 무기에 대한 위험을 방지하기 위하여 급박하다고 인정되는 상당한 이유가 있으면 수용자 외의 사람에 대하여도 무기를 사용할 수 있다.
③ 교도관은 소장 또는 그 직무를 대행하는 사람의 명령을 받아 무기를 사용한다. 다만, 그 명령을 받을 시간적 여유가 없으면

그러하지 아니하다.
④ 무기를 사용하려면 공포탄을 발사하거나 그 밖에 적당한 방법으로 사전에 상대방에 대하여 이를 경고하여야 한다.
⑤ 무기의 사용은 필요한 최소한도에 그쳐야 하며, 최후의 수단이어야 한다.
⑥ 사용할 수 있는 무기의 종류, 무기의 종류별 사용요건 및 사용절차 등에 관하여 필요한 사항은 법무부령으로 정한다.

정답 | ④

59

수형자의 규율 및 처우에 관한 대법원 및 헌법재판소의 입장을 설명한 것으로 옳지 않은 것은? 교정7급 2007

① 「헌법」과 「형사소송법」에 보장된 변호인의 조력을 받을 권리의 주체는 피고인 또는 피의자에 한정되며, 수형자에 대해서는 변호인 선임을 위한 일반적인 접견 및 통신권이 보장될 뿐이다.

② 수형자가 교도관의 감시·단속을 피하기 위하여 규율위반행위를 하는 경우에 그것만으로 그 행위가 위계에 의한 공무집행방해죄에 해당하는 것이라고 할 수 없다.

③ 계구의 사용에 있어서도 비례의 원칙이 적용되므로 교도관의 멱살을 잡는 등 소란행위를 하고 있는 수형자에 대하여 교도소장이 수갑과 포승 등 계구를 사용한 조치는 위법한 행위로 손해배상의무가 인정된다.

④ 형집행법에 의한 징벌은 행정상 질서벌의 일종으로서, 형벌법령에 위반한 행위에 대한 형사책임과는 그 목적과 성격을 달리하는 것이므로 징벌을 받은 뒤에 형사처벌을 한다고 하여 일사부재리의 원칙이 반하는 것은 아니다.

해설

교도소장이 멱살을 잡는 등 소란행위를 하고 있는 수감자에 대하여 수갑과 포승 등 계구를 사용한 조치는 적법하다. 따라서 이에 대해서는 손해배상의 의무가 없다. 이 판례의 핵심은 소란행위 없이 단식하고 있는 상태에서 9일 동안 계속하여 계구를 사용한 것은 위법한 행위로 국가는 수형자에 대한 손해배상의 의무가 있다는 것이다(대판 1988.1.20. 96 다18922).

정답 | ③

60

우리나라의 헌법재판소 판례의 입장으로 옳지 않은 것은? 교정7급 2013

① 수사 및 재판단계의 미결수용자에게 재소자용 의류를 입게 하는 것은 무죄추정의 원칙에 반하고, 인격권과 행복추구권, 공정한 재판을 받을 권리를 침해하는 것이다.

② 구치소에서의 정밀신체검사는 다른 사람이 볼 수 없는 차단된 공간에서 동성의 교도관이 짧은 시간 내에 손가락이나 도구의 사용 없이 항문을 보이게 하는 방법으로 시행한 경우 과잉금지의 원칙에 반하지 않는다.

③ 마약의 복용 여부를 알아내기 위해 소변을 강제채취하는 일은 자신의 신체의 배출물에 대한 자기결정권이 다소 제한된다 하더라도 과잉금지의 원칙에 반한다고 할 수 없다.

④ 검찰조사실에서 계구(보호장비)해제요청을 거절하고 수갑 및 포승을 한 채 조사를 받도록 한 것은 위험의 방지를 위한 것으로써 신체의 자유를 과도하게 제한하였다고 할 수 없다.

해설

검사조사실에서의 계구사용을 원칙으로 정한 「계호근무준칙」 제298조 제1호·제2호의 조항과 도주, 폭행, 소요, 자해 등의 위험이 구체적으로 드러나거나 예견되지 않음에도 여러 날 장시간 피의자신문을 하면서 계구로 피의자를 속박한 행위가 신체의 자유를 침해하였는지 여부(적극)(헌재결 2005.5.26. 2004헌마49 전원재판부)

검사실에서의 계구사용을 원칙으로 하면서 심지어는 검사의 계구해제요청이 있더라도 이를 거절하도록 규정한 계호근무준칙의 이 사건 준칙조항은 원칙과 예외를 전도한 것으로서 신체의 자유를 침해하므로 헌법에 위반된다. 청구인이 도주를 하거나 소요, 폭행 또는 자해를 할 위험이 있었다고 인정하기 어려움에도 불구하고 여러 날, 장시간에 걸쳐 피의자신문을 하는 동안 계속 계구를 사용한 것은 막연한 도주나 자해의 위험 정도에 비해 과도한 대응으로서 신체의 자유를 제한함에 있어 준수되어야 할 피해의 최소성요건을 충족하지 못하였고, 심리적 긴장과 위축으로 실질적으로 열등한 지위에서 신문에 응해야 하는 피의자의 방어권 행사에도 지장을 주었다는 점에서 법익균형성도 갖추지 못하였다.

정답 | ④

61

「형의 집행 및 수용자의 처우에 관한 법률 시행규칙」상 수갑의 사용방법에 대한 설명으로 옳지 않은 것은? 교정7급 2022

① 이송·출정, 그 밖에 교정시설 밖의 장소로 수용자를 호송하는 때에는 한손수갑을 채워야 한다.

② 도주·자살·자해 또는 다른 사람에 대한 위해의 우려가 큰 때 양손수갑을 앞으로 채워 사용목적을 달성할 수 없다고 인정되면 양손수갑을 뒤로 채워야 한다.

③ 위력으로 교도관의 정당한 직무집행을 방해하는 때에는 양손수갑을 앞으로 채워야 한다.

④ 일회용 수갑은 일시적으로 사용하여야 하며, 사용목적을 달성한 후에는 즉시 사용을 중단하거나 다른 보호장비로 교체하여야 한다.

해설

이송·출정, 그 밖에 교정시설 밖의 장소로 수용자를 호송하는 때에는 양손수갑을 채워야 한다(형집행법 시행규칙 제172조 제1항 제1호).

참고로, 진료를 받거나 입원 중인 수용자에 대하여는 한손수갑을 사용한다(동조 제1항 제3호).

형집행법 시행규칙 제172조(수갑의 사용방법)

① 수갑의 사용방법은 다음 각 호와 같다.

1. 법 제97조 제1항 각 호의 어느 하나에 해당하는 경우에는 별표 6(양손수갑 앞으로 사용)의 방법으로 할 것
2. 법 제97조 제1항 제2호부터 제4호까지의 규정의 어느 하나에 해당하는 경우 별표 6의 방법으로는 사용목적을 달성할 수 없다고 인정되면 별표 7(양손수갑 뒤로 사용)의 방법으로 할 것
3. 진료를 받거나 입원 중인 수용자에 대하여 한손수갑을 사용하는 경우에는 별표 8(한손수갑 침대와 체결)의 방법으로 할 것

동법 제97조(보호장비의 사용)

① 교도관은 수용자가 다음 각 호의 어느 하나에 해당하면 보호장비를 사용할 수 있다.

1. 이송·출정, 그 밖에 교정시설 밖의 장소로 수용자를 호송하는 때
2. 도주·자살·자해 또는 다른 사람에 대한 위해의 우려가 큰 때
3. 위력으로 교도관의 정당한 직무집행을 방해하는 때
4. 교정시설의 설비·기구 등을 손괴하거나 그 밖에 시설의 안전 또는 질서를 해칠 우려가 큰 때

정답 | ①

62

「형의 집행 및 수용자의 처우에 관한 법률」상 안전과 질서에 대한 설명으로 옳지 않은 것은? 교정7급 2013

① 전자영상장비로 거실에 있는 수용자를 계호하는 것은 자살 등의 우려가 큰 때에만 할 수 있다.

② 수용자의 보호실 수용기간은, 소장이 연장을 하지 않는 한 30일 이내로 한다.

③ 수용자의 진정실 수용기간은, 소장이 연장을 하지 않는 한 24시간 이내로 한다.

④ 보호장비는 징벌의 수단으로 사용되어서는 아니 된다.

해설

② 수용자의 보호실 수용기간은, 소장이 연장을 하지 않는 한 15일 이내로 한다(형집행법 제95조 제2항).
① 동법 제94조 제1항
③ 동법 제96조 제2항
④ 동법 제99조 제1항

형집행법 제95조(보호실 수용)
① 소장은 수용자가 다음의 어느 하나에 해당하면 의무관의 의견을 고려하여 보호실(자살 및 자해 방지 등의 설비를 갖춘 거실을 말한다. 이하 같다)에 수용할 수 있다.
1. 자살 또는 자해의 우려가 있는 때
2. 신체적·정신적 질병으로 인하여 특별한 보호가 필요한 때
② 수용자의 보호실 수용기간은 15일 이내로 한다. 다만, 소장은 특히 계속하여 수용할 필요가 있으면 의무관의 의견을 고려하여 1회당 7일의 범위에서 기간을 연장할 수 있다.
③ 수용자를 보호실에 수용할 수 있는 기간은 계속하여 3개월을 초과할 수 없다.
④ 소장은 수용자를 보호실에 수용하거나 수용기간을 연장하는 경우에는 그 사유를 본인에게 알려 주어야 한다.
⑤ 의무관은 보호실 수용자의 건강상태를 수시로 확인하여야 한다.
⑥ 소장은 보호실 수용사유가 소멸한 경우에는 보호실 수용을 즉시 중단하여야 한다.

동법 제96조(진정실 수용)
① 소장은 수용자가 다음 각 호의 어느 하나에 해당하는 경우로서 강제력을 행사하거나 제98조의 보호장비를 사용하여도 그 목적을 달성할 수 없는 경우에만 진정실(일반 수용거실로부터 격리되어 있고 방음설비 등을 갖춘 거실을 말한다. 이하 같다)에 수용할 수 있다.
1. 교정시설의 설비 또는 기구 등을 손괴하거나 손괴하려고 하는 때
2. 교도관의 제지에도 불구하고 소란행위를 계속하여 다른 수용자의 평온한 수용생활을 방해하는 때
② 수용자의 진정실 수용기간은 24시간 이내로 한다. 다만, 소장은 특히 계속하여 수용할 필요가 있으면 의무관의 의견을 고려하여 1회당 12시간의 범위에서 기간을 연장할 수 있다.
③ 수용자를 진정실에 수용할 수 있는 기간은 계속하여 3일을 초과할 수 없다.

정답 | ②

63

「형의 집행 및 수용자의 처우에 관한 법률」상 수용자의 보호실 및 진정실 수용에 대한 설명으로 옳은 것은?

교정9급 2016

① 소장은 수용자가 신체적·정신적 질병으로 인하여 특별한 보호가 필요한 때 진정실에 수용할 수 있다.
② 소장은 수용자를 보호실 또는 진정실에 수용할 경우에는 변호인의 의견을 고려하여야 한다.
③ 소장은 수용자를 보호실 또는 진정실에 수용하거나 수용기간을 연장하는 경우에는 그 사유를 본인과 가족에게 알려주어야 한다.
④ 수용자의 보호실 수용기간은 15일 이내, 진정실 수용기간은 24시간 이내로 하되, 소장은 특히 계속하여 수용할 필요가 있으면 의무관의 의견을 고려하여 연장할 수 있다.

해설

④ 형집행법 제95조 제2항, 제96조 제2항
① 소장은 수용자가 다음 각 호의 어느 하나에 해당하면 의무관의 의견을 고려하여 보호실(자살 및 자해 방지 등의 설비를 갖춘 거실을 말한다)에 수용할 수 있다(동법 제95조 제1항).
② 소장은 보호실 수용요건에 해당하면 의무관의 의견을 고려하여 보호실에 수용할 수 있고(동법 제95조 제1항), 진정실 수용요건에 해당하면 의무관의 의견고려 없이 진정실에 수용할 수 있다(동법 제96조 제1항). 즉, 변호인의 의견고려 규정은 없다.
③ 소장은 수용자를 보호실/진정실에 수용하거나 수용기간을 연장하는 경우에는 그 사유를 본인에게 알려주어야 한다(동법 제95조 제4항, 제96조 제4항). 즉, 가족통지 규정은 없다.

정답 | ④

64

「형의 집행 및 수용자의 처우에 관한 법률」상 수용자의 보호실 수용에 대한 설명으로 옳은 것은? 교정9급 2021

① 소장은 수용자가 교도관의 제지에도 불구하고 소란행위를 계속하여 다른 수용자의 평온한 수용생활을 방해하는 때에 강제력을 행사하거나 보호장비를 사용하여도 그 목적을 달성할 수 없는 경우에만 보호실에 수용할 수 있다.
② 수용자의 보호실 수용기간은 15일 이내로 하되, 소장은 특히 계속하여 수용할 필요가 있으면 의무관의 의견을 고려하여 1회당 7일의 범위에서 기간을 연장할 수 있다.
③ 소장은 수용자를 보호실에 수용하거나 수용기간을 연장하는 경우에는 그 사유를 가족에게 알려주어야 한다.
④ 수용자를 보호실에 수용할 수 있는 기간은 계속하여 2개월을 초과할 수 없다.

해설

② 형집행법 제95조 제2항
① 진정실 수용요건에 대한 설명이다(동법 제96조 제1항).
③ 소장은 수용자를 보호실에 수용하거나 수용기간을 연장하는 경우에는 그 사유를 본인에게 알려주어야 한다(동법 제95조 제4항).
④ 수용자를 보호실에 수용할 수 있는 기간은 계속하여 3개월을 초과할 수 없다(동조 제3항).

정답 | ②

65

「형의 집행 및 수용자의 처우에 관한 법률」상 안전과 질서에 대한 설명으로 옳은 것만을 모두 고르면?

교정9급 2019

> ㉠ 소장은 수용자가 자살 또는 자해의 우려가 있는 때에는 의무관의 의견을 고려하여 진정실에 수용할 수 있다.
> ㉡ 교도관은 자살·자해·도주·폭행·손괴, 그 밖에 수용자의 생명·신체를 해하거나 시설의 안전 또는 질서를 해하는 행위(이하 "자살 등"이라 한다)를 방지하기 위하여 필요한 범위에서 전자장비를 이용하여 수용자 또는 시설을 계호할 수 있다. 다만, 전자영상장비로 거실에 있는 수용자를 계호하는 것은 자살 등의 우려가 큰 때에만 할 수 있다.
> ㉢ 교도관은 수용자가 위력으로 교도관의 정당한 직무집행을 방해하는 때에는 수갑·포승을 사용할 수 있다.
> ㉣ 교도관은 수용자가 다른 사람에게 위해를 끼치거나 끼치려고 하는 때에는 무기를 사용할 수 있다.

① ㉠, ㉢　　② ㉠, ㉣
③ ㉡, ㉢　　④ ㉡, ㉣

해설

㉡·㉢이 옳은 지문이다.

㉠ 소장은 수용자가 자살 또는 자해의 우려가 있거나, 신체적·정신적 질병으로 인하여 특별한 보호가 필요한 때에는 의무관의 의견을 고려하여 보호실(자살 및 자해 방지 등의 설비를 갖춘 거실)에 수용할 수 있다(형집행법 제95조 제1항).
㉡ 동법 제94조 제1항
㉢ 동법 제98조 제2항 제1호
㉣ 교도관은 수용자가 다른 사람에게 위해를 끼치거나 끼치려고 하는 때에는 강제력을 행사할 수 있고(동법 제100조 제1항), 수용자가 다른 사람에게 중대한 위해를 끼치거나 끼치려고 하여 그 사태가 위급한 때에는 무기를 사용할 수 있다(동법 제101조 제1항).

정답 | ③

66

「형의 집행 및 수용자의 처우에 관한 법률」상 수용자의 진정실 수용에 대한 설명으로 옳은 것은?

교정9급 2024

① 소장은 수용자가 교정시설의 설비 또는 기구 등을 손괴하거나 손괴하려고 하는 때로서 강제력을 행사하거나 보호장비를 사용하여도 그 목적을 달성할 수 없는 경우에는 진정실에 수용할 수 있다. 이 경우 의무관의 의견을 들어야 한다.
② 수용자의 진정실 수용기간은 24시간 이내로 한다. 다만, 소장은 특히 계속하여 수용할 필요가 있으면 의무관의 의견을 고려하여 1회당 12시간의 범위에서 기간을 연장할 수 있다.
③ 수용자를 진정실에 수용할 수 있는 기간은 계속하여 2일을 초과할 수 없다.
④ 소장은 수용자를 진정실에 수용하거나 수용기간을 연장하는 경우에는 그 사유를 가족에게 알려 주어야 한다.

해설

② 형집행법 제96조 제2항
① 보호실 수용과는 달리 의무관의 의견을 들을 필요 없다(동조 제1항).
③ 수용자를 진정실에 수용할 수 있는 기간은 계속하여 3일을 초과할 수 없다(동법 제96조 제3항).
④ 소장은 수용자를 보호실에 수용하거나 수용기간을 연장하는 경우에는 그 사유를 본인에게 알려 주어야 한다(동법 제95조 제4항).

정답 | ②

67

「형의 집행 및 수용자의 처우에 관한 법률」상 안전과 질서에 대한 설명으로 옳지 않은 것은? 교정7급 2015

① 교정시설의 장은 수용자의 신체적·정신적 질병으로 인하여 특별한 보호가 필요한 때에는 의무관의 의견을 고려하여 진정실에 수용할 수 있다.

② 전자영상장비로 거실에 있는 수용자를 계호하는 것은 자살 등의 우려가 큰 때에만 할 수 있다.

③ 교도관은 이송·출정, 그 밖에 교정시설 밖의 장소로 수용자를 호송할 때 수갑 및 포승을 사용할 수 있다.

④ 교도관은 교정시설 안에서 자기 또는 타인의 생명·신체를 보호하기 위하여 급박하다고 인정되는 상당한 이유가 있으면 수용자 외의 사람에 대하여도 무기를 사용할 수 있다.

해설

① 소장은 수용자가 자살 또는 자해의 우려가 있거나, 신체적·정신적 질병으로 인하여 특별한 보호가 필요한 때에는 의무관의 의견을 고려하여 보호실에 수용할 수 있다(형집행법 제95조 제1항).
② 동법 제94조 제1항 단서
③ 동법 제98조 제2항 제1호
④ 동법 제101조 제2항

정답 | ①

68

[보기 1]의 ㉠－㉢에 들어갈 말을 [보기 2]의 ⓐ－ⓕ에서 바르게 연결한 것은? 교정7급 2009

[보기 1]
__㉠__는(은) 교정시설의 안전과 질서를 유지하기 위해 수용자를 경계·보호하는 제도로서 교도관은 수용자의 자살 등의 우려가 큰 때에는 __㉡__로 계호할 수 있으며, 교정시설의 장은 수용자가 자살 또는 자해의 우려가 있는 때에는 __㉢__에 수용할 수 있다.

[보기 2]
ⓐ 계호　ⓑ 시찰
ⓒ 보호실　ⓓ 진정실
ⓔ 전자장비　ⓕ 전자영상장비

	㉠	㉡	㉢
①	ⓐ	ⓔ	ⓓ
②	ⓑ	ⓔ	ⓓ
③	ⓐ	ⓕ	ⓒ
④	ⓑ	ⓕ	ⓒ

해설

교정시설의 안전과 질서를 유지하기 위해 수용자를 경계·보호하는 제도를 계호라고 하는데, 교도관은 자살 등을 방지하기 위하여 필요한 범위 안에서 전자장비를 이용하여 수용자 또는 시설을 계호할 수 있고, 자살 등의 우려가 큰 때에는 전자영상장비로 거실에 있는 수용자를 계호할 수 있다. 자살 또는 자해의 우려가 있거나, 신체적·정신적 질병으로 인하여 특별한 보호가 필요한 경우는 보호실 수용사유에 해당한다.

정답 | ③

69

교도소 내에서 수용자에게 무기를 사용할 수 있는 경우로만 묶인 것은? 교정7급 2013

> ㄱ. 수용자가 다른 사람에게 중대한 위해를 끼치거나 끼치려고 하여 그 사태가 위급한 때
> ㄴ. 수용자가 자살하려고 한 때
> ㄷ. 위력으로 교도관 등의 정당한 직무집행을 방해하는 때
> ㄹ. 수용자가 폭동을 일으키려고 하여 신속하게 제지하지 아니하면 그 확산을 방지하기 어렵다고 인정되는 때
> ㅁ. 도주하는 수용자에게 교도관 등이 정지할 것을 명령하였음에도 계속 도주하려고 하는 때

① ㄱ, ㄴ, ㄷ ② ㄱ, ㄹ, ㅁ
③ ㄴ, ㄷ, ㄹ ④ ㄷ, ㄹ, ㅁ

해설

ㄱ. 수용자가 다른 사람에게 중대한 위해를 끼치거나 끼치려고 하여 그 사태가 위급한 때 – 무기
ㄴ. 수용자가 자살하려고 한 때 – 보안장비
ㄷ. 위력으로 교도관 등의 정당한 직무집행을 방해하는 때 – 보호장비 · 보안장비
ㄹ. 수용자가 폭동을 일으키려고 하여 신속하게 제지하지 아니하면 그 확산을 방지하기 어렵다고 인정되는 때 – 무기
ㅁ. 도주하는 수용자에게 교도관 등이 정지할 것을 명령하였음에도 계속 도주하려고 하는 때 – 무기

정답 | ②

70

「형의 집행 및 수용자의 처우에 관한 법률」상 교도관이 수용자에 대하여 무기를 사용할 수 있는 경우는? 교정9급 2022

① 수용자가 위력으로 교도관의 정당한 직무집행을 방해하는 때
② 수용자가 자살하려고 하는 때
③ 수용자가 교정시설의 설비기구 등을 손괴하거나 손괴하려고 하는 때
④ 도주하는 수용자에게 교도관이 정지할 것을 명령하였음에도 계속하여 도주하는 때

해설

④는 무기 사용요건(형집행법 제101조 제1항)이고, 나머지는 보안장비(강제력) 사용요건이다.

> 형집행법 제101조(무기의 사용)
> ① 교도관은 다음 각 호의 어느 하나에 해당하는 사유가 있으면 수용자에 대하여 무기를 사용할 수 있다.
> 1. 수용자가 다른 사람에게 중대한 위해를 끼치거나 끼치려고 하여 그 사태가 위급한 때
> 2. 수용자가 폭행 또는 협박에 사용할 위험물을 지니고 있어 교도관이 버릴 것을 명령하였음에도 이에 따르지 아니하는 때
> 3. 수용자가 폭동을 일으키거나 일으키려고 하여 신속하게 제지하지 아니하면 그 확산을 방지하기 어렵다고 인정되는 때
> 4. 도주하는 수용자에게 교도관이 정지할 것을 명령하였음에도 계속하여 도주하는 때
> 5. 수용자가 교도관의 무기를 탈취하거나 탈취하려고 하는 때
> 6. 그 밖에 사람의 생명·신체 및 설비에 대한 중대하고도 뚜렷한 위험을 방지하기 위하여 무기의 사용을 피할 수 없는 때
> ② 교도관은 교정시설의 안(교도관이 교정시설의 밖에서 수용자를 계호하고 있는 경우 그 장소를 포함한다)에서 자기 또는 타인의 생명·신체를 보호하거나 수용자의 탈취를 저지하거나 건물 또는 그 밖의 시설과 무기에 대한 위험을 방지하기 위하여 급박하다고 인정되는 상당한 이유가 있으면 수용자 외의 사람에 대하여도 무기를 사용할 수 있다.
> ③ 교도관은 소장 또는 그 직무를 대행하는 사람의 명령을 받아 무기를 사용한다. 다만, 그 명령을 받을 시간적 여유가 없으면 그러하지 아니하다.
> ④ 제1항 및 제2항에 따라 무기를 사용하려면 공포탄을 발사하거나 그 밖에 적당한 방법으로 사전에 상대방에 대하여 이를 경고하여야 한다.
> ⑤ 무기의 사용은 필요한 최소한도에 그쳐야 하며, 최후의 수단이어야 한다.
> ⑥ 사용할 수 있는 무기의 종류, 무기의 종류별 사용요건 및 사용

절차 등에 관하여 필요한 사항은 법무부령으로 정한다.

동법 제100조(강제력의 행사)
① 교도관은 수용자가 다음 각 호의 어느 하나에 해당하면 강제력을 행사할 수 있다.
1. 도주하거나 도주하려고 하는 때
2. 자살하려고 하는 때
3. 자해하거나 자해하려고 하는 때
4. 다른 사람에게 위해를 끼치거나 끼치려고 하는 때
5. 위력으로 교도관의 정당한 직무집행을 방해하는 때
6. 교정시설의 설비·기구 등을 손괴하거나 손괴하려고 하는 때
7. 그 밖에 시설의 안전 또는 질서를 크게 해치는 행위를 하거나 하려고 하는 때
② 교도관은 수용자 외의 사람이 다음 각 호의 어느 하나에 해당하면 강제력을 행사할 수 있다.
1. 수용자를 도주하게 하려고 하는 때
2. 교도관 또는 수용자에게 위해를 끼치거나 끼치려고 하는 때
3. 위력으로 교도관의 정당한 직무집행을 방해하는 때
4. 교정시설의 설비·기구 등을 손괴하거나 하려고 하는 때
5. 교정시설에 침입하거나 하려고 하는 때
6. 교정시설의 안(교도관이 교정시설의 밖에서 수용자를 계호하고 있는 경우 그 장소를 포함한다)에서 교도관의 퇴거요구를 받고도 이에 따르지 아니하는 때

정답 | ④

71

「형의 집행 및 수용자의 처우에 관한 법률」 및 동법 시행령상 접견에 대한 설명으로 옳지 않은 것은?

교정9급 2015

① 사형확정자에 대한 변호인의 접견은 접촉차단시설이 설치된 장소에서 하여야 한다.

② 미결수용자와 변호인과의 접견에는 교도관이 참여하지 못하며 그 내용을 청취 또는 녹취하지 못하나, 보이는 거리에서 미결수용자를 관찰할 수 있다.

③ 소장은 미결수용자가 징벌대상자로서 조사받고 있거나 징벌집행 중인 경우에도 변호인과의 접견을 보장하여야 한다.

④ 소장은 수형자가 19세 미만인 때에는 접견횟수를 늘릴 수 있다.

해설

형사사건으로 수사 또는 재판을 받고 있는 수형자 또는 사형확정자에 대한 변호인의 접견은 접촉차단시설이 설치되지 아니한 장소에서 하여야 한다.

형집행법 제41조(접견)
① 수용자는 교정시설의 외부에 있는 사람과 접견할 수 있다. 다만, 다음의 어느 하나에 해당하는 사유가 있으면 그러하지 아니하다.
1. 형사 법령에 저촉되는 행위를 할 우려가 있는 때
2. 「형사소송법」이나 그 밖의 법률에 따른 접견금지의 결정이 있는 때
3. 수형자의 교화 또는 건전한 사회복귀를 해칠 우려가 있는 때
4. 시설의 안전 또는 질서를 해칠 우려가 있는 때
② 수용자의 접견은 접촉차단시설이 설치된 장소에서 하게 한다. 다만, 다음의 어느 하나에 해당하는 경우에는 접촉차단시설이 설치되지 아니한 장소에서 접견하게 한다.
1. 미결수용자(형사사건으로 수사 또는 재판을 받고 있는 수형자와 사형확정자를 포함한다)가 변호인(변호인이 되려는 사람을 포함한다. 이하 같다)과 접견하는 경우
2. 수용자가 소송사건의 대리인인 변호사와 접견하는 경우 등 수용자의 재판청구권 등을 실질적으로 보장하기 위하여 대통령령으로 정하는 경우로서 교정시설의 안전 또는 질서를 해칠 우려가 없는 경우

정답 | ①

72

형의 집행 및 수용자의 처우에 관한 법령상 접견에 대한 설명으로 옳지 않은 것은? 교정9급 2021

① 수용자가 소송사건의 대리인인 변호사와 접견하는 경우로서 교정시설의 안전 또는 질서를 해칠 우려가 없는 경우에는 접촉차단시설이 설치되지 아니한 장소에서 접견하게 한다.

② 수용자가 「형사소송법」에 따른 상소권 회복 또는 재심청구사건의 대리인이 되려는 변호사와 접견할 수 있는 횟수는 월 4회이다.

③ 소장은 범죄의 증거를 인멸하거나 형사법령에 저촉되는 행위를 할 우려가 있는 때에는 교도관으로 하여금 수용자의 접견내용을 청취·기록·녹음 또는 녹화하게 할 수 있다.

④ 수용자가 미성년자인 자녀와 접견하는 경우에는 접촉차단시설이 설치되지 아니한 장소에서 접견하게 할 수 있다.

해설

② 수용자가 「형사소송법」에 따른 상소권 회복 또는 재심청구사건의 대리인이 되려는 변호사와 접견할 수 있는 횟수는 사건당 2회이다(형집행법 시행령 제59조의2 제2항).

① 동법 제41조 제2항

③ 동조 제4항

④ 동조 제3항

정답 | ②

73

「형의 집행 및 수용자의 처우에 관한 법령」상 수형자의 접견에 대한 설명으로 옳은 것만을 모두 고르면? 교정7급 2022

> ㄱ. 수형자의 접견횟수는 매월 4회이지만 소송사건의 대리인인 변호사와 수형자의 접견은 여기에 포함되지 아니한다.
> ㄴ. 수형자의 접견시간은 30분 이내로 하지만, 소장은 수형자가 19세 미만임을 이유로 접견시간을 연장할 수 있다.
> ㄷ. 형사사건으로 수사나 재판을 받고 있는 수형자가 변호인과 접견하는 경우에는 접촉차단시설이 설치되지 아니한 장소에서 접견하게 하여야 한다.
> ㄹ. 외국인인 수형자는 국어로 의사소통이 곤란한 사정이 없더라도 접견 시 접견내용이 청취, 녹음, 녹화될 때에는 외국어를 사용할 수 있다.

① ㄱ, ㄴ ② ㄱ, ㄷ
③ ㄴ, ㄹ ④ ㄷ, ㄹ

해설

ㄱ, ㄷ이 옳은 지문이다.

ㄱ. 수형자의 접견횟수는 매월 4회로 한다(형집행법 시행령 제58조 제3항). 수용자가 소송사건의 대리인인 변호사와 접견하는 횟수는 월 4회로 하되, 이를 제58조 제3항(경비처우급별 접견횟수), 제101조(미결수용자의 접견횟수) 및 제109조(사형확정자의 접견횟수)의 접견횟수에 포함시키지 아니한다(동법 시행령 제59조의2 제2항 제1호).

ㄴ. 수형자가 19세 미만임을 이유로 접견시간을 연장할 수 있다는 규정은 없다.
참고로, 소장은 수형자가 19세 미만인 때, 교정성적이 우수한 때, 교화 또는 건전한 사회복귀를 위하여 특히 필요하다고 인정되는 때에는 접견횟수를 늘릴 수 있다(동법 시행령 제59조 제2항).

ㄷ. 수용자의 접견은 접촉차단시설이 설치된 장소에서 하게 한다. 다만, 다음 각 호의 어느 하나에 해당하는 경우에는 접촉차단시설이 설치되지 아니한 장소에서 접견하게 한다(동법 제41조 제2항).
1. 미결수용자(형사사건으로 수사 또는 재판을 받고 있

는 수형자와 사형확정자를 포함한다)가 변호인과 접견하는 경우

2. 수용자가 소송사건의 대리인인 변호사와 접견하는 경우로서 교정시설의 안전 또는 질서를 해칠 우려가 없는 경우

ㄹ. 수용자와 교정시설 외부의 사람이 접견하는 경우에 법 제41조 제4항에 따라 접견내용이 청취·녹음 또는 녹화될 때에는 외국어를 사용해서는 아니 된다. 다만, 국어로 의사소통하기 곤란한 사정이 있는 경우에는 외국어를 사용할 수 있다(동법 시행령 제60조 제1항).

정답 | ②

74

수용자와 교정시설의 외부에 있는 사람의 접견이 제한되는 사유가 아닌 것은? 교정7급 2010

① 형사법령에 저촉되는 행위를 할 우려가 있는 때
② 「형사소송법」이나 그 밖의 법률에 따른 접견금지의 결정이 있는 때
③ 부과된 작업의 성과가 현저히 미달한 때
④ 수형자의 교화 또는 건전한 사회복귀를 해칠 우려가 있는 때

해설

접견 제한사유
- 형사법령에 저촉되는 행위를 할 우려가 있는 때
- 「형사소송법」이나 그 밖의 법률에 따른 접견금지의 결정이 있는 때
- 수형자의 교화 또는 건전한 사회복귀를 해칠 우려가 있는 때
- 시설의 안전 또는 질서를 해칠 우려가 있는 때

편지수수 제한사유
- 「형사소송법」이나 그 밖의 법률에 따른 편지의 수수금지 및 압수의 결정이 있는 때
- 수형자의 교화 또는 건전한 사회복귀를 해칠 우려가 있는 때
- 시설의 안전 또는 질서를 해칠 우려가 있는 때

정답 | ③

75

현행법령상 수형자의 접견에 관한 설명으로 옳은 것으로만 묶인 것은? 교정9급 2008

> ㉠ 수형자는 적어도 월 4회의 범위 내에서는 소장의 허가를 받아 외부인과 접견할 수 있다.
> ㉡ 중경비처우급 수형자에게도 소장의 재량에 의해 월 5회의 접견을 허용할 수 있다.
> ㉢ 접견자가 외국인인 경우에 통역인이 없으면 접견이 허용될 수 없다.
> ㉣ 소장은 개방처우급 또는 개방시설 수형자에 대하여는 법무부장관이 정하는 바에 따라 접촉차단시설이 설치된 장소 이외의 적당한 곳에서 접견을 실시할 수 있다.
> ㉤ 접견의 횟수·시간·장소·방법 및 접견내용의 청취·기록·녹음·녹화 등에 관하여 필요한 사항은 법무부령으로 정한다.

① ㉠, ㉢, ㉤　　② ㉡, ㉣
③ ㉢, ㉣, ㉤　　④ ㉠, ㉣

해설

㉠ 수형자는 적어도 월 4회의 범위 내에서는 소장의 허가를 받아야 하는 것이 아니라, 권리로써 외부인과 접견할 수 있다.
㉢ 접견자가 외국인인 경우에 통역인이 없으면 접견이 허용될 수 없다는 규정은 없다. 즉, 국어로 의사소통이 가능하다면 통역인이 없어도 접견이 해용될 수 있다고 보아야 한다.
㉤ 접견의 횟수·시간·장소·방법 및 접견내용의 청취·기록·녹음·녹화 등에 관하여 필요한 사항은 대통령령으로 정한다.
참고로, 중경비처우급 수형자의 접견횟수는 원칙적으로 월 4회이나, 소장의 재량으로 그 횟수를 증가시킬 수 있다.

정답 | ②

76

형의 집행 및 수용자의 처우에 관한 법령상 소장이 교도관으로 하여금 수용자의 접견내용을 청취·기록·녹음 또는 녹화하게 할 수 있는 경우가 아닌 것은? 교정9급 2020

① 수용자의 처우 또는 교정시설의 운영에 관하여 거짓사실을 유포하는 때
② 시설의 안전과 질서유지를 위하여 필요한 때
③ 범죄의 증거를 인멸하거나 형사법령에 저촉되는 행위를 할 우려가 있는 때
④ 수형자의 교화 또는 건전한 사회복귀를 위하여 필요한 때

해설

①은 접견 중지사유에 해당한다(형집행법 제42조).

> 형집행법 제41조(접견내용의 청취·기록·녹음·녹화사유)
> ④ 소장은 다음 각 호의 어느 하나에 해당하는 사유가 있으면 교도관으로 하여금 수용자의 접견내용을 청취·기록·녹음 또는 녹화하게 할 수 있다.
> 1. 범죄의 증거를 인멸하거나 형사법령에 저촉되는 행위를 할 우려가 있는 때
> 2. 수형자의 교화 또는 건전한 사회복귀를 위하여 필요한 때
> 3. 시설의 안전과 질서유지를 위하여 필요한 때

정답 | ①

77

「형의 집행 및 수용자의 처우에 관한 법률 시행규칙」상 수형자의 처우에 대한 설명으로 옳은 것은?

교정9급 2024

① 소장은 개방처우급 수형자에 대하여 월 3회 이내에서 경기 또는 오락회를 개최하게 할 수 있다. 다만, 소년수형자에 대하여는 그 횟수를 늘릴 수 있다.

② 완화경비처우급 수형자에 대한 중간처우 대상자의 선발절차는 법무부장관이 정한다.

③ 소장은 처우를 위하여 특히 필요한 경우에는 일반경비처우급 수형자에 대하여도 가족만남의 날 행사 참여를 허가할 수 있다.

④ 중(重)경비처우급 수형자에 대해서는 교화 및 처우상 특히 필요한 경우 전화통화를 월 2회 이내 허용할 수 있다.

해설

② 형집행법 시행규칙 제93조 제3항

① 소장은 개방처우급·완화경비처우급 또는 자치생활 수형자에 대하여 월 2회 이내에서 경기 또는 오락회를 개최하게 할 수 있다. 다만, 소년수형자에 대하여는 그 횟수를 늘릴 수 있다(동법 시행규칙 제91조 제1항).

③ 소장은 교화를 위하여 특히 필요한 경우에는 일반경비처우급 수형자에 대하여도 가족만남의 날 행사 참여 또는 가족만남의 집 이용을 허가할 수 있다(동법 시행규칙 제89조 제3항).

④ 중(重)경비처우급 수형자에 대해서는 처우상 특히 필요한 경우 전화통화를 월 2회 이내 허용할 수 있다(동법 시행규칙 제90조 제1항 제4호).

정답 | ②

78

현행법상 소장이 교도관으로 하여금 수용자의 접견내용을 청취 · 기록 · 녹음 또는 녹화하게 할 수 있는 경우가 아닌 것은?

교정9급 2011

① 범죄의 증거를 인멸하거나 형사 법령에 저촉되는 행위를 할 우려가 있는 때

② 시설의 안전과 질서유지를 위하여 필요한 때

③ 음란물, 사행행위에 사용되는 물품을 주고받으려고 하는 때

④ 수형자의 교화 또는 건전한 사회복귀를 위하여 필요한 때

해설

접견내용의 청취 · 기록 · 녹음 · 녹화사유

- 범죄의 증거를 인멸하거나 형사법령에 저촉되는 행위를 할 우려가 있는 때
- 수형자의 교화 또는 건전한 사회복귀를 위하여 필요한 때
- 시설의 안전과 질서유지를 위하여 필요한 때

정답 | ③

79

「형의 집행 및 수용자의 처우에 관한 법률」과 동법 시행규칙상 수용자의 교정시설 외부에 있는 사람(변호인 제외)과의 접견에 대한 설명으로 옳지 않은 것은?

교정7급 2016

① 시설의 안전 또는 질서를 해칠 우려가 있는 때에는 수용자는 교정시설의 외부에 있는 사람과 접견할 수 없다.

② 일반경비처우급 수형자의 접견허용횟수는 월 6회로 하되, 1일 1회만 허용한다.

③ 접견 중인 수용자가 수용자의 처우 또는 교정시설의 운영에 관한 거짓사실을 유포하는 때에는 교도관은 접견을 중지할 수 있다.

④ 소장은 교화 및 처우상 특히 필요한 경우에는 수용자가 다른 교정시설의 수용자와 통신망을 이용하여 화상으로 접견하는 것을 허가할 수 있다.

해설

② 일반경비처우급 수형자의 접견허용횟수는 월 5회로 한다(형집행법 시행규칙 제87조 제1항). 접견은 1일 1회만 허용한다. 다만, 처우상 특히 필요한 경우에는 그러하지 아니하다(동법 시행규칙 제87조 제2항).

① 동법 제41조 제1항

③ 동법 제42조

④ 동법 시행규칙 제87조 제3항

정답 | ②

80

외부교통에 대한 설명으로 옳은 것을 모두 고른 것은?

교정7급 2009

ㄱ. 외부교통은 수형자의 사회복귀를 원만하게 하기 위한 수단이다.
ㄴ. 수형자가 가족만남의 날 행사에 참여하는 경우, 이는 법률이 정한 접견허용횟수에 포함되지 않는다.
ㄷ. 수형자의 교화를 위하여 필요한 때에는 수형자의 접견내용을 녹화할 수 있다.
ㄹ. 녹음을 조건으로 소장은 외부와의 전화통화를 허가할 수 있다.

① ㄱ, ㄴ　② ㄱ, ㄷ, ㄹ
③ ㄱ, ㄴ, ㄷ　④ ㄱ, ㄴ, ㄷ, ㄹ

해설

모두 맞는 지문이다. ㄴ의 설명 중 가족만남의 날 행사 이외에 가족만남의 집에서의 접견 또한 접견허용횟수에 포함되지 않는다. ㄷ의 접견내용의 청취·기록·녹음·녹화사유는 범죄의 증거를 인멸하거나 형사법령에 저촉되는 행위를 할 우려가 있는 때, 수형자의 교화 또는 건전한 사회복귀를 위하여 필요한 때 및 시설의 안전과 질서유지를 위하여 필요한 때이다.

정답 | ④

81

형의 집행 및 수용자의 처우에 관한 법령상 편지수수와 전화통화에 대한 설명으로 옳은 것은? 교정9급 2019

① 소장은 처우등급이 중(重)경비시설 수용대상인 수형자가 변호인 외의 자에게 편지를 보내려는 경우 법령에 따라 금지된 물품이 들어 있는지 확인을 위하여 필요한 경우에는 편지를 봉함하지 않은 상태로 제출하게 할 수 있다.

② 소장은 「형의 집행 및 수용자의 처우에 관한 법률」에 의하여 발신 또는 수신이 금지된 편지는 수용자에게 그 사유를 알린 후 즉시 폐기하여야 한다.

③ 수용자가 허가를 받아 교정시설의 외부에 있는 사람과 전화통화를 하는 경우 소장은 통화내용을 청취 또는 녹음을 하여야 한다.

④ 수용자가 외부에 있는 사람과 전화통화를 하는 경우 전화통화요금은 소장이 예산의 범위에서 부담하되, 국제통화요금은 수용자가 부담한다.

해설

① 수용자는 편지를 보내려는 경우 해당 편지를 봉함하여 교정시설에 제출한다. 다만, 소장은 다음 각 호의 어느 하나에 해당하는 경우로서 금지물품의 확인을 위하여 필요한 경우에는 편지를 봉함하지 않은 상태로 제출하게 할 수 있다(형집행법 시행령 제65조 제1항).
  1. 다음 각 목의 어느 하나에 해당하는 수용자가 변호인 외의 자에게 편지를 보내려는 경우
    가. 법 제104조 제1항에 따른 마약류사범 · 조직폭력사범 등 법무부령으로 정하는 수용자
    나. 제84조 제2항에 따른 처우등급이 법 제57조 제2항 제4호의 중(重)경비시설 수용대상인 수형자
  2. 수용자가 같은 교정시설에 수용 중인 다른 수용자에게 편지를 보내려는 경우
  3. 규율위반으로 조사 중이거나 징벌집행 중인 수용자가 다른 수용자에게 편지를 보내려는 경우

② 소장은 편지수수 제한 또는 발신 또는 수신이 금지된 편지는 수용자에게 그 사유를 알린 후 교정시설에 보관한다. 다만, 수용자가 동의하면 폐기할 수 있다(동법 제43조 제7항).

③ 소장은 전화통화 불허사유에 해당하지 아니한다고 명백히 인정되는 경우가 아니면 통화내용을 청취하거나 녹음한다(동법 시행규칙 제28조 제1항).

④ 수용자의 전화통화요금은 수용자가 부담한다. 소장은 교정성적이 양호한 수형자 또는 보관금이 없는 수용자 등에 대하여는 예산의 범위에서 요금을 부담할 수 있다(동법 시행규칙 제29조 제1항 · 제2항).

정답 | ①

82

「형의 집행 및 수용자의 처우에 관한 법률 시행령」상 수용자의 편지수수에 대한 설명으로 옳은 것은?

교정7급 2013

① 수용자는 편지를 보내려는 경우 해당 서신을 봉함하지 않은 상태로 제출한다.
② 수용자가 보내는 편지의 발송한도는 매주 7회이다.
③ 소장은 수용자에게 온 편지에 금지물품이 들어 있는지를 개봉하여 확인할 수 있다.
④ 수용자의 편지·소송서류 등의 문서를 보내는 데 드는 비용은 국가가 부담하는 것을 원칙으로 한다.

해설

① 수용자는 편지를 보내려는 경우 해당 편지를 봉함한 상태로 제출한다.
② 수용자가 보내는 편지의 발송한도는 원칙적으로 제한이 없다.
④ 수용자의 편지·소송서류 등의 문서를 보내는 데 드는 비용은 수용자가 부담하는 것을 원칙으로 한다.

정답 | ③

83

형의 집행 및 수용자의 처우에 관한 법령상 소장이 수용자 간의 편지를 검열할 수 있는 경우에 해당하지 않는 것은?

교정9급 2016

① 범죄의 증거를 인멸할 우려가 있는 때
② 규율위반으로 조사 중이거나 징벌집행 중인 때
③ 편지를 주고받으려는 수용자와 같은 교정시설에 수용 중인 때
④ 민·형사법령에 저촉되는 내용이 기재되어 있다고 의심할 만한 상당한 이유가 있는 때

해설

형집행법 제43조(편지수수)
④ 수용자가 주고받는 편지의 내용은 검열받지 아니한다. 다만, 다음 각 호의 어느 하나에 해당하는 사유가 있으면 그러하지 아니한다.
1. 편지의 상대방이 누구인지 확인할 수 없는 때
2. 「형사소송법」이나 그 밖의 법률에 따른 편지검열의 결정이 있는 때
3. 수형자의 교화 또는 건전한 사회복귀를 해칠 우려가 있거나, 시설의 안전 또는 질서를 해칠 우려가 있는 내용이나 형사법령에 저촉되는 내용이 기재되었다고 의심할 만한 상당한 이유가 있을 때
4. 대통령령으로 정하는 수용자 간의 편지일 때

동법 시행령 제66조(편지내용의 검열)
① 소장은 다음 각 호의 어느 하나에 해당하는 수용자가 다른 수용자와 편지를 주고받는 때에는 그 내용을 검열할 수 있다(임의규정).
1. 법 제104조 제1항에 따른 마약류사범·조직폭력사범 등 법무부령으로 정하는 수용자인 때
2. 편지를 주고받으려는 수용자와 같은 교정시설에 수용 중인 때
3. 규율위반으로 조사 중이거나 징벌집행 중인 때
4. 범죄의 증거를 인멸할 우려가 있는 때

정답 | ④

84

형의 집행 및 수용자의 처우에 관한 법령상 수용자의 편지수수 등에 대한 설명으로 옳지 않은 것은?

교정9급 2024

① 수용자는 시설의 안전 또는 질서를 해칠 우려가 있는 때에는 다른 사람과 편지를 주고받을 수 없다.

② 수용자가 보내거나 받는 편지는 법령에 어긋나지 않으면 횟수를 제한하지 않는다.

③ 소장은 규율위반으로 징벌집행 중인 수용자가 다른 수용자와 편지를 주고받는 때에는 그 내용을 검열하여야 한다.

④ 소장은 법원·경찰관서, 그 밖의 관계기관에서 수용자에게 보내온 문서는 다른 법령에 특별한 규정이 없으면 열람한 후 본인에게 전달하여야 한다.

해설

형집행법 제43조(편지수수)

④ 수용자가 주고받는 편지의 내용은 검열받지 아니한다. 다만, 다음 각 호의 어느 하나에 해당하는 사유가 있으면 그러하지 아니하다.

1. 편지의 상대방이 누구인지 확인할 수 없는 때
2. 「형사소송법」이나 그 밖의 법률에 따른 편지검열의 결정이 있는 때
3. 제1항 제2호 또는 제3호에 해당하는 내용이나 형사법령에 저촉되는 내용이 기재되어 있다고 의심할 만한 상당한 이유가 있는 때
4. 대통령령으로 정하는 수용자 간의 편지인 때

동법 시행령 제66조(편지내용의 검열)

① 소장은 법 제43조 제4항 제4호에 따라 다음 각 호의 어느 하나에 해당하는 수용자가 다른 수용자와 편지를 주고받는 때에는 그 내용을 검열할 수 있다.

1. 법 제104조 제1항에 따른 마약류사범·조직폭력사범 등 법무부령으로 정하는 수용자인 때
2. 편지를 주고받으려는 수용자와 같은 교정시설에 수용 중인 때
3. 규율위반으로 조사 중이거나 징벌집행 중인 때
4. 범죄의 증거를 인멸할 우려가 있는 때

정답 | ③

85

수용관리에 대한 설명으로 옳지 않은 것만을 모두 고른 것은?

교정7급 2014

ㄱ. 수형자의 전화통화의 허용횟수는 완화경비처우급의 경우, 월 5회 이내로 제한된다.
ㄴ. 교정시설의 장은 다른 사람의 건강에 위해를 끼칠 우려가 있는 감염병에 걸린 사람의 수용을 거절할 수 있다.
ㄷ. 19세 이상 수형자는 교도소에 수용한다.
ㄹ. 목욕횟수는 부득이한 사정이 없으면 매주 1회 이상이 되도록 한다.
ㅁ. 19세 미만의 수용자와 계호상 독거수용자에 대하여는 건강검진을 6개월에 1회 이상 하여야 한다.
ㅂ. 수형자의 신입수용 시 변호사 선임에 관하여 고지하여야 한다.
ㅅ. 면회자가 가져온 음식물은 영치할 수 있다.
ㅇ. 수형자의 접견횟수는 매월 4회이다.

① ㄱ, ㅂ, ㅅ　　② ㄴ, ㄹ, ㅇ
③ ㄱ, ㄹ, ㅅ, ㅇ　　④ ㄷ, ㅁ, ㅂ, ㅅ

해설

ㄱ. 수형자의 전화통화의 허용횟수는 완화경비처우급의 경우, 월 10회 이내로 제한된다.
ㅂ. 수형자의 신입수용 시 권리와 권리구제, 의무, 일과 등에 대한 고지규정은 있지만, 변호사 선임에 관하여 고지하여야 한다는 규정은 없다.
ㅅ. 음식물은 영치의 대상이 아니다.

정답 | ①

86

형의 집행 및 수용자의 처우에 관한 법령상 접견 및 편지수수에 대한 설명으로 옳지 않은 것은?

교정7급 2024

① 미결수용자(형사사건으로 수사 또는 재판을 받고 있는 수형자와 사형확정자는 제외)가 변호인 또는 변호인이 되려는 사람과 접견하는 경우, 접촉차단시설이 설치되지 아니한 장소에서 접견하게 한다.

② 미결수용자와 변호인 간의 편지는 교정시설에서 상대방이 변호인임을 확인할 수 없는 경우를 제외하고는 검열할 수 없다.

③ 수용자가 미성년자인 자녀와 접견하는 경우, 접촉차단시설이 설치되지 아니한 장소에서 접견하게 할 수 있다.

④ 소장은 소송사건의 수 또는 소송내용의 복잡성 등을 고려하여 소송의 준비를 위하여 특히 필요하다고 인정하면 소송사건 대리인인 변호사와 수용자의 접견 시간 및 횟수를 늘릴 수 있다.

해설

미결수용자(형사사건으로 수사 또는 재판을 받고 있는 수형자와 사형확정자를 포함한다)가 변호인(변호인이 되려는 사람을 포함한다)과 접견하는 경우, 접촉차단시설이 설치되지 아니한 장소에서 접견하게 한다(형집행법 제41조 제2항 제1호).

> **형집행법 제41조(접견)**
> ② 수용자의 접견은 접촉차단시설이 설치된 장소에서 하게 한다. 다만, 다음 각 호의 어느 하나에 해당하는 경우에는 접촉차단시설이 설치되지 아니한 장소에서 접견하게 한다.
> 1. 미결수용자(형사사건으로 수사 또는 재판을 받고 있는 수형자와 사형확정자를 포함한다)가 변호인(변호인이 되려는 사람을 포함한다. 이하 같다)과 접견하는 경우
> 2. 수용자가 소송사건의 대리인인 변호사와 접견하는 경우 등 수용자의 재판청구권 등을 실질적으로 보장하기 위하여 대통령령으로 정하는 경우로서 교정시설의 안전 또는 질서를 해칠 우려가 없는 경우

정답 | ①

87

형의 집행 및 수용자의 처우에 관한 법령상 수용자에게 지급하는 물품에 대한 설명으로 옳은 것으로만 묶은 것은?

교정7급 2017

> ㉠ 소장은 작업시간을 2시간 이상 연장하는 경우에는 수용자에게 주·부식 또는 대용식 1회분을 간식으로 지급할 수 있다.
> ㉡ 소장은 수용자의 기호 등을 고려하여 주식으로 빵이나 국수 등을 지급할 수 있다.
> ㉢ 소장은 쌀 수급이 곤란하거나 그 밖에 필요하다고 인정하면 주식을 쌀과 보리 등 잡곡의 혼합곡으로 하거나 대용식을 지급할 수 있다.
> ㉣ 소장은 수용자에게 건강상태, 나이, 부과된 작업의 종류, 그 밖의 개인적 특성을 고려하여 건강 및 체력을 유지하는 데에 필요한 음식물을 지급한다.

① ㉠, ㉡, ㉢
② ㉠, ㉡, ㉣
③ ㉠, ㉢, ㉣
④ ㉡, ㉢, ㉣

해설

㉠ 소장은 작업시간을 3시간 이상 연장하는 경우에는 수용자에게 주·부식 또는 대용식 1회분을 간식으로 지급할 수 있다(형집행법 시행규칙 제15조 제2항).
㉡ 동법 시행규칙 제11조 제3항
㉢ 동법 시행령 제28조 제2항
㉣ 동법 제23조 제1항

정답 | ④

88

형의 집행 및 수용자의 처우에 관한 법령상 금품관리에 대한 설명으로 옳은 것은? 교정9급 2024

① 소장은 수용자가 석방될 때 보관하고 있던 수용자의 휴대금품을 본인에게 돌려주어야 한다. 다만, 보관품을 한꺼번에 가져가기 어려운 경우 등 특별한 사정이 있어 수용자가 석방 시 소장에게 일정 기간 동안(3개월 이내의 범위로 한정한다) 보관품을 보관하여 줄 것을 신청하는 경우에는 그러하지 아니하다.

② 소장은 사망자 또는 도주자가 남겨두고 간 금품이 있으면 사망자의 경우에는 그 상속인에게, 도주자의 경우에는 그 가족에게 그 내용 및 청구절차 등을 알려 주어야 한다. 다만, 썩거나 없어질 우려가 있는 것은 폐기할 수 있다.

③ 소장은 수용자 외의 사람이 신청한 수용자에 대한 금품의 전달을 허가한 경우, 그 금품을 지체 없이 수용자에게 전달하여 사용하게 하여야 한다.

④ 소장은 사망자의 유류품을 건네받을 사람이 원거리에 있는 등 특별한 사정이 있는 경우에는 유류품을 팔아 그 대금을 보내야 한다.

해설

② 형집행법 제28조 제1항

① 소장은 수용자가 석방될 때 보관하고 있던 수용자의 휴대금품을 본인에게 돌려주어야 한다. 다만, 보관품을 한꺼번에 가져가기 어려운 경우 등 특별한 사정이 있어 수용자가 석방 시 소장에게 일정 기간 동안(1개월 이내의 범위로 한정한다) 보관품을 보관하여 줄 것을 신청하는 경우에는 그러하지 아니하다(동법 제29조 제1항).

③ 소장은 수용자에 대한 금품의 전달을 허가한 경우에는 그 금품을 보관한 후 해당 수용자가 사용하게 할 수 있다(동법 시행령 제42조 제1항).

④ 소장은 사망자의 유류품을 건네받을 사람이 원거리에 있는 등 특별한 사정이 있는 경우에는 유류품을 받을 사람의 청구에 따라 유류품을 팔아 그 대금을 보낼 수 있다(동법 시행령 제45조 제1항).

정답 | ②

89

「형의 집행 및 수용자의 처우에 관한 법률」상 금지물품 중 소장이 수용자의 처우를 위하여 수용자에게 소지를 허가할 수 있는 것은? 교정9급 2023

① 마약·총기·도검·폭발물·흉기·독극물, 그 밖에 범죄의 도구로 이용될 우려가 있는 물품

② 무인비행장치, 전자·통신기기, 그 밖에 도주나 다른 사람과의 연락에 이용될 우려가 있는 물품

③ 주류·담배·화기·현금·수표, 그 밖에 시설의 안전 또는 질서를 해칠 우려가 있는 물품

④ 음란물, 사행행위에 사용되는 물품, 그 밖에 수형자의 교화 또는 건전한 사회복귀를 해칠 우려가 있는 물품

해설

형집행법 제92조(금지물품)

① 수용자는 다음 각 호의 물품을 지녀서는 아니 된다.

1. 마약·총기·도검·폭발물·흉기·독극물, 그 밖에 범죄의 도구로 이용될 우려가 있는 물품
2. 무인비행장치, 전자·통신기기, 그 밖에 도주나 다른 사람과의 연락에 이용될 우려가 있는 물품
3. 주류·담배·화기·현금·수표, 그 밖에 시설의 안전 또는 질서를 해칠 우려가 있는 물품
4. 음란물, 사행행위에 사용되는 물품, 그 밖에 수형자의 교화 또는 건전한 사회복귀를 해칠 우려가 있는 물품

② 제1항에도 불구하고 소장이 수용자의 처우를 위하여 허가하는 경우에는 제1항 제2호의 물품을 지닐 수 있다.

정답 | ②

90

수용자의 처우에 대한 설명으로 옳지 않은 것을 모두 고른 것은? 교정9급 2012

> ㄱ. 일반경비처우 수형자에게는 월 5회 접견을 허용한다.
> ㄴ. 수용자에게 지급하는 음식물의 총열량은 1명당 1일 2,500킬로칼로리를 기준으로 한다.
> ㄷ. 소장은 전화통화를 신청한 수용자가 범죄의 증거를 인멸할 우려가 있을 때, 전화통화를 허가하지 않을 수 있다.
> ㄹ. 외부통근은 개방처우 수형자에 대해서만 허가한다.
> ㅁ. 의류·침구류 및 신발류는 자비로 구매할 수 없다.
> ㅂ. 직계비속이 해외유학을 위하여 출국하게 된 때에는 귀휴를 허가할 수 없다.
> ㅅ. 소장은 교정시설의 안전과 질서를 해치지 아니하는 범위에서 종교단체 또는 종교인이 주재하는 종교행사를 실시한다.

① ㄱ, ㄷ, ㅁ　　② ㄴ, ㄹ, ㅂ
③ ㄱ, ㄴ, ㅅ　　④ ㄹ, ㅁ, ㅂ

해설

ㄹ. 외부통근작업은 완화경비처우급 이상 수형자에 대해서 허가하는 것이 원칙이다.
ㅁ. 의류·침구류 및 신발류는 자비로 구매할 수 있다.
ㅂ. 직계비속이 해외유학을 위하여 출국하게 된 때에는 귀휴를 허가할 수 있다.

정답 | ④

91

「형의 집행 및 수용자의 처우에 관한 법률」상 특별한 보호에 대한 설명으로 옳지 않은 것은? 교정7급 2013

① 수용자가 미성년자인 자녀와 접견할 경우에 언제나 차단시설이 있는 장소에서 접견하여야 하되, 최소한의 수준의 차단시설이어야 한다.
② 여성수용자에 대하여 상담·교육·작업 등을 실시하는 때에는 여성교도관이 담당하는 것이 원칙이다.
③ 소장은 여성수용자에 대하여 건강검진을 실시하는 경우에는 나이·건강 등을 고려하여 부인과질환에 관한 검사를 포함시켜야 한다.
④ 여성수용자가 자신이 출산한 유아를 교정시설에서 양육할 것을 신청하더라도, 소장은 교정시설에 감염병이 유행할 경우 허가하지 않을 수 있다.

해설

소장은 수용자가 미성년자인 자녀와 접견하는 경우에는 접촉차단시설이 설치되지 아니한 장소에서 접견하게 할 수 있다.

정답 | ①

92

현행법령상 여성수용자의 처우에 관한 설명으로 옳지 않은 것은? 교정7급 2007

① 출산(유산 및 사산을 포함)한 경우란 출산(유산 및 사산한 경우를 포함) 후 60일이 지나지 아니한 경우를 말한다.

② 남성교도관이 1명의 여성수용자에 대하여 실내에서 상담 등을 하려면 투명한 창문이 설치된 장소에서 다른 여성을 입회시킨 후 실시하여야 한다.

③ 소장은 특히 필요하다고 인정하는 경우가 아니면 야간에 남성교도관이 수용자거실에 있는 여성수용자를 시찰하게 하여서는 아니 된다.

④ 여자의 신체·의류 및 휴대품에 대한 검사는 여자인 의사 또는 의무관이 하여야 한다.

해설

여성의 신체·의류 및 휴대품에 대한 검사는 여성교도관이 하여야 한다(형집행법 제93조 제4항).

> 형집행법 제50조(여성수용자 처우)
> ① 소장은 여성수용자에 대하여 여성의 신체적·심리적 특성을 고려하여 처우하여야 한다.
> ② 소장은 여성수용자에 대하여 건강검진을 실시하는 경우에는 나이·건강 등을 고려하여 부인과질환에 관한 검사를 포함시켜야 한다.
> ③ 소장은 생리 중인 여성수용자에 대하여는 위생에 필요한 물품을 지급하여야 한다.

정답 | ④

93

여성수용자의 처우 및 유아의 양육에 대한 설명으로 옳지 않은 것은? 교정9급 2010

① 소장은 여성수용자가 목욕을 하는 경우에 계호가 필요하다고 인정하면 여성교도관이 하도록 하여야 한다.

② 소장은 여성수용자의 목욕횟수를 정하는 경우에는 그 신체 특성을 특히 고려하여야 한다.

③ 소장은 여성수용자가 자신이 출산한 유아를 교정시설에서 양육할 것을 신청한 때에는 특정한 사유가 없으면 생후 18개월에 이르기까지 교정시설 내에서 양육할 수 있도록 허가하여야 한다.

④ 소장은 여성수용자의 유아가 질병·부상 등이 심할 때에는 그 여성수용자로 하여금 생후 18개월에 이르기까지 교정시설 내에서 양육할 수 있도록 허가하여야 한다.

해설

유아의 양육은 필요한 허가사항이지만, 유아나 (여성)수용자가 질병·부상 등이 심하거나, 교정시설에 감염병이 유행하고 있을 때에는 허가하지 않을 수 있다.

> 형집행법 제53조(유아의 양육)
> ① 여성수용자는 자신이 출산한 유아를 교정시설에서 양육할 것을 신청할 수 있다. 이 경우 소장은 다음 각 호의 어느 하나에 해당하는 사유가 없으면, 생후 18개월에 이르기까지 허가하여야 한다.
> 1. 유아가 질병·부상, 그 밖의 사유로 교정시설에서 생활하는 것이 특히 부적당하다고 인정되는 때
> 2. 수용자가 질병·부상, 그 밖의 사유로 유아를 양육할 능력이 없다고 인정되는 때
> 3. 교정시설에 감염병이 유행하거나 그 밖의 사정으로 유아양육이 특히 부적당한 때
> ② 소장은 제1항에 따라 유아의 양육을 허가한 경우에는 필요한 설비와 물품의 제공, 그 밖에 양육을 위하여 필요한 조치를 하여야 한다.

정답 | ④

94

「형의 집행 및 수용자의 처우에 관한 법률」상 여성수용자의 처우에 대한 설명으로 옳지 않은 것은?

교정9급 2018

① 교정시설의 장은 여성수용자에 대하여 건강검진을 실시하는 경우에는 나이 · 건강 등을 고려하여 부인과질환에 관한 검사를 포함시켜야 한다.

② 교정시설의 장은 수용자가 미성년자인 자녀와 접견하는 경우 차단시설이 없는 장소에서 접견하게 할 수 있다.

③ 교정시설의 장은 여성수용자에 대하여 상담 · 교육 · 작업 등을 실시하는 때에는 여성교도관이 담당하도록 하여야 한다. 다만, 여성교도관이 부족하거나 그 밖의 부득이한 사정이 있으면 그러하지 아니하다.

④ 교정시설의 장은 수용자가 임신 중이거나 출산(유산은 포함되지 않음)한 경우에는 모성보호 및 건강유지를 위하여 정기적인 검진 등 적절한 조치를 하여야 한다.

해설

④ 소장은 수용자가 임신 중이거나 출산(유산 · 사산을 포함한다)한 경우에는 모성보호 및 건강유지를 위하여 정기적인 검진 등 적절한 조치를 하여야 한다(형집행법 제52조 제1항).

① 동법 제50조 제2항

② 동법 제41조 제3항 제1호

③ 동법 제51조 제1항

정답 | ④

95

형의 집행 및 수용자의 처우에 관한 법령상 특별한 보호가 필요한 수용자의 처우에 대한 설명으로 옳지 않은 것은?

교정9급 2020

① 소장은 수용자가 임신 중이거나 출산(유산 · 사산은 제외한다)한 경우에는 모성보호 및 건강유지를 위하여 정기적인 검진 등 적절한 조치를 하여야 한다.

② 장애인수용자의 거실은 시설부족 또는 그 밖의 부득이한 사정이 없으면 건물의 1층에 설치하고, 특히 장애인이 이용할 수 있는 변기 등의 시설을 갖추도록 하여야 한다.

③ 소장은 외국인수용자의 수용거실을 지정하는 경우에는 종교 또는 생활관습이 다르거나 민족감정 등으로 인하여 분쟁의 소지가 있는 외국인수용자는 거실을 분리하여 수용하여야 한다.

④ 노인수형자 전담교정시설에는 별도의 공동휴게실을 마련하고 노인이 선호하는 오락용품 등을 갖춰두어야 한다.

해설

① 소장은 수용자가 임신 중이거나 출산(유산 · 사산을 포함한다)한 경우에는 모성보호 및 건강유지를 위하여 정기적인 검진 등 적절한 조치를 하여야 한다(형집행법 제52조 제1항).

② 동법 시행규칙 제51조 제2항

③ 동법 시행규칙 제57조 제1항

④ 동법 시행규칙 제43조 제2항

정답 | ①

96

여성수용자의 처우에 대한 설명으로 옳지 않은 것은?

교정7급 2014

① 「UN 피구금자 처우 최저기준규칙」에서는 여자피구금자는 여자직원에 의해서만 보호되고 감독되도록 하고 있으나, 남자직원 특히 의사 및 교사가 여자시설에서 직무를 행할 수 있도록 하고 있다.
② 남성교도관은 필요하다고 인정되는 경우에도 야간에는 수용자거실에 있는 여성수용자를 시찰할 수 없다.
③ 여성수용자는 자신이 출산한 유아를 교정시설에서 양육할 것을 신청할 수 있으며, 특별한 사유가 없으면 생후 18개월에 이르기까지 허가하여야 한다.
④ 교정시설의 장은 수용자가 미성년자인 자녀와 접견하는 경우에는 차단시설이 없는 장소에서 접견하게 할 수 있다.

해설

남성교도관은 필요하다고 인정되는 경우에는 야간에 수용자거실에 있는 여성수용자를 시찰할 수 있다.

형집행법 제50조(여성수용자 처우)
① 소장은 여성수용자에 대하여 여성의 신체적·심리적 특성을 고려하여 처우하여야 한다.
② 소장은 여성수용자에 대하여 건강검진을 실시하는 경우에는 나이·건강 등을 고려하여 부인과질환에 관한 검사를 포함시켜야 한다.
③ 소장은 생리 중인 여성수용자에 대하여는 위생에 필요한 물품을 지급하여야 한다.

동법 제51조(여성수용자 처우 시의 유의사항)
① 소장은 여성수용자에 대하여 상담·교육·작업 등(이하 이 조에서 "상담등"이라 한다)을 실시하는 때에는 여성교도관이 담당하도록 하여야 한다. 다만, 여성교도관이 부족하거나 그 밖의 부득이한 사정이 있으면 그러하지 아니하다.
② 남성교도관이 1인의 여성수용자에 대하여 실내에서 상담등을 하려면 투명한 창문이 설치된 장소에서 다른 여성을 입회시킨 후 실시하여야 한다.

정답 | ②

97

「형의 집행 및 수용자의 처우에 관한 법률」상 여성수용자의 처우에 대한 설명으로 옳은 것은?

교정9급 2014

① 남성교도관이 1인의 여성수용자에 대하여 실내에서 여성교도관 입회 없이 상담 등을 하려면 투명한 창문이 설치된 장소에서 다른 남성을 입회시킨 후 실시하여야 한다.
② 소장은 여성수용자가 자신이 출산한 유아를 교정시설에서 양육할 것을 신청한 때에는 유아가 질병이 있는 경우에만 허가하지 않을 수 있다.
③ 거실에 있는 여성수용자에 대해서는 자살 등의 우려가 큰 때에도 전자영상장비로 계호할 수 없다.
④ 소장은 여성수용자가 유산한 경우에 모성보호 및 건강유지를 위하여 정기적인 검진 등 적절한 조치를 하여야 한다.

해설

① 남성교도관이 1인의 여성수용자에 대하여 실내에서 여성교도관 입회 없이 상담 등을 하려면 투명한 창문이 설치된 장소에서 다른 여성을 입회시킨 후 실시하여야 한다.
② 소장은 여성수용자가 자신이 출산한 유아를 교정시설에서 양육할 것을 신청할 수 있으나, 유아나 수용자가 질병 등이 있거나, 교정시설에 감염병이 유행하는 때에는 허가하지 않을 수 있다.
③ 전자영상장비로 거실에 있는 수용자를 계호하는 것은 자살 등의 우려가 큰 때에만 할 수 있다. 이 경우 수용자가 여성이면 여성교도관이 계호하여야 한다.

정답 | ④

98

현행법상 여성수용자의 처우에 관한 설명으로 옳지 않은 것은? 교정9급 2009

① 여성의 신체·의류 및 휴대품에 관한 검사는 물론이고, 거실에 있는 여성수용자를 전자영상장비로 계호하는 경우에도 여성교도관이 하여야 한다.

② 소장은 수용자에 대하여 1년에 1회 이상 건강검진을 하여야 하며, 19세 미만의 수용자와 여성수용자에 대하여는 6개월에 1회 이상 하여야 한다.

③ 부득이한 사정으로 남성교도관이 1인의 여성수용자에 대하여 실내에서 상담 등을 하는 경우에는 투명한 창문이 설치된 장소에서 다른 여성을 입회시킨 후 실시하여야 한다.

④ 소장은 특히 필요하다고 인정하는 경우가 아니면 남성교도관이 야간에 수용자거실에 있는 여성수용자를 시찰하게 하여서는 아니 된다.

해설

6개월에 1회 이상 건강검진대상은 19세 미만의 수용자, 계호상 독거수용자 및 노인수용자이다. 여성수용자는 그 대상이 아니다.

> **형집행법 시행령 제51조(건강검진횟수)**
> ① 소장은 수용자에 대하여 1년에 1회 이상 건강검진을 하여야 한다. 다만, 19세 미만의 수용자와 계호상 독거수용자에 대하여는 6개월에 1회 이상하여야 한다.
>
> **동법 시행규칙 제47조(전문의료진 등)**
> ① 노인수형자 전담교정시설의 장은 노인성 질환에 관한 전문적인 지식을 가진 의료진과 장비를 갖추고, 외부의료시설과 협력체계를 강화하여 노인수형자가 신속하고 적절한 치료를 받을 수 있도록 노력하여야 한다.
> ② 소장은 노인수용자에 대하여 6개월에 1회 이상 건강검진을 하여야 한다.

정답 | ②

99

형의 집행 및 수용자의 처우에 관한 법령상 여성수용자의 처우에 대한 설명으로 옳지 않은 것은? 교정7급 2022

① 여성수용자는 자신이 출산한 유아를 교정시설에서 양육할 것을 신청할 수 있다. 이 경우 소장은 법률에 규정된 사유에 해당하지 않는 한 생후 24개월에 이르기까지 허가하여야 한다.

② 소장은 여성수용자에 대하여 건강검진을 실시하는 경우에는 나이·건강 등을 고려하여 부인과질환에 관한 검사를 포함시켜야 한다.

③ 남성교도관이 1인의 여성수용자에 대하여 실내에서 상담 등을 하려면 투명한 창문이 설치된 장소에서 다른 여성을 입회시킨 후 실시하여야 한다.

④ 소장은 여성수용자가 임신 중이거나 출산(유산·사산을 포함) 후 60일이 지나지 아니한 경우에는 모성보호 및 건강유지를 위하여 정기적인 검진 등 적절한 조치를 하여야 한다.

해설

① 여성수용자는 자신이 출산한 유아를 교정시설에서 양육할 것을 신청할 수 있다. 이 경우 소장은 다음 각 호의 어느 하나에 해당하는 사유가 없으면, 생후 18개월에 이르기까지 허가하여야 한다(형집행법 제53조 제1항).
  1. 유아가 질병·부상, 그 밖의 사유로 교정시설에서 생활하는 것이 특히 부적당하다고 인정되는 때
  2. 수용자가 질병·부상, 그 밖의 사유로 유아를 양육할 능력이 없다고 인정되는 때
  3. 교정시설에 감염병이 유행하거나 그 밖의 사정으로 유아양육이 특히 부적당한 때

② 동법 제50조 제2항

③ 동법 제51조 제2항

④ 동법 제52조 제1항

정답 | ①

100

「형의 집행 및 수용자의 처우에 관한 법률」상 특별한 보호가 필요한 수용자들에 대한 적정한 배려나 처우로 옳지 않은 것은? 교정9급 2009

① 노인수용자에 대하여 나이·건강상태 등을 고려하여 그 처우에 있어 정한 배려를 하여야 한다.
② 장애인수용자에 대하여 장애의 정도를 고려하여 그 처우에 있어 정한 배려를 하여야 한다.
③ 유아를 출산한 여성수용자는 교정시설 내에서 그 유아를 양육할 것을 신청할 수 없으나, 소장의 결정에 의해서 양육이 가능하다.
④ 외국인수용자에 대하여 언어·생활문화 등을 고려하여 적정한 처우를 하여야 한다.

해설

출산유아양육신청은 사회 내 혹은 시설 내에서 태어난 아이 모두 그 신청대상이 될 수 있고, 소장은 예외사유가 있는 경우를 제외하고는 필요적으로 이를 허가하여야 한다.

정답 | ③

101

외국인수용자에 대한 설명으로 옳은 것은? 교정7급 2011

① 외국인수용자에게 그 생활양식을 고려하여 수용설비를 제공할 필요는 없다.
② 외국인수용자에게 지급하는 부식의 지급기준은 교도소장이 정한다.
③ 전담요원은 외국인 미결수용자에게 소송진행에 필요한 법률지식을 제공하는 등의 조력을 해야 한다.
④ 법무부장관은 외국인의 특성에 알맞은 교화프로그램 등을 개발하여 시행해야 한다.

해설

① 외국인수용자에게 그 생활양식을 고려하여 수용설비를 제공하도록 노력해야 한다.
② 외국인수용자에게 지급하는 부식의 지급기준은 법무부장관이 정한다.
④ 교정시설의 장은 외국인의 특성에 알맞은 교화프로그램 등을 개발하여 시행해야 한다.

정답 | ③

102

외국인수용자의 처우에 대한 설명으로 옳은 것은?

교정7급 2020

① 외국인수용자 전담요원은 외국인 미결수용자에게 소송진행에 필요한 법률지식을 제공하는 조력을 하여야 한다.

② 외국인수용자를 수용하는 소장은 외국어 통역사 자격자를 전담요원으로 지정하여 외교공관 및 영사관 등 관계기관과의 연락업무를 수행하게 하여야 한다.

③ 소장은 외국인수용자의 수용거실을 지정하는 경우에는 반드시 분리수용하도록 하고, 그 생활양식을 고려하여 필요한 설비를 제공하여야 한다.

④ 외국인수용자에 대하여 소속국가의 음식문화를 고려할 필요는 없지만, 외국인수용자의 체격 등을 고려하여 지급하는 음식물의 총열량을 조정할 수 있다.

해설

① 형집행법 시행규칙 제56조 제2항

② 외국인수용자를 수용하는 소장은 외국어에 능통한 소속 교도관을 전담요원으로 지정하여 일상적인 개별면담, 고충해소, 통역·번역 및 외교공관 또는 영사관 등 관계기관과의 연락 등의 업무를 수행하게 하여야 한다(동조 제1항).

③ 소장은 외국인수용자의 수용거실을 지정하는 경우에는 종교 또는 생활관습이 다르거나 민족감정 등으로 인하여 분쟁의 소지가 있는 외국인수용자는 거실을 분리하여 수용하여야 하며, 외국인수용자에 대하여는 그 생활양식을 고려하여 필요한 수용설비를 제공하도록 노력하여야 한다(동법 시행규칙 제57조).

④ 외국인수용자에 대하여는 쌀, 빵 또는 그 밖의 식품을 주식으로 지급하되, 소속 국가의 음식문화를 고려하여야 하며(동법 시행규칙 제58조 제2항), 외국인수용자에게 지급하는 음식물의 총열량은 소속 국가의 음식문화, 체격 등을 고려하여 조정할 수 있다(동법 시행규칙 제58조 제1항).

정답 | ①

103

형의 집행 및 수용자의 처우에 관한 법령상 수용자의 처우에 대한 설명으로 옳지 않은 것은? 교정7급 2024

① 노인수용자 또는 장애인수용자의 거실은 시설부족 또는 그 밖의 부득이한 사정이 없는 한 건물 1층에 설치하여야 한다.

② 외국인수용자의 수용거실을 지정하는 경우, 종교 또는 생활관습이 다르거나 민족감정 등으로 인하여 분쟁의 소지가 있는 외국인수용자는 거실을 분리하여 수용하여야 한다.

③ 노인수형자 전담교정시설이 아닌 교정시설에서도 별도의 공동휴게실을 마련하고 노인이 선호하는 오락용품 등을 갖추어야 한다.

④ 소장은 19세 미만의 소년수용자에 대하여 6개월에 1회 이상 건강검진을 하여야 한다.

해설

③ 노인수형자 전담교정시설에만 별도의 공동휴게실을 마련하고 노인이 선호하는 오락용품 등을 갖춰두면 족하다(형집행법 제43조 제2항).

① 동법 시행규칙 제44조 제2항

② 동법 시행규칙 제57조 제1항

③ 동법 시행령 제51조 제1항

정답 | ③

104

「형의 집행 및 수용자의 처우에 관한 법률 시행규칙」상 외국인수용자의 처우에 대한 설명으로 옳지 않은 것은?

교정9급 2015

① 소장은 외국인수용자가 사망한 경우에는 그의 국적이나 시민권이 속하는 나라의 교정기관에 이를 즉시 통지하여야 한다.

② 소장은 외국인수용자의 수용거실을 지정하는 경우에는 종교 또는 생활관습이 다르거나 민족감정 등으로 인하여 분쟁의 소지가 있는 외국인은 거실을 분리하여 수용하여야 한다.

③ 외국인수용자를 수용하는 교정시설의 외국인수용자 전담요원은 외국인 미결수용자에게 소송진행에 필요한 법률지식을 제공하는 등의 조력을 하여야 한다.

④ 외국인수용자에게 지급하는 음식물의 총열량은 소속 국가의 음식문화, 체격 등을 고려하여 조정할 수 있다.

해설

① 소장은 외국인수용자가 질병 등으로 위독하거나 사망한 경우에는 그의 국적이나 시민권이 속하는 나라의 외교공관 또는 영사관의 장이나 그 관원 또는 가족에게 이를 즉시 통지하여야 한다(형집행법 시행규칙 제59조).

② 동법 시행규칙 제57조 제1항

③ 동법 시행규칙 제56조 제2항

④ 동법 시행규칙 제58조 제1항

정답 | ①

105

소년수용자의 처우에 대한 설명으로 옳은 것은?

교정7급 2020

① 소년수형자 전담교정시설에는 별도의 개별학습공간을 마련하고 학용품 및 소년의 정서함양에 필요한 도서, 잡지 등을 갖춰두어야 한다.

② 소장은 소년수형자 등의 나이·적성 등을 고려하여 필요하다고 인정하면 접견 및 전화통화횟수를 늘릴 수 있다.

③ 소장은 소년수형자의 나이·적성 등을 고려하여 필요하다고 인정하면 발표회 및 공연 등 참가활동을 제외한 본인이 희망하는 활동을 허가할 수 있다.

④ 소년수형자 전담교정시설이 아닌 교정시설에서는 소년수용자를 수용할 수 없다.

해설

② 형집행법 시행규칙 제59조의4

① 소년수형자 전담교정시설에는 별도의 공동학습공간을 마련하고 학용품 및 소년의 정서함양에 필요한 도서, 잡지 등을 갖춰 두어야 한다(동법 시행규칙 제59조의2 제2항).

③ 소장은 소년수형자 등의 나이·적성 등을 고려하여 필요하다고 인정하면 소년수형자 등에게 교정시설 밖에서 이루어지는 사회견학, 사회봉사, 자신이 신봉하는 종교행사 참석, 연극·영화·그 밖의 문화공연 관람을 허가할 수 있다. 이 경우 소장이 허가할 수 있는 활동에는 발표회 및 공연 등 참가활동을 포함한다(동법 시행규칙 제59조의5).

④ 소년수형자 전담교정시설이 아닌 교정시설에서는 소년수용자를 수용하기 위하여 별도의 거실을 지정하여 운용할 수 있다(동법 시행규칙 제59조의3 제1항).

정답 | ②

106

「형의 집행 및 수용자의 처우에 관한 법률 시행규칙」상 소년수용자의 처우에 대한 설명으로 옳지 않은 것은?

교정9급 2016

① 소장은 소년수용자의 나이·건강상태 등을 고려하여 필요하다고 인정하는 경우 6개월에 1회 이상 건강검진을 하여야 한다.

② 소장은 소년수형자의 나이·적성 등을 고려하여 필요하다고 인정하면 법률에서 정한 접견 및 전화통화 허용횟수를 늘릴 수 있다.

③ 소년수형자 전담교정시설이 아닌 교정시설에서는 소년수용자를 수용하기 위하여 별도의 거실을 지정하여 운용하여야 한다.

④ 소년수형자 전담교정시설에는 별도의 공동학습공간을 마련하고 학용품 및 소년의 정서함양에 필요한 도서, 잡지 등을 갖춰두어야 한다.

해설

③ 소년수형자 전담교정시설이 아닌 교정시설에서는 소년수용자를 수용하기 위하여 별도의 거실을 지정하여 운용할 수 있다(형집행법 시행규칙 제59조의3 제1항).

① 동법 시행규칙 제59조의6(준용규정)

② 동법 시행규칙 제59조의4

④ 동법 시행규칙 제59조의2 제2항

정답 | ③

107

「형의 집행 및 수용자의 처우에 관한 법률 시행규칙」상 노인수용자의 처우에 대한 설명으로 옳지 않은 것은?

교정9급 2016

① 소장은 노인수용자에 대하여 6개월에 1회 이상 건강검진을 하여야 한다.

② 노인수형자 전담교정시설에는 별도의 공동휴게실을 마련하고 노인이 선호하는 오락용품 등을 갖춰두어야 한다.

③ 소장은 노인수용자의 나이·건강상태 등을 고려하여 필요하다고 인정하면 법률에서 정한 수용자의 지급기준을 초과하여 주·부식을 지급할 수 있다.

④ 노인수용자의 거실은 시설부족 또는 그 밖의 부득이한 사정이 없으면 건물의 1층에 설치하고, 특히 겨울철 난방을 위하여 필요한 시설을 갖출 수 있다.

해설

④ 노인수용자의 거실은 시설부족 또는 그 밖의 부득이한 사정이 없으면 건물의 1층에 설치하고, 특히 겨울철 난방을 위하여 필요한 시설을 갖추어야 한다(형집행법 시행규칙 제44조 제2항).

① 동법 시행규칙 제47조 제2항

② 동법 시행규칙 제43조 제2항

③ 동법 시행규칙 제45조

정답 | ④

108

「형의 집행 및 수용자의 처우에 관한 법률 시행규칙」상 노인수용자의 처우에 대한 설명으로 옳은 것은?

교정7급 2020

① 노인수형자 전담교정시설에는 별도의 개별휴게실을 마련하고 노인이 선호하는 오락용품 등을 갖춰두어야 한다.

② 노인수형자를 수용하고 있는 시설의 장은 노인문제에 관한 지식과 경험이 풍부한 외부전문가를 초빙하여 교육하게 하는 등 노인수형자의 교육받을 기회를 확대하고, 노인전문오락, 그 밖에 노인의 특성에 알맞은 교화프로그램을 개발·시행하여야 한다.

③ 소장은 노인수용자가 거동이 불편하여 혼자서 목욕하기 어려운 경우에는 교도관, 자원봉사자 또는 다른 수용자로 하여금 목욕을 보조하게 할 수 있다.

④ 소장은 노인수용자가 작업을 원하는 경우에는 나이·건강상태 등을 고려하여 해당 수용자가 감당할 수 있는 정도의 작업을 부과한다. 이 경우 담당교도관의 의견을 들어야 한다.

해설

③ 형집행법 시행규칙 제46조 제2항

① 노인수형자 전담교정시설에는 별도의 공동휴게실을 마련하고 노인이 선호하는 오락용품 등을 갖춰두어야 한다(동법 시행규칙 제43조 제2항).

② 노인수형자 전담교정시설의 장은 노인문제에 관한 지식과 경험이 풍부한 외부전문가를 초빙하여 교육하게 하는 등 노인수형자의 교육받을 기회를 확대하고, 노인전문오락, 그 밖에 노인의 특성에 알맞은 교화프로그램을 개발·시행하여야 한다(동법 시행규칙 제48조 제1항).

④ 이 경우 의무관의 의견을 들어야 한다(동법 시행규칙 제48조 제2항).

정답 | ③

109

형의 집행 및 수용자의 처우에 관한 법령상 특별한 보호가 필요한 수용자의 처우에 대한 설명으로 옳은 것만을 모두 고른 것은?

교정7급 2015

> ㉠ 노인수형자 전담교정시설에는 별도의 공동휴게실을 마련하고 노인이 선호하는 오락용품 등을 갖춰두어야 한다.
> ㉡ 교정시설의 장은 유아의 양육을 허가한 경우에는 교정시설에 육아거실을 지정·운영하여야 한다.
> ㉢ 여성수용자는 자신이 출산한 유아를 교정시설에서 양육할 것을 신청할 수 있고, 이 경우 교정시설의 장은 생후 24개월에 이르기까지 허가하여야 한다.
> ㉣ 교정시설의 장은 생리 중인 여성수용자에 대하여는 위생에 필요한 물품을 지급하여야 한다.
> ㉤ 교정시설의 장은 노인수용자에 대하여 1년에 1회 이상 건강검진을 하여야 한다.

① ㉠, ㉡, ㉣　　② ㉠, ㉢, ㉤
③ ㉡, ㉢, ㉤　　④ ㉡, ㉣, ㉤

해설

㉠ 형집행법 시행규칙 제43조 제2항

㉡ 동법 시행령 제79조

㉢ 여성수용자는 자신이 출산한 유아를 교정시설에서 양육할 것을 신청할 수 있다. 이 경우 소장은 양육불허사유가 없으면, 생후 18개월에 이르기까지 허가하여야 한다(동법 제53조 제1항).

㉣ 동법 제50조 제3항

㉤ 소장은 노인수용자에 대하여 6개월에 1회 이상 건강검진을 하여야 한다(동법 시행규칙 제47조 제2항).

정답 | ①

110

형의 집행 및 수용자의 처우에 관한 법령상 특별한 보호가 필요한 수용자에 대한 처우로 옳지 않은 것은?

교정7급 2021

① 소장은 여성수용자의 유아양육을 허가한 경우에는 교정시설에 육아거실을 지정·운영하여야 한다.
② 소장은 신입자에게 아동복지법 제15조에 따른 미성년 자녀 보호조치를 의뢰할 수 있음을 알려주어야 한다.
③ 소년수형자 전담교정시설이 아닌 교정시설에서는 소년수용자를 수용하기 위하여 별도의 거실을 지정하여 운용하여야 한다.
④ 노인수용자의 거실은 시설부족 또는 그 밖의 부득이한 사정이 없으면 건물의 1층에 설치하고, 특히 겨울철 난방을 위하여 필요한 시설을 갖추어야 한다.

해설

운용할 수 있다(형집행법 시행규칙 제59조의3 제1항).

형집행법 제53조(유아의 양육)
① 여성수용자는 자신이 출산한 유아를 교정시설에서 양육할 것을 신청할 수 있다. 이 경우 소장은 다음 각 호의 어느 하나에 해당하는 사유가 없으면, 생후 18개월에 이르기까지 허가하여야 한다.
1. 유아가 질병·부상, 그 밖의 사유로 교정시설에서 생활하는 것이 특히 부적당하다고 인정되는 때
2. 수용자가 질병·부상, 그 밖의 사유로 유아를 양육할 능력이 없다고 인정되는 때
3. 교정시설에 감염병이 유행하거나 그 밖의 사정으로 유아양육이 특히 부적당한 때
② 소장은 유아의 양육을 허가한 경우에는 필요한 설비와 물품의 제공, 그 밖에 양육을 위하여 필요한 조치를 하여야 한다.

동법 제53조의2(수용자의 미성년 자녀 보호에 대한 지원)
① 소장은 신입자에게 「아동복지법」 제15조에 따른 보호조치를 의뢰할 수 있음을 알려주어야 한다.
② 소장은 수용자가 「아동복지법」 제15조에 따른 보호조치를 의뢰하려는 경우 보호조치 의뢰가 원활하게 이루어질 수 있도록 지원하여야 한다.
③ 보호조치 의뢰 지원의 방법·절차, 그 밖에 필요한 사항은 법무부장관이 정한다.

정답 | ③

111

「형의 집행 및 수용자의 처우에 관한 법률」과 동법 시행규칙상 수용자의 특별한 보호를 위하여 행하는 처우에 관한 규정의 내용과 일치하지 않는 것은?

교정7급 2016

① 노인수용자의 거실은 시설부족 또는 그 밖의 부득이한 사정이 없으면 건물의 1층에 설치하고, 특히 겨울철 난방을 위하여 필요한 시설을 갖추어야 한다.
② 장애인수형자 전담교정시설의 장은 장애인의 재활에 관한 전문적인 지식을 가진 의료진과 장비를 갖추어야 한다.
③ 법무부장관이 19세 미만의 수형자의 처우를 전담하도록 정하는 시설에는 별도의 공동학습공간을 마련하고 학용품 및 소년의 정서함양에 필요한 도서, 잡지 등을 갖춰두어야 한다.
④ 남성교도관이 1인의 여성수용자에 대하여 실내에서 상담 등을 하려면 투명한 창문이 설치된 장소에서 다른 여성을 입회시킨 후 실시하여야 한다.

해설

② 장애인수형자 전담교정시설의 장은 장애인의 재활에 관한 전문적인 지식을 가진 의료진과 장비를 갖추도록 노력하여야 한다(형집행법 시행규칙 제52조).
① 동법 시행규칙 제44조 제2항
③ 동법 시행규칙 제59조의2 제2항
④ 동법 제51조 제2항

정답 | ②

112

「형의 집행 및 수용자의 처우에 관한 법률 시행규칙」에서 특별한 보호가 필요한 수용자 처우에 대한 설명으로 옳은 것은? 교정9급 2013

① 65세 이상인 노인수용자는 1년에 1회 이상 정기 건강검진을 하여야 한다.
② 외국인수용자의 거실지정은 분쟁의 소지가 없도록 유색인종별로 분리수용하여야 한다.
③ 장애인수용자의 거실은 전용승강기가 설치된 건물의 2층 이상에만 설치하도록 한다.
④ 임산부인 수용자에게는 필요한 양의 죽 등의 주식과 별도로 마련된 부식을 지급할 수 있다.

해설

① 65세 이상인 노인수용자는 6개월에 1회 이상 정기 건강검진을 해야 한다.
② 소장은 외국인수용자의 수용거실을 지정하는 경우에는 종교 또는 생활관습이 다르거나 민족감정 등으로 인하여 분쟁의 소지가 있는 외국인수용자는 거실을 분리하여 분리수용하여야 한다. 즉, 유색인종별로 분리수용한다는 규정은 없다.
③ 장애인수용자의 거실은 시설부족 또는 그 밖의 부득이한 사정이 없으면 건물의 1층에 설치하고, 특히 장애인이 이용할 수 있는 변기 등의 시설을 갖추도록 하여야 한다.

정답 | ④

113

「형의 집행 및 수용자의 처우에 관한 법률 시행규칙」상 수용자의 처우에 대한 설명으로 옳은 것은? 교정9급 2021

① 소장은 임산부인 수용자에 대하여 필요하다고 인정하는 경우에는 교정시설에 근무하는 교도관의 의견을 들어 필요한 양의 죽 등의 주식과 별도로 마련된 부식을 지급할 수 있다.
② 소장은 소년수형자의 나이·적성 등을 고려하여 필요하다고 인정하면 전화통화횟수를 늘릴 수 있으나 접견횟수를 늘릴 수는 없다.
③ 소장은 외국인수용자가 질병 등으로 위독하거나 사망한 경우에는 그의 국적이나 시민권이 속하는 나라의 외교공관 또는 영사관의 장이나 그 관원 또는 가족에게 이를 10일 이내에 통지하여야 한다.
④ 소장은 노인수용자가 거동이 불편하여 혼자서 목욕하기 어려운 경우에는 교도관, 자원봉사자 또는 다른 수용자로 하여금 목욕을 보조하게 할 수 있다.

해설

④ 형집행법 시행규칙 제46조 제2항
① 소장은 임산부인 수용자 및 유아의 양육을 허가받은 수용자에 대하여 필요하다고 인정하는 경우에는 교정시설에 근무하는 의사(공중보건의사를 포함한다. 이하 "의무관"이라 한다)의 의견을 들어 필요한 양의 죽 등의 주식과 별도로 마련된 부식을 지급할 수 있으며, 양육유아에 대하여는 분유 등의 대체식품을 지급할 수 있다(동법 시행규칙 제42조).
② 소장은 소년수형자 등의 나이·적성 등을 고려하여 필요하다고 인정하면 접견 및 전화통화횟수를 늘릴 수 있다(동법 시행규칙 제59조의4).
③ 소장은 외국인수용자가 질병 등으로 위독하거나 사망한 경우에는 그의 국적이나 시민권이 속하는 나라의 외교공관 또는 영사관의 장이나 그 관원 또는 가족에게 이를 즉시 알려야 한다(동법 시행규칙 제59조).

정답 | ④

114

「형의 집행 및 수용자의 처우에 관한 법령」상 개별면담 등을 위하여 교도관 중 전담요원이 지정되어야 하는 수용자는? 교정7급 2022

① 소년수용자
② 노인수용자
③ 장애인수용자
④ 외국인수용자

해설

외국인수용자를 수용하는 소장은 외국어에 능통한 소속 교도관을 전담요원으로 지정하여 일상적인 개별면담, 고충해소, 통역·번역 및 외교공관 또는 영사관 등 관계기관과의 연락 등의 업무를 수행하게 하여야 한다(형집행법 제56조 제1항).

정답 | ④

CHAPTER 05 2026 박상민 JUSTICE 교정학

시설 내 처우 II

01

징벌에 대한 설명으로 옳지 않은 것은? (다툼이 있는 경우 판례에 의함) 교정9급 2010

① 징벌은 일정한 규율을 반한 수용자에게 부과하는 불이익처분으로 일종의 형사처분의 성격을 띠고 있다.
② 자신의 요구를 관철할 목적으로 자해하는 행위에 대해 징벌을 부과할 수 있다.
③ 징벌위원회의 위원이 제척사유에 해당할 때에는 그 위원회에 참석할 수 없다.
④ 소장은 징벌집행 중인 사람에 대해서 일정한 사유가 인정되면 남은 기간의 징벌집행을 면제할 수 있다.

해설

징벌은 일정한 규율을 위반한 수용자에게 부과하는 불이익처분으로, 일종의 질서벌의 성격을 띠고 있다. 형사처분이 아니라 행정적 조치로서의 질서벌이다.

형벌과 징벌의 구별

형벌	징벌
• 사회의 공공질서 침해행위 • 범죄에 대한 처벌 • 위법한 모든 국민에게 적용 (수용자 포함)	• 교정시설 내부질서 문란행위 • 교정시설의 규율위반에 대한 처벌 • 수용자에게만 적용

정답 | ①

02

징벌에 대한 설명으로 옳은 것은? 교정9급 2008

① 교도소장은 수용목적을 날성하기 위해서는 동일 한 행위에 관하여 경고를 거듭 부과할 수 있다.
② 금치를 제외한 다른 종류의 징벌은 함께 집행할 수 없다.
③ 같은 종류의 징벌은 그 기간이 짧은 것부터 집행한다.
④ 징벌위원회는 징벌을 의결하는 때에는 2개월 이상 6개월 이하의 기간 내에서 징벌의 집행을 유예할 것을 의결할 수 있다.

해설

① 일사부재리의 원칙에 의해 교도소장은 수용목적을 달성하기 위해서는 동일한 행위에 관하여 경고를 거듭 부과할 수 없다.
② 금치를 제외한 두 가지 이상의 징벌을 집행할 경우에는 함께 집행할 수 있다. 그리고 금치와 그 밖의 징벌을 집행할 경우에는 금치를 우선하여 집행한다. 다만, 작업장려금의 삭감과 경고는 금치와 동시에 집행할 수 있다.
③ 같은 종류의 징벌은 그 기간이 긴 것부터 집행한다.

정답 | ④

03

「형의 집행 및 수용자의 처우에 관한 법률」상 징벌에 대한 설명으로 옳지 않은 것은? 교정9급 2022

① 징벌은 동일한 행위에 관하여 거듭하여 부과할 수 없다.

② 징벌사유가 발생한 날부터 2년이 지나면 이를 이유로 징벌을 부과하지 못한다.

③ 징벌의 집행유예는 허용되지 아니한다.

④ 징벌집행의 면제와 일시정지는 허용된다.

해설

③ 징벌위원회는 징벌을 의결하는 때에 행위의 동기 및 정황, 교정성적, 뉘우치는 정도 등 그 사정을 고려할 만한 사유가 있는 수용자에 대하여 2개월 이상 6개월 이하의 기간 내에서 징벌의 집행을 유예할 것을 의결할 수 있다(형집행법 제114조 제1항).

① 동법 제109조 제3항

② 동조 제4항

④ 동법 제113조

정답 | ③

04

「형의 집행 및 수용자의 처우에 관한 법률」상 수용자의 징벌에 대한 설명으로 옳지 않은 것은? 교정9급 2014

① 50시간 이내의 근로봉사와 30일 이내의 작업정지는 함께 부과할 수 있다.

② 징벌위원회는 위원장을 포함한 5인 이상 7인 이하의 위원으로 구성한다.

③ 증거를 인멸할 우려가 있는 때 징벌대상자를 조사기간 중 분리하여 수용할 수 있다.

④ 30일 이내의 접견제한과 30일 이내의 실외운동 정지는 함께 부과할 수 있다.

해설

징벌의 종류 중 30일 이내의 공동행사 참가정지부터 30일 이내의 실외운동 정지까지의 처분은 함께 부과할 수 있다. 즉, 경고와 50시간 이내의 근로봉사 및 3개월 이내의 작업장려금 삭감은 함께 부과할 수 없다.

형집행법 제108조(징벌의 종류)

① 징벌의 종류는 다음 각 호와 같다.

1. 경고
2. 50시간 이내의 근로봉사
3. 3개월 이내의 작업장려금 삭감
4. 30일 이내의 공동행사 참가정지
5. 30일 이내의 신문열람 제한(도서열람 ×)
6. 30일 이내의 텔레비전 시청제한(라디오 ×)
7. 30일 이내의 자비구매물품(의사가 치료를 위하여 처방한 의약품을 제외한다) 사용제한
8. 30일 이내의 작업정지(신청에 따른 작업에 한정한다)
9. 30일 이내의 전화통화 제한
10. 30일 이내의 집필제한
11. 30일 이내의 편지수수 제한
12. 30일 이내의 접견 제한
13. 30일 이내의 실외운동 정지
14. 30일 이내의 금치(禁置)

정답 | ①

05

징벌에 대한 설명으로 옳지 않은 것은? 교정7급 2010

① 징벌대상행위에 대한 조사결과에 따라 교정시설의 장은 징벌위원회로의 회부, 징벌대상자에 대한 무혐의통고, 징벌대상자에 대한 훈계, 징벌위원회 회부보류, 조사종결 중 어느 하나에 해당하는 조치를 할 수 있다.

② 금치 중인 수용자가 다른 교정시설로 이송되거나 법원 또는 검찰청 등에 출석하는 경우에는 이송기간 또는 출석기간 동안 징벌집행이 중단되는 것으로 본다.

③ 징벌대상행위에 대하여 조사할 수 있는 최대기간은 17일이다.

④ 징벌사유가 발생한 날로부터 2년이 지나면 이를 이유로 징벌을 부과하지 못한다.

해설

금치 중인 수용자가 다른 교정시설로 이송되거나 법원 또는 검찰청 등에 출석하는 경우에는 이송기간 또는 출석기간 동안 징벌집행이 계속되는 것으로 본다.

> 형집행법 시행령 제134조(징벌집행의 계속)
> 법 제108조 제4호부터 제14호까지의 징벌집행 중인 수용자가 다른 교정시설로 이송되거나 법원 또는 검찰청 등에 출석하는 경우에는 징벌집행이 계속되는 것으로 본다.

정답 | ②

06

「형의 집행 및 수용자의 처우에 관한 법률」상 징벌에 대한 설명으로 옳지 않은 것은? 교정9급 2021

① 수용자가 징벌이 집행 중에 있거나 징벌의 집행이 끝난 후 또는 집행이 면제된 후 6개월 내에 다시 징벌사유에 해당하는 행위를 한 때에는 징벌(경고는 제외)의 장기의 2분의 1까지 가중할 수 있다.

② 소장은 징벌사유에 해당하는 행위를 하였다고 의심할 만한 이유가 있는 수용자가 증거를 인멸할 우려가 있는 때에 한하여 조사기간 중 분리하여 수용할 수 있다.

③ 징벌위원회는 징벌을 의결하는 때에 행위의 동기 및 정황, 교정성적, 뉘우치는 정도 등 그 사정을 고려할 만한 사유가 있는 수용자에 대하여 2개월 이상 6개월 이하의 기간 내에서 징벌의 집행을 유예할 것을 의결할 수 있다.

④ 징벌위원회는 위원장을 포함한 5명 이상 7명 이하의 위원으로 구성하고, 위원장은 소장의 바로 다음 순위자가 된다.

해설

② 소장은 징벌사유에 해당하는 행위를 하였다고 의심할 만한 상당한 이유가 있는 수용자가 ㉠ 증거를 인멸할 우려가 있는 때, ㉡ 다른 사람에게 위해를 끼칠 우려가 있거나 다른 수용자의 위해로부터 보호할 필요가 있는 때에는 조사기간 중 분리하여 수용할 수 있다(형집행법 제110조 제1항).

① 동법 제109조 제2항

③ 동법 제114조 제1항

④ 동법 제111조 제2항

정답 | ②

07

형의 집행 및 수용자의 처우에 관한 법령상 금치처분에 대한 설명으로 옳지 않은 것은? 교정7급 2018

① 금치처분을 받은 자에게는 그 기간 중 전화통화 제한이 함께 부과된다.

② 소장은 금치처분을 받은 자에게 자해의 우려가 있고 필요성을 인정하는 경우 실외운동을 전면 금지할 수 있다.

③ 소장은 금치를 집행하는 경우 의무관으로 하여금 사전에 수용자의 건강을 확인하도록 하여야 한다.

④ 소장은 금치를 집행하는 경우 징벌집행을 위하여 별도로 지정한 거실에 해당 수용자를 수용하여야 한다.

해설

② 소장은 30일 이내의 금치의 처분을 받은 사람에게 다음 각 호의 어느 하나에 해당하는 사유가 있어 필요하다고 인정하는 경우에는 건강유지에 지장을 초래하지 아니하는 범위에서 실외운동을 제한할 수 있다(형집행법 제112조 제4항).

① 동법 제112조 제3항

③ 소장은 제108조 제13호에 따른 실외운동 정지를 부과하는 경우 또는 제4항에 따라 실외운동을 제한하는 경우라도 수용자가 매주 1회 이상 실외운동을 할 수 있도록 하여야 한다(동법 제112조 제5항).

④ 동법 시행규칙 제231조 제2항

정답 | ②

08

현행법령에 따른 징벌(懲罰)에 관한 설명으로 옳지 않은 것은? 교정7급 2007

① 형사법령에 저촉되거나 금지물품을 교도소에 반입하거나 이를 제작, 소지, 사용, 수수, 교환 또는 은닉하는 행위를 한 자에 대해서는 30일 이하의 금치에 처한다.

② 다른 수용자를 교사하여 징벌대상행위를 하게 한 수용자에게는 그 징벌대상행위를 한 수용자에게 부과되는 징벌과 같은 징벌을 부과하는 것을 원칙으로 하나, 그 정황을 고려하여 2분의 1까지 감경할 수 있다.

③ 징벌이 집행 중에 있는 자가 다시 징벌사유에 해당하는 행위를 한 때에는 장기의 2분의 1까지 가중할 수 있다.

④ 소장은 징벌대상자가 분리수용사유에 해당하면 접견 · 편지수수 · 전화통화 · 실외운동 · 작업 · 교육훈련 · 공동행사 참가 등 다른 사람과의 접촉이 가능한 처우의 전부 또는 일부를 제한할 수 있다.

해설

교사한 자가 아닌 방조한 자만이 감경대상이 된다. 다른 수용자의 징벌대상행위를 방조한 수용자에게는 그 징벌대상행위를 한 수용자에게 부과되는 징벌과 같은 징벌을 부과하되, 그 정황을 고려하여 2분의 1까지 감경할 수 있다.

> 형집행법 시행규칙 제217조(교사와 방조)
> ① 다른 수용자를 교사(敎唆)하여 징벌대상행위를 하게 한 수용자에게는 그 징벌대상행위를 한 수용자에게 부과되는 징벌과 같은 징벌을 부과한다.
> ② 다른 수용자의 징벌대상행위를 방조(幇助)한 수용자에게는 그 징벌대상행위를 한 수용자에게 부과되는 징벌과 같은 징벌을 부과하되, 그 정황을 고려하여 2분의 1까지 감경할 수 있다.

정답 | ②

09

「형의 집행 및 수용자의 처우에 관한 법률」에 있어서 수용자의 징벌에 대한 설명으로 옳지 않은 것은?

교정9급 2013

① 교도소장은 수용자가 수용생활의 편의 등 자신의 요구를 관철할 목적으로 자해하는 경우에 징벌위원회의 의결에 따라 수용자에게 징벌을 부과할 수 있다.

② 수용자에게 부과되는 징벌의 종류에는 30일 이내의 실외운동 정지와 30일 이내의 금치가 포함된다.

③ 징벌위원회에서 수용자에 대하여 징벌이 의결되더라도 행위의 동기 및 정황, 교정성적, 뉘우치는 정도 등 그 사정을 고려할 만한 사유가 있는 수용자에 대하여 교도소장은 2개월 이상 6개월 이하의 기간 내에서 징벌의 집행을 유예할 수 있다.

④ 교도소장은 징벌의 집행이 종료되거나 집행이 면제된 수용자가 교정성적이 양호하고 법무부령으로 정하는 기간 동안 징벌을 받지 아니하면 징벌을 실효시킬 수 있다.

해설

징벌에 대한 집행유예의 결정은 소장의 권한이 아니라 징벌위원회의 권한이다.

징벌위원회

위원수	• 위원장 포함 5명 이상 7명 이하(외부인사는 3명 이상 소장이 위촉) • 외부인사 1명 이상 참석하여야 개의 가능
위원장	소장의 바로 다음 순위자
사무	• 징벌대상행위의 사실 여부 • 징벌의 종류 및 내용 • 징벌집행유예 기간과 기피신청
범위	심의 · 의결
위임법령	형집행법

정답 | ③

10

형의 집행 및 수용자의 처우에 관한 법령상 수용자의 징벌에 대한 설명으로 옳은 것은?

교정7급 2019

① 다른 수용자의 징벌대상행위를 방조한 수용자에게는 그 징벌대상행위를 한 수용자에게 부과되는 징벌과 같은 징벌을 부과하되, 2분의 1로 감경한다.

② 소장은 10일의 금치처분을 받은 수용자가 징벌의 집행이 종료된 후 교정성적이 양호하고 1년 6개월 동안 징벌을 받지 아니하면 법무부장관의 승인을 받아 징벌을 실효시킬 수 있다.

③ 소장은 특별한 사유가 없으면 의사로 하여금 징벌대상자에 대한 심리상담을 하도록 해야 한다.

④ 소장은 징벌집행의 유예기간 중에 있는 수용자가 다시 징벌대상행위를 하면 그 유예한 징벌을 집행한다.

해설

② 소장은 10일의 금치처분을 받은 수용자(형집행법 시행규칙 제215조 제3호 가목)가 징벌의 집행이 종료된 후 교정성적이 양호하고 1년 6개월(동법 시행규칙 제234조 제1항 제1호 다목) 동안 징벌을 받지 아니하면 법무부장관의 승인을 받아 징벌을 실효시킬 수 있다(동법 제115조 제1항).

① 다른 수용자의 징벌대상행위를 방조한 수용자에게는 그 징벌대상행위를 한 수용자에게 부과되는 징벌과 같은 징벌을 부과하되, 그 정황을 고려하여 2분의 1까지 감경할 수 있다(동법 시행규칙 제217조 제2항).

③ 소장은 특별한 사유가 없으면 교도관으로 하여금 징벌대상자에 대한 심리상담을 하도록 해야 한다(동법 시행규칙 제219조의2).

④ 소장은 징벌집행의 유예기간 중에 있는 수용자가 다시 징벌대상행위를 하여 징벌이 결정되면 그 유예한 징벌을 집행한다(동법 제114조 제2항).

> 형집행법 시행규칙 제234조(징벌의 실효)
> ① 법 제115조 제1항에서 "법무부령으로 정하는 기간"이란 다음 각 호와 같다.
> 1. 제215조 제1호부터 제4호까지의 징벌 중 금치의 경우에는 다음 각 목의 기간
>   가. 21일 이상 30일 이하의 금치: 2년 6개월
>   나. 16일 이상 20일 이하의 금치: 2년

다. 10일 이상 15일 이하의 금치: 1년 6개월
라. 9일 이하의 금치: 1년
2. 제215조 제2호에 해당하는 금치 외의 징벌: 2년
3. 제215조 제3호에 해당하는 금치 외의 징벌: 1년 6개월
4. 제215조 제4호에 해당하는 금치 외의 징벌: 1년
5. 제215조 제5호에 해당하는 징벌: 6개월
② 소장은 법 제115조 제1항·제2항에 따라 징벌을 실효시킬 필요가 있으면 징벌실효기간이 지나거나 분류처우위원회의 의결을 거친 후에 지체 없이 법무부장관에게 그 승인을 신청하여야 한다.
③ 소장은 법 제115조에 따라 실효된 징벌을 이유로 그 수용자에게 처우상 불이익을 주어서는 아니 된다.

정답 | ②

11

「형의 집행 및 수용자의 처우에 관한 법률」상 징벌에 대한 내용으로 옳지 않은 것은? 교정7급 2021

① 징벌은 징벌사유가 발생한 날부터 1년이 지나면 이를 이유로 징벌을 부과하지 못한다.
② 수용자가 30일 이내의 금치처분을 받은 경우 실외운동을 제한하는 경우에도 매주 1회 이상은 실외운동을 할 수 있도록 하여야 한다.
③ 징벌위원회는 징벌을 의결하는 때에 행위의 동기 및 정황, 교정성적, 뉘우치는 정도 등 그 사정을 고려할 만한 사유가 있는 수용자에 대하여 2개월 이상 6개월 이하의 기간 내에서 징벌의 집행을 유예할 것을 의결할 수 있다.
④ 동일한 행위에 관하여 거듭하여 징벌을 부과할 수 없다.

해설

① 징벌사유가 발생한 날부터 2년이 지나면 이를 이유로 징벌을 부과하지 못한다(형집행법 제109조 제4항).
② 동법 제112조 제5항
③ 동법 제114조 제1항
④ 동법 제109조 제3항

정답 | ①

12

수형자의 처우에 관한 대법원 및 헌법재판소의 입장으로 옳지 않은 것은? 교정7급 2009

① 수형자에 대한 절대적인 운동의 금지는 징벌의 목적을 고려하더라도 그 수단과 방법에 있어서 필요한 최소한도의 범위를 벗어난 것으로 헌법상 인간의 존엄과 가치 및 신체의 안전성이 훼손당하지 아니할 자유를 포함한 신체의 자유를 침해하는 정도에 이르렀다고 할 수 있다.

② 금치처분을 받은 수형자의 집필에 관한 권리를 법률의 근거나 위임 없이 제한하고 있고 일체의 집필행위를 금지하고 있는 것은 입법목적 달성을 위한 필요최소한의 제한을 벗어나 과잉금지원칙에 위반된다.

③ 엄중격리대상자의 수용거실에 CCTV를 설치하여 24시간 감시하는 행위가 법률유보의 원칙에 위배되어 사생활의 자유·비밀을 침해한다고 볼 수 있다.

④ 「형의 집행 및 수용자의 처우에 관한 법률」상의 징벌은 행정상 질서벌의 일종으로서, 「형법」에 위반한 행위에 대한 형사책임과는 그 목적과 성격을 달리하는 것이므로 징벌을 받은 뒤에 형사처벌을 한다고 하여 일사부재리의 원칙에 반하는 것은 아니다.

해설

헌법재판소 전원재판부는 교도소 내 수용되어 있는 거실에 CCTV를 설치한 행위에 대하여 재판관 4 : 5의 의견으로 합헌 결정을 하였다. 따라서 엄중격리대상자의 수용거실에 CCTV를 설치하여 24시간 감시하는 행위가 법률유보의 원칙에 위배되어 사생활의 자유와 비밀을 침해한다고 볼 수 없다.

교도소 내 수용거실에 CCTV를 설치한 것은 위헌이라는 헌법소원에 대한 헌법재판소의 판례(헌재결 2008.5.29. 2005헌마137)
CCTV 설치행위는 교도관의 육안에 의한 시선계호를 CCTV 장비에 의한 시선계호로 대체한 것에 불과하므로, 이 사건 CCTV 설치행위에 대한 특별한 법적 근거가 없더라도 일반적인 계호활동을 허용하는 법률규정에 의하여 허용된다고 보아야 한다.
CCTV에 의하여 감시되는 엄중격리대상자는 상습적으로 폭행·소란·자살·자해 등을 하거나 도주한 전력이 있는 수형자들 중에서 엄중한 격리와 계호가 필요하다고 인정된 자들이므로, 지속적이고 부단한 감시가 필요한데, 교도관의 인력이 이에 미치지 못하는 점, 이 사건 엄중격리대상자를 독거실에 수용함으로써 폭행·소란 등의 위험성은 제거되었다고 하더라도, 자살·자해나 흉기제작 등의 위험성은 해소되지 못하므로 독거실 내의 생활도 계속적으로 감시할 필요가 있다고 보이는 점 등을 고려하면, 이 사건 CCTV 설치행위는 그 목적의 정당성과 수단의 적절성을 인정할 수 있다.
상습적으로 교정질서를 문란케 하는 등 교정사고의 위험성이 높은 엄중격리대상자들인바, 이들에 대한 계구사용행위, 동행계호행위 및 1인 운동장을 사용하게 하는 처우는 그 목적의 정당성 및 수단의 적정성이 인정된다.

정답 | ③

13

형의 집행 및 수용자의 처우에 관한 법령상 징벌집행에 대한 설명으로 옳지 않은 것은? 교정9급 2024

① 소장은 30일 이내의 금치(禁置)처분을 받은 수용자에게 실외운동을 제한하는 경우라도 매주 1회 이상 실외운동을 할 수 있도록 하여야 한다.

② 수용자의 징벌대상행위에 대한 조사기간(조사를 시작한 날부터 징벌위원회의 의결이 있는 날까지를 말한다)은 10일 이내로 한다. 다만, 특히 필요하다고 인정하는 경우에는 1회에 한하여 7일을 초과하지 아니하는 범위에서 그 기간을 연장할 수 있다.

③ 소장은 징벌대상자의 질병이나 그 밖의 특별한 사정으로 인하여 조사를 계속하기 어려운 경우에는 조사를 일시정지할 수 있다. 이 경우 조사가 정지된 다음 날부터 정지사유가 소멸한 날까지의 기간은 조사기간에 포함되지 아니한다.

④ 소장은 수용자가 교정사고 방지에 뚜렷한 공로가 있다고 인정되면 분류처우위원회의 의결을 거친 후 법무부장관의 승인을 받아 징벌을 실효시킬 수 있다.

해설

③ 소장은 징벌대상자의 질병이나 그 밖의 특별한 사정으로 인하여 조사를 계속하기 어려운 경우에는 조사를 일시정지할 수 있다. 정지된 조사기간은 그 사유가 해소된 때부터 다시 진행한다. 이 경우 조사가 정지된 다음 날부터 정지사유가 소멸한 전날까지의 기간은 조사기간에 포함되지 아니한다(형집행법 시행규칙 제221조 제1항·제2항).
① 동법 제112조 제5항
② 동법 시행규칙 제220조 제1항
④ 동법 제115조 제2항

정답 | ③

14

「형의 집행 및 수용자의 처우에 관한 법률」 및 동법 시행규칙상 수용자의 상벌에 대한 설명으로 옳지 않은 것은? 교정9급 2015

① 징벌사유가 발생한 날부터 1년이 지나면 이를 이유로 징벌을 부과하지 못한다.

② 사람의 생명을 구조한 수용자는 소장표창 및 가족만남의 집 이용대상자 선정기준에 해당된다.

③ 소장은 금치 외의 징벌을 집행하는 경우 그 징벌의 목적을 달성하기 위하여 필요하다고 인정하면 해당 수용자를 징벌거실에 수용할 수 있다.

④ 수용자의 징벌대상행위에 대한 조사기간은 조사를 시작한 날부터 징벌위원회의 의결이 있는 날까지를 말하며 10일 이내로 하나, 특히 필요하다고 인정하는 경우에는 1회에 한하여 7일을 초과하지 아니하는 범위에서 그 기간을 연장할 수 있다.

해설

① 징벌사유가 발생한 날부터 2년이 지나면 이를 이유로 징벌을 부과하지 못한다(형집행법 제109조 제4항).
② 동법 제106조, 동법 시행규칙 제214조의 2
③ 동법 시행규칙 제231조 제3항
④ 동법 시행규칙 제220조 제1항

정답 | ①

15

현행법령상 수용자의 교육에 대한 설명으로 옳은 것은? 교정7급 2011

① 소장은 교육을 위해 필요하면, 수형자를 외부의 교육기관에 통학하게 하거나 위탁하여 교육받게 할 수 있으나, 교육대상자의 작업 및 직업훈련 등은 면제할 수 없다.

② 수형자가 소년교도소 수용 중에 19세가 된 경우에도 교육이 특히 필요하다고 인정되면 23세가 되기 전까지는 계속하여 수용할 수 있다.

③ 소장은 심리적 안정 및 원만한 수용생활을 위해 사형확정자의 신청에 의해서만 교육을 실시할 수 있다.

④ 소장은 여성수용자에 대해 교육을 실시할 때는 반드시 여성교도관이 담당하도록 해야 한다.

해설

① 소장은 교육을 위하여 필요하면 수형자를 외부 교육기관에 통학하게 하거나 위탁교육을 받게 할 수 있는데, 이 경우 교육대상자의 작업 및 직업훈련 등은 면제한다.

② 소장은 사형확정자의 심리적 안정 및 원만한 수용생활을 위하여 신청에 따라 작업을 부과할 수 있다. 교육 또는 교화프로그램은 신청과 무관하게 실시된다.

④ 소장은 여성수용자에 대하여 교육을 실시하는 때에는 원칙적으로 여성교도관이 담당하도록 하여야 하나, 필요에 따라 남성교도관이 담당할 수도 있다.

정답 | ②

16

현행법상 수용자 교육에 한 설명으로 옳은 것을 모두 고른 것은? 교정7급 2012

ㄱ. 소장은 외국어 교육대상자가 교육실 외에서 어학학습장비를 이용한 외국어 학습을 원하는 경우에는 교도관회의의 심의를 거쳐 허가할 수 있다.
ㄴ. 방송통신대학과정을 지원할 수 있는 수형자는 개방처우급, 완화경비처우급, 일반경비처우급 수형자이다.
ㄷ. 미결수용자에 대한 교육은 교정시설 밖에서 실시하는 프로그램도 포함한다.
ㄹ. 현행법상 독학에 의한 학위취득과정은 공식적인 수형자 교육과정에 포함되지 않는다.
ㅁ. 소장은 수형자를 외부교육기관에 위탁하여 교육받게 할 수 있다.

① ㄱ, ㄴ, ㅁ　② ㄱ, ㄷ, ㄹ
③ ㄴ, ㄷ, ㄹ　④ ㄴ, ㄹ, ㅁ

해설

ㄷ. 미결수용자에 대한 교육·교화프로그램, 작업을 교정시설 밖에서 행하는 것은 허용되지 않는다.
ㄹ. 현행법상 독학에 의한 학위취득과정은 공식적인 수형자 교육과정에 포함되어 있다.

정답 | ①

17

수형자에 대한 현행 교육과정을 모두 고른 것은?

교정7급 2009

ㄱ. 전문대학 위탁교육과정
ㄴ. 독학에 의한 학위 취득과정
ㄷ. 정보화 및 외국어 교육과정
ㄹ. 방송통신대학과정

① ㄱ, ㄴ
② ㄴ, ㄷ
③ ㄱ, ㄴ, ㄷ
④ ㄱ, ㄴ, ㄷ, ㄹ

해설

모두 교육과정에 해당한다. 이외에도 검정고시반과 방송통신고등학교과정을 설치 및 운영하고 있다.

교육의 종류

- 검정고시반 설치 및 운영(형집행법 시행규칙 제108조 제1항)
  - 초등학교 졸업학력 검정고시
  - 중학교 졸업학력 검정고시
  - 고등학교 졸업학력 검정고시
- 방송통신고등학교과정 설치 및 운영(동법 시행규칙 제109조 제3항): 방송통신고등학교 교육과정의 입학금, 수업료, 교과용 도서 구입비 등 교육에 필요한 비용을 예산의 범위에서 지원할 수 있다.

정답 | ④

18

형의 집행 및 수용자의 처우에 관한 법령상 수용자의 교육에 대한 설명으로 옳지 않은 것은? 교정7급 2018

① 소장은 특별한 사유가 없으면 교육기간 동안에 교육대상자를 다른 기관으로 이송할 수 없다.
② 소장은 교육대상자에게 질병, 부상, 그 밖의 부득이한 사정이 있는 경우에는 교육과정을 일시 중지할 수 있다.
③ 소장은 교육기본법 제8조의 의무교육을 받지 못한 수형자에 대하여는 본인의 의사, 나이, 지식정도, 그 밖의 사정을 고려하여 그에 알맞게 교육하여야 한다.
④ 소장이 고등교육법 제2조에 따른 방송통신대학 교육과정을 설치·운영하는 경우 교육실시에 소요되는 비용은 특별한 사정이 없으면 교육대상자 소속기관이 부담한다.

해설

④ 독학에 의한 학위 취득과정, 방송통신대학과정, 전문대학위탁교육과정, 정보화 및 외국어 교육과정에 따른 교육을 실시하는 경우 소요되는 비용은 특별한 사정이 없으면 교육대상자의 부담으로 한다(형집행법 시행규칙 제102조 제2항).
① 동법 시행규칙 제106조 제1항
② 동법 시행규칙 제105조 제3항
③ 동법 제63조 제2항

정답 | ④

19

형의 집행 및 수용자의 처우에 관한 법령상 수형자의 교육에 대한 설명으로 옳은 것은? 교정7급 2024

① 소장은 교육의 효과를 거두지 못하였다고 인정하는 교육대상자에 대하여 다시 교육을 할 수 있다.
② 소장은 교육대상자가 징벌을 받고 교육 부적격자로 판단되는 때에는 교육대상자 선발을 취소하여야 한다.
③ 「교육기본법」상 의무교육 대상인 수형자에 한하여 작업·직업훈련 등을 면제한다.
④ 소장은 집행할 형기가 1년인 수형자가 학사고시반 교육을 신청하는 경우에도 교육대상자로 선발할 수 있다.

해설

① 형집행법 시행규칙 제101조 제4항
② 소장은 교육대상자가 징벌을 받고 교육 부적격자로 판단되는 때에는 교육대상자 선발을 취소할 수 있다(동법 시행규칙 제105조 제1항 제3호).
③ 교육대상자에게는 작업·직업훈련 등을 면제한다(동법 시행규칙 제107조 제1항).
④ 소장은 다음 각 호의 요건을 갖춘 수형자가 제1항의 학사고시반 교육을 신청하는 경우에는 교육대상자로 선발할 수 있다(동법 시행규칙 제110조 제2항).
1. 고등학교 졸업 또는 이와 동등한 수준 이상의 학력이 인정될 것
2. 교육개시일을 기준으로 형기의 3분의 1(21년 이상의 유기형 또는 무기형의 경우에는 7년)이 지났을 것
3. 집행할 형기가 2년 이상일 것

정답 | ①

20

「형의 집행 및 수용자의 처우에 관한 법률 시행규칙」상 독학에 의한 학사학위 취득과정을 신청하기 위하여 수형자가 갖추어야 할 요건으로 옳지 않은 것은? 교정7급 2019

① 개방처우급·완화경비처우급·일반경비처우급 수형자에 해당할 것
② 고등학교 졸업 또는 이와 동등한 수준 이상의 학력이 인정될 것
③ 집행할 형기가 2년 이상일 것
④ 교육개시일을 기준으로 형기의 3분의 1(21년 이상의 유기형 또는 무기형의 경우에는 7년)이 지났을 것

해설

독학에 의한 학사학위 취득과정은 경비처우급과 관련이 없다. 일반경비처우급 이상의 수형자를 대상으로 하는 교육과정은 방송통신대학, 전문대학 위탁교육과정 및 외국어 교육과정이다(형집행법 시행규칙 제110조 제2항).

형집행법 시행규칙 제110조(독학에 의한 학위 취득과정 설치 및 운영)
① 소장은 수형자에게 학위취득 기회를 부여하기 위하여 독학에 의한 학사학위 취득과정(이하 "학사고시반 교육"이라 한다)을 설치·운영할 수 있다.
② 소장은 다음의 요건을 갖춘 수형자가 학사고시반 교육을 신청하는 경우에는 교육대상자로 선발할 수 있다.
1. 고등학교 졸업 또는 이와 동등한 수준 이상의 학력이 인정될 것
2. 교육개시일을 기준으로 형기의 3분의 1(21년 이상의 유기형 또는 무기형의 경우에는 7년)이 지났을 것
3. 집행할 형기가 2년 이상일 것

정답 | ①

21

교정교육에 대한 설명으로 옳지 않은 것은?

교정7급 2014

① 독학에 의한 학위 취득과정과 방송통신대학과정의 실시에 소요되는 비용은 특별한 사정이 없으면 교육대상자의 부담으로 한다.

② 교정시설의 장은 교육을 위하여 필요한 경우에는 외부강사를 초빙할 수 있으며, 카세트 또는 재생전용기기의 사용을 허용할 수 있다.

③ 교정시설의 장은 의무교육을 받은 고령의 수형자에 대하여는 본인의 의사·나이·지식 정도, 그 밖의 사정을 고려하여 그에 알맞게 교육하여야 한다.

④ 본인의 신청에 따른 미결수용자에 대한 교육·교화프로그램은 교정시설 내에서만 실시하여야 한다.

해설

③ 소장은 의무교육을 받지 못한 수형자에 대하여는 본인의 의사·나이·지식 정도, 그 밖의 사정을 고려하여 그에 알맞게 교육하여야 한다.

① 동법 시행규칙 제102조 제2항

② 동법 시행규칙 제104조 제2항

④ 동법 시행령 제103조 제1항

정답 | ③

22

수형자에 대한 교육과 교화에 관한 설명으로 옳지 않은 것은?

교정9급 2007

① 교도소장은 모든 수형자에 대하여 라디오를 청취하게 할 수 있다. 다만, 텔레비전 시청은 처우상 필요하다고 인정되는 완화경비처우급 이상의 수형자에 대하여 이를 허가할 수 있다.

② 교도소장은 완화경비처우급 이상의 수형자에 대하여 월 2회 이내의 범위 안에서 경기·오락회의 개최를 허가할 수 있다. 다만, 소년수형자에 대하여는 횟수를 증가시킬 수 있다.

③ 교도소장은 완화경비처우급 이상의 수형자에 대하여는 사회견학을 허가할 수 있다. 다만, 처우상 필요한 경우에는 일반경비처우급 수형자에게도 이를 허가할 수 있다.

④ 교도소장은 일반경비처우급 수형자에 대하여 처우상 필요하다고 인정하는 때에는 수형자 자신의 경비부담으로 교도소 밖에서의 영화관람을 허가할 수 있다.

해설

라디오 청취 및 텔레비전 시청은 처우등급과 관련 없이 모든 수용자에게 허용되는 반면, 사회견학·사회봉사, 외부 종교행사 참석 및 외부 영화관람 등은 완화경비처우급 이상의 수용자에게만 허용되는 것이 원칙이나, 필요한 경우 일반경비처우급 수용자에게도 허용될 수 있다.

정답 | ①

23

현행법령상 교정 · 교화프로그램에 대한 설명으로 옳은 것은? 교정9급 2008

① 교화프로그램의 종류·내용 등에 관하여 필요한 사항은 대통령령으로 정한다.
② 교화프로그램의 종류에는 문화프로그램, 문제행동예방프로그램, 가족관계회복프로그램, 교화상담 등이 있다.
③ 소장은 수형자의 정서함양을 위하여 필요하다고 인정하는 경우에는 연극·영화관람, 체육행사 그 밖의 문화예술활동을 하게 하여야 한다.
④ 소장은 수형자의 교정·교화를 위하여 상담·심리치료 그 밖의 교화프로그램을 실시할 수 있다.

해설

① 교화프로그램의 종류·내용 등에 관하여 필요한 사항은 법무부령으로 정한다.
③ 소장은 수형자의 정서함양을 위하여 필요하다고 인정하는 경우에는 연극·영화관람, 체육행사 그 밖의 문화예술활동을 하게 할 수 있다.
④ 소장은 수형자의 교정·교화를 위하여 상담·심리치료 그 밖의 교화프로그램을 실시하여야 한다.

정답 | ②

24

「형의 집행 및 수용자의 처우에 관한 법령」상 교화프로그램에 대한 설명으로 옳지 않은 것은? 교정7급 2023

① 소장은 수형자의 교정교화를 위하여 상담·심리치료, 그 밖의 교화프로그램을 실시하여야 한다.
② 소장은 수형자의 인성함양 등을 위하여 문화예술과 관련된 다양한 프로그램을 개발하여 운영할 수 있다.
③ 소장은 교화프로그램의 효과를 높이기 위하여 범죄유형별로 적절한 교화프로그램의 내용, 교육장소 및 전문인력의 확보 등 적합한 환경을 갖추도록 노력하여야 한다.
④ 가족관계회복프로그램 대상 수형자는 교도관회의의 심의를 거쳐 선발하고, 참여인원은 5명 이내의 가족으로 하며, 특히 필요하다고 인정하면 참여인원을 늘릴 수 있다.

해설

③ 소장은 교화프로그램의 효과를 높이기 위하여 범죄원인별로 적절한 교화프로그램의 내용, 교육장소 및 전문인력의 확보 등 적합한 환경을 갖추도록 노력하여야 한다(형집행법 제64조 제2항).
① 동조 제1항
② 동법 시행규칙 제115조
④ 동법 시행규칙 제117조 제2항

정답 | ③

25

형의 집행 및 수용자의 처우에 관한 법령상 수용자의 종교 및 문화활동에 대한 설명으로 옳은 것은?

교정7급 2020

① 수용자가 자신의 비용으로 구독을 신청할 수 있는 신문·잡지 또는 도서는 교정시설의 보관범위 및 수용자의 소지범위를 벗어나지 아니하는 범위에서 원칙적으로 신문은 월 3종 이내로, 도서(잡지를 포함한다)는 월 5권 이내로 한다.

② 소장은 수용자의 건강과 일과시간 등을 고려하여 1일 4시간 이내에서 방송편성시간을 정한다. 다만, 토요일·공휴일, 작업·교육실태 및 수용자의 특성을 고려하여 방송편성시간을 조정할 수 있다.

③ 수용자는 휴업일 및 휴게시간 내에 시간의 제한 없이 집필할 수 있다. 다만, 부득이한 사정이 있는 경우에는 그러하지 아니하다.

④ 소장은 수용자의 신앙생활에 필요한 서적이나 물품을 신청할 경우 외부에서 제작된 휴대용 종교서적 및 성물을 제공하여야 한다.

해설

③ 형집행법 시행령 제75조 제1항

① 교정시설의 보관범위 및 수용자가 지닐 수 있는 범위를 벗어나지 않는 범위에서 신문은 월 3종 이내로, 도서(잡지를 포함한다)는 월 10권 이내로 한다. 다만, 소장은 수용자의 지식함양 및 교양습득에 특히 필요하다고 인정하는 경우에는 신문 등의 신청수량을 늘릴 수 있다(동법 시행규칙 제35조).

② 1일 6시간 이내에서 방송편성시간을 정한다(동법 시행규칙 제39조).

④ 소장은 수용자의 신앙생활에 필요하다고 인정하는 경우에는 외부에서 제작된 휴대용 종교도서 및 성물을 수용자가 지니게 할 수 있다(동법 시행규칙 제34조 제1항).

정답 | ③

26

형의 집행 및 수용자의 처우에 관한 법령상 문화에 대한 설명으로 옳은 것은?

교정9급 2017

① 수용자는 문서 또는 도화를 작성하거나 문예·학술, 그 밖의 사항에 관하여 집필할 수 있다. 이때 집필용구의 구입비용은 원칙적으로 소장이 부담한다.

② 소장은 수용자의 지식함양 및 교양습득에 필요한 도서와 영상녹화물을 비치하여 수용자가 이용하게 하여야 한다.

③ 소장은 수용자가 자신의 비용으로 구독을 신청한 신문이 「출판문화산업 진흥법」에 따른 유해간행물인 경우를 제외하고는 구독을 허가하여야 한다.

④ 소장은 수용자의 건강과 일과시간 등을 고려하여 1일 8시간 이내에서 방송편성시간을 정한다. 다만, 토요일·공휴일, 작업·교육실태 및 수용자의 특성을 고려하여 방송편성시간을 조정할 수 있다.

해설

③ 수용자는 자신의 비용으로 신문·잡지 또는 도서(이하 "신문 등"이라 한다)의 구독을 신청할 수 있으며(형집행법 제47조 제1항), 제1항에 따라 구독을 신청한 신문 등이 「출판문화산업 진흥법」에 따른 유해간행물인 경우를 제외하고는 구독을 허가하여야 한다(동법 제47조 제2항).

① 수용자는 문서 또는 도화를 작성하거나 문예·학술, 그 밖의 사항에 관하여 집필할 수 있다. 다만, 소장이 시설의 안전 또는 질서를 해칠 명백한 위험이 있다고 인정하는 경우는 예외로 한다(동법 제49조 제1항). 집필용구의 구입비용은 수용자가 부담한다. 다만, 소장은 수용자가 그 비용을 부담할 수 없는 경우에는 필요한 집필용구를 지급할 수 있다(동법 시행령 제74조).

② 소장은 수용자의 지식함양 및 교양습득에 필요한 도서를 비치하고 수용자가 이용할 수 있도록 하여야 한다(동법 제46조).

④ 소장은 수용자의 건강과 일과시간 등을 고려하여 1일 6시간 이내에서 방송편성시간을 정한다. 다만, 토요일·공휴일, 작업·교육실태 및 수용자의 특성을 고려하여 방송편성시간을 조정할 수 있다(동법 시행규칙 제39조).

정답 | ③

27

교정현장상담과 사회 내 상담의 차이 등에 대한 설명으로 옳지 않은 것은? 교정7급 2009

① 교정현장상담에서는 내담자 개인의 문제에 초점을 맞추어 진행되는 상담뿐만 아니라 관리자의 필요에 의한 호출상담도 빈번하게 이루어진다.
② 일반상담과는 달리 교정현장상담에서는 내담자의 복지를 최우선으로 고려해야 되는 것이 아니라 수용질서를 먼저 생각해야 하는 차이점이 있다.
③ 교정현장상담은 일반상담과는 달리 이미 내담자에 대한 정보를 가지고 상담이 이루어진다는 점에서 내담자에 대한 편견이나 선입견을 배제할 수 있는 장점을 갖고 있다.
④ 일반상담과는 달리 교정현장상담은 상담자의 지도력을 중심으로 하는 단회 또는 단기간의 상담형태가 많다.

해설

교정현장상담은 일반상담과는 달리 이미 내담자에 대한 정보를 가지고 상담이 이루어진다는 점에서 내담자에 대한 편견이나 선입견이 생길 수 있는 단점을 갖고 있다.

사회 내 상담과 교정현장상담의 비교

구분	사회 내 상담	교정현장상담
문제발생 시 고려사항	상담과정에서 내담자의 문제발생 시 내담자의 복지를 최우선으로 고려한다.	상담과정에서 수용자의 문제발생 시 수용질서를 최우선으로 고려한다.
편견과 선입견 문제	내담자에 대한 사전정보를 갖지 못하고 상담이 시작되는 경우가 많아 상대적으로 편견이나 선입견으로 인한 문제점이 적다.	구금시설에 있는 수용자에 대한 편견이나 선입견 등이 상담의 진행을 방해할 수 있다.
상담진행	내담자가 상담자에게 자발적으로 신청하거나 지속적으로 방문하려는 의지가 중요하다.	수용자의 의지와는 관계없이 수시로 교도관은 관리자로서 호출상담이 가능하다.
상담횟수	일정한 상담횟수와 시간이 정해져서 상담이 체계적으로 이루어진다.	근무 중에도 관리자의 지도력을 중심으로 하는 일회성 혹은 단기간의 상담이 이루어진다.

정답 | ③

28

다음의 설명과 관련 있는 교정상담기법은? 교정7급 2016

- 1950년대 에릭 번(Eric Berne)에 의하여 주장된 것으로 계약과 결정이라는 치료방식을 취한다.
- 상담자는 대체로 선생님의 역할을 하게 된다.
- 재소자로 하여금 자신의 과거 경험이 현재 행위에 미친 영향을 보도록 녹화테이프를 재생하듯이 되돌려 보게 한다. 이 과정을 통해 재소자가 과거에 대한 부정적인 장면들은 지워버리고 올바른 인생의 목표를 성취할 수 있다는 것을 확신하도록 도와준다.
- 자신의 문제를 검토할 의사가 전혀 없는 사람이나 사회병리적 문제가 있는 사람에게는 도움이 되지 않는다.

① 교류분석(transactional analysis)
② 현실요법(reality therapy)
③ 환경요법(milieu therapy)
④ 사회적 요법(social therapy)

해설

① 교류분석: 에릭 번(Eric Bern)에 의해 창안된 것으로, 보다 성숙한 자아발달을 유도하는 상담기법으로서 과거의 경험을 회상하게 하고, 반성하게 하며, 스스로 과거의 부정적인 장면을 삭제하게 하여 새로운 삶에 대한 확신을 주는 처우기법이다.
② 현실요법: 글래저(Glasser)에 의해 주장된 것으로, 선택이론 또는 통제이론이라고도 하며, 갈등이나 문제상황의 내담자가 성공적인 정체성을 가지고 자기 삶을 바람직한 방향으로 통제하며 건강한 행동을 하도록 유도하는 상담기법이다. 인간의 존엄성과 잠재가능성의 믿음을 전제로 과거보다는 현재, 무의식적 경험보다는 의식적 경험을 중시한다.
③ 환경요법: 모든 교정환경을 이용하여 수형자들 간의 상호작용의 수정과 환경통제를 통해서 개별수형자의 행동에 영향을 미치고자 하는 것으로, 1956년 맥스웰 존스(Maxwell Jones)의 요법처우공동체라는 개념에서 출발한 것이다. 환경요법에는 사회적 요법, 요법처우공동체, 긍정적 동료부분화 및 남녀공동교도소가 있다.

④ 사회적 요법: 범죄를 범죄자 개인적 인격과 주변환경의 복합적 상호작용의 산물로 인식하고, 교도소 내의 친사회적인 환경개발을 시도하는 처우기법이다. 심리 또는 행동수정요법의 약점을 보완하기 위해서 시도된 것으로, 건전한 사회적 지원유형의 개발에 노력한다.

정답 | ①

29

교정상담기법에 대한 설명으로 옳지 않은 것은?

교정7급 2022

① 행동수정요법 중 정적 강화(positive reinforce-ment)는 대상자가 어떤 바람직한 행동을 했을 때 그 대상자가 싫어하는 대상물을 제거해주는 방법이다.

② 현실요법은 상담자와의 유대관계를 바탕으로 내담자가 사회현실의 범위 내에서 자신의 욕구를 실현하도록 하는 방법이다.

③ 교류분석요법은 타인과의 교류상태에서 자신의 상호작용에 대한 중요한 피드백을 교환하도록 함으로써 적절한 행동변화를 이끌어내는 방법이다.

④ 사회적 요법은 심리적 또는 행동수정요법의 약점을 보완하며 재소자들을 위하여 건전한 사회적 지원유형을 개발하는 방법이다.

해설

정적 강화는 대상자가 어떤 바람직한 행동을 했을 때 그 대상자가 좋아하는 대상물을 제공하고 칭찬·지지함으로써 그 행동의 발생확률을 증가·지속시키는 방법으로, 아이가 숙제를 잘하면 용돈을 주는 것 등을 예로 들 수 있다.
참고로, 부적 강화는 대상자가 어떤 바람직한 행동을 했을 때 그 대상자가 싫어하는 대상물을 제거해 주는 방법으로, 일찍 일어나면 과제를 면제해 주는 것 등을 예로 들 수 있다.

정답 | ①

30

교도작업에 대한 설명으로 옳지 않은 것은?

교정9급 2008

① 감옥개량가 하워드(J. Howard)는 강제적 작업을 반대하였다.
② 교도작업은 수형자의 부패와 타락을 방지하는 기능이 있다.
③ 현행법은 징역형의 경우에 정역을 강제로 실시하도록 규정하고 있다.
④ 19세 미만의 수형자에 대해서도 교도작업을 과할 수 있다.

해설

감옥개량가 하워드(J. Howard)는 강제적 작업을 반대한 것이 아니라, 응보적이고 약탈적인 수단으로 이용되는 것을 반대하였고, 교육적이고 개선적인 목적으로 운영되어야 한다고 주장하였다.

정답 | ①

31

「형의 집행 및 수용자의 처우에 관한 법률」 및 동법 시행령상 교도작업에 대한 설명으로 옳지 않은 것은?

교정9급 2014

① 소장은 수형자에게 작업을 부과하려면 죄명, 형기, 죄질, 성격, 범죄전력, 나이, 경력 및 수용생활 태도, 그 밖의 수형자의 개인적 특성을 고려하여야 한다.
② 소장은 법무부장관이 정하는 바에 따라 작업의 종류, 작업성적, 교정성적, 그 밖의 사정을 고려하여 수형자에게 작업장려금을 지급할 수 있다.
③ 소장은 신청에 따라 작업이 부과된 수형자가 작업의 취소를 요청하는 경우에는 그 수형자의 의사, 건강 및 교도관의 의견 등을 고려하여 작업을 취소할 수 있다.
④ 소장은 19세 미만의 수형자에게 작업을 부과할 경우 추가적으로 정신적·신체적 성숙 정도, 교육적 효과 등을 고려하여야 한다.

해설

①은 거실지정 시 참작사유이다. 소장은 수형자에게 작업을 부과하려면 나이·형기·건강상태·기술·성격·취미·경력·장래생계, 그 밖의 수형자의 사정을 고려하여야 한다(형집행법 제15조).

정답 | ①

32

「형의 집행 및 수용자의 처우에 관한 법률」상 수형자에 대한 휴일의 작업부과 사유로 옳지 않은 것은?

교정7급 2023

① 취사·청소·간병 등 교정시설의 운영과 관리에 필요한 작업을 하는 경우
② 작업장의 운영을 위하여 불가피한 경우
③ 공공의 안전이나 공공의 이익을 위하여 긴급히 필요한 경우
④ 교도관이 신청하는 경우

해설

교도관이 신청하는 경우가 아닌 수형자가 신청하는 경우이다(형집행법 제71조 제5항).

형집행법 제71조(작업시간 등)
① 1일의 작업시간(휴식·운동·식사·접견 등 실제 작업을 실시하지 않는 시간을 제외한다)은 8시간을 초과할 수 없다.
② 제1항에도 불구하고 취사·청소·간병 등 교정시설의 운영과 관리에 필요한 작업의 1일 작업시간은 12시간 이내로 한다.
③ 1주의 작업시간은 52시간을 초과할 수 없다. 다만, 수형자가 신청하는 경우에는 1주의 작업시간을 8시간 이내의 범위에서 연장할 수 있다.
④ 제2항 및 제3항에도 불구하고 19세 미만 수형자의 작업시간은 1일에 8시간을, 1주에 40시간을 초과할 수 없다.
⑤ 공휴일·토요일과 대통령령으로 정하는 휴일에는 작업을 부과하지 아니한다. 다만, 다음 각 호의 어느 하나에 해당하는 경우에는 작업을 부과할 수 있다.
1. 제2항에 따른 교정시설의 운영과 관리에 필요한 작업을 하는 경우
2. 작업장의 운영을 위하여 불가피한 경우
3. 공공의 안전이나 공공의 이익을 위하여 긴급히 필요한 경우
4. 수형자가 신청하는 경우

정답 | ④

33

형의 집행 및 수용자의 처우에 관한 법령상 교도작업에 대한 설명으로 옳은 것은?

교정9급 2020

① 소장은 교도관에게 매일 수형자의 작업실적을 확인하게 하여야 한다.
② 소장은 수형자에게 작업을 부과하는 경우 작업의 종류 및 작업과정을 정하여 수형자에게 고지할 필요가 없다.
③ 소장은 공휴일·토요일과 그 밖의 휴일에는 예외 없이 일체의 작업을 부과할 수 없다.
④ 작업과정은 작업성적, 작업시간, 작업의 난이도 및 숙련도를 고려하여 정하며, 작업과정을 정하기 어려운 경우에는 작업의 난이도를 작업과정으로 본다.

해설

② 소장은 수형자에게 작업을 부과하는 경우에는 작업의 종류 및 작업과정을 정하여 고지하여야 한다(형집행법 시행령 제91조 제1항).
③ 공휴일·토요일과 대통령령으로 정하는 휴일에는 작업을 부과하지 아니한다. 다만, 교정시설의 운영과 관리에 필요한 작업을 하는 등의 경우에는 작업을 부과할 수 있다(동법 제71조 제5항).
④ 작업과정은 작업성적, 작업시간, 작업의 난이도 및 숙련도를 고려하여 정한다. 작업과정을 정하기 어려운 경우에는 작업시간을 작업과정으로 본다(동법 시행령 제91조 제2항).

형집행법 제71조(작업시간 등)
① 1일의 작업시간(휴식·운동·식사·접견 등 실제 작업을 실시하지 않는 시간을 제외한다. 이하 같다)은 8시간을 초과할 수 없다.
② 제1항에도 불구하고 취사·청소·간병 등 교정시설의 운영과 관리에 필요한 작업의 1일 작업시간은 12시간 이내로 한다.
③ 1주의 작업시간은 52시간을 초과할 수 없다. 다만, 수형자가 신청하는 경우에는 1주의 작업시간을 8시간 이내의 범위에서 연장할 수 있다.
④ 제2항 및 제3항에도 불구하고 19세 미만 수형자의 작업시간은 1일에 8시간을, 1주에 40시간을 초과할 수 없다.
⑤ 공휴일·토요일과 대통령령으로 정하는 휴일에는 작업을 부과하지 아니한다. 다만, 다음 각 호의 어느 하나에 해당하는 경우에는 작업을 부과할 수 있다.
1. 제2항에 따른 교정시설의 운영과 관리에 필요한 작업을 하는 경우

2. 작업장의 운영을 위하여 불가피한 경우
3. 공공의 안전이나 공공의 이익을 위하여 긴급히 필요한 경우
4. 수형자가 신청하는 경우

정답 | ①

34

작업장려에 대한 설명으로 옳은 것은? 교정9급 2011

① 작업장려금은 본인이 신청하면 석방 전이라도 그 전부 또는 일부를 지급하여야 한다.
② 수형자에 대한 작업장려금은 대통령령으로 정한다.
③ 작업장려금은 귀휴비용으로 사용할 수 없다.
④ 작업장려금은 징벌로서 삭감할 수 있다.

해설

① 본인의 가족생활 부조, 교화 또는 건전한 사회복귀를 위하여 특히 필요하면 석방 전이라도 그 전부 또는 일부를 지급할 수 있다.
② 소장은 수형자의 근로의욕을 고취하고 건전한 사회복귀를 지원하기 위하여 법무부장관이 정하는 바에 따라 작업의 종류, 작업성적, 교정성적 그 밖의 사정을 고려하여 수형자에게 작업장려금을 지급할 수 있다.
③ 소장은 귀휴자가 신청할 경우 작업장려금의 전부 또는 일부를 귀휴비용으로 사용하게 할 수 있다.

정답 | ④

35

교도작업에 관한 설명으로 옳지 않은 것은?

교정9급 2007

① 수형자의 기술습득을 촉진하기 위하여 필요하다고 인정되는 경우에는 외부기업체 등에 통근작업하게 할 수 있다.

② 교도소장은 법무부장관의 승인을 얻어 수형자를 도급작업에 취업시킬 수 있다.

③ 작업의 능률을 올리고 수형자의 노동에 상응한 보수로서의 대가를 지급하기 위하여 작업임금제를 채택함으로써 수형자는 작업의 대가인 임금의 지급을 청구할 수 있다.

④ 금고와 구류형을 받은 자에게는 신청에 의하여 작업을 과할 수 있다.

해설

우리나라는 작업임금제가 아닌 국가의 은혜적 급부인 작업장려금제도를 채택하고 있고, 그 청구권은 인정되지 않는다. 신청에 의한 작업대상자는 금고와 구류형을 받은 수형자, 사형확정자 및 미결수용자 등이 있다. 한편, 교도소장은 법무부장관의 승인을 얻어 수형자를 도급작업에 취업시킬 수 있는데, 이는 실무적인 내용이다.

정답 | ③

36

교도작업임금제에 대하여 일반적으로 제기되는 반대론의 근거로 옳지 않은 것은?

교정7급 2013

① 수용자의 자긍심을 낮춰 교화개선에 장애를 초래할 우려가 있다.

② 사회정의나 일반시민의 법감정에 위배될 소지가 있다.

③ 임금지급을 위한 추가적 예산배정은 교정경비의 과다한 증가를 초래할 수 있다.

④ 형벌집행과정에서 임금이 지급된다면 형벌의 억제효과를 감퇴시킬 우려가 있다.

해설

오히려 수용자의 자긍심을 높여 작업을 통한 교화개선에 유리할 수 있고, 경제적 생활에 적응하게 하는 장점이 있다.

작업임금제 찬반론

- 찬성론
  - 노동에 대한 정당한 대가를 지불하는 것은 기본권 보장상 당연한 것이다.
  - 개선의 희망을 증대시킬 수 있어 수형자의 재사회화에 도움이 된다.
  - 근로의욕을 고취시킬 수 있고, 작업기술의 보도에 도움이 된다.
  - 작업으로 인한 보수를 스스로 사용하거나 저축하도록 하여 경제적 생활에 익숙하게 할 수 있다.
  - 피해자에게 손해배상의 기회를 제공할 수 있다.
  - 수형자 가족의 생활부양에 도움이 된다.
- 반대론
  - 형집행은 노동계약이 아니므로 대가지불의무가 없다.
  - 국가에 손해를 끼친 자에게 임금을 지불함은 이율배반적이다.
  - 수형자가 보수를 받으면 심리적으로 의뢰심이 생길 수 있다.
  - 사회의 실업자와 비교하면 이는 불합리하므로 작업임금제는 부당하다.

정답 | ①

37

「형의 집행 및 수용자의 처우에 관한 법률」상 교도작업에 대한 설명으로 옳은 것은? 교정9급 2015

① 소장은 수형자의 근로의욕을 고취하고 건전한 사회복귀를 지원하기 위하여 법무부장관이 정하는 바에 따라 수형자에게 작업장려금을 지급하여야 한다.

② 외부통근작업 대상자의 선정기준 등에 관하여 필요한 사항은 대통령령으로 정한다.

③ 소장은 금고형 또는 구류형의 집행 중에 있는 사람에 대하여는 신청에 따라 작업을 부과할 수 있다.

④ 소장은 수형자의 신청에 따라 집중적인 근로가 필요한 작업을 부과하는 경우라도 접견·전화통화·교육·공동행사 참가 등의 처우는 제한할 수 없다.

해설

③ 형집행법 제67조

① 소장은 수형자의 근로의욕을 고취하고 건전한 사회복귀를 지원하기 위하여 법무부장관이 정하는 바에 따라 작업의 종류, 작업성적, 교정성적, 그 밖의 사정을 고려하여 수형자에게 작업장려금을 지급할 수 있다(동법 제73조 제2항).

② 외부통근작업 대상자의 선정기준 등에 관하여 필요한 사항은 법무부령으로 정한다(동법 제68조 제2항).

④ 소장은 수형자의 신청에 따라 외부통근작업, 직업능력개발훈련, 그 밖에 집중적인 근로가 필요한 작업을 부과하는 경우에는 접견·전화통화·교육·공동행사 참가 등의 처우를 제한할 수 있다. 다만, 접견 또는 전화통화를 제한한 때에는 휴일이나 그 밖에 해당 수용자의 작업이 없는 날에 접견 또는 전화통화를 할 수 있게 하여야 한다(동법 제70조 제1항).

정답 | ③

38

다음에서 설명하는 교도작업의 경영방식은? 교정7급 2024

> ○ 교정시설이 민간기업 등과 계약하여 노동력과 그에 대한 감독, 재료, 비용을 일괄 책임지고 그 작업결과에 따라 약정금액을 수령한다.
> ○ 전문기술자를 확보하기 어렵고, 구외작업이 많아 계호상 부담이 크며, 민간기업을 압박할 가능성이 크다.
> ○ 작업규모가 커서 불취업자 해소에 유리하고, 높은 수익이 보장된다.

① 직영방식 ② 도급방식
③ 위탁방식 ④ 노무방식

해설

경영방식에 따른 분류

- 직영(관사)작업
  - 국가예산으로 시설, 재료 등을 직접 구입하여 물건을 생산·판매하는 등 교도소가 경영하는 공기업 방식
  - 우리나라에서는 직영작업이 원칙이며, 가장 많이 실시
- 위탁(단가)작업
  - 민간업체나 개인(위탁자)으로부터 작업에 필요한 시설, 재료 등의 전부 또는 일부를 제공받고, 교도소는 제품을 가공·생산하여 가공비 또는 단가를 받는 작업방식
  - 주로 부품조립, 봉재 등 단순반복 작업 중심
- 노무(수부·임대)작업
  - 계약을 바탕으로 교도소가 민간업체 등에게 단순노무만을 제공하고, 그 대가를 받는 작업방식
  - 과거에는 추수, 모내기 등에 투입된 사례가 있었으나, 현재는 거의 미실시
- 도급작업
  - 다리공사 등 특정 공사를 계약하고, 교도소가 공사에 필요한 모든 것을 전담하여 기일 내에 완공하는 작업방식
  - 도급작업은 구외작업이 대부분이라 보안상 많은 문제점을 내포

정답 | ②

39

교도작업에 대한 설명으로 옳지 않은 것으로만 묶은 것은? 교정7급 2011

> ㄱ. 교도작업은 교정시설의 수용자에게 부과하는 노역으로 징역형의 정역, 금고형의 청원작업, 개인작업이 이에 해당한다.
> ㄴ. 외부통근작업 대상자의 선정기준 등에 관해 필요한 사항은 법무부령으로 정한다.
> ㄷ. 교도작업의 민간기업 참여절차, 작업종류, 작업운영에 필요한 사항은 지방교정청장이 정한다.
> ㄹ. 교도작업으로 인한 작업수입금은 교도작업의 운영경비로 지출할 수 있다.

① ㄱ, ㄷ　　② ㄱ, ㄹ
③ ㄴ, ㄷ　　④ ㄴ, ㄹ

해설

㉠ 교도작업은 교정시설의 수형자에게 부과하는 노역으로 징역형의 정역, 금고형의 청원작업이 이에 해당한다. 개인작업은 교도작업에 해당하지 않는다.
㉢ 교도작업의 민간기업 참여절차, 작업종류, 작업운영에 필요한 사항은 법무부장관이 정한다.

정답 | ①

40

현행법령상 교도작업에 관한 다음 설명 중 옳지 않은 것을 모두 고르면? 교정7급 2007

> ㉠ 수형자에게 부과하는 작업은 건전한 사회복귀를 위하여 기술을 습득하고 근로의욕을 고취하는 데에 적합한 것이어야 한다.
> ㉡ 교정시설 밖에서 하는 개방지역작업도 인정되고 있다.
> ㉢ 법무부장관은 수형자에게 작업을 부과하는 경우에는 작업의 종류 및 작업과정을 정하여 고지하여야 한다.
> ㉣ 작업수입은 국고수입으로 하며, 수형자에게는 작업장려금을 지급할 수 있을 뿐이다.
> ㉤ 소장은 수형자가 개방처우급 또는 완화경비처우급으로서 교육·작업 등의 성적이 우수하고 관련 기술이 있는 경우에는 교도관의 작업지도를 보조하게 할 수 있다.
> ㉥ 작업장려금은 은혜적 급부로서 청구권이 인정되지 않는다.
> ㉦ 공휴일·토요일과 그 밖의 휴일에는 어떠한 작업도 부과하지 아니한다.

① ㉠, ㉢　　② ㉣, ㉤
③ ㉡, ㉥　　④ ㉢, ㉦

해설

㉢ 소장은 수형자에게 작업을 부과하는 경우에는 작업의 종류 및 작업과정을 정하여 고지하여야 한다.
㉦ 공휴일·토요일과 대통령령으로 정하는 휴일에는 작업을 부과하지 아니한다. 다만, 다음 각 호의 어느 하나에 해당하는 경우에는 작업을 부과할 수 있다(형집행법 제71조 제5항).

1. 제2항에 따른 교정시설의 운영과 관리에 필요한 작업을 하는 경우
2. 작업장의 운영을 위하여 불가피한 경우
3. 공공의 안전이나 공공의 이익을 위하여 긴급히 필요한 경우
4. 수형자가 신청하는 경우

정답 | ④

41

「형의 집행 및 수용자의 처우에 관한 법률」상 교도작업에 대한 설명으로 옳은 것으로만 묶은 것은?

교정9급 2014

ㄱ. 공휴일·토요일과 대통령령으로 정하는 휴일에는 작업을 부과하지 아니한다.
ㄴ. 수형자가 작업을 계속하기를 원하는 경우가 아니라면, 소장은 수형자의 가족 또는 배우자의 직계존속이 사망하면 2일간, 부모 또는 배우자의 기일을 맞이하면 1일간 해당 수형자의 작업을 면제한다.
ㄷ. 작업수입은 국고수입으로 한다.
ㄹ. 소장은 금고형 또는 구류형의 집행 중에 있는 사람에 대하여는 교도작업을 신청하여도 작업을 부과할 수 없다.
ㅁ. 작업장려금은 특별한 사유가 없는 한 석방 전에 지급하여야 한다.

① ㄱ, ㄴ, ㄷ　　② ㄱ, ㄹ, ㅁ
③ ㄴ, ㄷ, ㄹ　　④ ㄴ, ㄷ, ㅁ

해설

ㄹ. 소장은 금고형 또는 구류형의 집행 중에 있는 사람에 대하여는 신청에 따라 작업을 부과할 수 있다.
ㅁ. 작업장려금은 석방할 때에 본인에게 지급한다. 다만, 본인의 가족생활 부조, 교화 또는 건전한 사회복귀를 위하여 특히 필요하면 석방 전이라도 그 전부 또는 일부를 지급할 수 있다.

정답 | ①

42

노무작업과 도급작업에 대한 설명으로 옳은 것은?

교정9급 2022

① 노무작업은 경기변동에 큰 영향을 받지 않으며 제품판로에 대한 부담이 없다.
② 노무작업은 설비투자 없이 시행이 가능하며 행형상 통일성을 기하기에 유리하다.
③ 도급작업은 불취업자 해소에 유리하고 작업수준에 맞는 기술자 확보가 용이하다.
④ 도급작업은 구외작업으로 인한 계호부담이 크지만 민간기업을 압박할 가능성이 없다.

해설

① 노무작업은 인력만 제공하고 그 노동의 대가로서 임금을 지급받는 방식이므로, 경기변동에 큰 영향을 받지 않으며 제품판로에 대한 부담이 없다.
② 노무작업은 노무를 제공받는 당사자가 직접 인력을 통제(공사현장)하므로, 교정기관에서와 같은 통제력을 행사할 수 없어 행형상 통일성을 기하기 어렵다.
③ 도급작업은 일반적으로 대형공사(도로나 다리축조)를 기업체가 교도소에 의뢰하여 실시하는 작업이므로, 다수의 불취업자 해소에 유리하다. 다만, 교도소는 해당 작업의 전문기관이 아니므로, 작업수준에 맞는 전문기술자를 확보하기가 어렵다.
④ 공사를 민간기업에 맡기지 않고 교도소에 맡기는 도급계약이 많아지면, 공사업체인 민간기업의 경영을 압박할 수 있다.

정답 | ①

43

교도작업 중 도급작업에 대한 설명으로 옳은 것은?

교정7급 2017

① 교도소 운영에 필요한 취사, 청소, 간호 등 대가 없이 행하는 작업이다.

② 일정한 공사의 완성을 약정하고 그 결과에 따라 약정금액을 지급받는 작업이다.

③ 사회 내의 사업주인 위탁자로부터 작업에 사용할 시설, 기계, 재료의 전부 또는 일부를 제공받아 물건 및 자재를 생산, 가공, 수선하여 위탁자에게 제공하고 그 대가를 받는 작업이다.

④ 교도소에서 일체의 시설, 기계, 재료, 노무 및 경비 등을 부담하여 물건 및 자재를 생산·판매하는 작업으로서 수형자의 기술습득 면에서는 유리하지만 제품의 판매가 부진할 경우 문제가 된다.

해설

② 도급작업에 대한 설명이다.

① 교도작업의 목적에 따른 분류 중 운영지원작업(이발·취사·간병, 그 밖에 교정시설의 시설운영과 관리에 필요한 작업)에 대한 설명이다(형집행법 시행규칙 제5조 제10호).

③ 위탁(단가)작업에 대한 설명이다.

④ 직영(관사)작업에 대한 설명이다.

정답 | ②

44

교도작업에 대한 설명으로 옳지 않은 것은?

교정9급 2011

① 수형자에게 부과되는 작업은 건전한 사회복귀를 위해 기술을 습득하고 근로의욕을 고취하는 데 적합해야 한다.

② 소장은 금고형 또는 구류형의 집행 중에 있는 사람이 작업을 신청한 경우 작업을 부과할 수 있다.

③ 소장은 수형자가 개방처우급 또는 완화경비처우급으로서 작업기술이 탁월하고 우수한 경우, 수형자 자신의 작업을 하게 할 수 있다.

④ 소장은 수형자의 신청에 따라 집중적인 근로가 필요한 작업을 부과하는 경우에도 접견·전화통화·교육·공동행사 참가 등의 처우는 제한할 수 없다.

해설

소장은 수형자의 신청에 따라 외부통근작업, 직업능력개발훈련, 그 밖에 집중적인 근로가 필요한 작업을 부과하는 경우에는 접견·전화통화·교육·공동행사 참가 등의 처우를 제한할 수 있다. 다만, 접견 또는 전화통화를 제한한 때에는 휴일이나 그 밖에 해당 수용자의 작업이 없는 날에 접견 또는 전화통화를 할 수 있게 하여야 한다.

정답 | ④

45

「형의 집행 및 수용자의 처우에 관한 법률」의 수형자 교도작업에 대한 설명으로 옳지 않은 것은?

교정9급 2013

① 교도소장은 금고형 또는 구류형의 집행 중에 있는 사람에 대하여는 신청에 따라 작업을 부과할 수 있다.
② 교도소장은 수형자의 가족 또는 배우자의 직계존속이 사망하면 3일간 해당 수형자의 작업을 면제한다.
③ 공휴일, 토요일과 그 밖의 휴일에는 작업을 부과하지 않는다. 다만, 취사·청소·간호, 그 밖에 특히 필요한 작업은 예외로 한다.
④ 교도소장은 수형자의 근로의욕을 고취하고 건전한 사회복귀를 지원하기 위하여 수형자에게 작업장려금을 지급할 수 있다.

해설

교도소장은 수형자의 가족 또는 배우자의 직계존속이 사망하면 2일간 해당 수형자의 작업을 면제한다.
참고로, 부모나 배우자의 제삿날에는 1일간 해당 수형자의 작업을 면제한다.

정답 | ②

46

현행법령상 교도작업에 관한 설명으로 옳지 않은 것은?

교정7급 2007

① 수형자가 작업 중 부상을 당하거나 장애인이 된 때 또는 사망한 때에 지급하는 것은 장해보상금 또는 보험금이 아니라 위로금 또는 조위금이다.
② 수형자에게 작업을 부과하려면 나이·형기·건강상태·기술·성격·취미·경력·장래생계 그 밖의 수형자의 사정을 고려하여야 하며, 19세 미만의 수형자에게 작업을 부과하는 경우에는 정신적·신체적 성숙 정도, 교육적 효과 등을 고려하여야 한다.
③ 수형자의 근로의욕을 고취하고 건전한 사회복귀를 지원하기 위하여 법무부장관이 정하는 바에 따라 작업의 종류, 작업성적, 교정성적 그 밖의 사정을 고려하여 수형자에게 작업장려금을 지급할 수 있다.
④ 금고와 구류형을 받은 자는 신청에 의하여 작업을 할 수 있고, 자신의 필요에 따라 작업을 중지하거나 작업의 종류를 바꿀 수 있다.

해설

자신의 필요에 따라 작업을 중지하거나 작업의 종류를 바꿀 수 없다.

신청에 따른 작업

- 신청작업 부과대상(형집행법 제67조): 소장은 금고형 또는 구류형의 집행 중에 있는 사람에 대하여는 신청에 따라 작업을 부과할 수 있다.
- 신청작업의 취소(동법 시행령 제93조): 소장은 법 제67조에 따라 작업이 부과된 수형자가 작업의 취소를 요청하는 경우에는 그 수형자의 의사(意思), 건강 및 교도관의 의견 등을 고려하여 작업을 취소할 수 있다.

정답 | ④

47

교도작업에 대한 설명으로 옳지 않은 것을 모두 고르면?

교정7급 2008

㉠ 작업장려금은 석방할 때에 본인에게 지급한다. 다만, 본인의 가족생활 부조 또는 교화상 특히 필요하다고 인정할 때에는 석방 전이라도 그 일부 또는 전부를 지급할 수 있다.
㉡ 소장은 수형자의 가족 또는 배우자의 직계존속이 사망하면 2일간, 부모 또는 배우자의 기일을 맞이하면 1일간 해당 수형자의 작업을 면제한다. 수형자가 작업을 계속하기를 원하는 경우에도 허용하지 아니한다.
㉢ 완화경비처우급 수형자로서 작업기술이 탁월하고 작업성적이 우수한 자에 대해 개인작업시간을 교도작업에 지장을 주지 아니하는 범위에서 1일 3시간 이내로 하는 자기노작(自己勞作)도 교도작업의 하나이다.
㉣ 교도작업의 부정적 측면으로는 교정에서의 재정적·경제적 부담을 증가시킨다는 점을 들 수 있다.
㉤ 공휴일·토요일과 그 밖의 휴일에는 작업을 부과하지 아니한다. 다만, 취사·청소·간호 그 밖에 특히 필요한 작업은 예외로 한다.

① ㉠, ㉡, ㉣ ② ㉠, ㉢, ㉤
③ ㉡, ㉢, ㉣ ④ ㉡, ㉢, ㉤

해설

㉡·㉢·㉣이 옳지 않은 지문이다.
㉡ 소장은 수형자의 가족 또는 배우자의 직계존속이 사망하면 2일간, 부모 또는 배우자의 제삿날에는 1일간 해당 수형자의 작업을 면제한다. 다만, 수형자가 작업을 계속하기를 원하는 경우는 예외로 한다.
㉢ 소장은 수형자가 개방처우급 또는 완화경비처우급으로서 작업기술이 탁월하고 작업성적이 우수한 경우에는 수형자 자신을 위한 개인작업을 하게 할 수 있다. 이 경우 개인작업시간은 교도작업에 지장을 주지 아니하는 범위에서 1일 2시간 이내로 한다.
㉣ 교도작업의 긍정적 측면으로는 교정에서의 재정적·경제적 부담을 감소시킨다는 점을 들 수 있다. 즉, 자급자족이 가능해지는 것이다.

정답 | ③

48

교도작업의 경영방법 중 직영작업의 장점만을 모두 고른 것은?

교정9급 2016

㉠ 교도소가 이윤을 독점할 수 있다.
㉡ 교도소가 작업에 대한 통제를 용이하게 할 수 있다.
㉢ 교도소가 자유로이 작업종목을 선택할 수 있으므로 직업훈련이 용이하다.
㉣ 민간시장의 가격경쟁원리를 해치지 않는다.
㉤ 제품의 판매와 상관없이 생산만 하면 되므로 불경기가 문제되지 않는다.

① ㉠, ㉡, ㉢ ② ㉠, ㉡, ㉤
③ ㉡, ㉢, ㉣ ④ ㉢, ㉣, ㉤

해설

직영(관사)작업

- 기본이해
  - 국가예산으로 시설, 재료 등을 직접 구입하여 물건을 생산·판매하는 등 교도소가 경영하는 공기업 방식
  - 우리나라에서는 직영작업이 원칙이며, 가장 많이 실시
- 장점
  - 교도작업 관용주의에 가장 적합하다.
  - 교도소 주도하에 규율을 유지하면서 작업할 수 있다.
  - 사인의 관여를 금지할 수 있다.
  - 형벌집행의 통일과 작업통제가 용이하다.
  - 수형자의 적성에 맞는 작업을 부여할 수 있다.
  - 직업종목 선택이 자유롭고, 직업훈련이 용이하다.
  - 국고수입 증대 및 자급자족 효과가 있다.
  - 이윤을 독점할 수 있다.
- 단점
  - 시설, 재료 등의 구입에 많은 예산이 소요되고, 사무가 번잡하다.
  - 법규상 제약 등으로 인해 적절한 시기에 시설, 재료 등의 구입이 어렵다.
  - 시장개척 및 제품판매에 어려움이 있다.
  - 품질저하 등으로 인해 민간기업과의 경쟁에서 불리할 수 있다.
  - 대량출하 시 민간기업을 압박할 수 있다.

정답 | ①

49

교도작업에 대한 설명으로 옳은 것을 모두 고른 것은?

교정9급 2012

ㄱ. 직영작업은 수형자의 적성에 적합하도록 작업을 부과할 수 있다.
ㄴ. 위탁작업은 업종이 다양하여 직업훈련에 적합하다.
ㄷ. 노무작업은 사인의 간섭과 외부부정의 개입가능성이 없다.
ㄹ. 도급작업은 대부분 구외방식이므로 계호상의 어려움이 있다.

① ㄱ, ㄷ
② ㄴ, ㄷ
③ ㄱ, ㄹ
④ ㄷ, ㄹ

해설

ㄴ. 직영작업에 대한 설명이다.
ㄷ. 사인의 간섭과 외부부정의 개입가능성이 가장 크다.

경영방식에 따른 분류
- 직영(관사)작업
  - 국가예산으로 시설, 재료 등을 직접 구입하여 물건을 생산·판매하는 등 교도소가 경영하는 공기업 방식
  - 우리나라에서는 직영작업이 원칙이며, 가장 많이 실시
- 위탁(단가)작업
  - 민간업체나 개인(위탁자)으로부터 작업에 필요한 시설, 재료 등의 전부 또는 일부를 제공받고, 교도소는 제품을 가공·생산하여 가공비 또는 단가를 받는 작업방식
  - 주로 부품조립, 봉재 등 단순반복 작업 중심
- 노무(수부·임대)작업
  - 계약을 바탕으로 교도소가 민간업체 등에게 단순노무만을 제공하고, 그 대가를 받는 작업방식
  - 과거에는 추수, 모내기 등에 투입된 사례가 있었으나, 현재는 거의 미실시
- 도급작업
  - 다리공사 등 특정 공사를 계약하고, 교도소가 공사에 필요한 모든 것을 전담하여 기일 내에 완공하는 작업방식
  - 도급작업은 구외작업이 대부분이라 보안상 많은 문제점을 내포

정답 | ③

50

다음 교도작업의 특징을 유형별로 바르게 묶은 것은?

교정7급 2012

ㄱ. 작업에 대한 통제가 용이하다.
ㄴ. 취업비가 필요 없고 자본이 없이도 가능하다.
ㄷ. 판매와 관계없이 납품만 하면 되기 때문에 제품처리에 문제가 없다.
ㄹ. 작업의 대형성으로 높은 수익을 가능하게 한다.
ㅁ. 업종이 다양하지 못하여 직업훈련에 부적합하다.
ㅂ. 경기변동에 큰 영향을 받지 않는다.
ㅅ. 관계법규의 제약으로 적절한 시기에 기계, 기구, 원자재 구입이 곤란하다.
ㅇ. 엄격한 규율을 유지하며 작업이 가능하다.
ㅈ. 전문지식과 경험부족으로 큰 손실을 입을 수 있다.
ㅊ. 다수의 인원을 취업시킬 수 있어 미취업자를 해소할 수 있고 작업의 통일성을 유지할 수 있다.

① 직영작업 – ㄱ, ㄹ, ㅇ
② 노무작업 – ㄴ, ㅂ, ㅈ
③ 위탁작업 – ㄷ, ㅁ, ㅊ
④ 도급작업 – ㄹ, ㅅ, ㅈ

해설

ㄱ. 작업에 대한 통제가 용이하다. – 직영
ㄴ. 취업비가 필요 없고 자본이 없이도 가능하다. – 노무
ㄷ. 판매와 관계없이 납품만 하면 되기 때문에 제품처리에 문제가 없다. – 위탁
ㄹ. 작업의 대형성으로 높은 수익을 가능하게 한다. – 도급
ㅁ. 업종이 다양하지 못하여 직업훈련에 부적합하다. – 노무·위탁
ㅂ. 경기변동에 큰 영향을 받지 않는다. – 위탁
ㅅ. 관계법규의 제약으로 적절한 시기에 기계, 기구, 원자재 구입이 곤란하다. – 직영
ㅇ. 엄격한 규율을 유지하며 작업이 가능하다. – 직영
ㅈ. 전문지식과 경험부족으로 큰 손실을 입을 수 있다. – 도급
ㅊ. 다수의 인원을 취업시킬 수 있어 미취업자를 해소할 수 있고 작업의 통일성을 유지할 수 있다. – 위탁·도급

정답 | ③

51

교도작업과 관련된 「형의 집행 및 수용자의 처우에 관한 법률」의 내용이다. 밑줄 친 부분에 들어갈 말을 바르게 연결한 것은? 교정7급 2009

> 교정시설의 장은 수형자의 __㉠__에 따라 외부통근작업, 직업능력개발훈련, 그 밖에 __㉡__이(가) 필요한 작업을 부과하는 경우에는 접견·__㉢__·교육·공동행사 참가 등의 처우를 제한할 수 있다. 다만, 접견 또는 __㉢__을(를) 제한한 때에는 휴일이나 그 밖에 해당 수용자의 작업이 없는 날에 접견 또는 __㉢__을(를) 할 수 있게 하여야 한다.

	㉠	㉡	㉢
①	사정	특별한 능력	편지
②	사정	특별한 능력	집필
③	신청	집중적인 근로	편지
④	신청	집중적인 근로	전화통화

해설

소장은 수형자의 신청에 따라 외부통근작업, 직업능력개발훈련, 그 밖에 집중적인 근로가 필요한 작업을 부과하는 경우에는 접견·전화통화·교육·공동행사 참가 등의 처우를 제한할 수 있다. 다만, 접견 또는 전화통화를 제한한 때에는 휴일이나 그 밖에 해당 수용자의 작업이 없는 날에 접견 또는 전화통화를 할 수 있게 하여야 한다(형집행법 제70조 제1항).
참고로, 편지와 같은 집필은 휴일 및 휴게시간 내에 시간의 제한 없이 할 수 있으므로, 수용자의 작업이 없는 날을 정하여 하는 별도의 규정을 두고 있지 않다.

정답 | ④

52

형의 집행 및 수용자의 처우에 관한 법령상 교도작업에 대한 설명으로 옳지 않은 것은? 교정9급 2016

① 소장은 법무부장관의 승인을 받아 수형자에게 부과하는 작업의 종류를 정한다.
② 소장은 수형자가 작업 또는 직업훈련 중에 사망하거나 그로 인하여 사망한 때 상속인에게 조위금을 지급한다.
③ 집중근로작업이 부과된 수형자에게 접견 또는 전화통화를 제한한 때에는 휴일이나 그 밖에 해당 수용자의 작업이 없는 날에 접견 또는 전화통화를 할 수 있게 하여야 한다.
④ '집중적인 근로가 필요한 작업'이란 수형자의 신청에 따라 1일 작업시간 중 접견·전화통화·교육 및 공동행사 참가 등을 하지 아니하고 휴게시간을 포함한 작업시간 내내 하는 작업을 말한다.

해설

④ 법 제70조 제1항에서 "집중적인 근로가 필요한 작업"이란 수형자의 신청에 따라 1일 작업시간 중 접견·전화통화·교육 및 공동행사 참가 등을 하지 아니하고 휴게시간을 제외한 작업시간 내내 하는 작업을 말한다(형집행법 시행령 제95조).
① 동법 시행령 제89조
② 동법 제74조 제1항·제2항
③ 동법 제70조 제1항 단서

정답 | ④

53

형의 집행 및 수용자의 처우에 관한 법령상 교도작업에 대한 설명으로 옳지 않은 것은? 교정7급 2024

① 19세 이상인 수형자의 경우, 실제 작업을 실시하지 않는 시간을 제외하고 1주의 작업시간은 52시간을 초과할 수 없지만, 수형자의 신청 시 주 8시간 이내의 범위에서 연장할 수 있다.
② 소장은 수형자에게 작업으로 인한 부상이나 질병으로 신체에 장해가 발생한 경우, 지방교정청장이 정한 바에 따라 본인에게 위로금을 지급한다.
③ 소장은 금고형 또는 구류형의 집행 중인 수형자가 자신의 신청으로 부과된 작업의 취소를 요청하는 경우, 그 수형자의 의사, 건강 및 교도관의 의견 등을 고려하여 취소할 수 있다.
④ 소장은 수형자의 신청에 따라 집중적인 근로가 필요한 작업을 부과하는 경우에는 접견·전화통화·교육·공동행사 참가 등의 처우를 제한할 수 있다.

해설

형집행법 제74조(위로금·조위금)
① 소장은 수형자가 다음 각 호의 어느 하나에 해당하면 법무부장관이 정하는 바에 따라 위로금 또는 조위금을 지급한다.
1. 작업 또는 직업훈련으로 인한 부상 또는 질병으로 신체에 장해가 발생한 때
2. 작업 또는 직업훈련 중에 사망하거나 그로 인하여 사망한 때
② 위로금은 본인에게 지급하고, 조위금은 그 상속인에게 지급한다.

정답 | ②

54

형의 집행 및 수용자의 처우에 관한 법령상 교도작업 등에 대한 설명으로 옳은 것만을 모두 고른 것은? 교정9급 2018

㉠ 교정시설의 장은 수형자에게 부상·질병, 그 밖에 작업을 계속하기 어려운 특별한 사정이 있으면 그 사유가 해소될 때까지 작업을 면제할 수 있다.
㉡ 교정시설의 장은 수형자가 개방처우급 또는 완화경비처우급으로서 작업기술이 탁월하고 작업성적이 우수한 경우에는 수형자 자신을 위한 개인작업을 하게 할 수 있다.
㉢ 교정시설의 장은 관할 지방교정청장의 승인을 받아 수형자에게 부과하는 작업의 종류를 정한다.
㉣ 작업장려금은 본인의 가족생활 부조, 교화 또는 건전한 사회복귀를 위하여 특히 필요하면 석방 전이라도 그 전부 또는 일부를 지급할 수 있다.
㉤ 교정시설의 장은 수형자의 가족이 사망하면 3일간 해당 수형자의 작업을 면제한다.

① ㉠, ㉡, ㉢　　② ㉠, ㉡, ㉣
③ ㉠, ㉢, ㉤　　④ ㉢, ㉣, ㉤

해설

㉠·㉡·㉣이 옳은 지문이다.
㉠ 형집행법 제72조 제2항
㉡ 동법 시행규칙 제95조 제1항
㉢ 소장은 법무부장관의 승인을 받아 수형자에게 부과하는 작업의 종류를 정한다(동법 시행령 제89조).
㉣ 동법 제73조 제3항
㉤ 소장은 수형자의 가족 또는 배우자의 직계존속이 사망하면 2일간, 부모 또는 배우자의 제삿날에는 1일간 해당 수형자의 작업을 면제한다. 다만, 수형자가 작업을 계속하기를 원하는 경우는 예외로 한다(동법 제72조 제1항).

정답 | ②

55

「형의 집행 및 수용자의 처우에 관한 법령」상 수형자의 사회적 처우와 위로금에 대한 설명으로 옳은 것은?

교정7급 2023

① 화상접견은 접견 허용횟수에 포함되지만, 가족만남의 날 참여는 접견 허용횟수에 포함되지 않는다.
② 사회적 처우 활동 중 사회견학이나 사회봉사에 필요한 비용은 수형자가 부담한다.
③ 가족만남의 집 이용은 완화경비처우급과 개방처우급 수형자에 한하여 그 대상이 될 수 있다.
④ 작업으로 인한 부상으로 신체에 장해가 발생한 때 지급하는 위로금은 소장이 수형자를 석방할 때 수형자 본인에게 지급하여야 한다.

해설

① 형집행법 시행규칙 제87조 제3항 후단, 제89조 제1항 후단
② 연극, 영화, 그 밖의 문화공연 관람의 활동에 필요한 비용은 수형자가 부담한다. 다만, 처우상 필요한 경우에는 예산의 범위에서 그 비용을 지원할 수 있다(동법 시행규칙 제92조 제3항)
③ 소장은 교화를 위하여 특히 필요한 경우에는 일반경비처우급 수형자에 대하여도 가족만남의 날 행사 참여 또는 가족만남의 집 이용을 허가할 수 있다(동법 시행규칙 제89조 제3항).
④ 위로금은 본인에게 지급하고, 조위금은 그 상속인에게 지급한다(동법 제74조 제2항). 이때 석방시기와 관계없이 즉시 지급한다.

정답 | ①

56

형의 집행 및 수용자의 처우에 관한 법령상 교도작업에 대한 설명으로 옳지 않은 것은?

교정7급 2019

① 1일의 작업시간(휴식 · 운동 · 식사 · 접견 등 실제 작업을 실시하지 않는 시간을 제외한다)은 8시간을 초과할 수 없다.
② 작업장려금은 석방할 때에 본인에게 지급한다. 다만, 본인의 가족생활 부조, 교화 또는 건전한 사회복귀를 위하여 특히 필요하면 석방 전이라도 그 전부를 지급할 수 있다.
③ 소장은 금고형 또는 구류형의 집행 중에 있는 사람에 대하여는 신청에 따라 작업을 부과할 수 있다.
④ 소장은 수형자의 부모 또는 배우자의 직계존속의 기일을 맞이하면 1일간 해당 수형자의 작업을 면제한다.

해설

소장은 수형자의 가족 또는 배우자의 직계존속이 사망하면 2일간, 부모 또는 배우자의 제삿날에는 1일간 해당 수형자의 작업을 면제한다. 다만, 수형자가 작업을 계속하기를 원하는 경우는 예외로 한다(형집행법 제72조 제1항).

정답 | ④

57

형의 집행 및 수용자의 처우에 관한 법령상 작업과 직업훈련에 대한 설명으로 옳은 것은? 교정7급 2020

① 장애인수형자 전담교정시설의 장은 장애인수형자에 대한 직업훈련이 석방 후의 취업과 연계될 수 있도록 그 프로그램의 편성 및 운영에 특히 유의하여야 한다.

② 소장은 사형확정자가 작업을 신청하면 분류처우회의의 심의를 거쳐 교정시설 안에서 실시하는 작업을 부과할 수 있다.

③ 소장은 교도관에게 매월 수형자의 작업실적을 확인하게 하여야 한다.

④ "집중적인 근로가 필요한 작업"이란 수형자의 신청에 따라 1일 작업시간 중 접견·전화통화·교육 및 공동행사 참가 등을 하지 아니하고 휴게시간을 포함한 작업시간 내내 하는 작업을 말한다.

해설

① 형집행법 시행규칙 제53조
② 소장은 사형확정자가 작업을 신청하면 교도관회의의 심의를 거쳐 교정시설 안에서 실시하는 작업을 부과할 수 있다(동법 시행규칙 제153조 제1항).
③ 소장은 교도관에게 매일 수형자의 작업실적을 확인하게 하여야 한다(동법 시행령 제92조).
④ "집중적인 근로가 필요한 작업"이란 수형자의 신청에 따라 1일 작업시간 중 접견·전화통화·교육 및 공동행사 참가 등을 하지 아니하고 휴게시간을 제외한 작업시간 내내 하는 작업을 말한다(동법 시행령 제95조).

정답 | ①

58

「형의 집행 및 수용자의 처우에 관한 법률 시행규칙」상 수형자의 개인작업에 대한 설명으로 옳지 않은 것은? 교정9급 2024

① 소장은 수형자가 개방처우급 또는 완화경비처우급으로서 작업기술이 탁월하거나 작업성적이 우수한 경우에는 수형자 자신을 위한 개인작업을 하게 할 수 있다.

② 개인작업시간은 교도작업에 지장을 주지 아니하는 범위에서 1일 2시간 이내로 한다.

③ 소장은 개인작업을 하는 수형자에게 개인작업용구를 사용하게 할 수 있다. 이 경우 작업용구는 특정한 용기에 보관하도록 하여야 한다.

④ 개인작업에 필요한 작업재료 등의 구입비용은 수형자가 부담한다. 다만, 처우상 필요한 경우에는 예산의 범위에서 그 비용을 지원할 수 있다.

해설

① 소장은 수형자가 개방처우급 또는 완화경비처우급으로서 작업기술이 탁월하고 작업성적이 우수한 경우에는 수형자 자신을 위한 개인작업을 하게 할 수 있다(형집행법 시행규칙 제95조 제1항 본문).
② 동조 제1항 단서
③ 동조 제2항
④ 동조 제3항

정답 | ①

59

형의 집행 및 수용자의 처우에 관한 법령상 수형자 교육과 교화프로그램에 대한 설명으로 옳지 않은 것은?

교정9급 2020

① 소장은 「교육기본법」 제8조의 의무교육을 받지 못한 수형자의 교육을 위하여 필요하면 수형자를 중간처우를 위한 전담교정시설에 수용하여 외부 교육기관에의 통학, 외부 교육기관에서의 위탁교육을 받도록 할 수 있다.

② 소장은 수형자의 교정교화를 위하여 상담·심리치료, 그 밖의 교화프로그램을 실시하여야 하며, 수형자의 정서함양을 위하여 필요하다고 인정하면 연극·영화관람, 체육행사, 그 밖의 문화예술활동을 하게 할 수 있다.

③ 소장은 특별한 사유가 없으면 교육기간 동안에는 교육대상자를 다른 기관으로 이송할 수 없다.

④ 소장은 수형자에게 학위취득 기회를 부여하기 위하여 독학에 의한 학사학위 취득과정을 설치·운영할 수 있다. 이 교육을 실시하는 경우 소요되는 비용은 특별한 사정이 없으면 국가의 부담으로 한다.

해설

④ 독학에 의한 학위 취득과정, 방송통신대학과정, 전문대학 위탁교육과정 및 정보화 및 외국어 교육과정을 실시하는 경우 소요되는 비용은 특별한 사정이 없으면 교육대상자의 부담으로 한다(형집행법 시행규칙 제102조 제2항).
① 동법 제63조 제2항·제3항
② 동법 제64조 제1항, 동법 시행령 제88조
③ 동법 시행규칙 제106조 제1항

정답 | ④

60

「형의 집행 및 수용자의 처우에 관한 법률 시행규칙」상 교도작업 및 직업훈련에 대한 설명으로 옳은 것은?

교정7급 2016

① 수형자가 외부 직업훈련을 한 경우 그 비용은 국가가 부담하여야 한다.

② 소장에 의해 선발된 교육대상자는 작업·직업훈련을 면제한다.

③ 소장은 수형자가 개방처우급 또는 완화경비처우급으로서 작업기술이 탁월하고 작업성적이 우수한 경우에는 수형자 자신을 위한 개인작업을 하게 할 수 있다. 이 경우 개인작업시간은 교도작업에 지장을 주지 아니하는 범위에서 1일 4시간 이내로 한다.

④ 소장은 개방처우급 또는 완화경비처우급 수형자에 대하여 작업·교육 등의 성적이 우수하고 관련 기술이 있는 경우에는 교도관의 작업지도를 보조하게 할 수 있다. 다만, 처우상 특히 필요한 경우에는 일반경비처우급 수형자에게도 교도관의 작업지도를 보조하게 할 수 있다.

해설

② 형집행법 시행규칙 제107조 제1항
① 외부 직업훈련의 비용은 수형자가 부담한다. 다만, 처우상 특히 필요한 경우에는 예산의 범위에서 그 비용을 지원할 수 있다(동법 시행규칙 제96조 제2항).
③ 개인작업시간은 교도작업에 지장을 주지 아니하는 범위에서 1일 2시간 이내로 한다(동법 시행규칙 제95조 제1항).
④ 교도관의 작업지도를 보조할 수 있는 경비처우급은 개방처우급 또는 완화경비처우급뿐이다(동법 시행규칙 제94조).

정답 | ②

61

「형의 집행 및 수용자의 처우에 관한 법령」상 교도작업에 대한 설명으로 옳은 것은? 교정9급 2023

① 소장은 수형자의 가족이 사망하면 1일간 작업을 면제한다.

② 소장은 구류형의 집행 중에 있는 수형자가 작업신청을 하더라도 작업을 부과할 수 없다.

③ 소장은 수형자의 신청에 따라 집중적인 근로가 필요한 작업을 부과하는 경우에도 접견을 제한할 수 없다.

④ 소장은 완화경비처우급 수형자가 작업기술이 탁월하고 작업성적이 우수한 경우 수형자 자신을 위한 개인작업을 하게 할 수 있다.

해설

④ 형집행법 시행규칙 제95조 제1항

① 소장은 수형자의 가족 또는 배우자의 직계존속이 사망하면 2일간, 부모 또는 배우자의 제삿날에는 1일간 해당 수형자의 작업을 면제한다. 다만, 수형자가 작업을 계속하기를 원하는 경우는 예외로 한다(동법 제72조 제1항).

② 소장은 금고형 또는 구류형의 집행 중에 있는 사람에 대하여는 신청에 따라 작업을 부과할 수 있다(동법 제67조).

③ 소장은 수형자의 신청에 따라 제68조의 작업(외부통근작업), 제69조 제2항의 훈련(외부직업훈련), 그 밖에 집중적인 근로가 필요한 작업을 부과하는 경우에는 접견·전화통화·교육·공동행사 참가 등의 처우를 제한할 수 있다(동법 제70조 제1항).

정답 | ④

62

「형의 집행 및 수용자의 처우에 관한 법률 시행규칙」상 직업훈련에 대한 설명으로 옳지 않은 것은? 교정7급 2017

① 소장은 직업훈련을 위하여 필요한 경우에는 수형자를 다른 교정시설로 이송할 수 있다.

② 직업훈련 직종선정 및 훈련과정별 인원은 법무부장관의 승인을 받아 소장이 정한다.

③ 징벌대상행위의 혐의가 있어 조사 중이거나 징벌집행 중인 수형자는 직업훈련 대상자로 선정하여서는 아니 된다.

④ 수형자 취업지원협의회 회의는 재적위원 과반수 출석으로 개의하고, 출석위원 과반수 찬성으로 의결한다.

해설

① 법무부장관은 직업훈련을 위하여 필요한 경우에는 수형자를 다른 교정시설로 이송할 수 있다(형집행법 시행규칙 제127조 제1항).

② 동법 시행규칙 제124조 제1항

③ 동법 시행규칙 제126조 제3호

④ 동법 시행규칙 제148조 제3항

정답 | ①

63

「형의 집행 및 수용자의 처우에 관한 법률 시행규칙」상 직업훈련에 대한 설명으로 옳지 않은 것은?

교정9급 2018

① 직업훈련의 직종선정 및 훈련과정별 인원은 지방교정청장의 승인을 받아 교정시설의 장이 정한다.

② 교정시설의 장은 소년수형자의 선도를 위하여 필요한 경우에는 직업훈련에 필요한 기본소양을 갖추었다고 인정할 수 없더라도 직업훈련 대상자로 선정하여 교육할 수 있다.

③ 교정시설의 장은 15세 미만의 수형자를 직업훈련 대상자로 선정해서는 아니 된다.

④ 교정시설의 장은 직업훈련 대상자가 징벌대상행위의 혐의가 있어 조사를 받게 된 경우 직업훈련을 보류할 수 있다.

해설

① 직업훈련 직종선정 및 훈련과정별 인원은 법무부장관의 승인을 받아 소장이 정한다(형집행법 시행규칙 제124조 제1항).

② 소장은 소년수형자의 선도를 위하여 필요한 경우에는 직업훈련 대상자 선정기준(동법 시행규칙 제125조 제1항)의 요건을 갖추지 못한 경우에도 직업훈련 대상자로 선정하여 교육할 수 있다(동법 시행규칙 제125조 제2항)

③ 동법 시행규칙 제126조 제1호

④ 동법 시행규칙 제128조 제1항 제1호

형집행법 시행규칙 제125조(직업훈련 대상자 선정기준)

① 소장은 수형자가 다음 각 호의 요건을 갖춘 경우에는 수형자의 의사, 적성, 나이, 학력 등을 고려하여 직업훈련 대상자로 선정할 수 있다.

1. 집행할 형기 중에 해당 훈련과정을 이수할 수 있을 것(기술숙련과정 집체직업훈련 대상자는 제외한다)
2. 직업훈련에 필요한 기본소양을 갖추었다고 인정될 것
3. 해당 과정의 기술이 없거나 재훈련을 희망할 것
4. 석방 후 관련 직종에 취업할 의사가 있을 것

동법 시행규칙 제126조(직업훈련 대상자 선정의 제한)

소장은 제125조에도 불구하고 수형자가 다음 각 호의 어느 하나에 해당하는 경우에는 직업훈련 대상자로 선정해서는 아니 된다.

1. 15세 미만인 경우
2. 교육과정을 수행할 문자해독능력 및 강의이해능력이 부족한 경우
3. 징벌대상행위의 혐의가 있어 조사 중이거나 징벌집행 중인 경우
4. 작업, 교육·교화프로그램 시행으로 인하여 직업훈련의 실시가 곤란하다고 인정되는 경우
5. 질병·신체조건 등으로 인하여 직업훈련을 감당할 수 없다고 인정되는 경우

동법 시행규칙 제128조(직업훈련의 보류사유)

① 소장은 직업훈련 대상자가 다음 각 호의 어느 하나에 해당하는 경우에는 직업훈련을 보류할 수 있다.

1. 징벌대상행위의 혐의가 있어 조사를 받게 된 경우
2. 심신이 허약하거나 질병 등으로 훈련을 감당할 수 없는 경우
3. 소질·적성·훈련성적 등을 종합적으로 고려한 결과 직업훈련을 계속할 수 없다고 인정되는 경우
4. 그 밖에 직업훈련을 계속할 수 없다고 인정되는 경우

정답 | ①

64

「형의 집행 및 수용자의 처우에 관한 법률 시행규칙」상 수형자 직업훈련 대상자 선정의 제한사항에 해당하지 않는 것은? 교정9급 2023

① 15세 미만인 경우
② 징벌집행을 마친 경우
③ 교육과정을 수행할 문자해독능력 및 강의이해능력이 부족한 경우
④ 작업, 교육·교화프로그램 시행으로 인하여 직업훈련의 실시가 곤란하다고 인정되는 경우

해설

징벌집행을 마친 경우가 아닌 징벌대상행위의 혐의가 있어 조사 중이거나 징벌집행 중인 경우이다.

> 형집행법 시행규칙 제126조(직업훈련 대상자 선정의 제한)
> 소장은 수형자가 다음 각 호의 어느 하나에 해당하는 경우에는 직업훈련 대상자로 선정해서는 아니 된다.
> 1. 15세 미만인 경우
> 2. 교육과정을 수행할 문자해독능력 및 강의이해능력이 부족한 경우
> 3. 징벌대상행위의 혐의가 있어 조사 중이거나 징벌집행 중인 경우
> 4. 작업, 교육·교화프로그램 시행으로 인하여 직업훈련의 실시가 곤란하다고 인정되는 경우
> 5. 질병·신체조건 등으로 인하여 직업훈련을 감당할 수 없다고 인정되는 경우

정답 | ②

65

형의 집행 및 수용자의 처우에 관한 법령상 작업과 직업훈련에 대한 설명으로 옳지 않은 것은? 교정9급 2022

① 소장은 금고형 또는 구류형의 집행 중에 있는 사람에 대하여 신청 여부와 관계없이 작업을 부과할 수 있다.
② 소장은 수형자가 15세 미만인 경우에는 직업훈련 대상자로 선정해서는 아니 된다.
③ 소장은 직업훈련 대상자가 심신이 허약하거나 질병 등으로 훈련을 감당할 수 없는 경우에는 직업훈련을 보류할 수 있다.
④ 법무부장관은 직업훈련을 위하여 필요한 경우에는 수형자를 다른 교정시설로 이송할 수 있다.

해설

① 소장은 금고형 또는 구류형의 집행 중에 있는 사람에 대하여는 신청에 따라 작업을 부과할 수 있다(형집행법 제67조).
② 동법 시행규칙 제126조 제1호
③ 동법 시행규칙 제128조 제1항 제2호
④ 동법 시행규칙 제127조 제1항

> 형집행법 시행규칙 제126조(직업훈련 대상자 선정의 제한)
> 소장은 제125조에도 불구하고 수형자가 다음 각 호의 어느 하나에 해당하는 경우에는 직업훈련 대상자로 선정해서는 아니 된다.
> 1. 15세 미만인 경우
> 2. 교육과정을 수행할 문자해독능력 및 강의이해능력이 부족한 경우
> 3. 징벌대상행위의 혐의가 있어 조사 중이거나 징벌집행 중인 경우
> 4. 작업, 교육·교화프로그램 시행으로 인하여 직업훈련의 실시가 곤란하다고 인정되는 경우
> 5. 질병·신체조건 등으로 인하여 직업훈련을 감당할 수 없다고 인정되는 경우

정답 | ①

66

「형의 집행 및 수용자의 처우에 관한 법률」 및 동법 시행령상 교도작업에 대한 설명으로 옳지 않은 것은?

교정7급 2016

① 소장은 미결수용자에 대하여는 신청에 따라 작업을 부과할 수 있지만, 교정시설 밖에서 행하는 작업은 부과할 수 없다.
② 소장은 금고형 또는 구류형의 집행 중에 있는 사람에 대하여는 신청에 따라 작업을 부과할 수 있다.
③ 소장은 교도관에게 매주 1회 수형자의 작업실적을 확인하게 하여야 한다.
④ 소장은 수형자의 가족 또는 배우자의 직계존속이 사망하면 2일간, 부모 또는 배우자의 기일을 맞이하면 1일간 해당 수형자의 작업을 면제한다. 다만, 수형자가 작업을 계속하기를 원하는 경우는 예외로 한다.

해설

③ 소장은 교도관에게 매일 수형자의 작업실적을 확인하게 하여야 한다(형집행법 시행령 제92조).
① 동법 제86조 제1항, 동법 시행령 제103조 제1항
② 동법 제67조
④ 동법 제72조 제1항

정답 | ③

67

「형의 집행 및 수용자의 처우에 관한 법률 시행규칙」상 교정시설 안에 설치된 외부기업체의 작업장에 통근하며 작업하는 수형자가 갖추어야 할 요건들에 해당하지 않는 것은?

교정9급 2017

① 18세 이상 65세 미만일 것
② 해당 작업수행에 건강상 장애가 없을 것
③ 개방처우급 · 완화경비처우급 · 일반경비처우급에 해당할 것
④ 집행할 형기가 7년 미만이거나 형기기산일로부터 7년 이상 지났을 것

해설

교정시설 안에 설치된 외부기업체의 작업장에 통근하며 작업하는 수형자는 제1항 제1호부터 제4호까지의 요건(같은 항 제3호의 요건의 경우에는 일반경비처우급에 해당하는 수형자도 포함한다)을 갖춘 수형자로서 집행할 형기가 10년 미만이거나 형기기산일부터 10년 이상이 지난 수형자 중에서 선정한다(형집행법 시행규칙 제120조 제2항).

> 형집행법 시행규칙 제120조(선정기준)
> ① 외부기업체에 통근하며 작업하는 수형자는 다음의 요건을 갖춘 수형자 중에서 선정한다.
> 1. 18세 이상 65세 미만일 것
> 2. 해당 작업 수행에 건강상 장애가 없을 것
> 3. 개방처우급 · 완화경비처우급에 해당할 것
> 4. 가족 · 친지 또는 법 제130조의 교정위원(이하 "교정위원"이라 한다) 등과 접견 · 편지수수 · 전화통화 등으로 연락하고 있을 것
> 5. 집행할 형기가 7년 미만이고 가석방이 제한되지 아니할 것
> ② 교정시설 안에 설치된 외부기업체의 작업장에 통근하며 작업하는 수형자는 제1항 제1호부터 제4호까지의 요건(같은 항 제3호의 요건의 경우에는 일반경비처우급에 해당하는 수형자도 포함한다)을 갖춘 수형자로서 집행할 형기가 10년 미만이거나 형기기산일부터 10년 이상이 지난 수형자 중에서 선정한다.
> ③ 소장은 제1항 및 제2항에도 불구하고 작업 부과 또는 교화를 위하여 특히 필요하다고 인정하는 경우에는 제1항 및 제2항의 수형자 외의 수형자에 대하여도 외부통근자로 선정할 수 있다.

정답 | ④

68

「형의 집행 및 수용자의 처우에 관한 법률 시행규칙」상 외부기업체에 통근하며 작업하는 수형자의 선정기준으로 옳은 것만을 모두 고르면? 교정9급 2021

> ㉠ 19세 이상 65세 미만일 것
> ㉡ 해당 작업수행에 건강상 장애가 없을 것
> ㉢ 일반경비처우급에 해당할 것
> ㉣ 가족 · 친지 또는 교정위원 등과 접견 · 편지수수 · 전화통화 등으로 연락하고 있을 것
> ㉤ 집행할 형기가 7년 미만이고 직업훈련이 제한되지 아니할 것

① ㉡, ㉣
② ㉠, ㉢, ㉤
③ ㉡, ㉣, ㉤
④ ㉠, ㉡, ㉣, ㉤

해설

외부기업체에 통근하며 작업하는 수형자는 다음의 요건을 갖춘 수형자 중에서 선정한다(형집행법 시행규칙 제120조 제1항).

1. 18세 이상 65세 미만일 것
2. 해당 작업수행에 건강상 장애가 없을 것
3. 개방처우급 · 완화경비처우급에 해당할 것
4. 가족 · 친지 또는 교정위원 등과 접견 · 편지수수 · 전화통화 등으로 연락하고 있을 것
5. 집행할 형기가 7년 미만이고 가석방이 제한되지 아니할 것

정답 | ①

69

「형의 집행 및 수용자의 처우에 관한 법률 시행규칙」상 원칙적으로 교정시설 밖에 있는 외부기업체에 통근하며 작업하는 수형자의 선정기준에 해당되지 않는 것은? 교정7급 2020

① 해당 작업수행에 건강상 장애가 없을 것
② 일반경비처우급 이상에 해당할 것
③ 가족 · 친지 또는 교정위원 등과 접견 · 편지수수 · 전화통화 등으로 연락하고 있을 것
④ 집행할 형기가 7년 미만이고 가석방이 제한되지 아니할 것

해설

개방처우급 · 완화경비처우급에 해당할 것(형집행법 시행규칙 제120조 제1항 제3호)

정답 | ②

70

외부통근자의 선정기준으로 옳지 않은 것은?

교정7급 2010

① 18세 이상 65세 미만
② 개방처우급 · 완화경비처우급 · 개별처우급에 해당할 것
③ 외부기업체에 통근하는 수형자는 집행할 형기가 7년 미만이고 가석방이 제한되지 아니할 것
④ 개방지역 작업자는 일반적인 요건을 갖춘 수형자로서 집행할 형기가 10년 미만이거나 형기기산일로부터 10년 이상이 지난 수형자 중에서 선정

해설

개별처우급은 해당되지 않는다.

형집행법 시행규칙 제120조(외부통근작업 대상자 선정기준)
1. 18세 이상 65세 미만일 것
2. 해당 작업수행에 건강상 장애가 없을 것
3. 개방처우급 · 완화경비처우급에 해당할 것
4. 가족 · 친지 또는 교정위원 등과 접견 · 편지수수 · 전화통화 등으로 연락하고 있을 것
5. 집행할 형기가 7년 미만이고 가석방이 제한되지 아니할 것

정답 | ②

71

「형의 집행 및 수용자의 처우에 관한 법률 시행규칙」상 외부기업체에 통근하며 작업하는 수형자의 선정기준이 아닌 것은?

교정7급 2022

① 18세 이상 65세 미만으로 해당 작업수행에 건강상 장애가 없을 것
② 개방처우급, 완화경비처우급에 해당할 것
③ 가족, 친지 또는 교정위원 등과 접견, 편지수수, 전화통화 등으로 연락하고 있을 것
④ 집행할 형기가 5년 미만이고 가석방이 제한되지 아니할 것

해설

④의 집행할 형기는 5년 미만이 아닌 7년 미만이다(형집행법 시행규칙 120조 제1항 제5호).

형집행법 시행규칙 제120조(외부통근작업 대상자 선정기준)
① 외부기업체에 통근하며 작업하는 수형자는 다음 각 호의 요건을 갖춘 수형자 중에서 선정한다.
1. 18세 이상 65세 미만일 것
2. 해당 작업수행에 건강상 장애가 없을 것
3. 개방처우급 · 완화경비처우급에 해당할 것
4. 가족 · 친지 또는 교정위원 등과 접견 · 편지수수 · 전화통화 등으로 연락하고 있을 것
5. 집행할 형기가 7년 미만이고 가석방이 제한되지 아니할 것
② 교정시설 안에 설치된 외부기업체의 작업장에 통근하며 작업하는 수형자는 제1항 제1호부터 제4호까지의 요건(같은 항 제3호의 요건의 경우에는 일반경비처우급에 해당하는 수형자도 포함한다)을 갖춘 수형자로서 집행할 형기가 10년 미만이거나 형기기산일부터 10년 이상이 지난 수형자 중에서 선정한다.
③ 소장은 제1항 및 제2항에도 불구하고 작업부과 또는 교화를 위하여 특히 필요하다고 인정하는 경우에는 제1항 및 제2항의 수형자 외의 수형자에 대하여도 외부통근자로 선정할 수 있다.

정답 | ④

72

교도작업에 대한 설명으로 옳지 않은 것은?

교정9급 2010

① 수형자에게 부과하는 작업은 건전한 사회복귀를 위하여 기술을 습득하고 근로의욕을 고취하는 데에 적합한 것이어야 한다.
② 소장은 구류형의 집행 중에 있는 사람에 대해서도 신청에 따라 작업을 부과할 수 있다.
③ 소장은 외부통근자는 18세 이상 65세 이하의 수형자 중에서만 선정하여야 한다.
④ 소장은 수형자에게 작업장려금을 지급할 수 있다.

해설

소장은 작업부과 또는 교화를 위하여 특히 필요하다고 인정하는 경우에는 선정기준으로 규정하고 있는 수형자 외의 수형자에 대하여도 외부통근작업자로 선정할 수 있다(형집행법 시행규칙 120조 제3항).

정답 | ③

73

「형의 집행 및 수용자의 처우에 관한 법률 시행규칙」상 수형자의 외부통근작업에 대한 설명으로 옳은 것은?

교정7급 2019

① 외부통근자는 개방처우급·완화경비처우급에 해당하고, 연령은 18세 이상 60세 미만이어야 한다.
② 소장은 외부통근자가 법령에 위반되는 행위를 하거나 법무부장관 또는 소장이 정하는 준수사항을 위반한 경우에는 외부통근자 선정을 취소하여야 한다.
③ 소장은 외부통근자로 선정된 수형자에 대하여는 자치활동·행동수칙·안전수칙·작업기술 및 현장적응훈련에 대한 교육을 하여야 한다.
④ 소장은 외부통근자의 사회적응능력을 기르고 원활한 사회복귀를 촉진하기 위하여 필요하다고 인정하는 경우에는 수형자 자치에 의한 활동을 허가하여야 한다.

해설

① 외부통근자는 개방처우급·완화경비처우급에 해당하고, 연령은 18세 이상 65세 미만이어야 한다(형집행법 시행규칙 제120조 제1항).
② 소장은 외부통근자가 법령에 위반되는 행위를 하거나 법무부장관 또는 소장이 정하는 지켜야 할 사항을 위반한 경우에는 외부통근자 선정을 취소할 수 있다(동법 시행규칙 제121조).
④ 소장은 외부통근자의 사회적응능력을 기르고 원활한 사회복귀를 촉진하기 위하여 필요하다고 인정하는 경우에는 수형자 자치에 의한 활동을 허가할 수 있다(동법 시행규칙 제123조).

정답 | ③

74

형의 집행 및 수용자의 처우에 관한 법령상 수형자 외부통근작업에 대한 설명으로 옳지 않은 것은?

교정9급 2022

① 소장은 외부통근자에게 수형자 자치에 의한 활동을 허가할 수 있다.

② 소장은 수형자의 건전한 사회복귀와 기술습득을 촉진하기 위하여 필요하면 수형자에게 외부통근작업을 하게 할 수 있다.

③ 소장은 외부통근자가 법령에 위반되는 행위를 하거나 법무부장관 또는 소장이 정하는 지켜야 할 사항을 위반한 경우에는 외부통근자 선정을 취소할 수 있다.

④ 소장은 일반경비처우급에 해당하는 수형자를 외부기업체에 통근하며 작업하는 대상자로 선정할 수 없다.

해설

④ 소장은 작업부과 또는 교화를 위하여 특히 필요하다고 인정하는 경우에는 제1항(외부통근작업 대상자 선정기준) 및 제2항(개방지역작업 대상자 선정기준)의 수형자 외의 수형자에 대하여도 외부통근자로 선정할 수 있다(형집행법 시행규칙 제120조 제3항).

① 동법 시행규칙 제123조

② 동법 제68조 제1항

③ 동법 시행규칙 제121조

정답 | ④

75

수형자의 직업(능력개발)훈련에 한 설명으로 옳지 않은 것은?

교정7급 2010

① 교정시설의 장은 16세 미만의 수형자를 직업훈련 대상자로 선정해서는 아니 된다.

② 교정시설의 장은 수형자가 개방처우급 또는 완화경비처우급으로서 직업능력 향상을 위하여 특히 필요한 경우에는 교정시설 외부의 공공기관이나 기업체 등에서 운영하는 직업훈련을 받게 할 수 있다.

③ 수형자가 직업훈련으로 인한 부상으로 신체에 장해가 발생한 경우에는 석방할 때 본인에게 즉시 위로금을 지급하고, 수형자가 직업훈련 중에 사망한 경우에는 그 상속인에게 조위금을 지급한다.

④ 교정시설 외부의 공공기관이나 기업체 등에서 운영하는 직업훈련의 비용은 수형자가 부담하는 것이 원칙이다.

해설

소장은 제125조에도 불구하고 수형자가 다음 각 호의 어느 하나에 해당하는 경우에는 직업훈련 대상자로 선정해서는 아니 된다(형집행법 시행규칙 제126조).

1. 15세 미만인 경우
2. 교육과정을 수행할 문자해독능력 및 강의이해능력이 부족한 경우
3. 징벌대상행위의 혐의가 있어 조사 중이거나 징벌집행 중인 경우
4. 작업, 교육·교화프로그램 시행으로 인하여 직업훈련의 실시가 곤란하다고 인정되는 경우
5. 질병·신체조건 등으로 인하여 직업훈련을 감당할 수 없다고 인정되는 경우

정답 | ①

76

형의 집행 및 수용자의 처우에 관한 법령상 작업과 직업훈련에 대한 설명으로 옳지 않은 것은? 교정9급 2017

① 소장은 사형확정자가 작업을 신청하면 교도관회의의 심의를 거쳐 교정시설 안에서 실시하는 작업을 부과할 수 있다.

② 소장은 수형자의 가족 또는 배우자의 직계존속이 사망하면 2일간, 부모 또는 배우자의 기일을 맞이하면 1일간 해당 수형자의 작업을 면제한다. 다만, 수형자가 작업을 계속하기를 원하는 경우는 예외로 한다.

③ 집체직업훈련 대상자는 소속 기관의 수형자 중에서 소장이 선정한다.

④ 수형자가 작업으로 인한 부상으로 신체에 장해가 발생하여 위로금을 받게 된 경우 그 위로금을 지급받을 권리는 다른 사람 또는 법인에게 양도하거나 담보로 제공할 수 없으며, 다른 사람 또는 법인은 이를 압류할 수 없다.

해설

③ 직업훈련 대상자는 소속기관의 수형자 중에서 소장이 선정한다. 다만, 집체직업훈련(직업훈련 전담 교정시설이나 그 밖에 직업훈련을 실시하기에 적합한 교정시설에 수용하여 실시하는 훈련을 말한다) 대상자는 집체직업훈련을 실시하는 교정시설의 관할 지방교정청장이 선정한다(형집행법 시행규칙 제124조 제2항).

① 동법 시행규칙 제153조 제1항

② 동법 제72조 제1항

④ 동법 제76조 제1항

정답 | ③

77

형의 집행 및 수용자의 처우에 관한 법령상 작업 및 직업훈련과 관련하여 교정시설의 장이 취할 수 없는 조치는? 교정9급 2022

① 일반경비처우급의 수형자에 대하여 직업능력의 향상을 위하여 특히 필요하다고 인정되어 교정시설 외부의 기업체에서 운영하는 직업훈련을 받게 하였다.

② 장인(丈人)이 사망하였다는 소식을 접한 수형자에 대하여, 본인이 작업을 계속하기를 원하지 않는 것을 확인하고 2일간 작업을 면제하였다.

③ 수형자에 대하여 교화목적상 특별히 필요하다고 판단되어, 작업장려금을 석방 전에 전액 지급하였다.

④ 법무부장관의 승인을 받아 직업훈련의 직종과 훈련과정별 인원을 정하였다.

해설

① 소장은 수형자가 개방처우급 또는 완화경비처우급으로서 직업능력 향상을 위하여 특히 필요한 경우에는 교정시설 외부의 공공기관 또는 기업체 등에서 운영하는 직업훈련을 받게 할 수 있다(형집행법 시행규칙 제96조 제1항).

② 소장은 수형자의 가족 또는 배우자의 직계존속이 사망하면 2일간, 부모 또는 배우자의 제삿날에는 1일간 해당 수형자의 작업을 면제한다. 다만, 수형자가 작업을 계속하기를 원하는 경우는 예외로 한다(동법 제72조 제1항).

③ 작업장려금은 석방할 때에 본인에게 지급한다. 다만, 본인의 가족생활 부조, 교화 또는 건전한 사회복귀를 위하여 특히 필요하면 석방 전이라도 그 전부 또는 일부를 지급할 수 있다(동법 제73조 제3항).

④ 동법 시행규칙 제124조 제1항

정답 | ①

78

교도작업의 운영 및 특별회계에 관한 법령상 교도작업 및 특별회계에 대한 설명으로 옳지 않은 것은?

교정9급 2019

① 소장은 민간기업과 처음 교도작업에 대한 계약을 할 때에는 지방교정청장의 승인을 받아야 한다. 다만, 계약기간이 3개월 이하인 경우에는 승인을 요하지 아니하다.

② 교도작업의 종류는 직영작업 · 위탁작업 · 노무작업 · 도급작업으로 구분한다.

③ 소장은 교도작업을 중지하려면 지방교정청장의 승인을 받아야 한다.

④ 특별회계의 세입 · 세출의 원인이 되는 계약을 담당하는 계약담당자는 계약을 수의계약으로 하려면 「교도관직무규칙」 제21조에 따른 교도관회의의 심의를 거쳐야 한다.

해설

교정시설의 장은 민간기업이 참여할 교도작업의 내용을 해당 기업체와의 계약으로 정하고 이에 대하여 법무부장관의 승인(재계약의 경우에는 지방교정청장의 승인)을 받아야 한다. 다만, 법무부장관이 정하는 단기의 계약(계약기간이 2개월 이하인 계약)에 대하여는 그러하지 아니하다[교도작업의 운영 및 특별회계에 관한 법률(이하 "교도작업법") 제6조 제2항].

정답 | ①

79

「교도작업의 운영 및 특별회계에 관한 법률」상 교도작업에 대한 내용으로 옳지 않은 것은? 교정7급 2017

① 교도작업으로 생산된 제품은 민간기업 등에 직접 판매하거나 위탁하여 판매할 수 있다.

② 법무부장관은 교도작업으로 생산되는 제품의 종류와 수량을 회계연도 개시 3개월 전까지 공고하여야 한다.

③ 국가, 지방자치단체 또는 공공기관은 그가 필요로 하는 물품이 「교도작업의 운영 및 특별회계에 관한 법률」 제4조에 따라 공고된 것인 경우에는 공고된 제품 중에서 우선적으로 구매하여야 한다.

④ 법무부장관은 「형의 집행 및 수용자의 처우에 관한 법률」 제68조에 따라 수형자가 외부기업체 등에 통근작업하거나 교정시설의 안에 설치된 외부기업체의 작업장에서 작업할 수 있도록 민간기업을 참여하게 하여 교도작업을 운영할 수 있다.

해설

② 법무부장관은 교도작업으로 생산되는 제품의 종류와 수량을 회계연도 개시 1개월 전까지 공고하여야 한다(교도작업법 제4조).
① 동법 제7조
③ 동법 제5조
④ 동법 제6조 제1항

정답 | ②

80

「교도작업의 운영 및 특별회계에 관한 법률」에 대한 다음 설명에서 옳지 않은 것만을 모두 고른 것은?

교정9급 2013

ㄱ. 교도작업제품의 전시 및 판매를 위하여 필요한 시설을 설치·운영하거나 전자상거래로 교도작업제품을 판매할 수 있다.
ㄴ. 법무부장관은 교도작업으로 생산되는 제품의 종류와 수량을 회계연도 개시 2개월 전까지 공고하여야 한다.
ㄷ. 법무부장관은 민간기업이 참여할 교도작업의 내용을 해당 기업체와 계약으로 정한다.
ㄹ. 특별회계는 교도소장이 운용·관리하며, 법무부장관의 감독을 받는다.
ㅁ. 특별회계의 결산상 잉여금은 다음 연도의 세입에 이입한다.

① ㄱ, ㄴ, ㄷ　　② ㄴ, ㄷ, ㄹ
③ ㄱ, ㄷ, ㅁ　　④ ㄴ, ㄹ, ㅁ

해설

ㄴ, ㄷ, ㄹ이 옳지 않은 지문이다.
ㄴ. 법무부장관은 교도작업으로 생산되는 제품의 종류와 수량을 회계연도 개시 1개월 전까지 공고해야 한다.
ㄷ. 교정시설의 장은 민간기업이 참여할 교도작업의 내용을 해당 기업체와의 계약으로 정하고 이에 대하여 법무부장관의 승인(재계약의 경우에는 지방교정청장의 승인)을 받아야 한다.
ㄹ. 특별회계는 법무부장관이 운용·관리한다.

정답 | ②

81

교도작업의 운영 및 특별회계에 관한 법률상 옳지 않은 것만을 모두 고르면?

교정9급 2020

㉠ 특별회계는 지출할 자금이 부족할 경우에는 특별회계의 부담으로 국회의 의결을 받은 금액의 범위에서 일시적으로 차입하거나 세출예산의 범위에서 수입금 출납공무원 등이 수납한 현금을 우선 사용할 수 있다.
㉡ 특별회계는 세출총액이 세입총액에 미달된 경우 또는 교도작업 관련 시설의 신축·마련·유지·보수에 필요한 경우에는 예산의 범위에서 일반회계로부터 전입을 받을 수 있다.
㉢ 특별회계의 결산상 잉여금은 일시적으로 차입한 차입금의 상환, 작업장려금의 지급, 검정고시반·학사고시반 교육비의 지급 목적으로 사용하거나 다음 연도 일반회계의 세출예산에 예비비로 계상한다.
㉣ 교도작업으로 생산된 제품은 민간기업 등에 직접 판매하거나 위탁하여 판매할 수 있으며, 교도작업의 효율적인 운영을 위하여 교도작업특별회계를 설치한다.

① ㉠, ㉡　　② ㉠, ㉣
③ ㉡, ㉢　　④ ㉠, ㉡, ㉢

해설

㉠ 교도작업법 제11조 제1항
㉡ 특별회계는 세입총액이 세출총액에 미달된 경우 또는 시설개량이나 확장에 필요한 경우에는 예산의 범위에서 일반회계로부터 전입을 받을 수 있다(동법 제10조).
㉢ 특별회계의 결산상 잉여금은 다음 연도의 세입에 이입한다(동법 제11조의2).
㉣ 동법 제7조, 동법 제8조 제1항

정답 | ③

82

「교도작업의 운영 및 특별회계에 관한 법령」상 제품생산과 판매, 회계 등의 관리에 대한 설명으로 옳은 것은?

교정7급 2022

① 법무부장관은 교도작업으로 생산되는 제품의 종류와 수량을 회계연도 개시 3개월 전까지 공고하여야 한다.

② 교도작업시설의 개량이나 확장에 필요한 경우로 예산의 범위에서 일반회계로부터의 전입된 금액은 교도작업 특별회계의 세입에서 제외되어야 한다.

③ 법무부장관은 교도작업으로 생산된 제품을 전자상거래 등의 방법으로 민간기업 등에 직접 판매할 수 있지만 위탁하여 판매할 수는 없다.

④ 수용자의 교도작업 관련 직업훈련을 위한 경비는 교도작업특별회계의 세출에 포함된다.

해설

④ 수용자의 교도작업 관련 직업훈련을 위한 경비는 교도작업특별회계의 세출에 포함된다(교도작업법 제9조).

① 법무부장관은 교도작업으로 생산되는 제품의 종류와 수량을 회계연도 개시 1개월 전까지 공고하여야 한다(동법 제4조).

② 특별회계는 세입총액이 세출총액에 미달된 경우 또는 시설개량이나 확장에 필요한 경우에는 예산의 범위에서 일반회계로부터 전입을 받을 수 있다(동법 제10조).

③ 교도작업으로 생산된 제품은 민간기업 등에 직접 판매하거나 위탁하여 판매할 수 있다(동법 제7조).

교도작업법 제9조(특별회계의 세입 · 세출)
① 특별회계의 세입(歲入)은 다음 각 호와 같다.
1. 교도작업으로 생산된 제품 및 서비스의 판매, 그 밖에 교도작업에 부수되는 수입금
2. 제10조에 따른 일반회계로부터의 전입금
3. 제11조에 따른 차입금
② 특별회계의 세출(歲出)은 다음 각 호와 같다.
1. 교도작업의 관리, 교도작업 관련 시설의 마련 및 유지 · 보수, 그 밖에 교도작업의 운영을 위하여 필요한 경비
2. 「형의 집행 및 수용자의 처우에 관한 법률」 제73조 제2항의 작업장려금
3. 「형의 집행 및 수용자의 처우에 관한 법률」 제74조의 위로금 및 조위금
4. 수용자의 교도작업 관련 직업훈련을 위한 경비

정답 | ④

83

교도작업에 대한 설명으로 옳지 않은 것은?

교정7급 2021

① 교도작업은 일에 의한 훈련(training by work)과 일을 위한 훈련(training for work)으로 구분할 수 있는데 일에 의한 훈련은 직업기술을 터득하는 것이고 일을 위한 훈련은 근로습관을 들이는 것이다.

② 교도작업에 있어서 최소자격의 원칙(principle of less eligibility)은 일반사회의 최저임금 수준의 비범죄자에 비해서 훈련과 취업상 조건이 더 나빠야 한다는 것이다.

③ 계약노동제도(contract labor system)는 교도작업을 위한 장비와 재료를 제공하는 민간사업자에게 재소자의 노동력을 제공하는 것으로 열악한 작업환경과 노동력의 착취라는 비판이 있다.

④ 관사직영제도(public account system)는 교도소 자체가 기계장비를 갖추고 작업재료를 구입하여 재소자들의 노동력으로 제품을 생산하고 판매하는 것으로 민간분야로부터 공정경쟁에 어긋난다는 비판이 있다.

해설

일에 의한 훈련이란, 수용자들이 일을 통해 근로습관을 들이도록 훈련하는 것으로, 규칙적인 작업으로써 계발된 근로습관은 지속될 수 있다고 보는 것이다. 반면, 일을 위한 훈련이란, 교도작업을 통해 수용자가 직업활동을 위한 일이나 기술을 익혀나가는 것을 말한다.

정답 | ①

84

형의 집행 및 수용자의 처우에 관한 법령상 교도작업에 대한 설명으로 옳은 것은? 교정7급 2021

① 소장은 교정시설 안에 설치된 외부기업체의 작업장에 통근하며 작업하는 수형자를 선정하는 데 있어서 일반경비처우급에 해당하는 수형자를 선정하여서는 아니 된다.
② 소장은 교도작업 도중 부상으로 신체에 장해를 입은 수형자에게 그 장해발생 후 1개월 이내에 위로금을 지급하여야 한다.
③ 소장은 작업부과 또는 교화를 위하여 특히 필요하다고 인정하는 경우에는 만 65세의 수형자를 외부통근자로 선정할 수 있다.
④ 소장은 수형자에게 작업장려금을 지급하는 데 있어서 교정성적은 고려하여서는 아니 된다.

해설

③ 소장은 작업부과 또는 교화를 위하여 특히 필요하다고 인정하는 경우에는 제1항(외부통근작업 대상자 선정기준) 및 제2항(개방지역작업 대상자 선정기준)의 수형자 외의 수형자에 대하여도 외부통근자로 선정할 수 있다(형집행법 시행규칙 제120조 제3항).
① 교정시설 안에 설치된 외부기업체의 작업장에 통근하며 작업하는 수형자(개장지역작업 대상자)의 경비처우급은 개방처우급 · 완화경비처우급 그리고 일반경비처우급이다(동법 시행규칙 제12조 제2항).
② 위로금은 본인에게 (즉시) 지급하고, 조위금은 그 상속인에게 지급한다(동법 제74조 제2항).
④ 소장은 수형자의 근로의욕을 고취하고 건전한 사회복귀를 지원하기 위하여 법무부장관이 정하는 바에 따라 작업의 종류, 작업성적, 교정성적, 그 밖의 사정을 고려하여 수형자에게 작업장려금을 지급할 수 있다(동법 제73조 제2항).

정답 | ③

85

현행법상 교도작업에 관한 내용으로 옳지 않은 것은? 교정9급 2009

① 수형자는 자신에게 부과된 작업과 그 밖의 노역을 수행하여야 할 의무가 있다.
② 소장은 수형자의 건전한 사회복귀와 기술습득을 촉진하기 위하여 필요하면 외부기업체 등에 통근작업하게 하거나 교정시설의 안에 설치된 외부기업체의 작업장에서 작업하게 할 수 있다.
③ 소장은 수형자의 신청에 따라 외부통근작업, 직업능력개발훈련, 그 밖에 집중적인 근로가 필요한 작업을 부과하는 경우에는 작업일에 접견 · 전화통화 · 교육 · 공동행사 참가 등의 처우를 제한할 수 있다.
④ 소장은 수형자가 작업 중 부상을 당하거나 장애인이 된 때 또는 사망한 때에는 그 정상을 참작하여 법무부장관이 정하는 바에 의하여 위로금 또는 조위금을 지급할 수 있다.

해설

작업장려금은 임의적 지급사항이고, 위로금과 조위금은 필요적 지급사항이다. 즉, 위로금과 조위금에 대해서는 그 청구권을 인정하고 있다.

정답 | ④

86

「형의 집행 및 수용자의 처우에 관한 법령」상 수형자 교육과 작업시간에 대한 설명으로 옳은 것은?

교정7급 2023

① 수형자의 1일 작업시간은 휴식시간을 포함하여 8시간을 초과할 수 없다.

② 소장은 교육을 위하여 필요하면 수형자를 중간처우를 위한 전담교정시설에 수용하여 외부 교육기관에 통학하게 할 수 있다.

③ 소장은 집행할 형기가 1년 남은 수형자도 독학에 의한 학사학위 취득과정 대상자로 선발할 수 있다.

④ 19세 미만 수형자의 1주의 작업시간은 40시간을 초과할 수 없지만, 그 수형자가 신청하는 경우에는 주 8시간 이내의 범위에서 연장할 수 있다.

해설

② 형집행법 제63조 제3항

① 1일의 작업시간(휴식·운동·식사·접견 등 실제 작업을 실시하지 않는 시간을 제외한다)은 8시간을 초과할 수 없다(동법 제71조 제1항).

③ 소장은 다음 각 호의 요건을 갖춘 수형자가 학사고시반 교육을 신청하는 경우에는 교육대상자로 선발할 수 있다(동법 시행규칙 제110조 제2항).

1. 고등학교 졸업 또는 이와 동등한 수준 이상의 학력이 인정될 것
2. 교육개시일을 기준으로 형기의 3분의 1(21년 이상의 유기형 또는 무기형의 경우에는 7년)이 지났을 것
3. 집행할 형기가 2년 이상일 것

④ 19세 미만 수형자의 작업시간은 1일에 8시간을, 1주에 40시간을 초과할 수 없다(동법 제71조 제4항). 즉, 연장은 불가하다.

형집행법 제71조(작업시간 등)
① 1일의 작업시간(휴식·운동·식사·접견 등 실제 작업을 실시하지 않는 시간을 제외한다)은 8시간을 초과할 수 없다.
② 제1항에도 불구하고 취사·청소·간병 등 교정시설의 운영과 관리에 필요한 작업의 1일 작업시간은 12시간 이내로 한다.
③ 1주의 작업시간은 52시간을 초과할 수 없다. 다만, 수형자가 신청하는 경우에는 1주의 작업시간을 8시간 이내의 범위에서 연장할 수 있다.
④ 제2항 및 제3항에도 불구하고 19세 미만 수형자의 작업시간은 1일에 8시간을, 1주에 40시간을 초과할 수 없다.
⑤ 공휴일·토요일과 대통령령으로 정하는 휴일에는 작업을 부과하지 아니한다. 다만, 다음 각 호의 어느 하나에 해당하는 경우에는 작업을 부과할 수 있다.
1. 제2항에 따른 교정시설의 운영과 관리에 필요한 작업을 하는 경우
2. 작업장의 운영을 위하여 불가피한 경우
3. 공공의 안전이나 공공의 이익을 위하여 긴급히 필요한 경우
4. 수형자가 신청하는 경우

정답 | ②

87

「형의 집행 및 수용자의 처우에 관한 법률 시행규칙」상 수형자 취업지원협의회의 기능이 아닌 것은?

교정7급 2022

① 수형자 사회복귀 지원업무에 관한 자문에 대한 조언
② 직업적성 및 성격검사 등 각종 검사 및 상담
③ 취업 및 창업활동 지원대상 수형자의 가석방 적격 사전심의
④ 불우수형자 및 그 가족에 대한 지원활동

해설

가석방 적격 사전심의는 분류처우위원회의 업무이다.

형집행법 시행규칙 제144조(취업지원협의회의 기능)
영 제85조 제1항에 따른 수형자 취업지원협의회(이하 "협의회"라 한다)의 기능은 다음 각 호와 같다.
1. 수형자 사회복귀 지원업무에 관한 자문에 대한 조언
2. 수형자 취업·창업교육
3. 수형자 사회복귀 지원을 위한 지역사회 네트워크 추진
4. 취업 및 창업지원을 위한 자료제공 및 기술지원
5. 직업적성 및 성격검사 등 각종 검사 및 상담
6. 불우수형자 및 그 가족에 대한 지원활동
7. 그 밖에 수형자 취업알선 및 창업지원을 위하여 필요한 활동

정답 | ③

88

미결수용에 관한 설명으로 옳지 않은 것은?

교정9급 2007

① 사형수와 미결수용자가 수용된 거실은 참관할 수 없다.
② 구치소와 미결수용실의 수용자에 대하여는 신청 여부를 불문하고 작업을 과할 수 있다.
③ 미결수용자와 변호인과의 접견에는 교도관이 참여할 수 없다.
④ 미결수용자로서 사건에 상호 관련이 있는 자는 분리수용한다.

해설

미결수용자에 대해서는 신청이 있는 경우에 한하여 교육·교화프로그램, 작업을 부과할 수 있다.

형집행법 제86조(작업과 교화)
① 소장은 미결수용자에 대하여는 신청에 따라 교육 또는 교화프로그램을 실시하거나 작업을 부과할 수 있다.
② 제1항에 따라 미결수용자에게 교육 또는 교화프로그램을 실시하거나 작업을 부과하는 경우에는 제63조부터 제65조까지 및 제70조부터 제76조까지의 규정을 준용한다.

정답 | ②

89

미결구금에 대한 설명으로 옳지 않은 것은?

교정7급 2012

① 미결수용자가 수형자와 달리 취급받는 가장 중요한 논거는 무죄추정의 원칙이다.
② 미결수용자를 수용하는 시설의 설비 및 계호의 정도는 완화경비시설에 준한다.
③ 징벌대상자로서 조사를 받고 있는 미결수용자라도 변호인과의 접견을 제한할 수 없다.
④ 수형자에게는 교정시설 밖에서의 작업을 허용할 수 있지만 미결수용자에게는 허용되지 않는다.

해설

미결수용자를 수용하는 시설의 설비 및 계호의 정도는 일반경비시설에 준한다. 참고로 사형확정자를 수용하는 시설의 설비 및 계호의 정도는 일반경비시설 또는 중경비시설에 준한다.

정답 | ②

90

미결수용자의 처우에 관한 설명으로 옳지 않은 것은? (다툼이 있는 경우 판례에 의함)

교정9급 2010

① 미결수용자가 수용된 거실은 참관할 수 없다.
② 미결수용자에 대해서는 교정시설 밖에서의 작업을 부과할 수 없다.
③ 미결수용자가 변호인과의 접견교통권을 침해받았을 때 변호인은 이에 대하여 헌법소원을 청구할 수 없다.
④ 미결수용자의 두발 또는 수염은 특히 필요한 경우가 아니면 본인의 의사에 반하여 짧게 깎지 못한다.

해설

미결수용자가 변호인과의 접견교통권을 침해받았을 때에는 미결수용자가 헌법소원을 청구할 수 있다. 변호인의 미결수용자에 대한 접견교통권도 헌법상의 권리이다.

형집행법 제79조(미결수용자 처우의 원칙)
미결수용자는 무죄의 추정을 받으며 그에 합당한 처우를 받는다.

동법 제80조(참관금지)
미결수용자가 수용된 거실은 참관할 수 없다.

동법 제83조(이발)
미결수용자의 머리카락과 수염은 특히 필요한 경우가 아니면 본인의 의사에 반하여 짧게 깎지 못한다.

동법 제86조(작업과 교화)
① 소장은 미결수용자에 대하여는 신청에 따라 교육 또는 교화프로그램을 실시하거나 작업을 부과할 수 있다.
② 제1항에 따라 미결수용자에게 교육 또는 교화프로그램을 실시하거나 작업을 부과하는 경우에는 제63조부터 제65조까지 및 제70조부터 제76조까지의 규정을 준용한다.

정답 | ③

91

「형의 집행 및 수용자의 처우에 관한 법률」 및 동법 시행규칙상 미결수용자의 처우에 대한 설명으로 옳은 것은? 교정9급 2014

① 미결수용자가 재판·국정감사에 참석할 때에는 사복을 착용할 수 있으나, 교정시설에서 지급하는 의류는 수용자가 희망하거나 동의하는 경우에만 입게 할 수 있다.

② 미결수용자와 변호인 간의 접견은 시간과 횟수를 제한한다.

③ 소장은 미결수용자에 대하여는 신청에 따라 교육 또는 교화프로그램을 실시하거나 작업을 부과할 수 있다.

④ 미결수용자에게 징벌을 부과한 경우에는 그것에 관한 양형 참고자료를 작성하여 관할 검찰청 검사 또는 관할 법원에 통보하여야 한다.

해설

① 미결수용자는 수사·재판·국정감사 또는 법률로 정하는 조사에 참석할 때에는 사복을 착용할 수 있다. 다만, 소장은 도주우려가 크거나 특히 부적당한 사유가 있다고 인정하면 교정시설에서 지급하는 의류를 입게 할 수 있다. 즉, 교정시설에서 지급하는 의류는 도주우려가 큰 때에만 입게 할 수 있다.

② 미결수용자와 변호인 간의 접견은 시간과 횟수를 제한하지 않는다.

④ 미결수용자에게 징벌을 부과한 경우에는 그것에 관한 양형 참고자료를 작성하여 관할 검찰청 검사 또는 관할 법원에 통보할 수 있다.

정답 | ③

92

현행법상 미결구금(수용)제도에 대한 설명으로 옳은 것은? (다툼이 있는 경우 판례에 의함) 교정9급 2017

① 소장은 미결수용자에 대하여는 직권 또는 신청에 따라 교육 또는 교화프로그램을 실시하거나 작업을 부과할 수 있다.

② 판결선고 전 미결구금일수는 그 전부가 법률상 당연히 본형에 산입하게 되므로 판결에서 별도로 미결구금일수 산입에 관한 사항을 판단할 필요는 없다.

③ 미결수용자의 변호인과의 접견교통권은 질서유지 또는 공공복리를 위한 이유가 있는 때에도 법률로써 제한할 수 없다.

④ 미결수용자가 징벌대상자로서 조사받고 있거나 징벌집행 중인 경우에는 소송서류의 작성 등 수사과정에서의 권리행사가 제한된다.

해설

② 형법 제57조 제1항 중 "또는 일부" 부분은 헌법재판소 2009.6.25. 2007헌바25 사건의 위헌결정으로 효력이 상실되었다. 그리하여 판결선고 전 미결구금일수는 그 전부가 법률상 당연히 본형에 산입하게 되었으므로, 판결에서 별도로 미결구금일수 산입에 관한 사항을 판단할 필요가 없다고 할 것이다(대판 2009.12.10. 2009도11448).

① 소장은 미결수용자에 대하여는 신청에 따라 교육 또는 교화프로그램을 실시하거나 작업을 부과할 수 있다(형집행법 제86조 제1항).

③ 헌법재판소가 91헌마111 결정에서 미결수용자와 변호인과의 접견에 대해 어떠한 명분으로도 제한할 수 없다고 한 것은 구속된 자와 변호인 간의 접견이 실제로 이루어지는 경우에 있어서의 자유로운 접견, 즉 대화내용에 대하여 비밀이 완전히 보장되고 어떠한 제한, 영향, 압력 또는 부당한 간섭 없이 자유롭게 대화할 수 있는 접견을 제한할 수 없다는 것이지, 변호인과의 접견 자체에 대해 아무런 제한도 가할 수 없다는 것을 의미하는 것이 아니므로 미결수용자의 변호인 접견권 역시 국가안전보장·질서유지 또는 공공복리를 위해 필요한 경우에는 법률로써 제한될 수 있음은 당연하다(헌재 2011.5.26. 2009헌마341 전원재판부).

④ 소장은 미결수용자가 징벌대상자로서 조사받고 있거나 징벌집행 중인 경우에도 소송서류의 작성, 변호인과의

접견·편지수수, 그 밖의 수사 및 재판과정에서의 권리행사를 보장하여야 한다(형집행법 제85조).

정답 | ②

93

다음의 미결수용자 처우에 대한 설명으로 옳지 않은 것을 모두 고른 것은? 교정7급 2010

ㄱ. 미결수용자가 수용된 거실은 참관할 수 없다.
ㄴ. 미결수용자가 30일 이내의 접견제한의 징벌을 받아 그 집행 중인 경우에는 그 집행기간 동안 변호인과의 접견이 제한된다.
ㄷ. 교정시설의 장은 미결수용자의 신청이 있더라도 작업을 부과할 수 없다.
ㄹ. 미결수용자가 범죄의 증거를 인멸할 우려가 있는 때에는 변호인과의 접견에 교도관이 참여하여 대화내용을 기록할 수 있다.

① ㄱ, ㄹ ② ㄴ, ㄹ
③ ㄱ, ㄴ, ㄷ ④ ㄴ, ㄷ, ㄹ

해설

ㄴ. 미결수용자가 30일 이내의 접견제한의 징벌을 받아 그 집행 중인 경우에도 그 집행기간 동안 변호인과의 접견이 제한되지 않는다.
ㄷ. 교정시설의 장은 미결수용자의 신청이 있으면 작업을 부과할 수 있다.
ㄹ. 미결수용자와 변호인의 접견 시에는 어떠한 경우라도 교도관이 참여할 수 없고, 다만, 보이는 거리에서 관찰할 수 있을 뿐이다.

정답 | ④

94

형의 집행 및 수용자의 처우에 관한 법령상 다음 중 옳은 것만을 모두 고른 것은? 교정7급 2015

㉠ 미결수용자의 접견횟수는 매일 1회로 하되, 변호인과의 접견은 그 횟수에 포함시키지 않는다.
㉡ 교정시설의 장은 미결수용자가 도주하거나 도주한 미결수용자를 체포한 경우에는 그 사실을 경찰관서에 통보하고, 기소된 상태인 경우에는 검사에게 지체 없이 통보하여야 한다.
㉢ 경찰관서에 설치된 유치장에는 수형자를 7일 이상 수용할 수 없다.
㉣ 미결수용자는 무죄의 추정을 받으므로 교정시설의 장은 미결수용자가 신청하더라도 작업을 부과할 수 없다.
㉤ 미결수용자와 변호인 간의 서신은 교정시설에서 상대방이 변호인임을 확인할 수 없는 경우를 제외하고는 검열할 수 없다.

① ㉠, ㉡ ② ㉠, ㉤
③ ㉡, ㉢, ㉣ ④ ㉢, ㉣, ㉤

해설

㉠·㉤이 옳은 지문이다.
㉠ 형집행법 시행령 제101조
㉡ 소장은 미결수용자가 도주하거나 도주한 미결수용자를 체포한 경우에는 그 사실을 검사에게 통보하고, 기소된 상태인 경우에는 법원에도 지체 없이 통보하여야 한다(동법 시행령 제104조).
㉢ 경찰관서에 설치된 유치장에는 수형자를 30일 이상 수용할 수 없다(동법 시행령 제107조).
㉣ 소장은 미결수용자에 대하여는 신청에 따라 교육 또는 교화프로그램을 실시하거나 작업을 부과할 수 있다(동법 제86조 제1항).
㉤ 동법 제84조 제3항

정답 | ②

95

형사절차에서 미결수용자의 처우에 대한 설명으로 옳지 않은 것은? 교정9급 2008

① 수형자와 달리 미결수용자에게는 무죄추정의 원칙에 합당한 처우를 해야 한다.
② 형사사건에서 서로 관련 있는 미결수용자들은 분리수용하여 서로의 접촉을 막아야 한다.
③ 소장은 미결수용자의 처우를 위하여 특히 필요하다고 인정하는 때에는 접견시간을 연장하거나 횟수를 증가할 수 있으며, 접촉차단시설이 없는 장소에서 접견하게 할 수 있다.
④ 경찰서 유치장은 구치소나 교도소의 미결수용실과 다르므로 「형의 집행 및 수용자의 처우에 관한 법률」이 준용되지 않는다.

해설

경찰서 유치장은 교정시설의 미결수용실로 인정되어 형집행법을 준용한다.

> 형집행법 제87조(유치장)
> 경찰관서에 설치된 유치장은 교정시설의 미결수용실로 보아 이 법을 준용한다.

정답 | ④

96

형의 집행 및 수용자의 처우에 관한 법령상 미결수용자의 처우에 대한 설명으로 옳지 않은 것은?

교정9급 2020

① 미결수용자는 무죄의 추정을 받으며, 미결수용자가 수용된 거실은 참관할 수 없다.

② 소장은 미결수용자의 신청에 따라 작업을 부과할 수 있으며, 이에 따라 작업이 부과된 미결수용자가 작업의 취소를 요청하는 경우에는 그 미결수용자의 의사, 건강 및 교도관의 의견 등을 고려하여 작업을 취소할 수 있다.

③ 소장은 미결수용자가 도주하거나 도주한 미결수용자를 체포한 경우 및 미결수용자가 위독하거나 사망한 경우에는 그 사실을 검사에게 통보하고, 기소된 상태인 경우에는 법원에도 지체 없이 통보하여야 한다.

④ 소장은 미결수용자로서 사건에 서로 관련이 있는 사람은 분리수용하고 서로 간의 접촉을 금지하여야 하며, 만약 미결수용자를 이송, 출정 또는 그 밖의 사유로 교정시설 밖으로 호송하는 경우에는 반드시 해당 사건에 관련된 사람이 탑승한 호송차량이 아닌 별도의 호송차량에 탑승시켜야 한다.

해설

④ 소장은 미결수용자로서 사건에 서로 관련이 있는 사람은 분리수용하고 서로 간의 접촉을 금지하여야 하며(형집행법 제81조), 이송이나 출정, 그 밖의 사유로 미결수용자를 교정시설 밖으로 호송하는 경우에는 해당 사건에 관련된 사람과 호송차량의 좌석을 분리하는 등의 방법으로 서로 접촉하지 못하게 하여야 한다(형집행법 시행령 제100조).

① 동법 제79조, 제80조

② 동법 제86조 제1항, 동법 시행령 제103조 제2항

③ 동법 시행령 제104조, 제105조

정답 | ④

97

현행법상 수용자에 대한 교육에 관한 내용으로 옳지 않은 것은?

교정9급 2009

① 소장은 수형자의 정서함양을 위하여 필요하다고 인정하면 연극·영화관람, 체육행사 등의 문화예술활동을 하게 할 수 있다.

② 소장은 필요한 경우 교육을 위해 수형자를 외부교육기관에 위탁하여 교육받게 할 수 있다.

③ 소장은 미결수용자에 대하여는 신청에 따라 교육을 실시할 수 있고, 그 교육프로그램에는 교정시설 밖에서 행하는 것도 포함된다.

④ 소장은 교육대상자의 성적불량, 학업태만 등으로 인하여 교육의 목적을 달성하기 어려운 경우에는 그 선발을 취소할 수 있다.

해설

소장은 미결수용자에 대하여는 신청에 따라 교육을 실시할 수 있으나, 미결수용자에 대한 교육·교화프로그램, 작업을 교정시설 밖에서 행하는 것은 허용되지 않는다.

정답 | ③

98

「형의 집행 및 수용자의 처우에 관한 법률」상 미결수용자의 처우에 대한 설명으로 옳은 것은? 교정7급 2022

① 소장은 미결수용자로서 사건에 서로 관련이 있는 사람은 분리수용하고 서로 간의 접촉을 금지할 수 있다.
② 미결수용자가 변호인에게 보내는 서신은 절대로 검열할 수 없다.
③ 소장은 미결수용자가 법률로 정하는 조사에 참석할 때 도주우려가 크거나 특히 부적당한 사유가 있다고 인정하면 교정시설에서 지급하는 의류를 입게 할 수 있다.
④ 미결수용자와 변호인과의 접견에는 교도관이 참여하거나 관찰하지 못하며 그 내용을 청취 또는 녹취하지 못한다.

해설

③ 미결수용자는 수사·재판·국정감사 또는 법률로 정하는 조사에 참석할 때에는 사복을 착용할 수 있다. 다만, 소장은 도주우려가 크거나 특히 부적당한 사유가 있다고 인정하면 교정시설에서 지급하는 의류를 입게 할 수 있다(형집행법 제82조).
① 소장은 미결수용자로서 사건에 서로 관련이 있는 사람은 분리수용하고 서로 간의 접촉을 금지하여야 한다(동법 제81조).
② 미결수용자와 변호인 간의 편지는 교정시설에서 상대방이 변호인임을 확인할 수 없는 경우를 제외하고는 검열할 수 없다(동법 제84조 제3항).
④ 미결수용자와 변호인(변호인이 되려고 하는 사람을 포함한다)과의 접견에는 교도관이 참여하지 못하며 그 내용을 청취 또는 녹취하지 못한다. 다만, 보이는 거리에서 미결수용자를 관찰할 수 있다(동법 제84조 제1항).

정답 | ③

99

「형의 집행 및 수용자의 처우에 관한 법률」상 사형확정자의 처우에 대한 설명으로 옳은 것은? 교정7급 2023

① 사형확정자의 접견횟수는 매월 5회로 하고, 필요하다고 인정하면 접견횟수를 늘릴 수 있다.
② 사형확정자는 교도소에서만 독거수용하고, 교육·교화프로그램을 위해 필요한 경우에는 혼거수용할 수 있다.
③ 사형확정자를 수용하는 시설의 설비 및 계호의 정도는 일반경비시설 또는 중경비시설에 준한다.
④ 사형확정자가 수용된 거실은 자살방지를 위해 필요한 경우 참관할 수 있다.

해설

③ 형집행법 시행령 제108조
① 사형확정자의 접견횟수는 매월 4회로 한다(동법 시행령 제109조). 접견횟수 증가 규정은 명시되어 있지 않다.
② 사형확정자는 교도소 또는 구치소에 수용한다(동법 제11조 제1항 제4호).
④ 사형확정자가 수용된 거실은 참관할 수 없다(동법 제89조 제2항).

정답 | ③

CHAPTER 06

사회적 처우

01

「형의 집행 및 수용자의 처우에 관한 법률 시행규칙」상 지역사회에 설치된 개방시설에 수용하여 중간처우를 할 수 있는 자만을 모두 고르면? 교정7급 2019

> ㉠ 완화경비처우급 수형자이고, 형기는 2년이며, 범죄횟수는 1회, 중간처우를 받는 날부터 가석방 예정일까지의 기간이 3개월인 자
> ㉡ 개방처우급 수형자이고, 형기는 3년이며, 범죄횟수는 2회, 중간처우를 받는 날부터 형기 종료 예정일까지의 기간이 6개월인 자
> ㉢ 완화경비처우급 수형자이고, 형기는 4년이며, 범죄횟수는 2회, 중간처우를 받는 날부터 가석방 예정일까지의 기간이 6개월인 자
> ㉣ 개방처우급 수형자이고, 형기는 3년이며, 범죄횟수는 1회, 중간처우를 받는 날부터 형기 종료 예정일까지의 기간이 9개월인 자

① ㉠, ㉣ ② ㉡, ㉢
③ ㉠, ㉡, ㉢ ④ ㉡, ㉢, ㉣

해설

㉡·㉢ 교정시설의 개방시설 수용 중간처우 대상자이다(형집행법 시행규칙 제93조 제1항).

교정시설의 개방시설 수용 중간처우 대상자
- 개방처우급 혹은 완화경비처우급 수형자
- 형기가 2년 이상인 사람
- 범죄횟수가 3회 이하인 사람
- 중간처우를 받는 날부터 가석방 또는 형기종료 예정일까지 기간이 3개월 이상 2년 6개월 미만인 사람

지역사회의 개방시설 수용 중간처우 대상자
- 개방처우급 혹은 완화경비처우급 수형자
- 형기가 2년 이상인 사람
- 범죄횟수가 1회 이하인 사람
- 중간처우를 받는 날부터 가석방 또는 형기종료 예정일까지의 기간이 1년 6개월 미만인 수형자

정답 | ①

02

형의 집행 및 수용자의 처우에 관한 법령상 소장이 개방처우급 혹은 완화경비처우급 수형자를 교정시설에 설치된 개방시설에 수용하기 위한 요건들에 해당하지 않는 것은? 교정7급 2017

① 형기가 2년 이상인 사람
② 범죄횟수가 3회 이하인 사람
③ 최근 1년 이내 징벌이 없는 사람
④ 중간처우를 받는 날부터 가석방 또는 형기종료 예정일까지 기간이 3개월 이상 2년 6개월 이하인 사람

해설

소장은 개방처우급 혹은 완화경비처우급 수형자가 다음 각 호의 사유에 모두 해당하는 경우에는 교정시설에 설치된 개방시설에 수용하여 사회적응에 필요한 교육, 취업지원 등 적정한 처우를 할 수 있다(형집행법 시행규칙 제93조 제1항).

1. 형기가 2년 이상인 사람
2. 범죄횟수가 3회 이하인 사람
3. 중간처우를 받는 날부터 가석방 또는 형기종료 예정일까지 기간이 3개월 이상 2년 6개월 미만인 사람

정답 | ③

03

형의 집행 및 수용자의 처우에 관한 법령상 귀휴에 대한 설명으로 옳은 것은? 교정7급 2024

① 재해로 수형자 본인에게 회복할 수 없는 중대한 재산상의 손해가 발생하였거나 발생할 우려가 있는 때는 귀휴 허가사유에 해당하지 아니한다.
② 2개 이상의 징역형 또는 금고형을 선고받은 수형자의 경우, 그중 중한 형을 기준으로 귀휴 허가요건으로서의 형기를 계산하여야 한다.
③ 소장은 귀휴를 허가하면서 교도관을 동행시킨 경우, 귀휴자의 가족 또는 보호관계에 있는 사람으로부터 보호서약서를 제출받지 아니할 수 있다.
④ 무기형을 선고받은 수형자가 형의 집행을 받은 기간이 7년이 지났다면, 귀휴 허가요건으로서의 형기를 충족한다.

해설

④ 형집행법 제77조 제1항
① 재해로 수형자 본인에게 회복할 수 없는 중대한 재산상의 손해가 발생하였거나 발생할 우려가 있는 때는 일반귀휴 허가사유에 해당한다(동법 제77조 제1항 제3호).
② 일반귀휴 허가요건의 형기를 계산할 때 부정기형은 단기를 기준으로 하고, 2개 이상의 징역 또는 금고의 형을 선고받은 수형자의 경우에는 그 형기를 합산한다(동법 시행규칙 제130조 제1항).
③ 예외 없다. 소장은 귀휴자의 가족 또는 보호관계에 있는 사람으로부터 보호서약서를 제출받아야 한다(동법 시행규칙 제141조 제2항).

정답 | ④

04

귀휴제도에 대한 설명으로 옳지 않은 것으로만 묶은 것은? 교정7급 2008

> ㉠ 시설에서 완전히 석방하지 않고 일시적으로 사회에 내보내는 것이라는 점에서 중간처우의 일종이라고 할 수 있다.
> ㉡ 조선시대 「대전회통」이나 「형법대전」(1905)에 규정된 보방(保放)은 귀휴제도의 일종이라고 할 수 있다.
> ㉢ 소년수형자에 대해서는 사회적응의 기회를 주어야 할 필요성이 훨씬 크므로 귀휴의 요건을 별도로 정하고 있다.
> ㉣ 자녀의 혼례가 있는 때에 5일 이내의 특별귀휴를 허가할 수 있다.
> ㉤ 교도관동행귀휴제도는 예산과 보안상의 이유로 아직 입법과제로 남아 있다.
> ㉥ 귀휴자의 여비 및 귀휴 중 착용할 복장은 원칙적으로 귀휴자의 부담으로 한다.

① ㉠, ㉣, ㉥ ② ㉡, ㉢, ㉤
③ ㉡, ㉣ ④ ㉢, ㉤

해설

㉢·㉤이 옳지 않은 지문이다.
㉢ 소년수형자와 성인수형자의 귀휴요건은 동일하다.
㉤ 교도관동행귀휴제도는 현행법령에 규정·시행되고 있다.

정답 | ④

05

「형의 집행 및 수용자의 처우에 관한 법률」상의 귀휴제도에 관한 설명으로 옳은 것은? 교정7급 2009

① 무기형으로 복역하는 수형자의 경우에는 10년의 수형기간이 경과되어야 일반귀휴가 허가될 수 있다.
② 일반귀휴는 1년에 20일 이내에서 허가될 수 있다.
③ 배우자의 직계존속이 사망한 때에는 7일 이내의 특별귀휴가 허가될 수 있다.
④ 귀휴기간은 형집행기간에 산입하지 않는다.

해설

① 무기형으로 복역하는 수형자의 경우에는 7년의 수형기간이 경과되어야 일반귀휴가 허가될 수 있다.
③ 배우자의 직계존속이 사망한 때에는 5일 이내의 특별귀휴가 허가될 수 있다.
④ 귀휴기간은 형집행기간에 산입한다.

정답 | ②

06

「형의 집행 및 수용자의 처우에 관한 법률」상 교도소장이 1년 중 20일 이내의 범위에서 귀휴를 허가할 수 있는 수형자의 조건으로 옳지 않은 것은? 교정7급 2013

① 최소한 1년 이상 복역한 수형자
② 형기의 3분의 1이 지나고 교정성적이 우수한 수형자
③ 21년 이상의 유기형을 선고받고 7년 이상 복역한 수형자
④ 무기형을 선고받고 7년 이상 복역한 수형자

해설

일반귀휴는 최소한 6개월 이상 복역한 수형자를 대상으로 한다.

> 형집행법 제77조(귀휴)
> ① 소장은 6개월 이상 형을 집행받은 수형자로서 그 형기의 3분의 1(21년 이상의 유기형 또는 무기형의 경우에는 7년)이 지나고 교정성적이 우수한 사람이 다음 각 호의 어느 하나에 해당하면 1년 중 20일 이내의 귀휴를 허가할 수 있다.
> 1. 가족 또는 배우자의 직계존속이 위독한 때
> 2. 질병이나 사고로 외부 의료시설에의 입원이 필요한 때
> 3. 천재지변이나 그 밖의 재해로 가족, 배우자의 직계존속 또는 수형자 본인에게 회복할 수 없는 중대한 재산상의 손해가 발생하였거나 발생할 우려가 있는 때
> 4. 그 밖에 교화 또는 건전한 사회복귀를 위하여 법무부령으로 정하는 사유가 있는 때
>
> ② 소장은 다음 각 호의 어느 하나에 해당하는 사유가 있는 수형자에 대하여는 제1항에도 불구하고 5일 이내의 특별귀휴를 허가할 수 있다.
> 1. 가족 또는 배우자의 직계존속이 사망한 때
> 2. 직계비속의 혼례가 있는 때
>
> ③ 소장은 귀휴를 허가하는 경우에 법무부령으로 정하는 바에 따라 거소의 제한이나 그 밖에 필요한 조건을 붙일 수 있다.
> ④ 제1항 및 제2항의 귀휴기간은 형집행기간에 포함한다.

정답 | ①

07

「형의 집행 및 수용자의 처우에 관한 법률」상 귀휴에 대한 설명으로 옳지 않은 것은? 교정7급 2014

① 교정시설의 장은 6개월 이상 복역한 수형자로서 그 형기의 3분의 1이 지나고 교정성적이 우수한 사람의 가족 또는 배우자의 직계존속이 질병이나 사고로 위독한 때에는 형기 중 20일 이내의 귀휴를 허가할 수 있다.
② 교정시설의 장은 직계비속의 혼례가 있는 때에 수형자에게 5일 이내의 특별귀휴를 허가할 수 있다.
③ 특별귀휴는 교정성적이 우수하지 않아도 그 요건에 해당하면 허가할 수 있다.
④ 교정시설의 장은 귀휴 중인 수형자가 거소의 제한이나 그 밖에 귀휴허가에 붙인 조건을 위반한 때에는 그 귀휴를 취소할 수 있다 .

해설

교정시설의 장은 6개월 이상 복역한 수형자로서 그 형기의 3분의 1이 지나고 교정성적이 우수한 사람의 가족 또는 배우자의 직계존속이 질병이나 사고로 위독한 때에는 1년 중 20일 이내의 귀휴를 허가할 수 있다.

정답 | ①

08

「형의 집행 및 수용자의 처우에 관한 법률」상 5일 이내의 특별귀휴를 허가할 수 있는 경우로만 묶은 것은?

교정9급 2014

ㄱ. 출석수업을 위하여 필요한 때
ㄴ. 가족 또는 배우자의 직계존속이 사망한 때
ㄷ. 본인 또는 형제자매의 혼례가 있는 때
ㄹ. 직계비속의 혼례가 있는 때
ㅁ. 직업훈련을 위하여 필요한 때

① ㄱ, ㄴ ② ㄴ, ㄹ
③ ㄷ, ㅁ ④ ㄹ, ㅁ

해설

ㄴ, ㄹ이 특별귀휴사유이다.
ㄱ. 출석수업을 위하여 필요한 때 - 규칙상 일반귀휴
ㄴ. 가족 또는 배우자의 직계존속이 사망한 때 – 특별귀휴
ㄷ. 본인 또는 형제자매의 혼례가 있는 때 – 규칙상 일반귀휴
ㄹ. 직계비속의 혼례가 있는 때 – 특별귀휴
ㅁ. 직업훈련을 위하여 필요한 때 - 규칙상 일반귀휴

정답 | ②

09

형의 집행 및 수용자의 처우에 관한 법령상 귀휴에 대한 설명으로 옳지 않은 것은?

교정9급 2016

① 동행귀휴의 경우에는 귀휴조건 중 '귀휴지에서 매일 1회 이상 소장에게 전화보고' 조건은 붙일 수 없다.
② 귀휴자의 여비와 귀휴 중 착용할 복장은 본인이 부담한다.
③ 소장은 귀휴자가 신청할 경우 작업장려금의 전부를 귀휴비용으로 사용하게 할 수 있다.
④ 소장은 귀휴자가 귀휴조건을 위반한 경우에는 귀휴심사위원회의 의결을 거쳐 귀휴를 취소하여야 한다.

해설

④ 소장은 귀휴를 허가하는 경우에는 귀휴심사위원회의 심사를 거쳐야 하지만(형집행법 시행규칙 제129조 제1항), 귀휴 중인 수형자가 귀휴 취소사유에 해당하면 그 귀휴를 취소할 수 있다(동법 제78조). 즉, 귀휴취소는 소장의 재량에 속한다.
① 동법 시행규칙 제140조 제4호
② 동법 시행규칙 제142조 제1항
③ 소장은 귀휴자가 신청할 경우 작업장려금의 전부 또는 일부를 귀휴비용으로 사용하게 할 수 있다(동법 시행규칙 제142조 제2항).

정답 | ④

10

「형의 집행 및 수용자의 처우에 관한 법령」상 귀휴허가 후 조치에 대한 설명으로 옳지 않은 것은?

교정7급 2018

① 소장은 필요하다고 인정하면 귀휴 시 교도관을 동행시킬 수 있다.

② 소장은 귀휴자가 신청할 경우 작업장려금의 전부 또는 일부를 귀휴비용으로 사용하게 할 수 있다.

③ 소장은 귀휴자가 귀휴조건을 위반한 경우 귀휴를 취소하거나 이의 시정을 위하여 필요한 조치를 하여야 한다.

④ 소장은 2일 이상의 귀휴를 허가한 경우 귀휴자의 귀휴지를 관할하는 보호관찰소의 장에게 그 사실을 통보하여야 한다.

해설

④ 소장은 법 제77조에 따라 2일 이상의 귀휴를 허가한 경우에는 귀휴를 허가받은 사람(이하 "귀휴자"라 한다)의 귀휴지를 관할하는 경찰관서의 장에게 그 사실을 통보하여야 한다(형집행법 시행령 제97조 제1항).

① 동법 시행규칙 제141조 제1항

② 동법 시행규칙 제142조 제2항

③ 동법 시행규칙 제143조

정답 | ④

11

「형의 집행 및 수용자의 처우에 관한 법률」상 귀휴에 대한 설명으로 옳은 것(O)과 옳지 않은 것(×)을 바르게 연결한 것은?

교정7급 2019

> ㉠ 소장은 수형자의 가족 또는 배우자의 직계존속이 위독한 때 특별귀휴를 허가할 수 있다.
> ㉡ 소장은 귀휴의 허가사유가 존재하지 아니함이 밝혀진 때에는 그 귀휴를 취소하여야 한다.
> ㉢ 소장은 미결수용자의 신청이 있는 경우 필요하다고 인정하면 귀휴를 허가할 수 있다.
> ㉣ 특별귀휴기간은 1년 중 5일 이내이다.

	㉠	㉡	㉢	㉣
①	O	×	×	×
②	×	O	×	O
③	×	×	O	O
④	×	×	×	×

해설

㉠ 소장은 수형자의 가족 또는 배우자의 직계존속이 위독한 때 일반귀휴를 허가할 수 있다(형집행법 제77조 제1항 제1호).

㉡ 소장은 귀휴의 허가사유가 존재하지 아니함이 밝혀진 때에는 그 귀휴를 취소할 수 있다(동법 제78조 제1호).

㉢ 귀휴는 수형자를 그 대상으로 한다(동법 제77조 제1항).

㉣ 특별귀휴는 횟수제한이 없다. 1년 중 사유가 있다면 횟수에 관계없이 귀휴가 가능하다(동법 제77조 제2항).

정답 | ④

12

형의 집행 및 수용자의 처우에 관한 법령상 귀휴를 허가할 수 있는 대상이 아닌 것은? 교정7급 2020

① 10년의 징역형을 받고 4개월 복역한 일반경비처우급 수형자 A가 장모님의 사망을 이유로 5일간의 귀휴를 신청하였다.

② 3년 징역형을 받고 13개월을 복역한 완화경비처우급 수형자 B가 출소 전 취업준비를 이유로 귀휴를 신청하였다.

③ 20년 징역형을 받고 6년을 복역한 완화경비처우급 수형자 C가 장인의 위독함을 이유로 귀휴를 신청하였다.

④ 무기형을 받고 10년을 복역한 완화경비처우급 수형자 D가 아들의 군입대를 이유로 귀휴를 신청하였다.

해설

③ 일반귀휴사유(배우자의 직계존속이 위독한 때)에 해당하나, 형기의 3분의 1이 지나지 않았으므로 귀휴를 허가할 수 없다(형집행법 제77조 제1항).

① 배우자의 직계존속이 사망한 때에는 5일 이내의 특별귀휴를 허가할 수 있다(동법 제77조 제2항). 특별귀휴는 경비처우급에 따른 제한이 없다.

② 6개월 이상 형을 집행받은 수형자로서 그 형기의 3분의 1이 지나고 교정성적이 우수한 완화경비처우급 수형자가 출소 전 취업 또는 창업 등 사회복귀 준비를 위하여 필요한 때에는 1년 중 20일 이내의 귀휴를 허가할 수 있다(동법 제77조 제1항, 동법 시행규칙 제129조 제2항·제3항 제6호).

④ 무기형의 경우에는 7년이 지나고, 직계비속이 입대하게 된 때에는 1년 중 20일 이내의 귀휴를 허가할 수 있다(동법 제77조 제1항, 동법 시행규칙 제129조 제2항·제3항 제3호).

정답 | ③

13

귀휴에 대한 내용으로 옳은 것은? 교정9급 2008

① 무기수형자의 경우 6년을 복역한 때에는 특별귀휴사유에 해당하지 않더라도 1년 중 10일 이내의 귀휴를 허가받을 수 있다.

② 소장은 개방처우급·완화경비처우급 수형자에게 일반귀휴를 허가할 수 있다. 다만, 교화 또는 사회복귀 준비 등을 위하여 특히 필요한 경우에는 일반경비처우급 수형자에게도 이를 허가할 수 있다.

③ 일반귀휴와는 달리 특별귀휴의 경우에는 귀휴기간을 형집행기간에는 산입하지 않는다.

④ 특히 긴급한 사유가 있는 경우 귀휴자는 허가된 귀휴지를 벗어날 수 있으나, 이 경우에는 사후에 지체없이 소장에게 그러한 사실을 신고하여야 한다.

해설

① 무기형의 경우에는 7년이 지나야 1년 중 20일 이내의 일반귀휴를 허가받을 수 있다.

③ 일반귀휴와 특별귀휴 모두 귀휴기간을 형집행기간에 산입한다.

④ 귀휴지 외의 지역으로의 여행은 원칙적으로 금지되어 있다.

정답 | ②

14

형의 집행 및 수용자의 처우에 관한 법령상 귀휴제도에 대한 설명으로 옳지 않은 것은? 교정9급 2019

① 귀휴기간은 형집행기간에 포함되며, 귀휴자의 여비와 귀휴 중 착용할 복장은 본인이 부담한다.
② 소장은 수형자의 가족 또는 수형자 배우자의 직계존속이 사망하거나 위독한 때에는 수형자에게 5일 이내의 특별귀휴를 허가할 수 있다.
③ 소장은 교화 또는 사회복귀 준비 등을 위하여 특히 필요한 경우에는 일반경비처우급 수형자에게도 귀휴를 허가할 수 있다.
④ 소장은 6개월 이상 복역한 수형자로서 그 형기의 3분의 1(21년 이상의 유기형 또는 무기형의 경우에는 7년)이 지나고 교정성적이 우수한 사람이 질병이나 사고로 외부 의료시설에의 입원이 필요한 때에는 1년 중 20일 이내의 귀휴를 허가할 수 있다.

해설

② 소장은 가족 또는 배우자의 직계존속이 사망하거나, 직계비속의 혼례가 있는 때에는 수형자에게 5일 이내의 특별귀휴를 허가할 수 있다(형집행법 제77조 제2항). 수형자의 가족 또는 배우자의 직계존속이 위독한 때는 일반귀휴 사유이다.
① 동법 제77조 제4항, 동법 시행규칙 제142조 제1항
③ 동법 시행규칙 제129조 제2항
④ 동법 제77조 제1항

정답 | ②

15

귀휴에 대한 설명으로 옳은 것은? 교정7급 2012

① 21년 이상의 유기형 또는 무기형의 경우에는 10년이 지나야 귀휴를 허가할 수 있다.
② 질병이나 사고로 외부 의료시설에의 입원이 필요한 때에는 특별귀휴를 허가할 수 있다.
③ 교화를 위해 특히 필요한 경우에는 일반경비처우급 수형자에게도 귀휴를 허가할 수 있다.
④ 귀휴기간은 형집행기간에 포함되지 않으므로 귀휴는 형집행정지의 일종이다.

해설

① 21년 이상의 유기형 또는 무기형의 경우에는 7년이 지나야 귀휴를 허가할 수 있다.
② 질병이나 사고로 외부 의료시설에의 입원이 필요한 때에는 일반경비처우급 이상인 경우에 일반귀휴를 허가할 수 있다.
④ 귀휴기간은 형집행기간에 포함된다.

정답 | ③

16

「형의 집행 및 수용자의 처우에 관한 법률」상 귀휴제도에 대한 설명으로 옳은 것은? 교정7급 2023

① 소장은 6개월 이상 형을 집행받은 수형자로서 그 형기의 3분의 1이 지나고 교정성적이 우수한 사람이 가족 또는 배우자의 직계존속이 위독한 때에는 형기 중 20일 이내의 귀휴를 허가할 수 있다.

② 귀휴자는 귀휴 중 천재지변이나 그 밖의 사유로 자신의 신상에 중대한 사고가 발생한 경우에는 가까운 교정시설이나 경찰관서에 신고하여야 한다.

③ 귀휴기간은 형 집행기간에 포함되나 특별귀휴기간은 형 집행기간에 포함되지 않는다.

④ 귀휴자의 여비는 본인이 부담하지만, 귀휴자가 신청할 경우 소장은 예산의 범위 내에서 지원할 수 있다.

해설

② 형집행법 시행령 제97조 제2항

① 소장은 6개월 이상 형을 집행받은 수형자로서 그 형기의 3분의 1(21년 이상의 유기형 또는 무기형의 경우에는 7년)이 지나고 교정성적이 우수한 사람이 다음 각 호의 어느 하나에 해당하면 1년 중 20일 이내의 귀휴를 허가할 수 있다(동법 제77조 제1항 제1호).

1. 가족 또는 배우자의 직계존속이 위독한 때
2. 질병이나 사고로 외부의료시설에의 입원이 필요한 때
3. 천재지변이나 그 밖의 재해로 가족, 배우자의 직계존속 또는 수형자 본인에게 회복할 수 없는 중대한 재산상의 손해가 발생하였거나 발생할 우려가 있는 때
4. 그 밖에 교화 또는 건전한 사회복귀를 위하여 법무부령으로 정하는 사유가 있는 때

③ 일반귀휴와 특별귀휴의 귀휴기간은 형 집행기간에 포함한다(동법 제77조 제4항).

④ 귀휴자의 여비와 귀휴 중 착용할 복장은 본인이 부담한다(동법 시행규칙 제142조 제1항). 여비지원 규정은 명시되어 있지 않다.

정답 | ②

17

「형의 집행 및 수용자의 처우에 관한 법률」상의 특별귀휴의 사유에 해당되지 않는 것은? 교정7급 2011

① 가족의 사망 ② 직계비속의 혼례
③ 배우자 직계존속의 사망 ④ 본인의 혼례

해설

특별귀휴의 사유는 가족의 사망, 배우자 직계존속의 사망 및 직계비속의 혼례가 있는 때로, 5일 이내의 귀휴를 허가할 수 있다. 본인의 혼례는 규칙상 일반귀휴의 사유이다.

정답 | ④

18

다음 중 옳지 않은 것은? 교정9급 2009

① 개방처우는 전통적인 폐쇄형 처우에 비해 상대적으로 가족과의 유대를 잘 지속할 수 있는 장점이 있다.

② 귀휴는 6개월 이상 복역한 수형자 중에서 형기의 4분의 1이 지나고 교정성적이 우수한 사람에게 허가될 수 있다.

③ 주말구금제도는 단기 자유형의 폐해를 제거할 수 있고, 직장 및 가정생활을 원만하게 유지할 수 있다.

④ 소장은 수형자의 교정성적이 우수하거나 교화 또는 건전한 사회복귀를 위해서 특히 필요하다고 인정되는 경우에는 접촉차단시설이 없는 장소에서 접견하게 할 수 있다.

해설

일반귀휴의 경우, 일반경비처우급 이상이고, 6개월 이상 형을 집행받은 수형자로서 그 형기의 3분의 1(21년 이상의 유기형 또는 무기형의 경우에는 7년)이 지났으며, 교정성적이 우수한 사람에게 허가될 수 있다.

정답 | ②

19

「형의 집행 및 수용자의 처우에 관한 법률」상 소장은 6개월 이상 복역한 수형자로서 그 형기의 3분의 1(21년 이상의 유기형 또는 무기형의 경우에는 7년)이 지나고 교정성적이 우수한 사람에 대하여 1년 중 20일 이내의 귀휴를 허가할 수 있다. 귀휴사유로서 옳지 않은 것은? 교정9급 2012

① 질병이나 사고로 외부 의료시설에의 입원이 필요한 때

② 가족 또는 배우자의 직계존속이 위독한 때

③ 천재지변이나 그 밖의 재해로 가족, 배우자의 직계존속 또는 수형자 본인에게 회복할 수 없는 중대한 재산상의 손해가 발생하거나 발생할 우려가 있는 때

④ 그 밖에 교화 또는 건전한 사회복귀를 위하여 대통령령으로 정하는 사유가 있는 때

해설

그 밖에 교화 또는 건전한 사회복귀를 위하여 법무부령으로 정하는 사유가 있는 때(형집행법 제77조 제1항 제4호)

정답 | ④

20

개방형 처우의 한 형태로 미국에서 주로 실시하고 있는 '사법형 외부통근제'의 장점이 아닌 것은? 교정7급 2016

① 수형자의 수형생활 적응에 도움이 되고, 국민의 응보적 법감정에 부합한다.
② 수형자가 판결 전의 직업을 그대로 유지할 수 있으므로 직업이 중단되지 않고 가족의 생계를 유지시킬 수 있다.
③ 수형자에게 자율능력을 가진 노동을 허용하여 개인의 존엄을 유지하게 하는 심리적 효과가 있다.
④ 주말구금이나 야간구금과 같은 반구금제도와 함께 활용할 수 있다.

해설

행정형 외부통근제보다는 국민의 응보적 법감정에 부합하지 않는다.
참고로, ②·③·④는 사법형 외부통근제의 장점에 해당한다.

사법형 외부통근제
- '통근형'이라고도 하며, 법원이 형법의 일종으로서 유죄확정자에게 외부통근형을 선고하는 것으로, 미국의 많은 주에서 시행하고 있다.
- 수형자가 수형 초기부터 시설 외의 취업장으로 통근하는 방식이므로, 석방 전 누진처우의 일환으로 행해지는 행정형 외부통근제와는 차이가 있다.
- 주로 경범죄자나 단기수형자가 그 대상이다.
- 본인이 원하고 판사가 대상자로서 적합하다고 판단되면 보호관찰관에게 조사를 명하는데, 통상 시설에서 통근이 가능한 거리에 직장이 있고, 고용주의 협력을 전제로 선고하는 것이 일반적이다.

정답 | ①

21

개방처우에 대한 설명으로 가장 거리가 먼 것은? 교정7급 2010

① 카티지제(cottage system)는 대규모 시설에서의 획일적 수용처우의 단점을 보완하기 위해 만들어진 제도이다.
② 형사정책적 의의로 인도주의적 형벌, 교정교화 효과, 사회적응 촉진 등을 들 수 있다.
③ 우리나라는 사법형 외부통근제도를 채택하고 있다.
④ 수용자의 자율 및 책임감에 기반을 둔 처우제도이다.

해설

우리나라는 대륙법계 국가 및 영국과 마찬가지로, 석방 전 사회복귀의 일환으로서 시행되는 행정형 외부통근제도를 운영하고 있다.

정답 | ③

22

「형의 집행 및 수용자의 처우에 관한 법률 시행규칙」상 가족만남의 날 행사 등에 대한 설명으로 옳은 것은?

교정7급 2020

① 수형자와 그 가족이 원칙적으로 교정시설 밖의 일정한 장소에서 다과와 음식을 함께 나누면서 대화의 시간을 갖는 행사를 말한다.
② 소장은 중경비처우급 수형자에 대하여 가족만남의 날 행사에 참여하게 하거나 가족만남의 집을 이용하게 할 수 있다.
③ 가족만남의 날 행사에 참여하는 횟수만큼 수형자의 접견 허용횟수는 줄어든다.
④ 소장은 가족이 없는 수형자에 대하여는 결연을 맺었거나 그 밖에 가족에 준하는 사람으로 하여금 그 가족을 대신하게 할 수 있다.

해설

④ 형집행법 시행규칙 제89조 제2항
① "가족만남의 날 행사"란 수형자와 그 가족이 교정시설의 일정한 장소에서 다과와 음식을 함께 나누면서 대화의 시간을 갖는 행사를 말하며, "가족만남의 집"이란 수형자와 그 가족이 숙식을 함께 할 수 있도록 교정시설에 수용동과 별도로 설치된 일반주택 형태의 건축물을 말한다(동법 시행규칙 제89조 제4항).
②·③ 소장은 개방처우급·완화경비처우급 수형자에 대하여 가족만남의 날 행사에 참여하게 하거나 가족만남의 집을 이용하게 할 수 있다. 이 경우 접견 허용횟수에는 포함되지 아니하며(동법 시행규칙 제89조 제1항), 교화를 위하여 특히 필요한 경우에는 일반경비처우급 수형자에 대하여도 가족만남의 날 행사 참여 또는 가족만남의 집 이용을 허가할 수 있다(동법 시행규칙 제89조 제3항).

정답 | ④

23

「형의 집행 및 수용자의 처우에 관한 법률 시행규칙」상 수형자의 가족만남의 날 행사 등에 대한 설명으로 옳지 않은 것은?

교정7급 2016

① 소장은 개방처우급·완화경비처우급 수형자에 대하여 가족만남의 날 행사에 참여하게 하거나 가족만남의 집을 이용하게 할 수 있다.
② 소장은 가족이 없는 수형자에 대하여는 결연을 맺었거나 그 밖에 가족에 준하는 사람으로 하여금 그 가족을 대신하게 할 수 있다.
③ 수형자가 가족만남의 날 행사에 참여하거나 가족만남의 집을 이용하는 경우 「형의 집행 및 수용자의 처우에 관한 법률 시행규칙」 제87조에서 정한 접견허용횟수에 포함된다.
④ 소장은 교화를 위하여 특히 필요한 경우에는 일반경비처우급 수형자에 대하여도 가족만남의 날 행사 참여 또는 가족만남의 집 이용을 허가할 수 있다.

해설

③ 이 경우 제87조의 접견허용횟수에는 포함되지 아니한다(형집행법 시행규칙 제89조 제1항 후단).
① 동조 제1항 전단
② 동조 제2항
④ 동조 제3항

정답 | ③

24

사회적 처우에 대한 설명으로 옳지 않은 것은?

교정7급 2014

① 사회견학, 사회봉사, 종교행사 참석, 연극, 영화, 그 밖의 문화공연 관람은 사회적 처우에 속한다.
② 교정시설의 장은 원칙적으로 개방처우급, 완화경비처우급 및 일반경비처우급 수형자에 대하여 교정시설 밖에서 이루어지는 활동을 허가할 수 있다.
③ 연극이나 영화, 그 밖의 문화공연 관람에 필요한 비용은 수형자 부담이 원칙이며, 처우상 필요한 경우에는 예산의 범위에서 그 비용을 지원할 수 있다.
④ 교정시설의 장은 사회적 처우시에 별도의 수형자 의류를 지정하여 입게 하지만 처우상 필요한 경우 자비구매 의류를 입게 할 수 있다.

해설

교정시설의 장은 원칙적으로 개방처우급·완화경비처우급 수형자에 대하여 교정시설 밖에서 이루어지는 활동을 허가할 수 있다. 다만, 처우상 특히 필요한 경우에는 일반경비처우급 수형자에게도 이를 허가할 수 있다.

정답 | ②

25

개방처우에 대한 설명으로 옳지 않은 것은?

교정7급 2013

① 개방처우의 유형으로는 외부통근제도, 주말구금제도, 부부접견제도 그리고 민영교도소제도 등을 들 수 있다.
② 개방시설에서의 처우는 유형적·물리적 도주방지 장치가 전부 또는 일부가 없고 수용자의 자율 및 책임감에 기반을 둔 처우제도이다.
③ 외부통근제도는 수형자를 주간에 외부의 교육기관에서 교육을 받게 하거나, 작업장에서 생산작업에 종사하게 하는 것으로 사법형, 행정형 그리고 혼합형으로 구분된다.
④ 우리나라는 가족만남의 집 운영을 통해 부부접견제도를 두고 있다고 해석할 수 있고, 외부통근제도도 시행하고 있으나 주말구금제도는 시행하고 있지 않다.

해설

민영교도소제도는 개방처우가 아닌 폐쇄처우의 한 유형이다. 민영교도소는 그 시설 자체가 국가시설과 동일한 시설로, 시설 내에서 이루어지는 시설 내 처우와 개방처우를 실시한다.

정답 | ①

26

사회적 처우에 대한 설명으로 옳지 않은 것은?

교정9급 2011

① 개방처우는 가족과의 유대가 지속될 수 있는 장점이 있다.
② 현행법상 귀휴기간은 형집행기간에 포함한다.
③ 우리나라의 외부통근작업은 행정형 외부통근제도이다.
④ 갱생보호는 정신적·물질적 원조를 제공하여 건전한 사회인으로 복귀할 수 있는 기반을 조성할 수 있다.

해설

갱생보호제도는 사회적 처우가 아닌 사회 내 처우에 해당한다. 질문의 요지는 사회적 처우에 대한 설명이다.

정답 | ④

27

교정처우를 폐쇄형 처우, 개방형 처우, 사회형 처우로 구분할 때 개방형 처우에 해당하는 것만을 모두 고른 것은?

교정9급 2016

㉠ 주말구금	㉡ 부부접견
㉢ 외부통근	㉣ 보호관찰
㉤ 사회봉사명령	㉥ 수형자자치제

① ㉠, ㉡, ㉢　② ㉠, ㉤, ㉥
③ ㉡, ㉢, ㉣　④ ㉣, ㉤, ㉥

해설

㉠·㉡·㉢ 사회적 처우(개방처우)
㉣·㉤ 사회 내 처우
㉥ 시설 내 처우

정답 | ①

CHAPTER 07

지역사회교정

01

사회 내 처우(지역사회교정)의 등장배경이라고 볼 수 없는 것은? 교정9급 2007

① 교정시설의 증가에 따른 비용의 감소를 위함
② 범죄자에 대한 낙인을 줄이고 사회재통합을 가능하게 함
③ 교도소의 과밀화를 해소하고 교도관의 사기를 증진시킴
④ 지역사회의 물리적 환경개선을 통해 범죄예방에 힘씀

해설

지역사회의 물리적 환경개선은 1차예방을 위한 환경설계로써의 범죄예방이라고 할 수 있다. 일반적으로 지역사회교정은 과밀수용 해소, 비용절감, 낙인으로 인한 폐단 해소 및 악풍감염 방지 등의 차원에서 도입되었다고 볼 수 있다.

정답 | ④

02

사회 내 처우제도에 대한 설명으로 옳지 않은 것은? 교정7급 2014

① 지역사회의 자원이 동원됨으로써 교정에 대한 시민의 관심이 높아지고, 나아가 이들의 참여의식을 더욱 강화할 수 있다.
② 수용시설의 제한된 자원과는 달리 지역사회에서는 다양한 자원을 쉽게 발굴 및 활용할 수 있다.
③ 범죄인이 경제활동을 포함하여 지역사회에서 일상생활을 하는 것이 가능하므로, 범죄인 개인의 사회적 관계성을 유지할 수 있다.
④ 전자감시제도의 경우, 처우대상자의 선정에 공정성을 기하기 용이하다.

해설

전자감시제도의 경우, 처우대상자를 선정함에 있어 재량권 남용 및 인권침해의 소지가 있다는 문제점으로 인해 그 선정에 공정성을 기하기 용이하지 않다.

정답 | ④

03

지역사회교정의 장점을 기술한 것으로 옳지 않은 것은? 교정9급 2016

① 새로운 사회통제전략으로서 형사사법망의 확대효과를 가져온다.
② 교정시설 수용에 비해 일반적으로 비용과 재정부담이 감소되고 교도소 과밀수용 문제를 해소할 수 있다.
③ 대상자에게 사회적 관계의 단절을 막고 낙인효과를 최소화하며 보다 인도주의적인 처우가 가능하다.
④ 대상자에게 가족, 지역사회, 집단 등과 유대관계를 유지하게 하여 범죄자의 지역사회 재통합 가능성을 높여 줄 수 있다.

해설

형사사법망의 확대는 지역사회교정의 단점에 해당한다. 즉, 지역사회교정이 확대되면, 과거에는 범죄통제의 대상이 아니었던 자가 범죄통제의 대상이 됨으로써 형사사법망의 확대를 초래한다는 점에서 비판을 받고 있다.

정답 | ①

04

지역사회교정(community-based corections)에 대한 설명으로 옳지 않은 것은? 교정9급 2019

① 범죄자에 대한 인도주의적 처우, 사회복귀의 긍정적 효과 그리고 교정경비의 절감과 재소자 관리상 이익의 필요성 등의 요청에 의해 대두되었다.
② 통상의 형사재판절차에 처해질 알코올중독자, 마약사용자, 경범죄자 등의 범죄인에 대한 전환(diversion)방안으로 활용할 수 있다.
③ 범죄자에게 가족, 지역사회, 집단 등과의 유대관계를 유지하게 하여 지역사회 재통합 가능성을 높여 줄 수 있다.
④ 사회 내 재범가능자들을 감시하고 지도함으로써 지역사회의 안전과 보호에 기여하고, 사법통제망을 축소시키는 효과를 기대할 수 있다.

해설

형사사법망의 확대

지역사회교정의 지나친 확대는 범죄통제의 대상이 아니었던 경미한 범죄인까지도 범죄통제의 대상이 됨으로써 형사사법망의 확대를 초래할 수 있는데, 형사사법망의 확대에 관하여 다음의 세 가지가 주장되고 있다.

- 망의 확대: 국가에 의해 통제·규제되는 시민의 비율이 증가되는 현상, 즉 더 많은 사람을 잡을 수 있도록 그물망을 키워왔다는 것이다.
- 망의 강화: 범죄인에 대한 개입의 강도를 높임으로써 그들에 대한 통제를 강화시켰다는 것이다.
- 상이한 망의 설치: 범죄인을 사법기관이 아닌 다른 기관으로 위탁하여 더 많은 사람을 범죄통제의 대상으로 만들었다는 것이다.

정답 | ④

05

다이버전에 대한 설명으로 옳지 않은 것은?

교정9급 2022

① 형벌 이외의 사회통제망의 축소를 가져온다.
② 공식적인 절차에 비해서 형사사법비용을 절감할 수 있다.
③ 업무경감으로 인하여 형사사법제도의 능률성과 신축성을 가져온다.
④ 범죄로 인한 낙인의 부정적 영향을 최소화하여 2차적 일탈의 예방에 긍정적이다.

해설

기존의 형사사법절차에서는 형사사법의 대상이 아니었던 행위가 다이버전으로써 그 대상이 되어 또 다른 형사사법절차가 만들어지고, 이로써 형사사법망의 확대를 초래한다는 비판을 받는다.

정답 | ①

06

다양한 형태로 출현하여 시행되고 있는 지역사회교정(사회 내 처우)의 형태로 옳지 않은 것은? 교정9급 2021

① 출소자들에 대한 원조(advocacy)
② 지역사회 융합을 위한 재통합(reintegration)
③ 사회적 낙인문제 해소를 위한 전환제도(diversion)
④ 범죄자의 선별적 무력화(selective incapacitation)

해설

범죄자의 선별적 무능력화는 재범가능성에 대한 개인별 예측을 통해 범죄성이 강한 개별 범죄자를 선별적으로 구금하거나 그 형량을 강화하는 것으로, 시설 내 처우에 해당한다.

정답 | ④

07

중간처우에 관한 설명으로 옳지 않은 것은?

교정9급 2007

① 중간처우란 출소기일이 임박한 수형자의 정상적인 사회복귀를 돕기 위한 출소 전 준비제도로 많이 활용된다.
② 중간처우제도의 기원은 1854년 아일랜드의 감옥소장이었던 크로포튼이 설치한 중간교도소에서 시작되었다.
③ 우리나라에서는 사법형 외부통근제, 귀휴제도, 가석방예정자 사회적응훈련원 등의 중간처우가 실시되고 있다.
④ 중간처우제도는 시설 내 중간처우와 사회 내 중간처우로 나뉘는바, 중간처우의 집(Halfway House), 석방전지도센터(Pre-release Guidance Center)가 사회 내 중간처우에 속한다.

해설

우리나라는 사법형 외부통근제가 아닌 행정형 외부통근제를 실시하고 있다.

정답 | ③

08

형의 집행 및 수용자의 처우에 관한 법령상 중간처우에 대한 설명으로 옳지 않은 것은?

교정7급 2024

① 중간처우 대상자의 선발절차는 분류처우위원회의 심의를 거쳐 소장이 정한다.
② 중간처우 대상자는 전담교정시설에 수용되어 그 특성에 알맞은 처우를 받되, 전담교정시설의 부족 등 부득이한 사정이 있는 경우에는 예외로 할 수 있다.
③ 형기가 2년 이상으로 범죄 횟수가 1회이고 중간처우를 받는 날부터 가석방 또는 형기 종료 예정일까지 기간이 3개월 이상 1년 6개월 미만인 개방처우급 또는 완화경비처우급 수형자에 대하여는 지역사회에 설치된 개방시설에 수용할 수 있다.
④ 소장은 교도작업에 지장을 주지 아니하는 범위에서 작업기술이 탁월하고 작업성적이 우수한 중간처우 대상 수형자에게 1일 2시간 이내로 개인작업을 하게 할 수 있다.

해설

① 중간처우 대상자의 선발절차, 교정시설 또는 지역사회에 설치하는 개방시설의 종류 및 기준, 그 밖에 필요한 사항은 법무부장관이 정한다(형집행법 시행규칙 제93조 제3항).
② 동법 제57조 제6항
③ 동법 시행규칙 제93조 제2항
④ 동법 시행규칙 제95조 제1항

정답 | ①

09

사회 내 처우로만 바르게 짝지은 것은? 교정7급 2015

① 귀휴 – 사회봉사명령 – 병영훈련
② 주말구금 – 단기보호관찰 – 외부통근
③ 가택구금 – 사회견학 - 집중보호관찰
④ 수강명령 – 전자발찌 – 외출제한명령

해설

① 귀휴(사회적 처우) – 사회봉사명령(사회 내 처우) – 병영훈련(사회 내 처우)
② 주말구금(사회적 처우) – 단기보호관찰(사회 내 처우) – 외부통근(사회적 처우)
③ 가택구금(사회 내 처우) – 사회견학(사회적 처우) – 집중보호관찰(사회 내 처우)

정답 | ④

10

사회 내 처우에 해당되는 것은? 교정7급 2009

ㄱ. 가석방	ㄴ. 귀휴
ㄷ. 보호관찰	ㄹ. 사회견학
ㅁ. 사회봉사명령	ㅂ. 외부통근
ㅅ. 주말구금	ㅇ. 갱생보호

① ㄱ, ㄷ, ㅁ, ㅇ　② ㄱ, ㄷ, ㅂ, ㅇ
③ ㄴ, ㄹ, ㅂ, ㅇ　④ ㄷ, ㄹ, ㅂ, ㅅ

해설

ㄱ, ㄷ, ㅁ, ㅇ이 사회 내 처우에 해당한다.
ㄱ. 가석방 – 사회 내 처우
ㄴ. 귀휴 – 사회적 처우
ㄷ. 보호관찰 – 사회 내 처우
ㄹ. 사회견학 – 사회적 처우
ㅁ. 사회봉사명령 – 사회 내 처우
ㅂ. 외부통근 – 사회적 처우
ㅅ. 주말구금 – 사회적 처우
ㅇ. 갱생보호 – 사회 내 처우

정답 | ①

11

사회 내 처우에 해당하지 않는 것을 모두 고른 것은?

교정9급 2012

ㄱ. 보호관찰
ㄴ. 외부통근
ㄷ. 귀휴
ㄹ. 사회봉사명령, 수강명령
ㅁ. 주말구금
ㅂ. 갱생보호
ㅅ. 부부 및 가족접견
ㅇ. 가석방
ㅈ. 개방교도소
ㅊ. 전자감시부 가택구금

① ㄱ, ㄹ, ㅂ, ㅅ, ㅇ
② ㄱ, ㄷ, ㅁ, ㅇ, ㅊ
③ ㄴ, ㄹ, ㅂ, ㅈ, ㅊ
④ ㄴ, ㄷ, ㅁ, ㅅ, ㅈ

해설

ㄱ. 보호관찰 – 사회 내 처우
ㄴ. 외부통근 – 사회적 처우
ㄷ. 귀휴 – 사회적 처우
ㄹ. 사회봉사명령, 수강명령 – 사회 내 처우
ㅁ. 주말구금 – 사회적 처우
ㅂ. 갱생보호 – 사회 내 처우
ㅅ. 부부 및 가족접견 – 사회적 처우
ㅇ. 가석방 – 사회 내 처우
ㅈ. 개방교도소 – 사회적 처우
ㅊ. 전자감시부 가택구금 – 사회 내 처우

정답 | ④

12

중간처우제도와 시설에 대한 설명으로 옳지 않은 것은?

교정7급 2018

① 정신질환자 또는 마약중독자들이 겪는 구금으로 인한 충격을 완화해주는 역할을 한다.
② 교도소 수용이나 출소를 대비하는 시설로 보호관찰대상자에게는 적용되지 않는다.
③ 교정시설 내 중간처우로는 외부방문, 귀휴, 외부통근작업 및 통학제도 등을 들 수 있다.
④ 교도소 출소로 인한 혼란·불확실성·스트레스를 완화해주는 감압실(減壓室)로 불리기도 한다.

해설

중간처우에는 교도소 수용이나 출소를 대비하는 처우뿐만 아니라, 사회 내에서 실시하는 보호관찰대상자에 대한 지도·감독으로써 건전한 사회복귀를 촉진하는 처우도 포함된다는 점에서 보호관찰대상자와도 관련이 있다.

정답 | ②

13

중간처우소(halfway house)에 대한 설명으로 옳지 않은 것은?

교정7급 2021

① 석방 전 중간처우소는 교도소에서 지역사회로 전환하는 데 필요한 도움과 지도를 제공한다.
② 석방 전 중간처우소는 정신질환범죄자나 마약중독자에 유용하며 석방의 충격을 완화해주는 역할을 한다.
③ 우리나라의 중간처우소 사례인 밀양희망센터는 외부업체에서 일하고 지역사회 내의 기숙사에서 생활하는 형태로 운영된다.
④ 미국에서 가장 일반적인 중간처우소 유형은 수형자가 가석방 등 조건부 석방이 결정된 후 초기에 중간처우소에 거주하는 것이다.

해설

정신질환범죄자나 마약중독자에게는 구금 전 별도의 치료시설이 필요하고, 구금 후에도 처벌보다는 치료·재활이 더 중요하다.

정답 | ②

14

지역사회교정에 대한 설명으로 옳지 않은 것은?

교정7급 2020

① 교정의 목표는 사회가 범죄자에게 교육과 취업기회를 제공해주고 사회적 유대를 구축 또는 재구축하는 것이다.
② 구금이 필요하지 않은 범죄자들에게는 구금 이외의 처벌이 필요하다.
③ 전통적 교정에 대한 새로운 대안의 모색으로 지역사회의 책임이 요구되었다.
④ 교정개혁에 초점을 둔 인간적 처우를 증진하며 범죄자의 책임을 경감시키는 시도이다.

해설

지역사회교정은 범죄자에 대한 인도주의적 처우, 사회복귀의 긍정적 효과, 교정경비 절감, 지역사회의 보호 및 재통합 등을 목표로 한다. 즉, 범죄자의 책임경감과는 관련이 없다.

정답 | ④

15

지역사회교정에 대한 설명으로 옳지 않은 것은?

교정9급 2024

① 교정시설의 과밀수용문제를 해소하기 위한 방안 중 하나이다.

② 범죄자의 처벌·처우에 대한 인도주의적 관점이 반영된 것이다.

③ 형사제재의 단절을 통해 범죄자의 빠른 사회복귀와 재통합을 실현하고자 한다.

④ 실제로는 범죄자에 대한 통제를 증대시켰다는 비판이 있다.

해설

교정시설 내에서의 처벌을 지역사회에서의 교정으로 전환하는 것이므로, 형사제재의 단절과는 거리가 멀며, 처벌의 연속성이 유지된다.

정답 | ③

16

'전자감시를 조건으로 한 가택구금'에 대한 설명으로 옳지 않은 것은?

교정9급 2009

① 범죄자를 자신의 집에 구금시키고 전자장비를 이용하여 범죄자를 감시하는 일종의 시설 내 처우이다.

② 과잉구금 및 교도소 과밀수용의 문제점을 해결하기 위한 대안으로 시작되었다.

③ 범죄자에 대한 통제 강화라는 엄격한 처벌의 요구와 구금비용 절약이라는 경제성의 요구를 동시에 만족시킬 수 있다.

④ 형사사법의 그물망을 확대시킴으로써 더 많은 사람들에 대해 형사사법기관이 개입하게 된다는 단점이 있다.

해설

전자감시가택구금제도는 전형적인 중간처벌로, 시설 내 처우가 아닌 사회 내 처우에 해당한다.

정답 | ①

17

중간처벌제도에 관한 설명으로 옳지 않은 것은?

교정7급 2008

① 미국의 모리스(Morris)는 범죄자 처벌에 있어서 중간처벌제도를 적극 활용해야 한다고 주장하였다.
② 구금과 보호관찰처분의 이분법적 처벌형태에서 존재할 수 있는 불공정성을 극복할 수 있다.
③ 보호관찰의 다양한 활용과 구금형의 무용론이 대두되면서 새로운 처벌제도로 논의가 활발하게 이루어졌다.
④ 쇼크구금(Shock Incarceration)과 병영식 캠프(Boot Camp)는 교정 관련 중간처벌의 대표적 예에 속한다.

해설

중간처벌제도는 보호관찰과 구금형의 극단적인 처벌에 대한 문제점을 해소하기 위해 대두되었다. 즉, 보호관찰의 다양한 활용과 구금형의 무용론 대두와는 무관하다.

정답 | ③

18

사회 내 처우에 대한 설명으로 옳지 않은 것은?

교정9급 2017

① 배상제도는 범죄자로 하여금 범죄로 인한 피해자의 경제적 손실을 금전적으로 배상하게 하는 것으로, 범죄자의 사회복귀를 도울 수 있으며 범죄자에게 범죄에 대한 속죄의 기회를 제공한다.
② 사회봉사명령은 유죄가 인정된 범죄인이나 비행소년을 교화·개선하기 위해 이들로부터 일정한 여가를 박탈함으로써 처벌의 효과도 얻을 수 있고, 동시에 교육훈련을 통하여 자기개선적 효과를 기대할 수 있다.
③ 집중감시(감독)보호관찰은 감독의 강도가 일반보호관찰보다는 높고 구금에 비해서는 낮은 것으로, 집중적인 접촉관찰을 실시함으로써 대상자의 욕구와 문제점을 보다 정확히 파악하고, 이에 알맞은 지도·감독 및 원호를 실시하여 재범방지의 효과를 높일 수 있다.
④ 전자감시(감독)제도는 처벌프로그램의 종류라기보다는 대상자의 위치를 파악할 수 있는 감시(감독)기술로서, 구금으로 인한 폐해를 줄일 수 있고 대상자가 교화·개선에 도움이 되는 각종 교육훈련과 상담을 받을 수 있다.

해설

②는 수강명령에 대한 설명이다. 수강명령은 유죄가 인정된 범죄인이나 보호소년을 교화·개선하기 위해 일정한 강의나 교육을 받도록 명하는 것을 말한다.
참고로, 사회봉사명령은 유죄가 인정된 범죄자나 비행소년을 교도소나 소년원에 구금하는 대신, 일정 기간 무보수로 사회에 유익한 근로에 종사토록 명하는 제도이다.

정답 | ②

19

충격구금(shock incarceration)에 대한 설명으로 옳지 않은 것은? 교정7급 2015

① 장기구금에 따른 폐해를 해소하거나 줄이는 대신 구금의 긍정적 측면을 강조하기 위한 것이다.

② 구금의 고통이 큰 기간을 구금하여 범죄억제효과를 극대화하는 데 제도적 의의가 있다.

③ 형의 유예 및 구금의 일부 장점들을 결합한 것으로 보호관찰과는 결합될 수 없다.

④ 짧은 기간 구금되지만 범죄자가 악풍에 감염될 우려가 있다.

해설

충격구금은 보호관찰에 앞서 일시적으로 구금하고, 그 구금의 고통이 미래 범죄행위에 대해 억제력을 발휘할 것이라고 가정하는 처벌형태로, 구금 이후 형의 집행을 유예하면서 보호관찰과 결합하여 운영하고 있다.

정답 | ③

20

중간처벌제도에 대한 설명으로 옳은 것은? 교정7급 2019

① 중간처벌은 중간처우에 비해 사회복귀에 더욱 중점을 둔 제도이다.

② 충격구금은 보호관찰의 집행 중에 실시하는 것으로, 일시적인 구금을 통한 고통의 경험이 미래 범죄행위에 대한 억지력을 발휘할 것이라는 가정을 전제로 한다.

③ 배상명령은 시민이나 교정당국에 비용을 부담시키지 않고, 범죄자로 하여금 지역사회에서 가족과 인간관계를 유지하며 직업활동에 전념할 수 있게 한다.

④ 집중감독보호관찰(intensive supervision probation)은 주로 경미범죄자나 초범자에게 실시하는 것으로, 일반 보호관찰에 비해 많은 수의 사람을 대상으로 한다.

해설

① 중간처벌은 구금형과 일반 보호관찰 사이에 존재하는 대체처벌로, 중간처우가 사회복귀에 중점을 두는 반면, 중간처벌은 제재에 보다 중점을 둔다.

② 충격구금은 보호관찰에 앞서 일시적으로 구금하고, 그 구금의 고통이 미래 범죄행위에 대해 억제력을 발휘할 것이라고 가정하는 처벌형태로, 장기구금에 따른 폐해와 부정적 요소를 해소하거나 줄임으로써 구금의 긍정적 측면을 강조한다.

④ 집중감독(감시)보호관찰은 주 5회 정도 실시되는데, 주로 마약사범이나 조직폭력범에게 적용하는 제도이다.

정답 | ③

21

집중감독보호관찰(intensive supervision probation)에 대한 설명으로 옳지 않은 것은? 교정9급 2016

① 위험성이 높은 보호관찰대상자 중에서 대상자를 선정하는 것이 보편적이다.
② 구금과 일반적인 보호관찰에 대한 대체방안으로서 대상자와의 접촉을 늘려 세밀한 감독을 한다.
③ 대상자의 자발적 동의와 참여하에 단기간 구금 후 석방하여 집중적으로 감시하는 사회 내 처우이다.
④ 보호관찰이 지나치게 관대한 처벌이라는 느낌을 주지 않으면서 범죄자를 사회 내에서 처우할 수 있는 기회를 제공한다.

해설

집중감시(감독)보호관찰(IPS)은 교정시설의 과잉구금을 피하기 위해 일반 보호관찰위반자나 주로 마약사범 · 조직폭력범을 대상으로 주 5회 이상의 집중적인 접촉관찰과 병행하는 프로그램으로, 대상자의 신체에 전자추적장치를 부착하여 제한구역을 이탈하면 즉시 감응장치가 작동함으로써 추적관찰을 실시하는데, 대상자의 자발적 동의와 참여를 그 요건으로 하지 않는다.

정답 | ③

22

다음의 내용에 모두 부합하는 제도는? 교정9급 2016

> ㉠ 시설수용의 단점을 피할 수 있다.
> ㉡ 임산부 등 특별한 처우가 필요한 범죄자에게도 실시할 수 있다.
> ㉢ 판결 이전이나 형집행 이후 등 형사사법의 각 단계에서 폭넓게 사용될 수 있다.

① 개방처우 ② 전자감시
③ 사회봉사 ④ 수강명령

해설

㉠ · ㉡ · ㉢에 모두 부합하는 제도는 전자감시이다.
㉠ 전자감시 · 사회봉사 · 수강명령: 개방처우는 시설 내 처우에 기반을 두므로 ㉠과 부합하지 않는다. 참고로, 개방처우는 시설 내 처우에 기반을 두면서 시설의 폐쇄성을 완화하여 구금의 폐해를 최소화하고, 그 생활조건을 일반사회에 접근시킴으로써 수형자의 재사회화 내지 개선효과를 얻고자 하는 처우이다.
㉡ 개방처우 · 전자감시 · 수강명령: 사회봉사는 임산부에게 적합하지 않다.
㉢ 전자감시: 개방처우, 사회봉사 및 수강명령은 판결 이후에만 사용 가능하다.

정답 | ②

가석방과 시설 내 처우의 종료

01

가석방제도에 관한 설명으로 옳지 않은 것은?

교정9급 2009

① 정기자유형의 문제점을 보완하고 수형자의 개선의지를 촉진할 수 있다.

② 교정시설 내 질서유지 및 교정교화의 효과증진에 기여할 수 있다.

③ 불필요한 구금을 회피함으로써 경비를 절감할 수 있다.

④ 사법처분의 일환으로 공정성을 증대시킬 수 있다.

해설

가석방은 「형법」에 근거규정이 있고, 행정기관(가석방심사위원회의 심사결정과 법무부장관의 허가)의 판단하에 시행되는 제도로, 사법처분이 아닌 행정처분이다.

정답 | ④

02

「형의 집행 및 수용자의 처우에 관한 법률 시행규칙」상 가석방에 대한 설명으로 옳지 않은 것은? 교정9급 2024

① 소장은 「형법」 제72조 제1항의 기간을 경과한 수형자로서 교정성적이 우수하고 뉘우치는 빛이 뚜렷하여 재범의 위험성이 없다고 인정하는 경우에는 분류처우위원회의 의결을 거쳐 가석방 적격심사신청 대상자를 선정한다.

② 소장은 가석방 적격심사신청을 위한 사전조사에서 신원에 관한 사항의 조사는 수형자를 수용한 날부터 2개월 이내에 하고, 그 후 변경된 사항이 있는 경우에는 지체 없이 그 내용을 변경하여야 한다.

③ 소장은 가석방 적격심사신청을 위하여 사전조사한 사항을 매월 분류처우위원회의 회의개최일 전날까지 분류처우심사표에 기록하여야 하며, 이 분류처우심사표는 법무부장관이 정한다.

④ 소장은 가석방이 허가되지 아니한 수형자에 대하여 그 후에 가석방을 허가하는 것이 적당하다고 인정하는 경우에는 다시 가석방 적격심사신청을 할 수 있다.

해설

② 신원에 관한 사항에 대한 조사는 수형자를 수용한 날부터 1개월 이내에 하고, 그 후 변경할 필요가 있는 사항이 발견되거나 가석방 적격심사신청을 위하여 필요한 경우에 한다(형집행법 시행규칙 제249조 제1항).

① 동법 시행규칙 제245조 제1항

③ 동법 시행규칙 제248조 제1항·제2항

④ 동법 시행규칙 제251조

정답 | ②

03

가석방에 대한 설명으로 옳은 것은? 교정9급 2015

① 가석방처분 후 처분이 실효 또는 취소되지 않고 가석방기간을 경과한 때에는 가석방심사위원회를 통해 최종적으로 형집행종료를 결정한다.

② 가석방심사위원회는 가석방적격결정을 하였으면 7일 이내에 법무부장관에게 가석방허가를 신청하여야 한다.

③ 징역 또는 금고의 집행 중에 있는 자가 그 행장이 양호하여 개전의 정이 현저한 때에는 무기에 있어서는 10년, 유기에 있어서는 형기의 3분의 1을 경과한 후 행정처분으로 가석방을 할 수 있다.

④ 가석방적격심사 시 재산에 관한 죄를 지은 수형자에 대하여는 특히 그 범행으로 인하여 발생한 손해의 배상 여부 또는 손해를 경감하기 위한 노력 여부를 심사하여야 한다.

해설

④ 형집행법 시행규칙 제255조 제1항

① 가석방의 처분을 받은 후 그 처분이 실효 또는 취소되지 아니하고 가석방기간을 경과한 때에는 형의 집행을 종료한 것으로 본다(형법 제76조 제1항).

② 가석방심사위원회는 가석방적격결정을 하였으면 5일 이내에 법무부장관에게 가석방허가를 신청하여야 한다(형집행법 제122조 제1항).

③ 징역 또는 금고의 집행 중에 있는 자가 그 행상이 양호하여 개전의 정이 현저한 때에는 무기에 있어서는 20년, 유기에 있어서는 형기의 3분의 1을 경과한 후 행정처분으로 가석방을 할 수 있다(형법 제72조 제1항).

정답 | ④

04

「형의 집행 및 수용자의 처우에 관한 법령」상 가석방심사위원회에 대한 설명으로 옳지 않은 것은? 교정7급 2023

① 가석방심사위원회는 위원장을 포함한 5명 이상 9명 이하의 위원으로 구성한다.

② 가석방심사위원회 위원은 판사, 검사, 변호사, 법무부 소속 공무원, 교정에 관한 학식과 경험이 풍부한 사람 중에서 법무부장관이 임명 또는 위촉한다.

③ 가석방심사위원회 위원장은 법무부장관이 된다.

④ 가석방심사위원회의 회의는 재적위원 과반수의 출석으로 개의하고, 출석위원 과반수의 찬성으로 의결한다.

해설

②·③ 위원장은 법무부차관이 되고, 위원은 판사, 검사, 변호사, 법무부 소속 공무원, 교정에 관한 학식과 경험이 풍부한 사람 중에서 법무부장관이 임명 또는 위촉한다(형집행법 제120조 제2항).

① 동조 제1항

④ 동법 시행규칙 제242조 제1항

정답 | ③

05

가석방에 대한 설명으로 옳지 않은 것으로만 묶인 것은? 교정7급 2011

> ㄱ. 가석방의 경우 보호관찰은 임의적 절차이다.
> ㄴ. 노역장 유치자는 가석방 대상이 될 수 없다.
> ㄷ. 가석방기간으로 무기형은 10년, 유기형은 남은 형기로 하되, 그 기간은 15년을 초과할 수 없다.
> ㄹ. 가석방은 행정처분이다.
> ㅁ. 가석방심사위원회는 위원장을 포함한 5인 이상 9인 이하의 위원으로 구성한다.
> ㅂ. 소장은 가석방이 허가되지 않은 수형자에 대하여는 다시 가석방심사신청을 할 수 없다.

① ㄱ, ㄴ, ㄹ ② ㄱ, ㄷ, ㅂ
③ ㄴ, ㄷ, ㄹ ④ ㄴ, ㅁ, ㅂ

해설

㉠·㉢·㉥이 옳지 않은 지문이다.

㉠ 가석방의 경우 보호관찰은 필요적 절차이다.

㉢ 가석방기간으로 무기형은 10년, 유기형은 남은 형기로 하되, 그 기간은 10년을 초과할 수 없다.

㉥ 소장은 가석방이 허가되지 않은 수형자에 대하여는 다시 가석방심사신청을 할 수 있다.

정답 | ②

06

현행법령상 가석방제도에 대한 설명으로 옳지 않은 것은? 교정9급 2018

① 가석방취소자의 잔형기간은 가석방을 실시한 다음 날부터 원래 형기의 종료일까지로 하고, 잔형집행 기산일은 가석방을 실시한 다음 날로 한다.

② 가석방심사위원회는 가석방적격결정을 하였으면 5일 이내에 법무부장관에게 가석방허가를 신청하여야 한다.

③ 가석방심사위원회는 위원장을 포함한 5인 이상 9인 이하의 위원으로 구성한다.

④ 가석방은 행정처분의 일종이다.

해설

① 가석방취소자 및 가석방실효자의 남은 형기기간은 가석방을 실시한 다음 날부터 원래 형기의 종료일까지로 하고, 남은 형기집행 기산일은 가석방의 취소 또는 실효로 인하여 교정시설에 수용된 날부터 한다(형집행법 시행규칙 제263조 제5항).

② 동법 제122조 제1항

③ 동법 제120조 제1항

④ 징역 또는 금고의 집행 중에 있는 자가 그 행상이 양호하여 개전의 정이 현저한 때에는 무기에 있어서는 20년, 유기에 있어서는 형기의 3분의 1을 경과한 후 행정처분으로 가석방을 할 수 있다(형법 제72조 제1항).

정답 | ①

07

甲, 乙, 丙, 丁 중 가석방의 대상이 될 수 있는 수형자는? 교정9급 2012

- 성년인 甲은 15년의 유기징역을 선고받고 6년을 경과하였고, 병과하여 받은 벌금의 3분의 2를 납입하였다.
- 성년인 乙은 무기징역을 선고받고, 16년을 경과하였다.
- 현재 18세 소년인 丙은 15년 유기징역을 선고받고, 3년을 경과하였다.
- 현재 18세 소년인 丁은 장기 9년, 단기 3년의 부정기형을 선고받고, 2년을 경과하였다.

① 甲, 乙　② 乙, 丙
③ 甲, 丁　④ 丙, 丁

해설

丙, 丁이 가석방의 대상이 될 수 있다.

- 성년인 甲은 15년의 유기징역을 선고받고 6년을 경과하였고, 병과하여 받은 벌금의 3분의 2를 납입하였다. – 형기의 3분의 1을 경과하였으나, 납입해야 할 벌금액이 남아 있으므로, 가석방의 대상이 될 수 없다. 참고로, 벌금 또는 과료의 병과가 있는 때에는 그 금액을 완납하여야만 가석방의 대상이 될 수 있다.
- 성년인 乙은 무기징역을 선고받고, 16년을 경과하였다. – 무기형의 가석방요건은 20년이므로, 가석방의 대상이 될 수 없다.
- 현재 18세 소년인 丙은 15년 유기징역을 선고받고, 3년을 경과하였다. – 소년의 경우 무기형은 5년, 유기형(15년)은 3년, 단기의 3분의 1이 경과되면 가석방의 대상이 될 수 있다.
- 현재 18세 소년인 丁은 장기 9년, 단기 3년의 부정기형을 선고받고, 2년을 경과하였다. – 단기의 3분의 1을 경과하였으므로, 가석방의 대상이 될 수 있다.

정답 | ④

08

「가석방자관리규정」에 따른 가석방자 관리에 대한 설명으로 옳지 않은 것은? 교정7급 2016

① 가석방자는 가석방 후 그의 주거지에 도착하였을 때에 지체 없이 종사할 직업 등 생활계획을 세우고, 이를 관할 경찰서의 장에게 서면으로 신고하여야 한다.
② 관할 경찰서의 장은 6개월마다 가석방자의 품행, 직업의 종류, 생활 정도, 가족과의 관계, 가족의 보호 여부 및 그 밖의 참고사항에 관하여 조사서를 작성하고 관할 지방검찰청의 장 및 가석방자를 수용하였다가 석방한 교정시설의 장에게 통보하여야 한다. 다만, 변동사항이 없는 경우에는 그러하지 아니하다.
③ 가석방자는 국내 주거지 이전(移轉) 또는 10일 이상 국내 여행을 하려는 경우 관할 경찰서의 장에게 신고하여야 한다.
④ 가석방자가 사망한 경우 관할 경찰서의 장은 그 사실을 관할 지방검찰청의 장 및 가석방자를 수용하였다가 석방한 교정시설의 장에게 통보하여야 하고, 통보를 받은 석방시설의 장은 그 사실을 법무부장관에게 보고하여야 한다.

해설

③ 가석방자는 국내 주거지 이전 또는 1개월 이상 국내 여행을 하려는 경우 관할 경찰서의 장에게 신고하여야 한다(가석방자관리규정 제10조 제1항).
① 동 규정 제6조 제1항
② 동 규정 제8조
④ 동 규정 제20조

정답 | ③

09

「가석방자관리규정」상 가석방자의 관리에 대한 설명으로 옳은 것만을 모두 고르면? 교정7급 2022

ㄱ. 교정시설의 장은 가석방이 허가된 사람에게 가석방의 취소 및 실효사유와 가석방자로서 지켜야 할 사항 등을 알리고, 주거지에 도착할 기한 및 관할 경찰서에 출석할 기한 등을 적은 가석방증을 발급하여야 한다.
ㄴ. 가석방자는 가석방증에 적힌 기한 내에 관할 경찰서에 출석하여 출석확인과 동시에 종사할 직업 등 생활계획을 세워 이를 관할 경찰서의 장에게 서면으로 신고하여야 한다.
ㄷ. 관할 경찰서의 장은 변동사항이 없는 경우를 제외하고, 6개월마다 가석방자의 품행 등에 관하여 조사서를 작성하고 관할 지방검찰청의 장 및 가석방자를 수용하였다가 석방한 교정시설의 장에게 통보하여야 한다.
ㄹ. 가석방자가 1개월 이상 국내 및 국외여행 후 귀국하여 주거지에 도착한 때에는 관할 경찰서의 장에게 신고하여야 한다.

① ㄱ, ㄴ　② ㄱ, ㄷ
③ ㄴ, ㄹ　④ ㄷ, ㄹ

해설

ㄱ, ㄷ이 옳은 지문이다.

ㄴ. 가석방자는 가석방증에 적힌 기한 내에 관할 경찰서에 출석하여 가석방증에 출석확인을 받아야 한다(가석방자관리규정 제5조). 가석방자는 그의 주거지에 도착하였을 때에는 지체 없이 종사할 직업 등 생활계획을 세우고 이를 관할 경찰서의 장에게 서면으로 신고하여야 한다(동 규정 제6조 제1항). 즉, 출석확인과 동시에 생활계획을 신고할 필요는 없다.

ㄹ. 가석방자는 국내 주거지 이전(移轉) 또는 1개월 이상 국내여행을 하려는 경우 관할 경찰서의 장에게 신고하여야 한다(동 규정 제10조 제1항). 가석방자는 국외이주 또는 1개월 이상 국외여행을 하려는 경우 관할 경찰서의 장에게 신고하여야 한다(동 규정 제13조 제1항). 즉, 사전에 신고하여야 한다.

정답 | ②

10

「형의 집행 및 수용자의 처우에 관한 법률 시행규칙」상 수형자의 가석방적격심사 신청을 위하여 교정시설의 장이 사전에 조사하여야 할 사항으로 옳은 항목의 개수는? 교정7급 2014

- 작업장려금 및 작업상태
- 석방 후의 생활계획
- 범죄 후의 정황
- 책임감 및 협동심
- 접견 및 서신의 수신·발신내역

① 2개　② 3개
③ 4개　④ 5개

해설

가석방적격심사 신청 시 소장의 사전 조사사항

- 신원에 관한 사항: 건강, 심리, 책임감, 교육, 노동능력, 교정성적, 작업장려금 등 – 수용한 날부터 1개월 이내 조사
- 범죄에 관한 사항: 범행 시 나이, 형기, 범죄횟수, 동기·수단·결과, 범죄 후의 정황, 공범, 피해회복 여부, 사회적 감정 등 – 수용한 날부터 2개월 이내 조사
- 보호에 관한 사항: 가족과의 관계, 가정환경, 접견 및 서신의 수신·발신내역, 가족의 수형자에 대한 태도, 석방 후 돌아갈 곳, 석방 후 생활계획 등 – 형기의 3분의 1이 지나기 전 조사

정답 | ④

11

「형의 집행 및 수용자의 처우에 관한 법률」상 가석방심사위원회에 대한 설명으로 옳지 않은 것은?

교정9급 2023

① 가석방의 적격 여부를 심사하기 위하여 법무부장관 소속으로 가석방심사위원회를 둔다.

② 가석방심사위원회는 위원장을 포함한 5명 이상 9명 이하의 위원으로 구성하며, 위원장은 법무부차관이 된다.

③ 가석방심사위원회는 가석방 적격결정을 하였으면 5일 이내에 법무부장관에게 가석방 허가를 신청하여야 한다.

④ 가석방심사위원회의 심사와 관련하여 심의서와 회의록은 해당 가석방 결정 등을 한 후 5년이 경과한 때부터 공개한다.

해설

④ 위원회의 심사과정 및 심사내용의 공개범위와 공개시기는 다음 각 호와 같다. 다만, 제2호 및 제3호의 내용 중 개인의 신상을 특정할 수 있는 부분은 삭제하고 공개하되, 국민의 알권리를 충족할 필요가 있는 등의 사유가 있는 경우에는 위원회가 달리 의결할 수 있다(형집행법 제120조 제3항).

1. 위원의 명단과 경력사항은 임명 또는 위촉한 즉시
2. 심의서는 해당 가석방 결정 등을 한 후부터 즉시
3. 회의록은 해당 가석방 결정 등을 한 후 5년이 경과한 때부터

① 동법 제119조
② 동법 제120조 제1항 · 제2항
③ 동법 제122조 제1항

정답 | ④

12

교도소에서 수형자 甲의 석방이 바르게 집행된 것은?

교정7급 2009

① 甲에 대한 형의 집행이 면제되었지만 복권되지 않았으므로 석방시키지 않았다.

② 甲이 특별사면 대상이 되었으므로 선고실효가 되지 않았어도 석방시켰다.

③ 甲의 석방은 사면 · 형기종료 또는 권한이 있는 자의 명령에 따라 담당교도관이 행한다.

④ 甲에 대한 가석방 관련 서류가 도착한 후 24시간 이내에 석방시켰다.

해설

② 甲이 특별사면 대상이 되었으므로, 서류도달 후 12시간 이내에 석방한다. 사면에 있어서 형의 선고실효는 석방과 무관하다.

① 甲에 대한 형의 집행면제는 석방사유에 해당한다. 자격과 관련된 복권은 석방과 무관하다.

③ 甲의 석방은 사면, 형기종료 또는 권한이 있는 자의 명령에 따라 소장이 행한다.

④ 가석방, 사면, 형집행면제 및 감형은 서류도달 후 12시간 이내에 행한다.

정답 | ②

13

석방시기에 대한 설명으로 옳지 않은 것은?

교정7급 2011

① 형기종료에 따른 석방은 형기종료일에 행해야 한다.
② 가석방, 감형에 따른 석방은 그 서류에 석방일시를 지정하고 있으며 그 일시에 행해야 한다.
③ 사면, 형의 집행면제에 따른 석방은 그 서류도달 후 12시간 이내에 행해야 한다.
④ 권한이 있는 자의 명령에 따른 석방은 서류도달 후 6시간 이내에 행해야 한다.

해설

권한이 있는 자의 명령에 따른 석방은 서류도달 후 5시간 이내에 행해야 한다.

정답 | ④

14

형의 집행 및 수용자의 처우에 관한 법령상 수용자의 석방에 대한 설명으로 옳지 않은 것은? 교정7급 2018

① 권한이 있는 자의 명령에 따른 석방은 서류도달 후 5시간 이내에 행하여야 한다.
② 소장은 형기종료로 석방될 수형자에 대하여는 석방 10일 전까지 석방 후의 보호에 관한 사항을 조사하여야 한다.
③ 소장은 피석방자가 질병이나 그 밖에 피할 수 없는 사정으로 귀가하기 곤란한 경우에 본인의 신청이 있으면 일시적으로 교정시설에 수용할 수 있다.
④ 소장은 수형자의 보호를 위하여 필요하다고 인정하면 석방 전 5일 이내의 범위에서 석방예정자를 별도의 거실에 수용하여 장래에 관한 상담과 지도를 할 수 있다.

해설

④ 소장은 수형자의 건전한 사회복귀를 위하여 필요하다고 인정하면 석방 전 3일 이내의 범위에서 석방예정자를 별도의 거실에 수용하여 장래에 관한 상담과 지도를 할 수 있다(형집행법 시행령 제141조).
① 동법 제124조 제3항
② 동법 시행령 제142조
③ 동법 제125조

> 형집행법 제124조(석방시기)
> ① 사면, 가석방, 형의 집행면제, 감형에 따른 석방은 그 서류가 교정시설에 도달한 후 12시간 이내에 하여야 한다. 다만, 그 서류에서 석방일시를 지정하고 있으면 그 일시에 한다.
> ② 형기종료에 따른 석방은 형기종료일에 하여야 한다.
> ③ 권한이 있는 사람의 명령에 따른 석방은 서류가 도달한 후 5시간 이내에 하여야 한다.

정답 | ④

15

특별사면에 대한 설명으로 옳지 않은 것은?

교정9급 2008

① 특별사면은 형의 선고를 받아 그 형이 확정된 자를 대상으로 하며, 원칙적으로 형의 집행이 면제된다.

② 교도소장은 수형자의 특별사면을 검찰총장에게 제청할 수 있고, 이 경우에 검찰총장은 법무부장관에게 특별사면을 신청할 수 있다.

③ 법무부장관은 직권 또는 사면심사위원회의 심사를 거쳐 대통령에게 사면을 상신한다.

④ 수형자에 대해 특별사면을 하는 때에 교도소장은 수형자의 전부 또는 일부를 집합시킨 후 교화를 실시하여야 한다.

해설

법무부장관은 직권으로 대통령에게 사면을 상신할 수 없고, 반드시 사면심사위원회의 심사를 거쳐 대통령에게 사면을 상신하여야 한다.

정답 | ③

16

수용자의 석방에 대한 설명으로 옳은 것은?

교정9급 2008

① 감형에 따른 석방은 감형서류가 도달한 후 5시간 이내에 행하여야 한다.

② 피석방자가 질병으로 귀가하기 곤란한 경우에 교도소장은 직권으로 그를 교도소 등에 일시수용할 수 있다.

③ 형의 집행이 정지된 자라도 일정한 경우에는 교도소나 구치소에 구치할 수 있다.

④ 교도작업에 취업한 가석방자에 대하여는 작업장려금과는 별도로 사회적응비를 지급한다.

해설

③ 본인의 신청이 있으면 일시수용할 수 있다.
① 감형에 따른 석방은 감형서류가 도달한 후 12시간 이내에 행하여야 한다.
② 피석방자가 질병으로 귀가하기 곤란한 경우에 교도소장은 신청에 의해 그를 교도소 등에 일시 수용할 수 있다.
④ 교도작업에 취업한 가석방자에 대하여 작업장려금과는 별도로 사회적응비를 지급한다는 규정은 없다.

정답 | ③

17

형의 집행 및 수용자의 처우에 관한 법령상 미결수용자 및 사형확정자의 처우에 대한 설명으로 옳지 않은 것은?

교정9급 2022

① 소장은 미결수용자로서 사건에 서로 관련이 있는 사람은 분리수용하고 서로 간의 접촉을 금지하여야 한다.

② 소장은 사형확정자와 수형자를 혼거수용할 수 있으나, 사형확정자와 미결수용자는 혼거수용할 수 없다.

③ 미결수용자의 접견횟수는 매일 1회로 하되, 미결수용자와 변호인과의 접견은 그 횟수에 포함시키지 않는다.

④ 사형확정자의 접견횟수는 매월 4회로 하되, 소장은 사형확정자의 교화나 심리적 안정을 도모하기 위하여 특히 필요하다고 인정하면 접견횟수를 늘릴 수 있다.

해설

소장은 사형확정자의 자살·도주 등의 사고를 방지하기 위하여 필요한 경우에는 사형확정자와 미결수용자를 혼거수용할 수 있고, 사형확정자의 교육·교화프로그램, 작업 등의 적절한 처우를 위하여 필요한 경우에는 사형확정자와 수형자를 혼거수용할 수 있다(형집행법 시행규칙 제150조 제3항).

정답 | ②

18

사형확정자의 수용에 대한 설명으로 옳지 않은 것은?

교정9급 2011

① 사형확정자는 독거수용하는 것이 원칙이지만 자살방지, 교육·교화프로그램, 작업, 그 밖의 적절한 처우를 위하여 필요한 경우는 법무부령으로 정하는 바에 따라 혼거수용할 수 있다.

② 사형확정자가 수용된 거실은 참관할 수 없다.

③ 소장은 사형확정자의 심리적 안정 및 원만한 수용생활을 위하여 교육 또는 교화프로그램을 실시하거나 신청에 따라 작업을 부과할 수 있다.

④ 소장은 사형확정자의 심리적 안정과 원만한 수용생활을 위하여 필요하다고 인정하는 경우에는 월 4회 이내의 범위에서 전화통화를 허가할 수 있다.

해설

소장은 사형확정자의 심리적 안정과 원만한 수용생활을 위하여 필요하다고 인정하는 경우에는 월 3회 이내의 범위에서 전화통화를 허가할 수 있다.

정답 | ④

19

사형확정자의 처우에 대한 설명 중 옳지 않은 것만을 모두 고른 것은? 교정7급 2014

> ㄱ. 사형확정자의 교육·교화프로그램, 작업 등의 적절한 처우를 위하여 필요한 경우에는 사형확정자와 수형자를 혼거수용할 수 있다.
> ㄴ. 사형확정자의 번호표 및 거실표의 색상은 붉은색으로 한다.
> ㄷ. 사형이 집행된 후 10분이 지나야 교수형에 사용한 줄을 풀 수 있다.
> ㄹ. 사형확정자의 신청에 따라 작업을 부과할 수 있다.
> ㅁ. 사형확정자를 수용하는 시설은 완화경비시설 또는 일반경비시설에 준한다.
> ㅂ. 사형확정자의 교화나 심리적 안정을 위해 필요한 경우에 접견횟수를 늘릴 수 있으나 접견시간을 연장할 수는 없다 .

① ㄱ, ㄷ, ㅁ　② ㄴ, ㄹ, ㅁ
③ ㄷ, ㄹ, ㅂ　④ ㄷ, ㅁ, ㅂ

해설

ㄷ. 사형이 집행된 후 5분이 지나야 교수형에 사용한 줄을 풀 수 있다.
ㅁ. 사형확정자를 수용하는 시설은 일반경비시설 또는 중경비시설에 준한다.
ㅂ. 사형확정자의 교화나 심리적 안정을 위해 필요한 경우에 접견횟수를 늘릴 수 있고, 접견시간을 연장할 수 있다.

정답 | ④

20

형의 집행 및 수용자의 처우에 관한 법령상 사형확정자의 처우에 대한 설명으로 옳지 않은 것은? 교정9급 2016

① 사형확정자가 수용된 거실은 참관할 수 없다.
② 소장은 사형확정자의 자살·도주 등의 사고를 방지하기 위하여 필요한 경우에는 사형확정자와 수형자를 혼거수용할 수 있다.
③ 소장은 사형확정자의 심리적 안정 및 원만한 수용생활을 위하여 교육 또는 교화프로그램을 실시하거나 신청에 따라 작업을 부과할 수 있다.
④ 소장은 사형확정자의 심리적 안정과 원만한 수용생활을 위하여 필요하다고 인정하는 경우에는 월 3회 이내의 범위에서 전화통화를 허가할 수 있다.

해설

② 소장은 사형확정자의 자살·도주 등의 사고를 방지하기 위하여 필요한 경우에는 사형확정자와 미결수용자를 혼거수용할 수 있고, 사형확정자의 교육·교화프로그램, 작업 등의 적절한 처우를 위하여 필요한 경우에는 사형확정자와 수형자를 혼거수용할 수 있다(형집행법 시행규칙 제150조 제3항).
① 동법 제89조 제2항
③ 동법 제90조 제1항
④ 동법 시행규칙 제156조

정답 | ②

21

「형의 집행 및 수용자의 처우에 관한 법률」상 수용자 사망 시 조치에 대한 설명으로 옳지 않은 것은?

교정7급 2016

① 소장은 수용자가 사망한 경우에는 그 사실을 즉시 그 가족(가족이 없는 경우에는 다른 친족)에게 통지하여야 한다.

② 소장은 병원이나 그 밖의 연구기관이 학술연구상의 필요에 따라 수용자의 시신인도를 신청하면 본인의 유언 또는 상속인의 승낙이 있는 경우에 한하여 인도할 수 있다.

③ 소장은 가족 등 수용자의 사망통지를 받은 사람이 통지를 받은 날부터 법률이 정하는 소정의 기간 내에 그 시신을 인수하지 아니하거나 시신을 인수할 사람이 없으면 임시로 매장하거나 화장(火葬) 후 봉안하여야 한다. 다만, 감염병 예방 등을 위하여 필요하면 즉시 화장하여야 하며, 그 밖에 필요한 조치를 할 수 있다.

④ 소장은 수용자가 사망하면 법무부장관이 정하는 범위에서 화장·시신인도 등에 필요한 비용을 인수자에게 지급하여야 한다.

해설

④ 소장은 수용자가 사망하면 법무부장관이 정하는 범위에서 화장·시신인도 등에 필요한 비용을 인수자에게 지급할 수 있다(형집행법 제128조 제5항).

① 동법 제127조

② 동법 제128조 제4항

③ 동조 제2항

정답 | ④

CHAPTER 09

교정의 민영화

01

「민영교도소 등의 설치·운영에 관한 법률」상 민영교도소의 설치·운영 등에 대한 설명으로 옳지 않은 것은?

교정9급 2024

① 교정법인은 이사 중에서 위탁업무를 전담하는 자를 선임(選任)하여야 하며, 위탁업무를 전담하는 이사는 법무부장관의 승인을 받아 취임한다.

② 법무부장관은 사전에 기획재정부장관과 협의하여 민영교도소를 운영하는 교정법인에 대하여 매년 그 교도소의 운영에 필요한 경비를 지급한다.

③ 교정법인의 대표자는 민영교도소의 장 외의 직원을 임면할 권한을 민영교도소의 장에게 위임할 수 있다.

④ 법무부장관은 「민영교도소 등의 설치·운영에 관한 법률」에 따른 권한의 일부를 교정본부장에게 위임할 수 있다.

해설

④ 법무부장관은 이 법에 따른 권한의 일부를 관할 지방교정청장에게 위임할 수 있다(민영교도소법 제39조).
① 동법 제11조 제2항
② 동법 제23조 제1항
③ 동법 제29조 제2항

정답 | ④

02

민영교도소 등의 설치·운영에 관한 법률상 교정업무의 민간위탁에 대한 설명으로 옳지 않은 것은?

교정7급 2018

① 민영교도소 등에 수용된 수용자가 작업하여 생긴 수입은 국고수입으로 한다.

② 교정법인은 민영교도소 등에 수용되는 자에게 특별한 사유가 있다는 이유로 수용을 거절할 수 없다.

③ 법무부장관은 교정업무를 포괄위탁하여 교도소 등을 설치·운영하도록 하는 업무를 법인 또는 개인에게 위탁할 수 있다.

④ 교정법인은 위탁업무를 수행할 때 같은 유형의 수용자를 수용·관리하는 국가운영의 교도소 등과 동등한 수준 이상의 교정서비스를 제공하여야 한다.

해설

③ 법무부장관은 필요하다고 인정하면 이 법에서 정하는 바에 따라 교정업무를 공공단체 외의 법인·단체 또는 그 기관이나 개인에게 위탁할 수 있다. 다만, 교정업무를 포괄적으로 위탁하여 한 개 또는 여러 개의 교도소 등을 설치·운영하도록 하는 경우에는 법인에만 위탁할 수 있다[민영교도소 등의 설치·운영에 관한 법률(이하 "민영교도소법") 제3조 제1항].
① 동법 제26조
② 동법 제25조 제2항
④ 동조 제1항

정답 | ③

03

「민영교도소 등의 설치 · 운영에 관한 법률」에 대한 설명으로 옳은 것은? 교정9급 2013

① 법무부장관은 필요하다고 인정하면 교정업무를 모든 법인·단체 또는 그 기관이나 개인에게 위탁할 수 있다.

② 법무부장관은 교정업무를 포괄적으로 위탁하여 한 개 또는 여러 개의 교도소 등을 설치·운영하도록 하는 경우에는 법인·단체 또는 그 기관에게 위탁할 수 있으나 개인에게는 위탁할 수 없다.

③ 민영교도소에 수용된 수용자가 작업하여 생긴 수입은 국고수입으로 한다.

④ 교정법인 이사는 대한민국 국민이어야 하며, 이사의 5분의 1 이상은 교정업무에 종사한 경력이 3년 이상이어야 한다.

해설

① 법무부장관은 필요하다고 인정하면 교정업무를 공공단체 외의 법인·단체 또는 그 기관이나 개인에게 위탁할 수 있다.

② 교정업무를 포괄적으로 위탁하여 한 개 또는 여러 개의 교도소 등을 설치·운영하도록 하는 경우에는 법인에만 위탁할 수 있다.

④ 교정법인 이사의 과반수는 대한민국 국민이어야 하며, 이사의 5분의 1 이상은 교정업무에 종사한 경력이 5년 이상이어야 한다.

정답 | ③

04

「민영교도소 등의 설치 · 운영에 관한 법률」상 민영교도소 등의 설치 · 운영에 대한 설명으로 옳지 않은 것은? 교정9급 2019

① 법무부장관은 필요하다고 인정하면 교정업무를 공공단체 외의 법인·단체 또는 그 기관이나 개인에게 위탁할 수 있다. 다만, 교정업무를 포괄적으로 위탁하여 한 개 또는 여러 개의 교도소 등을 설치·운영하도록 하는 경우에는 법인에만 위탁할 수 있다.

② 교정업무의 민간위탁계약기간은 수탁자가 교도소 등의 설치비용을 부담하는 경우는 10년 이상 20년 이하, 그 밖의 경우는 1년 이상 5년 이하로 하되, 그 기간은 갱신할 수 있다.

③ 교정법인의 대표자는 그 교정법인이 운영하는 민영교도소 등의 장을 겸할 수 없고, 이사는 감사나 해당 교정법인이 운영하는 민영교도소 등의 장이나 직원을 겸할 수 없다.

④ 법무부장관은 민영교도소 등의 업무 및 그와 관련된 교정법인의 업무를 지도·감독하며, 필요한 경우 지시나 명령을 할 수 있다. 다만, 수용자에 대한 교육과 교화프로그램에 관하여는 그 교정법인의 의견을 최대한 존중하여야 한다.

해설

교정법인의 대표자는 그 교정법인이 운영하는 민영교도소 등의 장을 겸할 수 없고, 이사는 감사나 해당 교정법인이 운영하는 민영교도소 등의 직원(민영교도소 등의 장은 제외한다)을 겸할 수 없으며, 감사는 교정법인의 대표자·이사 또는 직원(그 교정법인이 운영하는 민영교도소 등의 직원을 포함한다)을 겸할 수 없다(민영교도소법 제13조)

정답 | ③

05

「민영교도소 등의 설치 · 운영에 관한 법률」상 교정업무의 민간 위탁에 대한 설명으로 옳은 것은?

교정7급 2023

① 법무부장관은 교정업무를 포괄적으로 위탁하여 교도소를 설치·운영하도록 하는 경우 개인에게 위탁할 수 있다.

② 수탁자가 교도소의 설치비용을 부담하는 경우가 아니라면 위탁계약의 기간은 6년 이상 10년 이하로 하며, 그 기간은 갱신이 가능하다.

③ 법무부장관은 위탁계약을 체결하기 전에 계약 내용을 기획재정부장관과 미리 협의하여야 한다.

④ 법무부장관은 수탁자가 「민영교도소 등의 설치·운영에 관한 법률」에 따른 처분을 위반한 경우 1년 동안 위탁업무 전부의 정지를 명할 수 있다.

해설

③ 민영교도소법 제4조 제3항

① 교정업무를 포괄적으로 위탁하여 한 개 또는 여러 개의 교도소 등을 설치·운영하도록 하는 경우에는 법인에만 위탁할 수 있다(동법 제3조 제1항 단서).

② 위탁계약의 기간은 다음 각 호와 같이 하되, 그 기간은 갱신할 수 있다(동법 제4조 제4항).

1. 수탁자가 교도소등의 설치비용을 부담하는 경우: 10년 이상 20년 이하
2. 그 밖의 경우: 1년 이상 5년 이하

④ 법무부장관은 수탁자가 이 법 또는 이 법에 따른 명령이나 처분을 위반하면 6개월 이내의 기간을 정하여 위탁업무의 전부 또는 일부의 정지를 명할 수 있다(동법 제6조 제1항).

정답 | ③

06

현행법상 민영교도소에 대한 설명으로 옳지 않은 것은?

교정7급 2009

① 교도소 등의 운영의 효율성을 높이고 수용자의 처우향상과 사회복귀를 촉진하기 위해 도입하였다.

② 법무부장관은 민영교도소 등의 직원이 위탁업무에 관하여 명령이나 처분을 위반하면 그 직원의 임명권자에게 해임이나 정직·감봉 등 징계처분을 하도록 명할 수 있다.

③ 법무부장관은 민영교도소 등의 업무 및 그와 관련된 교정법인의 업무를 지도·감독하며, 필요한 경우 지시나 명령을 할 수 있다.

④ 교정법인의 대표자는 민영교도소 등의 장 및 대통령령이 정하는 직원을 임면할 때에는 미리 교정본부장의 승인을 받아야 한다.

해설

교정법인의 대표자는 민영교도소 등의 장 및 대통령령이 정하는 직원을 임면할 때에는 미리 법무부장관의 승인을 받아야 한다.

정답 | ④

07

「민영교도소 등의 설치 · 운영에 관한 법률」상 민영교도소의 설치 · 운영 등에 대한 설명으로 옳은 것은?

교정7급 2022

① 민영교도소에 수용된 수용자가 작업하여 생긴 수입은 교정법인의 수입으로 한다.

② 대한민국의 국민이 아닌 자는 민영교도소의 직원으로 임용될 수 없다.

③ 검찰총장은 민영교도소의 업무 및 그와 관련된 교정법인의 업무를 지도 · 감독하며, 필요한 경우 지시나 명령을 할 수 있지만, 수용자에 대한 교육과 교화프로그램에 관하여는 그 교정법인의 의견을 최대한 존중하여야 한다.

④ 교정법인의 대표자는 그 교정법인이 운영하는 민영교도소의 장이 될 수 있다.

해설

② 민영교도소법 제28조

① 국고수입으로 한다(동법 제26조).

③ 법무부장관은 민영교도소 등의 업무 및 그와 관련된 교정법인의 업무를 지도 · 감독하며, 필요한 경우 지시나 명령을 할 수 있다. 다만, 수용자에 대한 교육과 교화프로그램에 관하여는 그 교정법인의 의견을 최대한 존중하여야 한다(동법 제33조 제1항).

④ 교정법인의 대표자는 그 교정법인이 운영하는 민영교도소 등의 장을 겸할 수 없다(동법 제13조 제1항).

> 민영교도소법 제28조(결격사유)
> 다음 각 호의 어느 하나에 해당하는 자는 민영교도소 등의 직원으로 임용될 수 없으며, 임용 후 다음 각 호의 어느 하나에 해당하는 자가 되면 당연히 퇴직한다.
> 1. 대한민국 국민이 아닌 자
> 2. 「국가공무원법」 제33조 각 호(공무원 임용 결격사유)의 어느 하나에 해당하는 자
> 3. 제12조에 따라 임원취임승인이 취소된 후 2년이 지나지 아니한 자
> 4. 제36조에 따른 해임명령으로 해임된 후 2년이 지나지 아니한 자

정답 | ②

08

「민영교도소 등의 설치 · 운영에 관한 법률」상 민영교도소의 운영 등에 대한 설명으로 옳지 않은 것은?

교정7급 2016

① 교정법인의 대표자는 민영교도소의 장 및 대통령령으로 정하는 직원을 임면할 때에는 미리 법무부장관의 승인을 받아야 한다.

② 대한민국 국민이 아닌 자는 민영교도소의 직원으로 임용될 수 없다.

③ 민영교도소의 운영에 필요한 무기는 국가의 부담으로 법무부장관이 구입하여 배정한다.

④ 민영교도소에 수용된 수용자가 작업하여 생긴 수입은 국고수입으로 한다.

해설

③ 민영교도소 등의 운영에 필요한 무기는 해당 교정법인의 부담으로 법무부장관이 구입하여 배정한다(민영교도소법 제31조 제2항).

① 동법 제29조 제1항

② 동법 제28조

④ 동법 제26조

정답 | ③

09

민영교도소 등의 설치 · 운영에 관한 법령상 옳지 않은 것은? 교정9급 2020

① 민영교도소 등의 설치·운영에 관한 회계는 교도작업회계와 일반회계로 구분하며, 민영교도소에 수용된 수용자가 작업하여 발생한 수입은 국고수입으로 한다.

② 교정법인은 기본재산에 대하여 용도변경 또는 담보제공의 행위를 하려면 기획재정부장관의 허가를 받아야 한다.

③ 민영교도소 등의 직원은 근무 중 법무부장관이 정하는 제복을 입어야 한다.

④ 법무부장관은 민영교도소 등의 직원이 위탁업무에 관하여 「민영교도소 등의 설치·운영에 관한 법률」에 따른 명령이나 처분을 위반하면 그 직원의 임면권자에게 해임이나 정직·감봉 등 징계처분을 하도록 명할 수 있다.

해설

② 교정법인은 기본재산에 대하여 매도·증여 또는 교환, 용도변경, 담보제공 및 의무의 부담이나 권리의 포기를 하려면 법무부장관의 허가를 받아야 한다. 다만, 대통령령으로 정하는 경미한 사항은 법무부장관에게 신고하여야 한다(민영교도소법 제14조 제2항).

① 동법 제15조 제2항, 제26조

③ 동법 제31조 제1항

④ 동법 제36조 제1항

정답 | ②

10

민영교도소 등의 장이 대통령령이 정하는 바에 의하여 매월 또는 분기마다 법무부장관에게 보고하여야 할 사항에 속하지 않는 것은? 교정7급 2008

① 만기출소자의 취업알선현황

② 주·부식의 급여현황

③ 교도작업의 운영현황

④ 수용자의 사회견학을 위한 외부출입현황

해설

만기출소자의 취업알선현황은 보고사항이 아니다.

민영교도소법 제34조(보고·검사)

① 민영교도소등의 장은 대통령령으로 정하는 바에 따라 매월 또는 분기마다 다음 각 호의 사항을 법무부장관에게 보고하여야 한다.

1. 수용현황
2. 교정사고의 발생현황 및 징벌현황
3. 무기 등 보안장비의 보유·사용현황(분기)
4. 보건의료서비스와 주식(主食)·부식(副食)의 제공현황
5. 교육·직업훈련 등의 실시현황(분기)
6. 외부통학, 외부출장 직업훈련, 귀휴(歸休), 사회견학, 외부통근작업 및 외부 병원이송 등 수용자의 외부출입현황
7. 교도작업의 운영현황
8. 직원의 인사·징계에 관한 사항
9. 그 밖에 법무부장관이 필요하다고 인정하는 사항(분기)

정답 | ①

memo _

PART

박상민 JUSTICE 교정학

2

형사정책

CHAPTER 01

형사정책 일반론

01

비범죄화에 대한 설명으로 옳은 것은? 교정7급 2017

① 검사의 기소유예 처분은 비범죄화와 관계가 없다.
② 형법의 탈도덕화 관점에서 비범죄화 대상으로 뇌물죄가 있다.
③ 비범죄화는 형사처벌의 완화가 아니라 폐지를 목표로 한다.
④ 비범죄화는 형법의 보충성 요청을 강화시켜 주는 수단이 되기도 한다.

해설

④ 비범죄화는 형벌구성요건을 필요한 최소한으로 제한시키기 위한 형법의 보충성 요청을 강화시켜 주는 수단이 되기도 한다.
① 검사의 기소유예 처분은 사실상 비범죄화에 해당한다. 사실상 비범죄화에는 검찰의 기소편의주의(기소유예)·불기소처분, 범죄관련자 고소·고발 기피, 경찰의 무혐의 처리, 법원의 절차 중단 등이 있다.
② 형법의 탈도덕화 관점에서 비범죄화 대상으로 비영리적 공연음란죄, 음화판매죄 등이 있으며, 뇌물죄는 비범죄화 논의 대상이 아니다.
③ 비범죄화론은 행위에 대한 형사처벌의 폐지가 아니라 형사처벌의 완화를 목표로 한다.

정답 | ④

02

비범죄화에 대한 설명으로 옳지 않은 것은? 교정9급 2007

① 제2차 세계대전 후에 영국, 미국, 독일 등에서 가치관의 다양화에 기초한 개방사회의 이념을 배경으로 대두되었다.
② 형벌에 대신하여 과태료 등의 행정벌을 과하는 것은 비범죄화에 포함되지 않는다.
③ 피해자 없는 범죄의 처벌을 반대하는 입장과도 맥락을 같이한다.
④ 매춘, 낙태, 도박 등의 처벌에 회의적인 입장이라 할 수 있다.

해설

비범죄화란 일정한 행위를 형벌에 의한 제재로부터 제외시키는 경향을 말한다. 형벌에 대신하여 과태료 등의 행정벌을 과하는 것과 같은 것들이 비범죄화에 포함된다.

비범죄화

- 형법에서 범죄로 규정되던 것을 삭제하여 형벌에 의한 제재로부터 제외시킴으로써 범죄로 하지 않는 것을 말한다.
- 주로 피해자가 없는 범죄나 직접적으로 개인의 법익을 침해하지 않는 범죄를 대상으로 하는데, 비영리적 공연음란죄, 음화판매죄, 간통죄, 사상범죄, 낙태죄, 동성애, 매춘, 마리화나 흡연, 경미한 마약사용, 도박 등이 논의되고 있다.

정답 | ②

03

비범죄화에 대한 설명으로 옳지 않은 것은?

교정9급 2009

① 1960년 미국에서 번성했던 낙인이론 및 갈등이론에서 비롯되었다.
② 성풍속과 관련된 간통 등의 범죄가 주로 논의의 대상이 된다.
③ 공공질서 관련 범죄들은 비공식 통제조직에 의해 오히려 효과적으로 통제될 수 있다는 생각을 바탕에 두고 있다.
④ 일정한 범죄자를 대상으로 형벌을 완화시키거나 형벌 이외의 처분을 하는 것을 말한다.

해설

비형벌화에 대한 설명이다. 비범죄화는 일정한 범죄행위를 형벌에 의한 제재로부터 제외시키는 것이다. 즉, 공식적 통제보다는 비공식적 통제를 강조하는 의미로 해석될 수 있다.

정답 | ④

04

교정학의 연구에 대한 설명으로 옳지 않은 것은?

교정7급 2024

① 실험연구에서 실험집단과 통제집단을 무작위 할당하는 이유는 두 집단 간 통계적 등가성을 확보하기 위함이다.
② 참여관찰법은 연구자가 조사대상의 활동에 참여함으로써 조사대상에 대한 생생한 실증자료를 얻을 수 있다.
③ 공식범죄통계는 발생한 모든 범죄를 집계하기 때문에 전체 범죄실태가 정확히 파악될 수 있다.
④ 피해자조사는 공식범죄통계자료의 한계를 극복하고 범죄예방대책을 마련하기 위한 자료로 활용될 수 있다.

해설

공식범죄통계는 암수범죄를 포함하지 않는다. 따라서 전체 범죄실태가 정확히 파악될 수 없다.

정답 | ③

05

비범죄화(decriminalization)에 대한 설명으로 옳지 않은 것은? 교정9급 2023

① 비범죄화의 예시로 혼인빙자간음죄가 있다.
② 형사사법절차에서 형사처벌의 범위를 축소하는 것을 의미한다.
③ 형사사법기관의 자원을 보다 효율적으로 활용하자는 차원에서 경미범죄에 대한 비범죄화의 필요성이 주장된다.
④ 비범죄화의 유형 중에서 사실상 비범죄화는 범죄였던 행위를 법률의 폐지 또는 변경으로 더 이상 범죄로 보지 않는 경우를 말한다.

해설

④는 사실상의 비범죄화가 아닌 입법상의 비범죄화에 대한 설명이다.
참고로, 비범죄화는 다양한 가치관이 공존하는 사회에서 법과 도덕을 분리하여 개인의 법익을 구체적으로 침해하지 않거나 피해자가 없는 경우에는 범죄로서 처벌하지 않는 것으로, 그 종류로는 사실상의 비범죄화, 재판상의 비범죄화, 입법(법률)상의 비범죄화가 있다.

비범죄화의 종류
- 사실상의 비범죄화: 법률은 존재하지만 수사기관이 단속하지 않는 것으로, '단속상의 비범죄화'라고도 한다.
- 재판상의 비범죄화: 판례변경으로써 과거에는 처벌하였던 범죄를 처벌하지 않는 '사법상의 비범죄화'로, 가장 중요한 비범죄화이다.
- 입법상의 비범죄화: 법률을 폐지·변경하여 범죄로 규정하지 않는 것으로, '법률상의 비범죄화'라고도 한다.

정답 | ④

06

암수범죄(暗數犯罪)에 대한 설명으로 옳은 것만을 모두 고르면? 교정9급 2024

ㄱ. 암수범죄로 인한 문제는 범죄통계학이 도입된 초기부터 케틀레(A. Quételet) 등에 의해 지적되었다.
ㄴ. 절대적 암수범죄란 수사기관에 의해서 인지는 되었으나 해결되지 않은 범죄를 의미하는 것으로, 완전범죄가 대표적이다.
ㄷ. 상대적 암수범죄는 마약범죄와 같이 피해자와 가해자의 구별이 어려운 범죄에서 많이 발생한다.
ㄹ. 암수범죄는 자기보고식조사, 피해자조사 등의 설문조사방법을 통해 간접적으로 관찰할 수 있다.

① ㄱ, ㄴ　② ㄱ, ㄹ
③ ㄴ, ㄷ　④ ㄷ, ㄹ

해설

② 옳은 것은 ㄱ, ㄹ이다.
ㄱ. 범죄통계학의 창시자인 케틀레는 암수범죄와 관련하여 정비례의 법칙을 주장하면서 명역범죄(공식적으로 인지된 범죄)와 암역범죄 사이에는 변함없는 고정관계가 존재하고, 이로 인해 명역범죄가 크면 그만큼 암역범죄도 크고, 명역범죄가 작으면 그만큼 암역범죄도 작다고 하였다.
ㄴ. 절대적 암수범죄는 실제로 범죄가 발생하였으나 수사기관에 의해 인지되지 않은 범죄를 말한다.
ㄷ. 마약범죄와 같이 피해자 없는 범죄는 고소·고발이 잘 이루어지지 않아 수사기관이 인지조차 못 하는 경우가 많으므로, 절대적 암수범죄가 대부분이다.
ㄹ. 암수조사 방법

직접적 관찰	간접적 관찰(설문조사)
• 자연적 관찰 - 참여적 관찰 : 직접 범죄에 가담하여 조사 - 비참여적 관찰 : CCTV 등을 설치하여 조사 • 인위적 관찰(실험) : 인위적 실험을 통해 조사	• 피해자조사 • 자기보고조사 • 정보제공자조사

정답 | ②

07

형사정책의 연구방법에 대한 설명으로 옳지 않은 것은?

교정7급 2014

① 공식범죄통계는 범죄현상을 분석하는 데 기본적인 수단으로 활용되고 있으며, 다양한 숨은 범죄를 포함한 객관적인 범죄상황을 정확히 나타내는 장점이 있다.

② (준)실험적 연구는 새로 도입한 형사사법제도의 효과를 검증하는데 유용하게 활용된다.

③ 표본조사방법은 특정한 범죄자 모집단의 일부를 표본으로 선정하여 그들에 대한 조사결과를 그 표본이 추출된 모집단에 유추 적용하는 방법이다.

④ 추행조사방법은 일정한 범죄자 또는 비범죄자들에 대해 시간적 간격을 두고 추적·조사하여 그들의 특성과 사회적 조건의 변화를 관찰함으로써 범죄와의 상호 연결 관계를 파악할 수 있다.

해설

공식통계는 암수범죄의 문제점과 범죄에 대한 질적 측면에 대한 파악의 어려움 및 형사사법기관의 선별적 형사소추 등의 재량으로 인해 객관적인 범죄상황을 정확하게 나타내지 못하는 단점이 있다.

형사정책의 연구방법

통계자료 분석	• 대량관찰 가능(양적 분석) • 일반적인 경향 파악 ○ • 시간적 비교연구 ○ • 암수범죄 반영 X • 질적 분석 X
집단조사	• 가장 흔하게 이용되는 방법 • 표본집단 vs 통제집단 • 예) 쌍생아연구 • 수평적 조사
사례연구(케이스)	• 질적·심층적 분석 ○ • 예) 서덜랜드(직업절도범) • 생애사 연구 포함
참여관찰 (=현장조사)	• 연구자가 직접 현장참여 • 인류학자들의 조사방식 • 생생한 자료획득 가능 • 범죄자 일상관찰 가능
코호트연구	• 시간적·수직적 분석법(시간의 흐름에 따라) • 정밀한 시계열적 분석
실험연구	• 실험집단 vs 통제집단 • 연구자 : 인위적 조건 설정 • 사전·사후조사 실시 • 비교분석

정답 | ①

08

교정학 및 형사정책의 연구방법에 대한 설명으로 옳은 것은? 교정7급 2019

① 범죄(공식)통계표 분석방법은 범죄와 범죄자의 상호 연계관계를 해명하는 데 유용하며, 숨은 범죄를 발견할 수 있다.

② 참여관찰방법은 조사대상에 대한 생생한 실증자료를 얻을 수 있고, 연구결과를 객관화할 수 있다.

③ 실험적 연구방법은 어떤 가설의 타당성을 검증하거나 새로운 사실을 관찰하는 데 유용하며, 인간을 대상으로 하는 연구를 쉽게 할 수 있다.

④ 사례조사방법은 범죄자의 일기, 편지 등 개인의 정보 획득을 바탕으로 대상자의 인격 및 환경의 여러 측면을 분석하고, 그 각각의 상호 연계관계를 밝힐 수 있다.

해설

① 범죄통계표는 범죄 및 범죄자에 관한 일반적 경향성만을 나타내고 암수범죄는 나타나 있지 않다. 왜냐하면 범죄사례가 빠짐없이 신고되는 것도 아니고 그렇다고 해서 수사기관이 신고되지도 않은 사건을 모조리 적발해 내는 것도 아니므로 어떤 통계도 실제로 발생한 범죄건수보다 적게 집계되기 마련이다.

② 참여적 관찰법은 다른 연구 방법에 비하여 직접적인 자료의 획득이 용이하다는 장점이 있으나, 조사방법이 소규모로 진행되기 때문에 연구결과를 일반화하기 어렵고(대상이 범죄자 개인이기 때문에 집단현상으로서의 범죄의 원인 및 대책에 대하여 원용하는 데에는 한계) 많은 시간이 소요되며 연구자 자신이 범죄행위를 행하는 경우가 발생할 위험이 있으며 관찰자의 주관적인 편견이 개입될 소지가 많아 사실이 왜곡될 염려가 있다.

③ 실험적 관찰방법은 어떤 가설의 타당성을 검증하거나 새로운 사실을 관찰하는 데 유용하지만, 실험여건이나 대상의 확보가 쉽지 않고 자연사실이 아닌 인간을 대상으로 한다는 점에서 실행의 곤란함이 있다.

정답 | ④

09

교정학(형사정책) 연구방법 중 실험연구에 대한 설명으로 옳지 않은 것은? 교정7급 2020

① 인과관계 검증과정을 통제하여 가설을 검증하는 데 유용한 방법이다.

② 실험집단과 통제집단에 대한 사전검사와 사후검사를 통해 종속변수에 미치는 처치의 효과를 검증한다.

③ 집단의 유사성을 확보하기 위해 무작위 할당방법이 주로 활용된다.

④ 외적 타당도에 영향을 미치는 요인들을 통제하는 데 가장 유리한 연구방법이다.

해설

내적 타당도

- 측정된 결과(종속변수)가 실험처치(독립변수)에 의한 영향으로만 나타난 변화가 맞는지에 관한 것이다. 즉 종속변수에 나타난 변화가 독립변수의 영향에 의한 것임을 확신할 수 있는 정도를 나타낸다. 만일 내적타당도가 낮다면 독립변수의 영향 외에 제3의 변수가 영향을 미쳤다는 것이며, 내적타당도가 높다면 독립변수만이 종속변수에 영향을 미쳤다고 보면 된다. 내적타당도를 높이기 위해서는 독립변수와 종속변수의 관계에 영향을 미치는 외생변수를 통제해야 한다.
- 내적 타당도 저해요인: 사전검사와 사후검사 사이에 발생하는 통제 불가능한 특수한 사건 또는 우연한 사건 등으로 생기는 변화, 피시험자의 내적인 변화, 사전검사의 경험이 사후검사에 영향을 줌으로써 생기는 변화, 측정도구, 실험대상자의 상실 등

외적 타당도

- 실험결과, 즉 독립변수로 인해 나타난 종속변수의 변화를 다른 상황에서도 적용했을 때 동일한 효과가 나타나는가를 나타내는 타당도이다. 이는 실험의 결과를 일반화 할 수 있는가, 즉 '일반화될 수 있는 정도'를 의미한다.
- 외적 타당도 저해요인: 사전검사에 대한 반응적 효과, 실험대상자의 선발 편견, 실험절차에 대한 반응적 효과(조사반응성), 다양한 실험처리의 복합적 영향 등

정답 | ④

10

연구방법론에 대한 설명으로 옳지 않은 것은?

교정7급 2023

① 실험연구는 연구결과의 외적 타당성을 확보하기에 유용한 연구방법이다.

② 범죄피해조사는 연구대상자로 하여금 범죄피해 경험을 스스로 보고하게 하는 연구방법으로, 암수범죄(Dunkelfeld)를 파악하는 데 용이하다.

③ 사례연구는 연구대상자에 대한 깊이 있는 정밀조사를 목표로 하며, 서덜랜드(Sutherland)의 전문절도범(the professional thief) 연구가 대표적이다.

④ 참여관찰법은 연구자가 스스로 범죄집단에 참여함으로써 연구대상을 관찰하여 자료를 수집하는 연구방법이다.

해설

실험연구는 연구결과의 내적 타당성에 영향을 미치는 요인들을 통제하는 데 가장 유리한 연구방법으로, 연구자가 자극, 환경, 치우시간 등의 실험조건을 스스로 관리할 수 있는 반면, 한정된 데이터의 한계로 인해 외적 타당성 확보가 어려울 수 있다.

정답 | ①

CHAPTER 02

형사정책의 발전과정

01

베카리아(C. Becaria)의 형사사법제도 개혁에 대한 주장으로 옳지 않은 것만을 모두 고르면? 교정7급 2019

㉠ 형벌은 성문의 법률에 의해 규정되어야 하고, 법조문은 누구나 알 수 있게 쉬운 말로 작성되어야 한다.
㉡ 범죄는 사회에 대한 침해이며, 침해의 정도와 형벌 간에는 적절한 비례관계가 유지되어야 한다.
㉢ 처벌의 공정성과 확실성이 요구되며, 범죄행위와 처벌 간의 시간적 근접성은 중요하지 않다.
㉣ 형벌의 목적은 범죄예방을 통한 사회안전의 확보가 아니라 범죄자에 대한 엄중한 처벌에 있다.

① ㉠, ㉡　② ㉠, ㉣
③ ㉡, ㉢　④ ㉢, ㉣

해설

㉢ 형벌은 범죄 후 신속하게 과해질수록 그것이 정당하고 유용하므로 미결구금은 가능한 한 단축되어야 하며 그 참혹성은 완화시켜야 한다. 처벌이 신속할수록 사람들의 마음속에서 범죄와 처벌이란 두 가지 생각 간의 관계가 더욱 공고해지고 지속될 수 있기 때문이다
㉣ 죄는 처벌하는 것보다 범죄를 예방하는 것이 더욱 바람직하다. 형벌의 근본 목적은 범죄인을 괴롭히는 것이 아니라 범죄인이 또다시 사회에 해를 끼치지 않도록, 또 다른 사람이 범죄를 저지르지 않도록 예방하는 것이다.

정답 | ④

02

[보기 1]에 제시된 설명과 [보기 2]에 제시된 학자를 옳게 짝지은 것은? 교정9급 2018

[보기 1]
㉠ 감옥개량의 선구자로 인도적인 감옥개혁을 주장하였다.
㉡ 「범죄와 형벌」을 집필하고 죄형법정주의를 강조하였다.
㉢ 파놉티콘(Panopticon)이라는 감옥형태를 구상하였다.
㉣ 범죄포화의 법칙을 주장하였다.

[보기 2]
A. 베카리아(Beccaria)
B. 하워드(Howard)
C. 벤담(Bentham)
D. 페리(Ferri)

	㉠	㉡	㉢	㉣
①	A	B	C	D
②	C	A	B	D
③	B	A	C	D
④	B	A	D	C

해설

㉠ 존 하워드, ㉡ 베카리아, ㉢ 벤담, ㉣ 페리

정답 | ③

03

다음 학자와 그의 주장이 바르게 연결된 것은?

교정9급 2013

① 리스트(Liszt) – 죄는 범죄인을 제외한 모든 사람에게 있다.

② 케틀레(Quetelet) – 사회 환경은 범죄의 배양기이며, 범죄자는 미생물에 해당할 뿐이므로 벌해야 할 것은 범죄자가 아니라 사회이다.

③ 타르드(Tarde) – 모든 사회현상이 모방이듯이 범죄행위도 모방으로 이루어진다.

④ 라카사뉴(Lacassagne) – 사회는 범죄를 예비하고, 범죄자는 그것을 실천하는 도구에 불과하다.

해설

① 리스트(Liszt) – 죄는 범죄인의 소질과 환경에 그 원인이 있다고 주장하였고, 특히 환경을 더 중시하였다.

② 라카사뉴(Lacassagne) – 사회환경은 범죄의 배양기이며, 범죄자는 미생물에 해당할 뿐이므로 벌해야 할 것은 범죄자가 아니라 사회이다.

④ 케틀레(Quetelet) – 사회는 범죄를 예비하고, 범죄자는 그것을 실천하는 도구에 불과하다.

정답 | ③

04

다음 설명에 해당하는 학자는?

교정9급 2020

- 범죄는 정상(normal)이라고 주장함
- 규범이 붕괴되어 사회 통제 또는 조절 기능이 상실된 상태를 아노미로 규정함
- 머튼(R. Merton)이 주창한 아노미이론의 토대가 됨

① 뒤르켐(E. Durkheim)

② 베카리아(C. Beccaria)

③ 케틀레(A. Quetelet)

④ 서덜랜드(E. Sutherland)

해설

뒤르켐(Durkheim)에 대한 설명이다.

범죄정상설
집단적 비승인이 존재하는 한 범죄는 모든 사회에 어쩔 수 없이 나타나는 현상으로 병리적이기보다는 정상적인 현상이라고 주장하였다. 즉 범죄를 사회의 구조적 모순에서 자연적으로 발생하는 정상적이고 불가피한 현상으로 본다.

아노미
인간의 생래적인 끝없는 욕망을 사회의 규범이나 도덕으로서 제대로 통제하지 못하는 상태로, 사회적·도덕적 권위가 훼손되어 사회구성원들이 '자신의 삶을 지도할 수 있는 기준(지향적인 삶의 기준)'을 상실한 무규범 상태를 말한다.

머튼(Merton)의 아노미이론
개인의 욕망에 대한 사회적 규제가 안되는 상황을 나타내는 뒤르켐의 아노미 개념을 미국의 머튼은 사회구조 내에서 문화적으로 정의된 목표와 이를 달성할 수 있는 수단 간의 불일치로 파악하여 기능주의적 범죄이론을 전개하였다.

정답 | ①

05

억제이론(Deterrence Theory)에 한 설명으로 옳지 않은 것은? 교정9급 2012

① 억제이론의 기초가 되는 것은 인간의 공리주의적 합리성이다.
② 형벌의 특수적 억제효과란 범죄를 저지른 사람에 대한 처벌이 일반시민들로 하여금 처벌에 대한 두려움을 불러일으켜서 결과적으로 범죄가 억제되는 효과를 말한다.
③ 범죄자에 한 처벌의 억제효과는 범죄자의 자기통제력 수준에 따라 달라질 수 있다.
④ 처벌의 신속성, 확실성, 엄격성의 효과를 강조한다.

해설

형벌의 특수적 억제효과는 곧 특별예방효과를 의미한다. 범죄를 저지른 사람에 대한 처벌이 일반시민들로 하여금 처벌에 대한 두려움을 불러일으켜서 결과적으로 범죄가 억제되는 효과는 일반적 억제효과, 즉 일반예방효과인 것이다.

억제이론
- 고전학파(베카리아)의 주장으로, 형벌의 집행이 확실할수록(확실성), 형벌의 정도가 엄격할수록(엄격성), 형벌의 집행이 신속할수록(신속성) 사람들은 형벌을 두려워하여 범죄를 자제한다는 사상을 기초로 하는데, 즉 법률에 의한 처벌만이 범죄를 억제하는 가장 효과적인 수단임을 의미한다.
- 깁스와 티틀의 집단비교연구와 로스의 시계열연구가 이에 속한다.
- 형벌의 억제(제지)효과(=형벌집행의 3요소)
  확실성 > 엄격성(엄중성) > 신속성

정답 | ②

06

범죄학자의 저서 및 주장내용을 바르게 연결한 것은? 교정9급 2010

> ㄱ. 감옥개량운동의 선구자로 감옥개혁을 주장하였다.
> ㄴ. 범죄와 형벌 사이에는 비례성이 있어야 한다.
> ㄷ. 감옥은 단순한 징벌장소가 아닌 개선장소가 되어야 한다.
> ㄹ. 자연범설을 주장하면서 적응의 법칙을 강조하였다.
> ㅁ. 범죄예방의 가장 좋은 방법의 하나는 잔혹한 형의 집행보다 확실하고 예외없는 처벌이다.
> ㅂ. 사형집행으로 죽는 죄수보다 감옥 내 질병으로 죽는 죄수가 많다는 것은 곤란한 일이다.
> ㅅ. 근대범죄학의 아버지로 불리며 생래적 범죄인설을 주장하였다.
> ㅇ. 잔혹한 범죄자에 대하여 사형을 인정하였다.

① 베카리아(Beccaria) – 범죄와 형벌 – ㄴ, ㄷ, ㅁ
② 하워드(Howard) – 감옥의 상태 – ㄱ, ㄷ, ㅂ
③ 가로팔로(Garofalo) – 범죄사회학 – ㄴ, ㄹ, ㅂ
④ 롬브로조(Lombroso) – 범죄인론 – ㄷ, ㅅ, ㅇ

해설

㉠ 감옥개량운동의 선구자로 감옥개혁을 주장하였다. – 존 하워드
㉡ 범죄와 형벌 사이에는 비례성이 있어야 한다. – 베카리아
㉢ 감옥은 단순한 징벌장소가 아닌 개선장소가 되어야 한다. – 존 하워드
㉣ 자연범설을 주장하면서 적응의 법칙을 강조하였다. – 가로팔로
㉤ 범죄예방의 가장 좋은 방법의 하나는 잔혹한 형의 집행보다 확실하고 예외 없는 처벌이다. – 베카리아
㉥ 사형집행으로 죽는 죄수보다 감옥 내 질병으로 죽는 죄수가 많다는 것은 곤란한 일이다. – 존 하워드
㉦ 근대범죄학의 아버지로 불리며 생래적 범죄인설을 주장하였다. – 롬브로조
㉧ 잔혹한 누범자에 대하여 사형을 인정하였다. – 롬브로조

정답 | ②

07

형벌의 일반예방효과(General Deterrence Effect)에 대한 설명으로 옳지 않은 것은? 교정9급 2008

① 인간의 합리적 선택가능성을 전제로 하며, 공리주의적 사고가 그 사상적 기초 내지 배경을 이루고 있다.

② 위하를 통한 예방이라는 소극적 효과와 규범의식의 강화라는 적극적 효과로 나누기도 한다.

③ 현행 교정실무는 특별예방을 추구할 뿐이고, 형벌의 일반예방효과와는 무관하다.

④ 형벌을 통한 일반예방의 추구는 한 인간을 다른 목적을 위한 수단으로 다루는 결점을 안고 있다고 지적되기도 한다.

해설

교정에서 강조되는 것은 특별예방임은 분명하나 한편으로 일반예방적 효과도 있다. 예를 들면 교도작업 등이 대표적인 예가 있다. 교도작업의 궁극적인 목적은 특별예방적 효과의 달성이겠지만, 한편으로 일반예방적 효과도 기대할 수 있다.

정답 | ③

08

범죄원인론 중 고전주의학파에 대한 설명으로 옳은 것만을 모두 고르면? 교정9급 2019

㉠ 인간은 자유의사를 가진 합리적인 존재이다.
㉡ 인간은 처벌에 대한 두려움 때문에 범죄를 선택하는 것이 억제된다.
㉢ 범죄는 주로 생물학적·심리학적·환경적 원인에 의해 일어난다.
㉣ 범죄를 효과적으로 제지하기 위해서는 처벌이 엄격·확실하고, 집행이 신속해야 한다.
㉤ 인간에 대한 과학적 분석을 통해 범죄원인을 규명하고자 하였다.

① ㉠, ㉡, ㉢ ② ㉠, ㉡, ㉣
③ ㉡, ㉢, ㉣ ④ ㉢, ㉣, ㉤

해설

㉠·㉡·㉣ 고전주의학파의 견해
㉢·㉤ 실증주의학파의 견해

고전학파와 실증학파 비교

구분 \ 학파	고전학파	실증학파
전체	비결정론	결정론
범죄원인	자유의사	사회·심리·신체적 요인
관점	범죄행위	범죄자
수단	사법제도	과학적인 방법
목적	일반예방	특별예방

정답 | ②

09

범죄 문제에 대한 고전학파의 특징에 대비되는 실증주의 학파의 특징으로 옳지 않은 것은? 교정7급 2018

① 범죄행위를 연구하는데 있어서 경험적이고 과학적인 접근을 강조한다.

② 범죄행위는 인간이 통제할 수 없는 영향력에 의해서 결정된다고 주장한다.

③ 범죄행위의 사회적 책임보다는 위법행위를 한 개인의 책임을 강조한다.

④ 범죄행위를 유발하는 범죄원인을 제거하는 것이 범죄통제에 효과적이라고 본다.

해설

고전학파의 범죄는 자유의지(이성)에 따른 범죄행위기에 개인에 대한 책임 및 처벌을 강조한다. 그에 비해서 실증학파는 개인은 소질이나 환경에 의해서 어쩔 수 없이 범죄를 저지를 수밖에 없는 존재(의사결정론)로 생각하기에, 개인의 책임보다는 사회적 책임을 강조한다.

정답 | ③

10

범죄학에 관한 고전주의와 실증주의에 대한 설명으로 옳지 않은 것은? 교정9급 2024

① 고전주의는 형벌이 범죄결과의 정도에 상응하여야 한다고 주장한 반면, 실증주의는 부정기형과 사회 내 처우를 중요시하였다.

② 고전주의는 인간은 누구나 자유의지를 지닌 존재이기 때문에 평등하고, 범죄인이나 비범죄인은 본질적으로 다르지 않다고 인식하였다.

③ 19세기의 과학적 증거로 현상을 논증하려는 학문사조는 실증주의 범죄학의 등장에 영향을 끼쳤다.

④ 실증주의는 적법절차모델(Due Process Model)에 바탕을 둔 합리적 형사사법제도 구축에 크게 기여하였다.

해설

적법절차모델의 기반은 실증주의가 아닌 고전주의이고, 이는 처우모델 중 정의모델에 속한다. 적법절차모델은 기존의 의료모델이나 개전모델을 비판하고, 공정한 처벌을 통해 사법정의를 확보하는 동시에 범죄자의 인권보호를 위해 적법절차를 중시한다.
참고로, 실증주의는 의사결정론에 기반한 의료모델(Medical Model)이나 개선모델(Adjust Model) 등에 영향을 주었다.

정답 | ④

11

범죄원인과 관련하여 실증주의 학파에 대한 설명으로 옳지 않은 것은? 교정9급 2021

① 페리(Ferri)는 범죄자의 통제 밖에 있는 힘이 범죄성의 원인이므로 범죄자에게 그들의 행위에 대해 개인적으로나 도덕적으로 책임을 물어서는 안 된다고 주장했다.

② 범죄의 연구에 있어서 체계적이고 객관적인 방법을 추구하여야 한다고 하였다.

③ 인간은 자신의 행동을 합리적, 경제적으로 계산하여 결정하기 때문에 자의적이고 불명확한 법률은 이러한 합리적 계산을 불가능하게 하여 범죄억제에 좋지 않다고 보았다.

④ 범죄는 개인의 의지에 의해 선택한 규범침해가 아니라, 과학적으로 분석가능한 개인적·사회적 원인에 의해 발생하는 것이라 하였다.

해설

실증주의는 인간은 자신이 희망하는 사항이나 이성적 판단에 따라 행동하는 자율적 존재가 아니라 이미 행위하도록 결정된 대로 행동하는 존재로 보는 입장으로 인간의 행위는 개인의 특수한 소질조건과 그 주변의 환경조건에 따라 결정된다고 이해한다.

정답 | ③

12

형벌이론에 대한 설명으로 옳지 않은 것은? 교정7급 2024

① 베카리아(C. Beccaria)는 사형을 폐지하고 종신 노역형으로 대체할 것을 주장하였다.

② 헤겔(G.W.F. Hegel)은 절대적 형벌론자였으며, 범죄행위는 법의 부정이며, 형벌은 법의 부정을 부정하는 것이라고 주장하였다.

③ 칸트(I. Kant)는 응보이론을 옹호했으며, 형벌은 일정한 목적을 추구하기 위해 존재하는 것이 아니라 범죄자에게 고통을 주는 그 자체가 가치 있는 것이라고 주장하였다.

④ 포이어바흐(A. Feuerbach)는 일반예방과 특별예방을 구별하고, 재사회화와 관련된 심리강제설을 주장하면서, 특별예방을 강조하였다.

해설

포이어바흐는 심리강제설에 의한 일반예방 사상을 주장하고, 일반 국민에게 범죄로 얻는 쾌락보다 범죄로 받는 고통이 더욱 크다는 것을 알려 주는 심리적 강제로써만 범죄를 방지할 수 있으며, 이와 같은 심리적 강제는 형벌을 법전에 규정하고 이를 집행함으로써 효과적으로 이루어진다고 한다.

정답 | ④

13

서덜랜드(Sutherland)의 차별적 접촉이론(differential association theory)의 9가지 명제로 옳지 않은 것은?

교정7급 2021

① 범죄행위의 학습은 다른 사람들과의 의사소통과정을 통하여 이루어진다.
② 법 위반에 대한 비우호적 정의에 비해 우호적 정의를 더 많이 학습한 사람은 비행을 하게 된다.
③ 범죄행위가 학습될 때 범죄의 기술, 동기, 충동, 합리화, 태도 등도 함께 학습된다.
④ 금전적 욕구, 좌절 등 범죄의 욕구와 가치관이 범죄행위와 비범죄행위를 구별해 주는 변수가 된다.

해설

범죄행위도 욕구와 가치의 표현이라는 점에서 일반적인 행위와 같지만, 일반적인 욕구나 가치관으로는 범죄행위를 설명할 수 없다. 욕구는 비범죄의 원인이 될 수도 있다(공무원이 되려고 범죄를 저지르지 않고 공부하는 예를 들 수 있음).

차별적 접촉이론의 9가지 명제

- 범죄(일탈)행위는 학습의 결과이다.
- 범죄는 다른 사람과의 상호작용과정에서 학습된다.
- 범죄의 주요 부분은 친밀한 개인적 집단 내에서 학습된다.
- 학습에는 범행의 기술, 합리화, 동기와 욕구의 구체적 방향 등이 포함된다.
- 동기와 욕구의 구체적 방향은 법률을 우호적으로 정의하는지, 비우호적으로 정의하는지에 따라 다양한 관점에서 학습된다.
- 범죄자가 되는 이유는 준법자들보다 우범자들과의 접촉이 빈번하기 때문이다.
- 차별적 접촉은 빈도·기간·시기·강도에 따라 다르다.
- 범죄의 학습과정도 다른 행위의 학습과정과 같은 메커니즘이므로, 범죄자와 비범죄자와의 차이는 학습과정이 아닌 접촉유형에 있다.
- 범죄도 욕구와 가치의 표현이라는 점에서 일반적인 행위와 같지만, 일반적인 행위의 욕구와 가치의 표현으로 범죄행위를 설명할 수는 없다.

정답 | ④

14

서덜랜드(E. H. Sutherland)의 차별적 접촉이론에 대한 설명으로 옳은 것은?

교정7급 2018

① 범죄행위의 학습 과정과 정상 행위의 학습 과정은 동일하다.
② 범죄행위는 유전적인 요인뿐만 아니라 태도, 동기, 범행수법의 학습 결과이다.
③ 법에 대한 개인의 태도는 개인이 처한 경제적 위치와 차별 경험에서 비롯된다.
④ 타인과 직접 접촉이 아닌 매체를 통한 특정 인물의 동일시에 의해서도 범죄행위는 학습된다.

해설

① 서덜랜드는 범죄는 심리적 원인에 기한 것이 아니라 사회적 상호작용을 통해서 학습되는 정상적인 것으로 보았다.
② 범죄행위는 유전적인 요인과는 관계가 없다고 본다.
③ 법에 대한 개인의 태도와 관련하여 경제적 위치가 아닌 법 위반에 대한 관념을 중시하였다.
④ 타인과 직접 접촉이 아닌 매체를 통한 특정 인물의 동일시에 의해서도 범죄행위는 학습된다는 점을 강조한 이론은 글래이저의 차별적 동일화이론이다.

정답 | ①

15

다음에서 설명하는 이론을 주장한 학자는?

교정9급 2023

> ○ 아메리칸 드림이라는 문화사조는 경제제도가 다른 사회제도들을 지배하는 '제도적 힘의 불균형' 상태를 초래함
> ○ 아메리칸 드림과 같은 문화사조와 경제제도의 지배는 서로 상호작용을 하면서 미국의 심각한 범죄문제를 일으킴

① 머튼(Merton)
② 코헨과 펠슨(Cohen & Felson)
③ 코니쉬와 클라크(Cornish & Clarke)
④ 메스너와 로젠펠드(Messner & Rosenfeld)

해설

메스너와 로젠펠드의 제도적 아노미이론에 대한 설명이다.

사회구조적 수준의 긴장 – 메스너와 로젠펠드의 제도적 아노미이론

- 기존의 아노미이론을 계승·발전시킨 이론으로, 미국 사회의 범죄율이 높은 이유를 설명하고자 하였다.
- 범죄 등의 반사회적 행동은 미국 사회의 문화적·제도적 영향의 결과로, 물질적인 성공에 대한 목표(아메리칸 드림)가 미국 문화에 널리 퍼져 있다는 머튼의 관점에 동의한다.
- 높은 범죄율의 원인은 경제제도 때문이고, 지나치게 물질적인 성공만을 강조하는 미국 문화는 비경제적 사회제도(예 가족, 학교, 공동체 등)의 역할과 가치를 하락시켰다.
  - 경제적 역할이 중심(우월)이 된다(비경제적 역할이 종속된다). 예를 들어, 타지로의 승진기회가 주어지면 가족과 떨어져 생활하는 것도 감수한다.
  - 아메리칸 드림은 합법적 수단으로는 만족할 수 없는 물질적 가치에 대한 욕구를 지니게 만든다.
  - 제도적 수준에서의 경제적 관심의 지배는 비공식적 사회통제인 가정, 학교 등의 기능약화를 가져오게 된다.

정답 | ④

16

머튼(Merton)이 제시한 아노미 상황에서의 적응양식 중에서 기존 사회체제를 거부하는 혁명가(A)와 알코올 중독자(B)에 해당하는 유형을 옳게 짝지은 것은?

교정9급 2018

적응양식의 유형	문화적 목표	제도화된 수단
㉠	+	+
㉡	+	−
㉢	−	+
㉣	−	−
㉤	±	±

	(A)	(B)
①	㉣	㉢
②	㉡	㉤
③	㉤	㉣
④	㉤	㉢

해설

㉠ 동조형: 정상인
㉡ 개혁·혁신형: 대부분의 범죄(성매매, 마약거래, 강도, 사기, 횡령 등)
㉢ 의례·의식형: 사회적으로 중하층인, 자기가 하는 일의 목표는 안중에 없고, 무사안일하게 절차적 규범이나 규칙만을 준수하는 관료 등
㉣ 도피·회피·퇴행형: 정신병자, 빈민층, 방랑자, 폭력배, 만성적 알코올중독자 및 마약상습자 등
㉤ 혁명·전복·반역형: 정치범, 환경보호론자, 낙태금지론자, 동물보호론자 등

적응유형		문화적 목표	제도적 수단	특징
보편적 적응 방식	동조형 (conformity)	+	+	• 성공목표와 제도적 수단의 합치로 정상적인 생활을 유지하는 사람 • 정상인
반사회적 적응 방식	개혁·혁신형 (innovation)	+	-	• 금전획득의 재산범죄가 많고, 범죄학적으로 가장 문제되는 생활자 • 성매매, 마약거래, 강도 등
	의례·의식형 (ritualism)	-	+	• 성공목표를 외면하고 제도적 규범에 충실한 순종자 • 관료, 샐러리맨 등

반사회적 적응 방식	혁명·전복형 (rebelion)	±	±	• 공동체 전체를 위한다는 동기에서 사회목표를 공공연하게 거부하면서 범죄를 유발하고, 범행이 공표되기를 원하는 데 모나 혁명을 하는 자 • 정치범, 확신범 등

정답 | ③

17

머튼(Merton)의 아노미이론에 대한 설명으로 옳지 않은 것은? 교정9급 2022

① 부(富)의 성취는 미국사회에 널리 퍼진 문화적 목표이다.

② 목표달성을 위한 합법적 수단에 대한 접근은 하류계층에게 더 제한되어 있다.

③ 합법적 수단이 제한된 하류계층 사람들은 비합법적인 수단을 통해서라도 목표를 달성하려고 한다.

④ 하류계층뿐만 아니라 상류계층의 범죄를 설명하는 데 유용하다.

해설

머튼의 아노미이론은 목표달성과 무관한 폭력범(격정범) 및 중상류층 범죄(화이트칼라 범죄 등)에 대한 설명이 곤란하다.

아노미이론의 3가지 기본명제
- 부자가 되기를 바라는 목표는 모든 다 가지고 있다.
- 많은 하류계층 사람들은 목표를 달성할 수 있는 합법적 수단이 거부되어 있다.
- 목표와 수단이 괴리되면 비합법적 수단을 강구해서라도 성공하려고 노력한다.

정답 | ④

18

머튼(R. Merton)의 아노미(긴장)이론에 대한 설명으로 옳지 않은 것은? 교정7급 2024

① 사람들이 추구하는 목표는 선천적인 것이 아니며, 문화적 전통과 같은 사회환경에 의해 형성된다고 보았다.
② 사회적으로 인정되는 목표를 달성하기 위한 수단은 공평하게 주어지지 않는다고 보았다.
③ 개인적 수준의 긴장은 목표달성의 실패, 긍정적 가치를 갖는 자극의 상실, 부정적 자극으로부터 발생한다고 보았다.
④ 개인의 목표는 다양하지만, 경제적 성공에만 집중하고 다른 목표를 경시한다는 비판을 받았다.

해설

머튼이 아닌 애그뉴의 일반긴장이론에 대한 설명이다. 애그뉴는 스트레스가 많이 유발되는 생활에 노출된 사람은 긴장에 대처하는 방법으로 범죄나 비행을 저지른다고 주장하였는데, 개인적 수준의 긴장은 목표달성의 실패, 긍정적 자극의 소멸, 부정적 자극의 발생에서 유발된다고 보았다.

정답 | ③

19

애그뉴(R. Agnew)의 일반긴장이론(General Strain Theory)에 대한 설명으로 옳은 것만을 모두 고른 것은? 교정9급 2017

㉠ 머튼(R. Merton)의 아노미이론(Anomie Theory)에 그 이론적 뿌리를 두고 있다. ㉡ 거시적 수준의 범죄이론으로 분류된다. ㉢ 범죄발생의 원인으로 목표달성의 실패, 기대와 성취 사이의 괴리, 긍정적 자극의 소멸, 부정적 자극의 발생을 제시했다. ㉣ 긴장을 경험하는 모든 사람이 범죄를 저지른다거나 범죄에 의존하게 되는 것은 아니다.

① ㉠, ㉣　　② ㉠, ㉡, ㉢
③ ㉠, ㉢, ㉣　　④ ㉠, ㉡, ㉢, ㉣

해설

다양한 원인으로부터 긴장이 발생하여 부정적 감정 상태(분노, 좌절, 실망, 의기소침, 두려움)로 이어지고, 반사회적 행위(약물남용, 비행, 폭력, 낙오)에 이르게 된다는 것이 일반긴장이론의 논리구조이다. 스트레스와 긴장을 느끼는 개인이 범죄를 저지르기 쉬운 이유를 설명하는 이론으로 미시적 관점에 해당한다.

정답 | ③

20

범죄원인론에 대한 설명으로 옳지 않은 것은?

교정7급 2018

① 낙인이론은 범죄행위에 대한 처벌의 부정적 효과에 주목한다.

② 통제이론은 모든 인간이 범죄를 저지를 수 있는 동기를 가지고 있다고 가정한다.

③ 일반긴장이론은 계층에 따라서 범죄율이 달라지는 이유를 설명하는 데 유용하다.

④ 사회해체론은 지역사회의 안정성, 주민의 전·출입, 지역사회의 통제력에 주목한다.

해설

③ 일반긴장이론은 긴장 내지 스트레스가 많은 생활에 노출된 사람이 스트레스에 대처하는 방법으로 범죄와 비행을 저지르게 된다는 이론이다. 일반긴장이론은 스트레스(긴장)가 범죄의 원인이라는 설명을 할 뿐, 계층에 따라 범죄율이 달라지는 이유를 설명하지 못한다는 비판이 있다.

① 낙인이론은 공식적 통제작용이 범죄를 유발한다고 보고 형사사법기관의 역할에 대해 회의적인 점에서, 공식적 통제에 의한 처벌의 부정적 효과를 비판한다.

② 사회통제이론은 모든 인간이 범죄를 저지를 수 있는 동기를 가지고 있다고 가정하며 가족 친지등 사회적 통제 수단들이 그것을 억제한다고 본다.

④ 사회해체론은 사회해체지역에는 그 지역사회의 고유한 특징(하위문화)이 있고 주민의 이동이 많으며, 지역사회의 전통적인 통제기능이 약화되어 있다고 본다.

정답 | ③

21

밀러(Miller)의 하류계층문화이론(lower class culture theory)에 대한 설명으로 옳지 않은 것은?

교정7급 2023

① 밀러는 하류계층의 문화를 고유의 전통과 역사를 가진 독자적 문화로 보았다.

② 하류계층의 여섯 가지 주요한 관심의 초점은 사고치기(trouble), 강인함(toughness), 영악함(smartness), 흥분추구(excitement), 운명(fate), 자율성(autonomy)이다.

③ 중류계층의 관점에서 볼 때 하류계층문화는 중류계층문화의 가치와 갈등을 초래하여 범죄적·일탈적 문화로 간주된다.

④ 범죄와 비행은 중류계층문화에 대한 저항으로서 하류계층문화 자체에서 발생한다.

해설

④는 코헨의 비행하위문화이론에 대한 설명이다. 밀러는 하류계층의 비행이 중류계층에 대한 반발에서 비롯된 것이라는 코헨(Cohen)의 주장에 반대하고, 하류계층만의 독특한 문화 자체가 비행을 발생시킨다고 주장하였다.

참고로, 코헨은 사회가 중류계층의 기준으로 평가되므로, 하류계층 청소년들은 학교에서부터 부적응을 경험하게 되고, 중류계층의 성공목표를 합법적으로 성취할 수 없음에 지위좌절이라는 문화갈등이 발생하며, 지위좌절을 겪는 하류계층 청소년들이 이를 해결하기 위한 수단으로써 비행하위문화를 형성한다고 보았다.

정답 | ④

22

학자들과 그들의 주장을 연결한 것으로 옳지 않은 것은?

교정7급 2021

① 갓프레드슨과 허쉬(Gottfredson & Hirschi) – 모든 범죄의 원인은 '낮은 자기통제력' 때문이며, 이러한 '자기통제력'은 아동기에 형성된다.

② 코헨(Cohen) – 합법적 수단이 이용가능하지 않을 때 비합법적 수단에 호소하게 되지만, 이러한 합법적 및 비합법적 수단이 모두 이용가능하지 않을 때 이중의 실패자(double failures)가 된다.

③ 샘슨(Sampson) – 지역사회의 구성원들이 범죄문제를 공공의 적으로 인식하고 이를 해결하기 위하여 적극적으로 참여하는 것이 범죄문제 해결의 열쇠가 된다.

④ 레클리스(Reckless) – 범죄다발지역에 살면서 범죄적 집단과 접촉하더라도 비행행위에 가담하지 않는 청소년들은 '좋은 자아개념'을 가지고 있기 때문이다.

해설

합법적 수단이 이용 가능하지 않을 때 비합법적 수단에 호소하게 되지만, 이러한 합법적 및 비합법적 수단이 모두 이용 가능하지 않을 때 이중의 실패자(double failures)가 된다는 주장은 클로워드와 올린의 차별적 기회구조이론이다.
참고로, 클로워드와 올린은 합법적인 기회구조가 차단된 슬럼(Slum)지역 청소년들의 비행적 하위문화를 3가지로 구분하였다.

- 범죄적 하위문화(개혁형에 해당하는 청소년의 비행문화): 범죄적 행위가 용인 및 장려되는 지역에서 발생하며, 성인 범죄자와 긴밀한 관계를 유지한다.
- 갈등적 하위문화(공격형에 해당하는 청소년의 비행문화): 이동성과 해체성이 심한 지역에서 발생하며, 욕구불만을 집단싸움·무분별한 갱 전쟁 등으로 해소하는 청소년 비행문화 집단으로 범죄 위험성은 낮으며, 직장을 갖거나 결혼을 하면 정상적인 생활을 한다.
- 도피적 하위문화(도피형에 해당하는 청소년의 비행문화): 성공목표를 위한 합법적·비합법적 기회구조가 모두 차단되어 자포자기하는 이중실패자로, 주로 알코올·약물중독자 등이 이에 속한다.

비행적 하위문화이론(비행적 부문화이론, Theory of Delinquent Subculture)

- 주장자: 코헨(A. K. Cohen)
- 내용
  - 비행적 하위문화이론은 1955년 코헨(A. K. Cohen)이 「비행소년들」 저서에서 주장하였다. 비행적 하위문화는 하류계층 청소년들이 학교생활 실패와 신분좌절에 대한 반동으로 비행집단을 형성해 비공리적이고 악의적인 부정적 행위에 가담함으로써 형성된다.
  - 이는 문화안의 문화(부문화) 개념으로, 비행집단에 공통된 특정한 가치관이나 신념·지식 등을 포함한 사고나 행동양식을 뜻한다.

정답 | ②

23

클로워드(Cloward)와 올린(Ohlin)의 차별기회이론(differential opportunity theory)에 대한 설명으로 옳지 않은 것은? 교정9급 2023

① 합법적 수단뿐만 아니라 비합법적 수단에 대해서도 차별기회를 고려하였다.

② 도피하위문화는 마약소비 행태가 두드러지게 나타나는 갱에서 주로 발견된다.

③ 머튼의 아노미이론과 서덜랜드의 차별접촉이론으로 하위문화 형성을 설명하였다.

④ 비행하위문화를 갈등하위문화(conflict subculture), 폭력하위문화(violent subculture), 도피하위문화(retreatist subculture)로 구분하였다.

해설

클로워드와 올린(Cloward & Ohlin)은 비행하위문화를 범죄적 하위문화(criminal subculture), 갈등적 하위문화(conflict subculture), 도피적 하위문화(retreatist subculture)로 분류하였다.

참고로, 차별적 기회구조이론은 문화전달이론(쇼 · 맥케이), 차별적 접촉이론(서덜랜드) 및 아노미이론(머튼)에 기회구조 개념을 도입해 종합한 이론이다.

청소년의 비행적 하위문화의 종류

- 범죄적 하위문화(개혁형에 해당하는 청소년의 비행문화)
  - 범죄적 행위가 용인 · 장려되는 지역에서 발생하고, 성인범죄자와 긴밀한 관계를 유지한다.
  - 범죄의 학습기회와 수행기회가 많은 지역에서 발생하는데, 범죄적 하위문화권의 청소년은 관습적이면서 비행적인 가치를 내면화하므로, 경제적인 지위향상을 위해 절도, 강도 등의 범죄를 일상적으로 수행한다.
- 갈등적 하위문화(공격형에 해당하는 청소년의 비행문화)
  - 이동성과 해체성이 심한 지역에서 발생하고, 욕구불만을 집단싸움, 무분별한 갱 전쟁 등으로 해소하며, 범죄위험성은 낮다. 대부분 직장을 갖거나 결혼을 하면 정상적인 생활을 한다.
  - 조직적인 범죄의 학습기회는 없지만, 사회통제가 취약하여 폭력의 수행기회는 있는 지역에서 발생하는데, 비행기술을 배울 기회와 실행할 기회가 적기 때문에 비행의 성공가능성은 상대적으로 낮다.
- 도피적 하위문화(도피형에 해당하는 청소년의 비행문화)
  - 성공목표를 위한 합법적 · 비합법적 기회구조가 모두 차단되어 자포자기하는 이중실패자로, 주로 알코올 · 약물중독자 등이 이에 속한다.
  - 범죄의 학습기회와 수행기회가 제한된 지역에서 발생하는데, 합법적 · 비합법적 기회가 모두 단절되어 있기 때문에 이중실패자라고 부르며, 이중실패자는 술 · 마약 등의 획득 · 소비에 몰두하는 활동을 하게 된다.

정답 | ④

24

사회학적 범죄원인론 중 통제이론을 주장한 학자만을 모두 고르면? 교정9급 2022

ㄱ. 서덜랜드(Sutherland)
ㄴ. 나이(Nye)
ㄷ. 애그뉴(Agnew)
ㄹ. 라이스(Reiss)
ㅁ. 베커(Becker)

① ㄱ, ㄷ
② ㄴ, ㄹ
③ ㄴ, ㄷ, ㄹ
④ ㄷ, ㄹ, ㅁ

해설

서덜랜드는 차별적 접촉이론, 애그뉴는 일반긴장이론, 베커는 낙인이론을 주장하였다.

라이스(A. Reiss)의 개인통제이론

- 의의: 라이스는 개인의 자기통제력과 범죄의 관계를 최초로 연구한 통제이론가로, 「개인적·사회적 통제실패로 인한 일탈」(1951)에서 소년비행의 원인을 개인의 자기통제력 미비와 사회통제력 부족 2가지 측면에서 파악하였다.
- 비행의 원인
  - 자기통제력 미비: 사회규범에 동조하면서 원하는 일을 할 수 있는 능력을 갖추지 못하면 비행에 빠진다.
  - 사회통제력 부족: 학교 등 사회화기관이 소년들을 제대로 순응시키지 못하면 비행성향 분출을 통제할 수 없어 비행에 빠진다.

나이(Nye)의 사회통제이론

- 내용: 나이는 라이스의 견해를 발전시켜 비행을 예방할 수 있는 사회통제방법을 분류하였다.
- 사회통제방법
  - 직접통제: 처벌 등 억압적인 수단을 사용해 비행을 예방하는 방법으로, 공식통제는 경찰이나 국가의 사법기관이 담당하는 통제를, 비공식통제는 가정이나 학교에서 담당하는 통제를 말한다(질책 등).
  - 간접통제: 부모나 주위사람들을 위해 스스로 비행을 자제하는 것을 말한다.
  - 내부적 통제: 양심이나 죄의식 때문에 스스로 비행을 자제하는 것을 말한다.

※ 소년비행 예방에 가장 효율적인 방법은 비공식적 간접통제

정답 | ②

25

통제이론에 대한 설명으로 옳지 않은 것은? 교정7급 2020

① 라이스(A. Reiss): 소년비행의 원인을 낮은 자기통제력에서 찾았다.
② 레클리스(W. Reckless): 청소년이 범죄환경의 압력을 극복한 것은 강한 자아상 때문이다.
③ 허쉬(T. Hirschi): 범죄행위의 시작이 사회와의 유대약화에 있다고 보았다.
④ 에그뉴(R. Agnew): 범죄는 사회적으로 용인된 기술을 학습하여 얻은 자기합리화의 결과이다.

해설

④ 사이크스(Sykes)와 맛차(Matza)의 중화기술이론에 대한 설명으로 에그뉴(Agnew)의 일반긴장이론은 스트레스와 긴장을 느끼는 개인이 범죄를 저지르기 쉬운 이유를 설명하는 이론으로, 긴장의 개인적 영향을 밝히는데 도움을 주었으며 하류계층의 범죄를 주로 설명하는 머튼의 아노미이론과 달리 상류계층의 범죄의 원인도 설명이 가능한 이론이다.
① 라이스의 개인통제이론
② 레클리스의 봉쇄이론
③ 허쉬의 사회통제(유대)이론

정답 | ④

26

다음의 설명에 해당하는 이론은? 교정7급 2010

> 이 이론은 차별적 접촉이론(differential association theory)이 각각의 개인들의 차별적 반응에 대한 문제를 도외시하고 있다는 비판을 한다. 즉 "왜 범죄적 문화와 접촉한 사람 중에서 어떤 사람은 범죄에 빠지지 않는가"라는 질문을 한다. 이 이론에 따르면 비행다발지역의 청소년들 중에서 다수가 비행에 가담하지 않는 것은 자신에 대한 좋은 이미지를 통해 비행에의 유혹이나 압력을 단절시키기 때문이다.

① 봉쇄이론(containment theory)
② 사회학습이론(social learning theory)
③ 중화이론(neuturalization theory)
④ 억제이론(deterrence theory)

해설

지문의 설명은 엄격히 말하면 차별적 접촉이론을 수정보완한 자아관념이론에 대한 설명이다. 자아관념이론은 긍정적인 자아관념이 있다면 아무리 범죄자인 친구들과 접촉을 한다고 하더라도 범죄를 실행하지 않는다는 입장이다. 자아관념이론은 레클리스에 의해 봉쇄이론으로 발전하였는데, 자아관념이론은 내적 봉쇄요인으로 보고 있다. 따라서 자아관념이론과 관련이 있는 봉쇄이론이 정답이다.

정답 | ①

27

허쉬(T. Hirschi)의 사회유대이론의 요소에 대한 설명으로 옳게 짝지어진 것은? 교정9급 2014

> ㄱ. 부자지간의 정, 친구 사이의 우정, 가족끼리의 사랑, 학교 선생님에 대한 존경 등 다른 사람과 맺는 감성과 관심을 의미한다.
> ㄴ. 미래를 위해 교육에 투자하고 저축하는 것처럼 관습적 활동에 소비하는 시간과 에너지, 노력 등을 의미한다.
> ㄷ. 학교, 여가, 가정에서 많은 시간을 보내게 되면 범죄행위의 유혹에서 멀어진다는 것을 의미한다.
> ㄹ. 관습적인 규범의 내면화를 통하여 개인이 사회와 맺고 있는 유대의 형태로 관습적인 도덕적 가치에 대한 믿음을 의미한다.

	ㄱ	ㄴ	ㄷ	ㄹ
①	애착	전념	참여	신념
②	애착	전념	신념	참여
③	전념	애착	신념	참여
④	전념	참여	애착	신념

해설

애착은 주변사람들과의 감정적 결속을 의미하고, 전념은 성공적인 미래를 위한 각자의 합리적 판단을 의미하며, 참여는 통상적인 사회활동에 참여가 많을수록 범죄를 저지를 가능성이 낮아진다는 것을, 신념은 규범에 대한 믿음을 설명하고 있다.

정답 | ①

28

허쉬(Hirschi)의 사회통제이론의 네 가지 유대에 대한 설명으로 옳지 않은 것은? 교정7급 2013

① 애착(attachment) – 애정과 정서적 관심을 통하여 개인이 사회와 맺고 있는 유대관계가 강하면 비행이나 범죄를 저지를 가능성이 낮다.

② 전념(commitment) – 규범적인 생활에 집착하고 많은 관심을 지닌 사람은 그렇지 않은 사람들에 비해 잃을 것이 많기 때문에 비행이나 범죄를 저지를 가능성이 낮다.

③ 참여(involvement) – 사회생활에 대하여 참여가 높으면 그만큼 일탈행위의 기회가 증가됨으로써 비행이나 범죄를 저지를 가능성이 높다.

④ 신념(belief) – 규범에 대한 믿음이 약할수록 비행이나 범죄를 저지를 가능성이 높다.

해설

참여(involvement)에 대한 설명이다.

사회연대(통제)이론
허쉬(T. Hirschi)는 1969년 「비행의 원인」에서 사회에 비행을 유발하는 긴장은 없고, 오히려 저지하는 사회연대요인만 있다고 주장하였다. 이는 비행의 근본적인 원인은 인간의 본성에 있으며, 모든 사람은 범죄성을 지니고 태어난다는 성악설을 바탕으로 한다.
사회연대(통제)요인

- 애착(Attachment): 애정, 정서적 관심 등으로써 개인이 사회와 맺고 있는 유대관계로, 허쉬는 애착에 의한 사회유대를 가장 중시하였다.
- 전념(집착, Commitment): 규범준수에 따른 사회적 보상에 관심을 가지고 이에 지속적으로 임하는 태도로, 공부나 일에 전념하는 사람일수록 범죄를 저지름으로써 잃은 것이 많아 범죄가능성이 낮다.
- 참여(관여, Involvement): 행위적 측면에서 개인이 사회와 맺고 있는 유대관계로, 참여가 적은 사람일수록 게으른 자에게 악이 번창하듯 범죄가능성이 높다.
- 신념(믿음, Belief): 규범에 대한 신봉의 정도 및 규범의 내면화 정도로, 사회규범에 대한 신념이 약할수록 범죄가능성이 높다.

정답 | ③

29

허쉬(Hirschi)의 사회유대이론에 대한 설명으로 옳은 것은? 교정7급 2017

① 모든 사람을 잠재적 법위반자라고 가정한다.

② 인간의 자유의지와 도덕적 책임감을 강조한다.

③ 범죄율을 이웃공동체의 생태학적 특징과 결부시킨다.

④ 범죄행위는 다른 사람들과의 상호작용으로 학습된다.

해설

① 허쉬(Hirschi)의 사회유대이론: 누구든지 비행가능성이 잠재되어 있고, 이를 통제하는 요인으로 개인이 사회와 맺고 있는 일상적인 유대가 중요하다.
② 고전학파에 대한 설명이다.
③ 쇼와 멕케이(Show & Mckay)의 범죄생태이론(범죄지대연구)과 사회해체이론에 대한 설명이다.
④ 서덜랜드(Sutherland)의 차별적 접촉이론: 범죄행위는 다른 사람들과의 상호작용과정에서 의사소통을 통해 학습되며, 범죄행위 학습의 중요한 부분은 친밀한 관계를 맺고 있는 집단들에서 일어난다.

정답 | ①

30

범죄학 이론에 대한 설명으로 옳지 않은 것은?

교정9급 2022

① 레머트(Lemert)는 1차적 일탈과 2차적 일탈의 개념을 제시하였다.
② 허쉬(Hirschi)는 사회통제이론을 통해 법집행기관의 통제가 범죄를 야기하는 과정을 설명하였다.
③ 머튼(Merton)은 아노미 상황에서 긴장을 느끼는 개인이 취할 수 있는 5가지 적응유형을 제시하였다.
④ 갓프레드슨과 허쉬(Gottfredson & Hirschi)는 부모의 부적절한 자녀 양육이 자녀의 낮은 자기통제력의 원인이라고 보았다.

해설

법집행기관의 통제가 범죄를 야기하는 과정을 설명한 이론은 낙인이론이며, 허쉬(Hirschi)는 사회통제이론을 통해 애착, 전념, 참여, 신뢰 등의 사회연대(유대)요소가 범죄를 통제하게 되는 과정을 설명하였다.

정답 | ②

31

하층계급의 높은 범죄율을 설명하는 이론으로 가장 거리가 먼 것은?

교정9급 2012

① 머튼의 아노미이론
② 사회해체이론
③ 허쉬의 사회유대이론
④ 일탈하위문화이론

해설

머튼의 아노미이론은 하층계급의 재산범죄의 원인을 설명하는데 유용하고, 사회해체이론에서는 퇴행변이지역에서의 하층계급의 높은 범죄율을 설명하고 있으며, 일탈(비행)하위문화이론은 중류계층의 기준을 대항하는 하층계급 청소년의 범죄의 원인을 규명하는 데 유용하다.

정답 | ③

32

다음 사례에 해당하는 중화의 기술을 옳게 짝지은 것은? 교정9급 2018

> ㉠ 친구의 물건을 훔치면서 잠시 빌린 것이라고 주장하는 경우
> ㉡ 술에 취해서 자기도 모르는 사이에 저지른 범행이라고 주장하는 경우

	㉠	㉡
①	가해(손상)의 부정	책임의 부정
②	가해(손상)의 부정	비난자에 대한 비난
③	책임의 부정	비난자에 대한 비난
④	피해자의 부정	충성심에 대한 호소

해설

㉠ 가해(손상)의 부정: 훔친 것을 빌린 것이라고 하는 등 자신의 행위가 위법한 것일지는 몰라도 실제로 자신의 행위로 인하여 손상을 입은 사람은 아무도 없다고 주장하며 합리화하는 경우가 이에 해당한다(자신의 범죄사실을 부정하는 것).
㉡ 책임의 부정: 의도적인 것이 아니었거나 자기의 잘못이 아니라 주거환경, 친구 등에 책임을 전가하거나 또는 자신도 자기를 통제할 수 없는 외부세력의 피해자라고 여기는 경우가 이에 해당한다(사람·환경에 책임을 전가하는 것).

정답 | ①

33

다음 사례는 사이크스(Sykes)와 맛차(Matza)의 중화 기술 중 무엇에 해당하는가? 교정9급 2009

> 강간범 홍길동은 자신이 술에 너무 취해서 제 정신이 없는 상태에서 자신도 모르게 강간을 하게 되었다고 주장하고 있다.

① 가해의 부정 ② 피해자의 부정
③ 비난자에 대한 비난 ④ 책임의 부정

해설

홍길동은 술에 취한 상태로 인해 불가피하게 범죄를 하였다는 것으로 음주로의 책임을 전가시키고 있다. 가해의 부정은 자신의 범죄사실을 부정하는 것이다.

중화기술이론의 유형
- 책임의 부정: "가난이 죄다." "나쁜 친구를 사귄 죄다." "음주 때문이다" 등 타인에게 책임을 전가하고 자신도 피해자라고 함
- 가해의 부정: "훔친 것이 아니라 빌린 것이다."라고 하는 등 손해를 입은 사람이 없다고 함
- 피해자의 부정: 자신의 절도행위를 세금포탈 등 부정직자에 대한 정의의 응징으로 생각하고, 자신을 '도덕적 보복자'라고 함
- 비난에 대한 비난: 자신을 비난하는 사람(교사·경찰·법관 등)이 더 나쁜 사람이라고 함
- 고도의 충성심(상위가치)에 대한 호소: 친구 간의 의리, 집단에 대한 충성심으로 인해 비행이 불가피한 것이었다고 함

정답 | ④

34

중화기술이론의 사례에서 '책임의 부정'에 해당하는 것은? 교정7급 2022

① 기초수급자로 지정받지 못한 채 어렵게 살고 있던 중에 배가 고파서 편의점에서 빵과 우유를 훔쳤다고 주장하는 사람
② 성매수를 했지만 성인끼리 합의하여 성매매를 한 것이기 때문에 누구도 법적 책임을 질 필요가 없다고 주장하는 사람
③ 부정한 행위로 인하여 사회적 비난을 받는 사람의 차량을 파손하고 사회정의를 실현한 것이라고 주장하는 사람
④ 교통범칙금을 부과하는 경찰관에게 단속실적 때문에 함정단속을 한 것이 아니냐고 따지는 운전자

해설

① 기초수급자로 지정받지 못했기 때문에 빵과 우유를 훔쳤다는 주장은, 자신의 범죄를 국가의 행정적 책임으로 돌리는 '책임의 부정'에 해당한다.
② 합의하여 성매매를 한 것이기 때문에 피해를 본 사람이 아무도 없다는 주장은 가해의 부정에 해당한다.
③ 사회적 비난을 받는 사람의 차량을 파손하고 사회정의를 실현한 것이라는 주장은, 피해자가 보호받을 대상이 아니라는 피해자의 부정에 해당한다.
④ 함정단속을 한 것이 아니냐고 따지는 것은 경찰관에게 먼저 비난을 가하는 것이므로, 비난자에 대한 비난에 해당한다.

정답 | ①

35

다음 사례를 적절히 설명할 수 있는 이론과 그 이론을 주장한 학자로 옳은 것은? 교정9급 2015

> A회사에 근무하는 甲은 신입직원 환영회에서 여직원들에게 인기를 독차지한 乙이 자신이 근무하는 부서로 발령을 받자 다른 남자 동료 직원과 함께 乙을 집단으로 따돌렸다.
> 甲은 乙이 오히려 부서의 단합을 저해한 원인을 제공하고 있다고 비난하였다.

① 허쉬(Hirschi)의 사회통제이론
② 클로워드(Cloward)와 올린(Ohlin)의 차별적 기회구조이론
③ 사이크스(Sykes)와 맛차(Matza)의 중화기술이론
④ 베커(Becker)의 낙인이론

해설

사이크스(Sykes)와 맛차(Matza)의 중화기술의 유형 중 '피해자의 부정'에 해당한다.

정답 | ③

36

맛차(Matza)의 표류이론(drift theory)에 대한 설명으로 옳지 않은 것은? 교정7급 2015

① 비행청소년들은 비행의 죄책감을 모면하기 위해 다양한 중화의 기술을 구사한다.
② 비행이론은 표류를 가능하게 하는, 즉 사회통제를 느슨하게 만드는 조건을 설명해야 한다고 주장하였다.
③ 대부분의 비행청소년들은 합법적인 영역에서 오랜 시간을 보낸다.
④ 비행청소년들은 비행 가치를 받아들여 비행이 나쁘지 않다고 생각하기 때문에 비행을 한다.

해설

밀러(Miller)의 하위계층(계급)문화이론에 대한 설명이다.

정답 | ④

37

사회적 범죄원인론의 내용과 이론을 바르게 연결한 것은? 교정7급 2008

㉠ 조직적인 범죄활동이 많은 지역에서는 범죄기술을 배우거나 범죄조직에 가담할 기회가 많으므로 범죄가 발생할 가능성이 큰 반면, 조직적인 범죄활동이 없는 지역에서는 비합법적인 수단을 취할 수 있는 기회가 제한되어 있으므로 범죄가 발생할 가능성이 적다.
㉡ 사람들이 법률을 위반해도 무방하다는 관념을 학습한 정도가 법률을 위반하면 안된다는 관념을 학습한 정도보다 클 때에 범죄를 저지르게 된다.
㉢ 사람들은 누구든지 비행으로 이끄는 힘과 이를 차단하는 힘을 받게 되는데, 만일 이끄는 힘이 차단하는 힘보다 강하게 되면 그 사람은 범죄나 비행을 저지르게 되는 반면, 차단하는 힘이 강하게 되면 비록 이끄는 힘이 있더라도 범죄나 비행을 자제하게 된다.
㉣ 중산층의 가치나 규범을 중심으로 형성된 사회의 중심문화와 빈곤계층 출신 소년들에게 익숙한 생활 사이에는 긴장이나 갈등이 발생하며, 이러한 긴장관계를 해결하려는 시도에서 비행문화가 형성되어 이로 인해 범죄가 발생한다.

	㉠	㉡	㉢	㉣
①	차별적 동일시이론	선택이론	억제이론	하층계급 문화이론
②	차별적 기회구조 이론	차별적 접촉이론	억제이론	비행하위 문화이론
③	차별적 기회구조 이론	억제이론	사회통제 이론	문화갈등 이론
④	차별적 동일시이론	자아관념 이론	문화갈등 이론	아노미 이론

해설

수단을 취할 수 있는 위치에 따라 범죄와 비범죄를 구분할 수 있다고 주장하는 것은 차별적 기회구조이론이고, 일탈에 대해 긍정적으로 정의하는 정도가 부정적으로 정의하는 정보다 클 때 범죄행위가 실행된다는 것은 차별적 접촉이론, 반사회적 행위로 이끄는 힘보다 차단하는 힘이 클 때 비행을 자제하게 된다는 것은 봉쇄이론 또는 억제이론이다. 중산층의 가치나 규범에 대한 반항을 다룬 이론은 비행하위문화이론을 말한다.

정답 | ②

38

다음 범죄학 이론에 대한 설명으로 옳지 않은 것은?

교정9급 2024

> 범죄가 발생하기 위해서는 최소한 범죄성향을 갖고 그 성향을 행동으로 표현할 능력을 가진 동기화된 범죄자(motivated offender)가 존재해야 한다. 이러한 범죄자에게 적당한 범행대상(suitable target)이 되는 어떤 사람이나 물체가 존재하고, 범죄를 예방할 수 있는 감시의 부재(absence of guardianship)가 같은 시간과 공간에서 만날 때 범죄가 발생한다.

① 코헨(L. Cohen)과 펠슨(M. Felson)의 견해이다.

② 합리적 선택이론을 기반으로 한 신고전주의 범죄학이론에 속한다.

③ 동기화된 범죄자로부터 범행대상을 보호할 수 있는 수단인 가족, 친구, 이웃 등의 부재는 감시의 부재에 해당한다.

④ 범죄예방의 중점을 환경이나 상황적 요인보다는 범죄자의 성향이나 동기의 감소에 둔다.

해설

코헨과 펠슨(Cohen & Felson)의 일상활동이론(Routine activities theory)의 내용으로, 범죄예방의 중점을 범죄자의 성향이나 동기의 감소가 아닌 환경이나 상황적 요인(기회)에 둔다.

정답 | ④

39

낙인이론에 대한 설명으로 옳지 않은 것은?

교정9급 2019

① 탄넨바움(F. Tanenbaum)은 공공에 의해 부여된 범죄자라는 꼬리표에 비행소년 스스로가 자신을 동일시하고 그에 부합하는 역할을 수행하게 되는 과정을 '악의 극화(dramatization of evil)'라고 하였다.

② 슈어(E. Schur)는 사람에게 범죄적 낙인이 일단 적용되면, 그 낙인이 다른 사회적 지위나 신분을 압도하게 되므로 일탈자로서의 신분이 그 사람의 '주지위(master status)'로 인식된다고 하였다.

③ 레머트(E. Lemert)는 1차적 일탈에 대하여 부여된 사회적 낙인으로 인해 일탈적 자아개념이 형성되고, 이 자아개념이 직접 범죄를 유발하는 요인으로 작용하여 2차적 일탈이 발생된다고 하였다.

④ 베커(H. Becker)는 금지된 행동에 대한 사회적 반응이 2차적 일탈을 부추길 뿐 아니라 사회집단이 만든 규율을 특정인이 위반한 경우 '이방인(outsider)'으로 낙인찍음으로써 일탈을 창조한다고 하였다.

해설

주 지위(Master status)

「이방인들(Outsiders)」로 잘 알려진 H. Becker는 일탈은 사람이 저지르는 행위의 특성이 아니라 오히려 다른 사람이 범인에게 법과 제재를 적용한 결과 일탈행동으로 규정하거나 낙인찍는 것이 사회적 지위와 같은 효과를 주며, 일탈자로 공식적으로 규정된다는 것은 그것이 사회적 상호작용에 악영향을 미친다는 점에서 다른 보조적 지위(auxiliary status)를 능가하기 때문에 주지위(master status)로서의 기능을 갖게 된다고 하였다. 슈어는 자기관념으로부터의 일탈을 통해 사회적 낙인보다 스스로 일탈자라고 규정함으로써 2차적 일탈에 이르는 경우도 있다는 점을 강조하며 불간섭주의를 대책으로 제시하였다.

정답 | ②

40

낙인이론(labeling theory)에 대한 설명으로 옳지 않은 것은?

교정7급 2015

① 레머트(Lemert)는 1차적 일탈에 대한 부정적 사회반응이 2차적 일탈을 만들어 낸다고 하였다.

② 베커(Becker)는 일탈자의 지위는 다른 대부분의 지위보다도 더 중요한 지위가 된다고 하였다.

③ 중요한 정책으로는 다이버전(diversion), 비범죄화(decriminalization), 탈시설화(deinstitution-alization) 등이 있다.

④ 사회 내 처우의 문제점을 지적하면서 시설 내 처우의 필요성을 강조하였다.

해설

소년사법 분야나 경미범죄, 과실범죄 등에 대해 그 예방차원으로 비범죄화, 다이버전, 시설 내 구금수용의 철폐 등을 주장하여 사회 내 처우의 근거가 되었으며, 시설 내 처우의 문제점을 지적하면서 사회 내 처우의 필요성을 강조하였다.

정답 | ④

41

낙인이론(labeling theory)과 전환(diversion)제도에 대한 설명으로 옳지 않은 것은? 교정7급 2023

① 전환은 범죄자를 공식적인 형사사법 절차와 과정으로부터 비공식적인 절차와 과정으로 우회시키는 제도이다.

② 레머트(Lemert)는 비행소년이라는 꼬리표가 청소년의 지속적인 비행을 유발하는 요인이 된다고 하면서, 이를 '악의 극화(the dramatization of evil)'라고 불렀다.

③ 전환은 범죄적 낙인으로 인한 부정적 위험을 피함으로써 이차적 일탈을 방지한다는 장점이 있다.

④ 낙인이론에서는 경미한 범죄에 대하여 공식적 처벌과 같은 낙인보다는 다양한 대체처분으로서의 전환을 강조한다.

해설

②는 레머트가 아닌 탄넨바움(Tannenbaum)의 주장이다.

탄넨바움	레머트	베커	슈어
악의 극화	사회적 낙인	사회적 지위	자아관념
	2차적 일탈 제시	주 지위	자아낙인 개념

정답 | ②

42

낙인이론에 대한 설명으로 옳은 것만을 모두 고르면? 교정9급 2020

> ㉠ 일탈 · 범죄행위에 대한 공식적 · 비공식적 통제기관의 반응(reaction)과 이에 대해 일탈 · 범죄행위자 스스로가 정의(definition)하는 자기관념에 주목한다.
> ㉡ 비공식적 통제기관의 낙인, 공식적 통제기관의 처벌이 2차 일탈 · 범죄의 중요한 동기로 작용한다고 본다.
> ㉢ 범죄행동은 보상에 의해 강화되고 부정적 반응이나 처벌에 의해 중단된다고 설명한다.
> ㉣ 형사정책상 의도하는 바는 비범죄화, 탈시설화 등이다.

① ㉡, ㉣　　② ㉠, ㉡, ㉢

③ ㉠, ㉡, ㉣　　④ ㉡, ㉢, ㉣

해설

낙인이론에 대한 설명으로 옳은 것은 ㉠·㉡·㉣이다.

㉢은 학습이론인 버제스와 에이커스(Burgess & Akers)의 차별적 강화이론에 대한 설명으로, 범죄행위의 결과로서 보상이 취득되고 처벌이 회피될 때 그 행위는 강화되는 반면, 보상이 상실되고 처벌이 강화되면 그 행위는 약화된다.

정답 | ③

43

범죄 및 범죄원인에 대한 설명으로 옳지 않은 것은?

교정7급 2012

① 비결정론은 법률적 질서를 자유의사에 따른 합의의 산물로 보고 법에서 금지하는 행위를 하거나 의무를 태만히 하는 행위 모두를 범죄로 규정하며, 범죄의 원인에 따라 책임소재를 가리고 그에 상응하는 처벌을 부과해야 한다는 견해이다.

② 결정론에 따르면 인간의 사고나 판단은 이미 결정된 행위 과정을 정당화하는 것에 불과하므로 자신의 사고나 판단에 따라 자유롭게 행위를 선택할 수 없다고 본다.

③ 미시적 환경론과 거시적 환경론은 개인의 소질보다는 각자가 처해있는 상황을 주요한 범죄발생원인으로 고려한다는 점에서 유사하다.

④ 갈등이론에 의하면 법률은 사회구성원들이 함께 나누고 있는 가치관이나 규범을 종합한 것으로서, 법률의 성립과 존속은 일정한 가치나 규범의 공유를 상징한다.

해설

갈등이론에 의하면 법률은 사회를 상호갈등적인 다양한 집단의 집합으로 보고 이 집단들 중에서 자신들의 정치적·경제적 힘을 주장할 수 있는 집단이 자신들의 이익과 기득권을 보호하기 위한 수단으로 여긴다. 또한 갈등이론은 사회적 가치·규범 및 법률에 대한 사회적 합의를 인정하지 않는다.

정답 | ④

44

범죄원인론에 대한 설명으로 옳지 않은 것은?

교정9급 2010

① 셀린(Sellin)은 이해관계의 갈등에 기초한 집단갈등론을 1958년 이론범죄학에서 주장하였다.

② 사이크스(Sykes)와 맛차(Matza)의 중화기술이론에 의하면 중화기술의 유형에는 책임의 부정, 가해의 부정, 피해자의 부정, 비난자에 대한 비난, 고도의 충성심에 호소 등 5가지가 있다.

③ 메스너(Messner)와 로젠펠드(Rosenfeld)는 머튼(Merton)의 아노미이론을 계승하여 제도적 아노미이론을 주장하다.

④ 합리적 선택이론은 고전주의 학파에 그 뿌리를 두고 있다.

해설

이해관계의 갈등에 기초한 집단갈등론을 1958년 이론범죄학에서 주장한 학자는 Vold이다. 셀린은 문화갈등이론을 통해 1차적 문화갈등과 2차적 문화갈등론을 주장하였다.

정답 | ①

45

다음 학자와 그 이론에 대한 설명으로 바르게 연결되지 않은 것은? 교정9급 2015

① 롬브로조(Lombroso) – 범죄의 원인을 생물학적으로 분석하여 격세유전과 생래적 범죄인설을 주장하였다.

② 페리(Ferri) – 범죄의 원인을 인류학적 요인, 물리적 요인, 사회적 요인으로 구분하고 이 세 가지 요인이 존재하는 사회에는 이에 상응하는 일정량의 범죄가 발생한다는 범죄포화의 법칙을 주장하였다.

③ 셀린(Sellin) – 동일한 문화 안에서 사회변화에 의하여 갈등이 생기는 경우를 일차적 문화갈등이라 보고, 상이한 문화 안에서 갈등이 생기는 경우를 이차적 문화갈등으로 보았다.

④ 머튼(Merton) – 아노미 상황에서 개인의 적응 방식을 동조형(conformity), 혁신형(innovation), 의례형(ritualism), 도피형(retreatism), 반역형(rebellion)으로 구분하였다.

해설

셀린(T. Sellin)의 문화갈등이론

- 의의
  - 1938년 「문화갈등과 범죄」를 저술한 셀린이 체계화한 이론으로, 1960대 후반 계급갈등을 강조하는 비판범죄론의 이론적 기초를 제공하였다.
  - 문화갈등이론은 서로 다른 문화집단 간의 사회적 가치에 대한 이해, 행위규범 등의 충돌을 기초로 하는데, 문화갈등이 야기되면 사회통제력이 감소되고 스트레스가 유발되어 범죄가 만연하게 된다고 주장한다.
  - 지배문화의 행위규범만이 법에 반영되어 타 문화집단의 기존 행위규범은 위법이 되고, 이에 법 위반가능성이 커진다.
- 구분
  - 1차적(횡적) 문화갈등: 이질적 문화 간의 상호충돌(국가병합, 이민 등)
  - 2차적(종적) 문화갈등: 동질적 문화 간의 상호충돌(사회분화로 인한 갈등으로, 빈·부, 도시·농촌, 신세대·구세대 등)

정답 | ③

46

범죄원인에 관한 학자들의 주장으로 옳지 않은 것은? 교정7급 2019

① 샘슨(R.J. Sampson)과 라웁(J.H. Laub): 어려서 문제행동을 보인 아동은 부모와의 유대가 약화되고, 학교에 적응하지 못하며, 성인이 되어서도 범죄를 저지르게 되므로, 후에 사회와의 유대가 회복되더라도 비행을 중단하지 않고 생애 지속적인 범죄자로 남게 된다.

② 클로워드(R.A. Cloward)와 올린(L.E. Ohlin): 하류계층 청소년들이 합법적 수단에 의한 목표달성이 제한될 때 비합법적 수단에 호소하게 되는 경우에도, 비행의 특성은 불법행위에 대한 기회에 영향을 미치는 지역사회의 특성에 따라 달라진다.

③ 머튼(R.K. Merton): 문화적으로 규정된 목표는 사회의 모든 구성원이 공유하고 있으나 이들 목표를 성취하기 위한 수단은 주로 사회경제적인 계층에 따라 차등적으로 분배되며, 이와 같은 목표와 수단의 괴리가 범죄의 원인으로 작용한다.

④ 글레이저(D. Glaser): 범죄의 학습에 있어서는 직접적인 대면접촉보다 자신의 범죄적 행동을 지지해 줄 것 같은 실존 또는 가상의 인물과 자신을 동일시하는가가 더욱 중요하게 작용한다.

해설

샘슨과 라웁은 청소년기에 비행을 저지른 아이들도 사회유대 혹은 사회적 자본(결혼 자녀등)의 형성을 통해 취업과 결혼으로 가정을 이루는 인생의 전환점을 만들면 성인이 되어 정상인으로 돌아가게 된다고 보았다. 결론은 비행청소년들의 대부분은 성인이 되어서 비행을 중단한다는 주장이다.

정답 | ①

47

다음 글에서 설명하는 이론은? 교정7급 2023

> 공동체의 사회통제에 대한 노력이 무뎌질 때 범죄율은 상승하고 지역의 응집력은 약해진다. 이에 지역사회 범죄를 줄이기 위해서는 이웃 간의 유대강화와 같은 비공식적 사회통제가 중요하며, 특히 주민들의 사회적 참여는 비공식적 사회통제와 밀접하게 관련되어 있다.

① 샘슨(Sampson)의 집합효율성(collective efficacy)
② 쇼(Shaw)와 맥케이(Mckay)의 사회해체(social disorganization)
③ 머튼(Merton)의 긴장(strain)
④ 뒤르켐(Durkheim)의 아노미(anomie)

해설

샘슨의 집합효율성

- 빈곤은 그 자체로는 범죄와 관련이 없지만, 거주지 안정성이 낮은 곳에서의 빈곤은 폭력범죄율과 높은 상관관계가 있다.
- 지역사회가 자체의 공동가치를 실현할 수 있는 능력을 상실한 상태가 바로 사회해체이다.
- 적은 사회자본으로 인한 익명성이 근린의 범죄와 폭력을 증가시킨다. 준법정신이 투철한 사람들은 범죄와 폭력의 증가에 따라 타 지역으로 이주하게 되고, 범죄와 폭력으로 만연한 근린은 지역사회의 와해가 더욱 촉진된다.
- 집합효율성이란 '거리, 보도, 공원 등과 같은 공공장소에서 질서를 유지할 수 있는 능력'을 의미한다.
- 근린의 거주민들이 당국에 불만을 토로하거나 지역감시프로그램을 조직하는 것과 같이 질서유지를 위한 명확한 행동을 할 때 나타난다.
- 거주민들은 '근린의 결속과 상호신뢰'가 '근린의 사회통제를 위해 개입하려는 그들의 공유된 기대'와 연계될 때에만 범죄를 줄이고자 행동한다.

정답 | ①

48

전과자 A는 교도소에서 배운 미용기술로 미용실을 개업하여 어엿한 사회인으로 돌아오고, 범죄와의 고리를 끊었다. 다음 중 이 사례를 설명할 수 있는 것으로 가장 거리가 먼 것은? 교정7급 2014

① 허쉬(Hirschi)의 사회유대
② 샘슨(Sampson)과 라웁(Laub)의 사회자본
③ 베커(Becker)의 일탈자로서의 지위
④ 머튼(Merton)의 제도화된 수단

해설

출소 후 또 다른 범죄를 저질렀다면 일탈자로서의 지위가 맞는 지문이 되겠지만, 사회생활에 적응하며 살아가는 것이기 때문에 일탈자로서의 지위가 멀다. 한편, 샘슨(Sampson)과 라웁(Laub)의 사회자본은 결혼, 취업 등을 의미하는 것으로 사람들의 정상적인 삶을 유지시켜 주는 개인이나 제도 등 긍정적인 관계를 갖는 것을 의미한다.

정답 | ③

49

발달범죄학이론에 대한 설명으로 옳지 않은 것은?

교정7급 2020

① 1930년대 글룩(Glueck) 부부의 종단연구는 발달범죄학이론의 토대가 되었다.

② 인생항로이론은 인간의 발달이 출생 시나 출생 직후에 나타나는 주된 속성에 따라 결정된다고 주장한다.

③ 인생항로이론은 인간이 성숙해 가면서 그들의 행위에 영향을 주는 요인도 변화한다는 사실을 인정한다.

④ 인생항로이론은 첫 비행의 시기가 빠르면 향후 심각한 범죄를 저지를 것이라고 가정한다.

해설

잠재적 특질 이론에 대한 설명이다. 잠재적 특질 이론은 범죄행동이 출생 또는 그 직후에 나타나고, 평생을 통해서 변화하지 않는 주요한 특질에 의해 통제되기 때문에 인간은 변하지 않고 기회가 변할 뿐이라는 관점을 취하나 인생항로 이론은 인간은 인생항로 속에서 많은 변화를 경험하게 되고, 다양한 사회적·개인적·경제적 요인들이 범죄성에 영향을 미친다는 것으로 일부 위험스러운 아이가 왜 범죄를 중단하는가를 설명할 수 있다. 이 이론은 개인의 생애 과정 가운데 범죄를 만들어내는 결정적 순간을 파악하고자 한다.

관련이론

- 연령–등급이론(Sampson & Laub)
  - 사람이 성숙해가면서 범죄를 저지르는 성향에 영향을 주는 요인은 변화한다는 것이다.
  - 어린 시절에는 가족요인이 결정적이고, 성인기에는 결혼이나 직장요인이 범죄행위에 큰 영향을 끼친다.
  - 생애에 걸쳐 범죄를 발생시키는 결정적 순간을 파악하고자 한 이론이다.
- 사회적 발달모델(Hawkins & Catalano)
  - 지역사회의 위험요인이 일부 사람을 반사회적 행위에 노출시킨다(가족과 사회의 해체 등).
  - 반사회적 행위의 위험을 통제하려면 아이들이 친사회적 유대를 유지할 수 있도록 해야 한다.
  - 가족 간의 애착, 학교와 친구에 대한 애착 정도는 반사회적 행동발달에 큰 영향을 미치는 요인이다.
  - 가족이나 친구 사이에 애착관계가 형성되면, 친사회적 행동으로 발달하게 되고, 애착관계가 적절히 형성되지 않으면 반사회적 행동의 발달을 촉진한다.
- 상호작용이론(Thornberry & Krohn & Lizotte & Farn–wirth)
  - 악화된 유대는 비행친구들과의 관계를 발전시켜 비행에 참여하게 되고, 빈번한 비행의 참여는 다른 친구들과의 유대를 약화시키고 결국 관습적 유대관계를 재정립하기가 어렵게 하여 만성적 범죄 경력을 유지하도록 만든다.
  - 범죄성이란 사람이 성숙해 가면서 단계별로 다른 의미와 형태를 갖는 발달 과정이다.
  - 초기 청소년기에는 가족의 애착이 결정적이고, 중기 청소년기까지는 가족의 영향력이 친구, 학교, 청소년 문화로 대체되며, 성인기에 이르러서는 개인 행위의 선택이 관습적 사회와 자신이 속한 핵가족 내의 위치에 따라 형성된다.
  - 비록 범죄가 이런 사회적 힘에 의해 영향을 받는다고 하더라도, 범죄도 이런 사회적 과정과 교제에 영향을 주기 때문에 범죄와 사회적 과정은 상호작용적이다.

정답 | ②

50

발달이론에 관한 설명으로 옳지 않은 것은?

교정7급 2023

① 글룩(Glueck)부부는 반사회적인 아이들은 성인이 되어 가해경력을 지속할 가능성이 크다고 보았다.

② 모피트(T. Moffitt)의 생애지속형(life–course–persistent) 비행청소년은 생래적인 신경심리적 결함이 주된 비행의 원인이며, 유아기의 비행은 성인기까지도 지속된다.

③ 손베리(T. Thornberry)는 후기개시형(late starters) 비행청소년 일탈의 원인을 비행친구와의 접촉으로 보았다.

④ 샘슨(R. Sampson)과 라웁(J. Laub)은 생애주기에 있어 시기에 따라 서로 다른 비공식적 사회통제가 존재하며, 인생의 전환점에 의해 언제든지 변할 수 있다고 보았다.

해설

③은 손베리(T. Thornberry)가 아닌 패터슨(Patterson)의 주장이다. 패터슨은 아동의 성장과정 속에서 문제행동과 주변환경 간의 상호작용을 통해 반사회성이 형성되는 점에 주목하였고, 이를 조기개시형과 만기개시형으로 나누었다.

- 조기개시형: 아동기부터 반사회적 행동을 저지르는 유형으로, 반사회적 행동이 반복될수록 유대관계를 맺지 못하고, 성인이 되어서도 지속적으로 범죄를 저지른다.
- 만기개시형: 아동기에는 문제없이 성장하다가 사춘기에 접어들어 비행친구와 접촉하면서 반사회적 행동을 저지르는 유형으로, 일탈의 심각성 수준은 조기개시형보다 현저히 떨어진다.

정답 | ③

51

소년범죄의 원인과 대책에 대한 설명으로 옳지 않은 것은?

교정9급 2017

① 모피트(T. E. Moffit)는 사회적 자본(social capital) 개념을 도입하여 청소년기에 비행을 저지른 아이들도 사회유대 혹은 사회자본의 형성을 통해 취업과 결혼으로 가정을 이루는 인생의 전환점을 만들면 성인이 되어 정상인으로 돌아가게 된다고 주장하였다.

② 패터슨(G. R. Patterson) 등에 따르면 초기 비행을 경험한 소년들이 후반에 비행을 시작한 소년에 비하여 어릴 때부터 반사회적 환경과 밀접한 관계를 맺음으로써 또래집단 속에서 정상적 사회화를 경험할 기회가 상대적으로 적기 때문에 만성적 범죄자가 될 확률이 높다고 하였다.

③ 워렌(M. Q. Warren)에 따르면 비행소년 분류상 신경증적 비행소년에 대한 처우로는 가족집단요법과 개별심리요법이 적절하다고 한다.

④ 바톨라스(C. Bartollas)의 적응(개선)모델에 따르면 비행소년 스스로 책임 있는 선택과 합법적 결정을 할 수 있다고 하며, 이 모형에 따른 처우로서는 현실요법, 환경요법, 집단지도 상호작용, 교류분석 등의 방법이 이용되고 있다.

해설

샘슨과 라웁의 나이등급 이론에 대한 설명이다. 범죄에 대한 생애관점을 지지하는 샘슨과 라웁은 일탈행동이 생애 전 과정을 통해 안정적으로 유지된다는 관점에 반대하고 생애과정을 거치면서 범죄성의 안전성은 변화한다는 관점을 제시한다. 사회자본(사회유대)은 결혼, 직업 등을 의미하는 것으로, 샘슨과 라웁은 어릴 때 비행소년이었던 사람이 후에 범죄를 저지르지 않고 다른 사람들과 같이 정상적인 삶을 살게 되는 것은 결혼이나 군복무, 직업, 형사사법절차에의 경험과 같은 요소에서 찾고 있으며 이와 같은 인생에서의 계기를 통해 공식적 혹은 비공식적 통제가 가능하게 되고 그런 통제를 통해 범죄에서 탈출하게 된다는 것이다. 모피트는 청소년기에 비행을 저지른 일부만 성인이 되어서 범죄를 저지른다고 했다.

정답 | ①

52

모피트(Moffitt)의 청소년기한정형(adolescence limited) 일탈의 원인으로 옳은 것만을 모두 고르면?

교정7급 2022

ㄱ. 성숙의 차이(maturity gap)
ㄴ. 신경심리적 결함(neuropsychological deficit)
ㄷ. 사회모방(social mimicry)
ㄹ. 낮은 인지능력(low cognitive ability)

① ㄱ, ㄴ
② ㄱ, ㄷ
③ ㄴ, ㄹ
④ ㄷ, ㄹ

해설

ㄱ, ㄷ이 옳은 지문이다.
모핏(Moffit, 1993)은 패터슨의 유형화와 비슷하게 비행청소년을 '생애지속형'(life persistent)과 '청소년기한정형'(ad－olescent limited)으로 분류하였다.
'생애지속형'은 유아기부터 문제행동이 시작되어 평생 동안 범죄행동을 지속하는 유형이다. 생래적인 신경심리학적 결함으로 인해 유아기 동안 언어 및 인지능력에서 장애증상을 보이며, 각종 문제행동을 일으킨다. 이에 반해 '청소년기한정형'은 반사회적 행동의 불연속성을 특징으로 한다. 아동기까지는 반사회적 행동을 하지 않다가 사춘기에 접어들면서 집중적으로 일탈행동을 저지르고, 성인이 되면 대부분 일탈행동을 멈춘다.
사춘기 초기에 일탈행동에 가담하게 되는 주된 이유는 '성장격차'(maturity gap) 때문이다. 사춘기 청소년들은 신체적으로는 성인만큼 성장했지만, 사회적으로는 아직까지 성인으로 대우받지 못한다. 즉, 사춘기는 생물학적 나이와 사회적 나이 간에 격차가 발생하는 시기이다. 청소년들은 부모나 학교로부터의 통제에서 벗어나 독립적인 주체가 되길 갈망하고, 점차 성장격차로 인한 긴장과 스트레스가 고조된다.
해결책으로 주변의 비행청소년들과 어울리면서 그들의 비행을 모방하게 된 '청소년기한정형' 청소년들은 범죄를 저지르는 '생애지속형' 청소년을 보면서 그들을 마치 성인처럼 인식하고 롤 모델로 받아들인다. 하지만 사춘기를 벗어나면서 자연스럽게 성인으로서의 지위와 역할이 부여되고, 또한 범죄에 수반되는 처벌이 심각하게 인식되면서 비행을 멈추게 된다.
참고로, ㄴ. 신경심리적 결함과 ㄹ. 낮은 인지능력은 생애지속형 범죄자와 관련이 있다.

정답 | ②

53

범죄이론에 대한 설명으로 옳지 않은 것은?

교정9급 2016

① 코헨(A. Cohen)의 비행하위문화이론 – 하류계층의 비행은 중류계층의 가치와 규범에 대한 저항이다.
② 베카리아(C. Beccaria)의 고전주의 범죄학 – 범죄를 처벌하는 것보다 범죄를 예방하는 것이 더욱 바람직하다.
③ 코헨과 펠슨(L. Cohen & M. Felson)의 일상활동이론 – 일상활동의 구조적 변화가 동기부여된 범죄자, 적절한 범행대상 및 보호의 부재라는 세 가지 요소에 대해 시간적·공간적으로 영향을 미친다.
④ 브레이스웨이트(J. Braithwaite)의 재통합적 수치심부여이론 – 사회구조적 결핍은 대안적 가치로서 높은 수준의 폭력을 수반하는 거리의 규범(code of the street)을 채택하게 하고, 결국 이것이 높은 수준의 폭력을 양산한다.

해설

브레이스웨이트(J. Braithwaite)의 재통합적 수치심부여이론 사회가 범죄를 감소시키기 위해서는 좀 더 효과성 있게 수치심부여를 하여야 하며, 이를 재통합과 거부로 나누었다. 재통합적 수치심부여는 범죄자를 사회와 결속시키기 위한 고도의 낙인을 주는 것이고, 거부적 수치심부여는 범죄자에게 명백한 낙인을 찍어 높은 수치심을 주는 것으로, 재통합적 수치심부여는 범죄율이 보다 낮은 반면 거부적 수치심부여는 범죄율이 더 높은 결과가 초래된다고 하였다.
재통합적 수치심 주기 이론에 의하면 범죄자는 피해자가 앞에 있고 피해자가 적극적으로 참여하게 되면 자신의 범죄를 대면(직면)하지 않을 수 없게 되고 자신이 가한 피해에 대한 자신의 책임을 회피하거나 중립화시킬 가능성은 그 만큼 더 적어진다. 감정이 섞이지 않은 판사 앞에서 보다는 '의미있는 타인들' 앞에서 수치심을 입을 때가 범죄자에게 더 큰 영향력이 생긴다는 것이다.
이 관점은 지역사회에서 범죄자에게 수치심을 주는 태도 및 방법의 차이를 잘 설명하면서 회복적 사법을 지지한다(재통합적 수치이론은 회복적 사법의 기본적 이론 틀이다).

정답 | ④

54

브레이스웨이트(Braithwaite)의 재통합적 수치심부여이론(reintegrative shaming theory)에 대한 설명으로 옳지 않은 것은? 교정7급 2022

① 재통합적 수치심 개념은 낙인이론, 하위문화이론, 기회이론, 통제이론, 차별접촉이론, 사회학습이론 등을 기초로 하고 있다.

② 해체적 수치심(disintegrative shaming)을 이용한다면 범죄자의 재범확률을 낮출 수 있으며, 궁극적으로는 사회의 범죄율을 감소시키는 효과를 기대할 수 있다.

③ 재통합적 수치심의 궁극적인 목표는 범죄자가 자신의 잘못을 진심으로 뉘우치고 사회로 복귀할 수 있도록 그들이 수치심을 느끼게 할 방법을 찾아내는 것이다.

④ 브레이스웨이트는 형사사법기관의 공식적 개입을 지양하며 가족, 사회지도자, 피해자, 피해자 가족 등 지역사회의 공동체 강화를 중시하는 '회복적 사법(restorative justice)'에 영향을 주었다.

해설

해체적 수치심은 수치를 당한 범죄자와 공동체가 화해하려는 시도를 하지 않는 낙인을 의미할 뿐, 범죄율 감소에는 도움이 되지 않는다.

브레이스웨이트의 재통합적 수치심부여이론

브레이스웨이트는 사회가 범죄를 감소시키기 위해서는 효과적으로 수치심을 부여해야 한다고 주장하였는데, 이때 수치심에는 해체적 수치심과 재통합적 수치심 두 종류가 있다고 주장하였다.

- 해체적 수치심: 제재를 가하면서 그 범죄자를 공동체의 구성원으로서 받아들이려는 노력을 수반하지 않는 수치심을 말한다. 해체적 수치심을 경험한 범죄자는 긍정적인 인간관계와 사회적 기회로부터 소외되고, 결국 비행자아관념을 가지게 되는데, 이는 낙인이론의 낙인과 유사한 개념이라고 볼 수 있다.
- 재통합적 수치심: 제재를 가하되, 범죄자라는 낙인으로부터 벗어날 수 있도록 도와주기 위한 의식, 용서의 말과 몸짓 등을 수반하는 수치심을 말한다. 이는 일정한 제재로써 범죄자로 하여금 양심의 가책을 느끼게 하되, 지역사회의 구성원으로서 받아들이려는 노력을 병행함으로써 미래 범죄의 가능성을 줄이고자하는 의도를 포함한다.

정답 | ②

55

회복적 사법에 대한 설명으로 옳지 않은 것은?

교정9급 2023

① 처벌적이지 않고 인본주의적인 전략이다.
② 구금 위주 형벌정책의 대안으로 제시되고 있다.
③ 사적 잘못(private wrong)보다는 공익에 초점을 맞춘다는 비판을 받는다.
④ 범죄를 개인과 국가 간의 갈등으로 보기보다 개인 간의 갈등으로 인식한다.

해설

회복적 사법(Restorative Justice)은 범죄를 인간관계의 침해로 보고, 가해자와 국가뿐만 아니라 피해자와 지역사회가 모두 주체가 되어 범죄로 인한 피해를 건설적인 방향으로 해결함으로써 사회재통합을 추구한다. 또한 범죄를 저지른 개인의 사적 잘못(private wrong)에 초점을 맞추어 타인이나 사회에 저지른 행위에 대한 책임감을 부각하여 스스로를 반성하고, 자신의 노력으로 원상회복할 것을 강조한다.

정답 | ③

56

범죄원인론에 대한 설명으로 옳은 것은? 교정7급 2024

① 고링(C. Goring)은 생물학적 결정론과 내적 요인에 관한 탐구의 필요성을 역설하고, 생래적 범죄인설을 지지하였다.
② 나이(F. Nye)는 청소년들의 비행을 예방할 수 있는 사회통제방법으로 직접통제, 간접통제, 내부통제, 욕구충족의 가능성(availability of need satisfaction)으로 분류하고, 소년비행을 예방할 수 있는 가장 효율적인 방법은 내부통제라고 하였다.
③ 콜버그(L. Kohlberg)는 상당수의 범죄자는 도덕발달 6단계 중 관습적(conventional) 수준인 3~4단계에 해당한다고 주장하였다.
④ 퀴니(R. Quinney)는 범죄를 정치적으로 조직화된 사회에서 권위가 부여된 공식기관들에 의해 만들어진 인간의 행동으로 정의하였다.

해설

① 고링은 범죄인이 일반인보다 신장과 체중이 다소 미달될 뿐 신체적으로 구별되는 특징을 발견할 수 없었다고 주장하고, 롬브로조가 주장하는 범죄인분류는 현실적으로 활용이 부적절하며, 생래적 범죄인은 어떠한 방법으로써도 판별해 낼 수 없는 비경험적 개념이라고 비판하였다.
② 나이는 청소년들의 비행을 예방할 수 있는 사회통제방법을 직접통제(공식통제·비공식통제), 간접통제, 내부통제로 분류하였는데, 그중 가장 효율적인 방법은 비공식적 간접통제라고 하였다.
③ 콜버그는 대부분의 일반청소년은 3~4단계(인습), 대부분의 비행청소년은 1~2단계(전인습)에 속한다고 보았고, 도덕적 판단수준이 성장하면서 내재화된 청소년은 비행을 저지르지 않는다고 주장하였다.

정답 | ④

CHAPTER 03

범죄원인론

01

다음 중 범죄성향은 유전된다는 주장을 뒷받침해 줄 수 없는 연구결과는? 교정9급 2007

① 초범자집단보다 누범자집단부모들의 범죄성향이 더 높다.

② 이란성 쌍둥이 집단보다 일란성 쌍둥이 집단의 범죄일치율이 더 높다.

③ 일반가정보다 결손가정 청소년들의 범죄율이 더 높다.

④ 일반인보다는 범죄인가계의 범죄율이 더 높다.

해설

결손가정의 측면은 유전적인 결함에 의한 범죄현상을 설명하는 것이 아니라 사회환경적인 요인을 강조하는 것이다.

정답 | ③

02

범죄와 생물학적 특성 연구에 대한 학자들의 주장으로 옳지 않은 것은? 교정9급 2021

① 덕데일(Dugdale)은 범죄는 유전의 결과라는 견해를 밝힌 대표적인 학자이다.

② 랑게(Lange)는 일란성쌍생아가 이란성쌍생아보다 유사한 행동경향을 보인다고 하였다.

③ 달가드(Dalgard)와 크링글렌(Kringlen)은 쌍생아 연구에서 환경적 요인이 고려될 때도 유전적 요인의 중요성은 변함없다고 하였다.

④ 허칭스(Hutchings)와 메드닉(Mednick)은 입양아 연구에서 양부모보다 생부모의 범죄성이 아이의 범죄성에 더 큰 영향을 준다고 하였다.

해설

달가드와 크링글렌(Dalgard & Kriglen)은 쌍둥이 연구에서 유전적 요인 이외에 환경적 요인(양육 과정의 차이)도 함께 고려하여 연구하였으며, 실제 양육과정별 분석상 일치율 차이가 없어 '범죄발생에 있어 유전적인 요소는 중요하지 않다.'고 주장하였다.

정답 | ③

03

정신병질(Psychopathy)에 대한 설명으로 옳은 것은?

교정7급 2009

① 정신병질자들은 일상생활에서 이상행동을 자주 보이기 때문에 조기에 발견된다.

② 헤어(Robert Hare)는 교정시설에 수용되어 있는 범죄인들의 80%가 정신병질자라고 했다.

③ 정신병질을 측정하는 도구로 MMPI－2, PCL－R 등이 사용되고 있다.

④ 일반적으로 정신병질자는 지능이 높고, 회피학습 능력이 탁월하다.

해설

① 정신병질자들은 일상생활에서 이상행동을 자주 보이지 않기 때문에 조기에 발견되기 어렵다.

② 헤어(Robert Hare)는 교정시설에 수용되어 있는 범죄인들의 25% 내외가 정신병질자라고 했는데 80%는 반사회적 성격장애를 갖고 있는 사람들이다.

④ 일반적으로 정신병질자는 지능이 높고, 회피학습능력이 부족하다.

사이코패스의 특징

- 지능은 평균 이상
- 사랑할 능력이나 타인에 대한 이타심의 부재
- 극단적 이기주의
- 공감능력 결핍 및 죄책감이나 양심의 가책 결여
- 회피학습능력 부족
- 자기중심적이고, 정서적 둔감성(그 중에서도 슬픔에 대한 정서처리 둔감)
- 추상적 단어에 대한 이해 부족
- '정장을 입은 뱀'(범죄를 저지르기 전까지는 누구도 사이코패스인지를 알 수 없음)

정답 | ③

04

다음 이론이 설명하는 내용과 가장 관련이 적은 것은?

교정7급 2010

> 범죄는 내적 장애의 표출이다. 범죄자에게는 충동성, 공격성, 도덕성 부족, 낮은 자존감 등과 같은 특성을 발견할 수 있다.

① 심리학 성격이론, 자기통제이론 등이 이에 해당한다.

② 범죄행위에 대한 개인의 자유의지를 부정하는 편이다.

③ 범죄인 교정을 위해 범인성에 대한 치료적 접근이 필요하다.

④ 범죄원인 규명을 위해 개개인의 특성보다 범죄자가 처한 사회적 상황에 관심을 갖는다.

해설

본 지문은 심리학적 범죄원인론의 관점으로 특히 개인의 긍정적인 자아관념의 결핍이나 정신병질과 관련이 있다. 따라서 범죄원인 규명을 위해 개개인의 특성보다 범죄자가 처한 사회적 상황에 관심을 갖는다는 지문은 사회학적 범죄원인론에 대한 내용이기 때문에 관련성이 적다고 할 수 있다.

정답 | ④

05

피해자학 또는 범죄피해자에 대한 설명으로 옳지 않은 것은? 교정7급 2014

① 멘델존(Mendelsohn)은 피해자학의 아버지로 불리며 범죄피해자의 유책성 정도에 따라 피해자를 유형화하였다.

② 범죄피해자 보호법에서는 대인범죄 피해자와 재산범죄 피해자를 모두 범죄피해 구조대상으로 본다.

③ 마약 복용, 매춘 등의 행위는 '피해자 없는 범죄'에 해당한다.

④ 정당방위(형법 제21조 제1항)에 해당하여 처벌되지 않는 행위 및 과실에 의한 행위로 인한 피해는 범죄피해 구조대상에서 제외된다.

해설

범죄피해자보호법에서 구조대상은 재산범죄는 해당되지 않고, 대인범죄(인신범죄)에 대해서만 구조대상으로 하고 있다.

정답 | ②

06

「범죄피해자 보호법」상 구조금 지급에 대한 설명으로 옳지 않은 것은? 교정9급 2017

① 범죄행위 당시 구조피해자와 가해자의 사이가 4촌 이내의 친족관계가 있는 경우 구조금을 지급하지 아니한다. 다만, 구조금을 지급하지 아니하는 것이 사회통념에 위배된다고 인정할 만한 특별한 사정이 있는 경우에는 구조금의 전부 또는 일부를 지급할 수 있다.

② 구조금은 유족구조금, 장해구조금 및 중상해구조금으로 구분하며, 일시금으로만 지급한다.

③ 구조피해자의 사망 당시 구조피해자의 수입으로 생계를 유지하고 있지 않은 구조피해자의 자녀, 부모, 손자·손녀, 조부모 및 형제자매도 유족구조금의 지급대상인 유족에 해당한다.

④ 국가는 구조피해자나 유족이 해당 구조대상 범죄피해를 원인으로 하여 손해배상을 받았으면 그 범위에서 구조금을 지급하지 아니한다.

해설

① 범죄행위 당시 구조피해자와 가해자 사이에 부부(사실상의 혼인관계를 포함한다), 직계혈족, 4촌 이내의 친족, 동거친족관계가 있는 경우에는 구조금을 지급하지 아니한다(범죄피해자 보호법 제19조 제1항). 구조금의 실질적인 수혜자가 가해자로 귀착될 우려가 없는 경우 등 구조금을 지급하지 아니하는 것이 사회통념에 위배된다고 인정할 만한 특별한 사정이 있는 경우에는 구조금의 전부 또는 일부를 지급할 수 있다(동법 제19조 제7항).

② 구조금은 유족구조금·장해구조금 및 중상해구조금으로 구분한다(동법 제17조 제1항). 구조금은 일시금으로 지급한다(원칙). 다만, 구조피해자 또는 그 유족이 연령, 장애 질병이나 그 밖에 대통령령으로 정하는 사유로 구조금을 관리할 능력이 부족하다고 인정되는 경우로서 다음 각 호의 어느 하나에 해당하는 경우에는 대통령령으로 정하는 바에 따라 구조금을 분할하여 지급할 수 있다(동법 제17조 제4항).

1. 구조피해자나 그 유족이 구조금의 분할지급을 청구하여 제24조 제1항에 따른 범죄피해구조심의회가 구조금의 분할지급을 결정한 경우

2. 제24조 제1항에 따른 범죄피해구조심의회가 직권으로 구조금의 분할지급을 결정한 경우

③ 유족구조금을 지급받을 수 있는 유족은 다음 각 호의 어느 하나에 해당하는 사람으로 한다(동법 제18조 제1항).

1. 배우자(사실상 혼인관계를 포함한다) 및 구조피해자의 사망 당시 구조피해자의 수입으로 생계를 유지하고 있는 구조피해자의 자녀
2. 구조피해자의 사망 당시 구조피해자의 수입으로 생계를 유지하고 있는 구조피해자의 부모, 손자·손녀, 조부모 및 형제자매
3. 제1호 및 제2호에 해당하지 아니하는 구조피해자의 자녀, 부모, 손자·손녀, 조부모 및 형제자매

④ 동법 제21조 제1항

정답 | ②

07

「범죄피해자 보호법」상의 구조금에 대한 설명으로 옳지 않은 것은? 교정7급 2011

① 자기 또는 타인의 형사사건 수사 또는 재판에서 고소·고발 등 수사단서를 제공하거나 진술, 증언 또는 자료제출을 하다가 구조피해자가 된 경우 범죄피해 구조금을 지급한다.

② 구조금 지급신청은 법무부령으로 정하는 바에 따라 그 주소지, 거주지 또는 범죄 발생지를 관할하는 지구심의회에 할 수 있다.

③ 구조금 지급신청은 당해 범죄피해의 발생을 안 날로부터 3년이 지나거나, 해당 구조대상 범죄피해가 발생한 날로부터 10년이 지나면 할 수 없다.

④ 구조피해자나 유족이 해당 구조대상 범죄피해를 원인으로 하여 손해배상을 받았더라도 국가는 구조금 전액을 지급해야 한다.

해설

국가는 구조피해자나 유족이 해당 구조대상 범죄피해를 원인으로 하여 손해배상을 받았으면 그 범위에서 구조금을 지급하지 아니한다(범죄피해자 보호법 제21조 제1항).

정답 | ④

08

범죄의 피해자에 대한 설명으로 옳지 않은 것은?

교정7급 2022

① 「형법」에 의하면 피해의 정도뿐만 아니라 가해자와 피해자의 관계도 양형에 고려된다.

② 피해자는 제2심 공판절차에서는 사건이 계속된 법원에 「소송촉진 등에 관한 특례법」에 따른 피해배상을 신청할 수 없다.

③ 레클리스(Reckless)는 피해자의 도발을 기준으로 '가해자-피해자모델'과 '피해자-가해자-피해자모델'로 구분하고 있다.

④ 「범죄피해자보호기금법」에 의하면 「형사소송법」에 따라 집행된 벌금의 일부도 범죄피해자보호기금에 납입된다.

해설

② 피해자는 제1심 또는 제2심 공판의 변론이 종결될 때까지 사건이 계속된 법원에 제25조(배상명령)에 따른 피해배상을 신청할 수 있다(소송촉진법 제26조 제1항).

① 형법 제51조의 양형인자는 ㉠ 범인의 연령, 성행, 지능과 환경, ㉡ 피해자에 대한 관계, ㉢ 범행의 동기, 수단과 결과 및 ㉣ 범행 후의 정황이다.

③ 레클리스(Reckless)는 피해자가 가해자에게 중대한 도발을 했는지를 기준으로 분류하였다.

④ 정부는 형사소송법 제477조 제1항에 따라 집행된 벌금에 100분의 6 이상의 범위에서 대통령령으로 정한 비율을 곱한 금액을 기금에 납입하여야 한다(범죄피해자보호기금법 제4조 제2항).

정답 | ②

09

「범죄피해자 보호법 시행령」상 범죄피해자보호위원회에 대한 설명으로 옳은 것은?

교정9급 2014

① 위원장은 법무부차관이 된다.

② 위원의 임기는 2년으로 하되 연임할 수 없다.

③ 회의는 재적위원 2/3 이상의 출석으로 개의하고 출석위원 과반수의 찬성으로 의결한다.

④ 위원장이 부득이한 사유로 직무를 수행할 수 없을 때에는 위원장이 미리 지정한 위원이 그 직무를 대행한다.

해설

④ 보호위원회 위원장이 부득이한 사유로 직무를 수행할 수 없을 때에는 위원장이 미리 지정한 위원이 그 직무를 대행한다(범죄피해자 보호법 시행령 제14조 제2항).

① 범죄피해자보호위원회의 위원장은 법무부장관이 된다(동법 시행령 제13조 제1항).

② 위촉된 위원의 임기는 2년으로 하고, 두 차례만 연임할 수 있으며, 보궐위원의 임기는 전임자의 임기의 남은 기간으로 한다(동법 시행령 제13조 제3항).

③ 보호위원회의 회의는 재적위원 과반수의 출석으로 개의(開議)하고, 출석위원 과반수의 찬성으로 의결한다(동법 시행령 제14조 제3항).

정답 | ④

10

범죄피해자 보호법령상 형사조정 대상 사건으로서 형사조정에 회부할 수 있는 경우로 옳은 것은?

교정9급 2021

① 피의자가 도주할 염려가 있는 경우
② 기소유예처분의 사유에 해당하는 경우
③ 공소시효의 완성이 임박한 경우
④ 피의자가 증거를 인멸할 염려가 있는 경우

해설

형사조정 회부 제외사유
- 피의자가 도주하거나 증거를 인멸할 염려가 있는 경우
- 공소시효의 완성이 임박한 경우
- 불기소처분의 사유에 해당함이 명백한 경우(다만, 기소유예처분의 사유에 해당하는 경우는 제외한다)

정답 | ②

11

「범죄피해자 보호법」상 형사조정에 대한 설명으로 옳지 않은 것은?

교정7급 2023

① 검사는 피의자와 범죄피해자 사이에 형사분쟁을 공정하고 원만하게 해결하여 범죄피해자가 입은 피해를 실질적으로 회복하는 데 필요하다고 인정하면 직권으로 수사 중인 형사사건을 형사조정에 회부할 수 있다.
② 형사조정위원회는 필요하다고 인정하면 직권으로 형사조정의 결과에 이해관계가 있는 사람을 형사조정에 참여하게 할 수 있다.
③ 검사는 형사사건을 수사하고 처리할 때 형사조정이 성립되지 아니하였다는 사정을 피의자에게 불리하게 고려하여서는 아니 된다.
④ 검사는 기소유예처분 사유에 해당함이 명백한 형사사건을 형사조정에 회부하여서는 아니 된다.

해설

④ 형사조정에 회부할 수 있는 형사사건의 구체적인 범위는 대통령령으로 정한다. 다만, 다음 각 호의 어느 하나에 해당하는 경우에는 형사조정에 회부하여서는 아니 된다(범죄피해자 보호법 제41조 제2항).
1. 피의자가 도주하거나 증거를 인멸할 염려가 있는 경우
2. 공소시효의 완성이 임박한 경우
3. 불기소처분의 사유에 해당함이 명백한 경우(다만, 기소유예처분의 사유에 해당하는 경우는 제외한다)

① 동조 제1항
② 동법 제43조 제3항
③ 동법 제45조 제4항

정답 | ④

12

화이트칼라범죄(White-collar Crime)에 대한 설명으로 옳지 않은 것은? 교정7급 2022

① 화이트칼라범죄는 경제적·사회적 제도에 대한 불신감을 조장하여 공중의 도덕심을 감소시키고 나아가 기업과 정부에 대한 신뢰를 훼손시킨다.
② 화이트칼라범죄의 폐해가 심각한 것은 청소년비행과 기타 하류계층 범인성의 표본이나 본보기가 된다는 사실이다.
③ 오늘날 화이트칼라범죄의 존재와 현실을 부정하는 사람은 없으나, 대체로 초기 서덜랜드(Sutherland)의 정의보다는 그 의미를 좁게 해석하여 개념과 적용범위를 엄격하게 적용하려는 경향이 있다.
④ 화이트칼라범죄는 피해규모가 큰 반면 법률의 허점을 교묘히 이용하거나 권력과 결탁하여 조직적으로 은밀히 이뤄지기 때문에 암수범죄가 많다.

해설

화이트칼라범죄라는 용어는 상류계층의 사람이나 권력이 있는 사람들이 그들의 직업활동과정에서 자신의 지위를 이용하여 저지르는 범죄를 의미하는데, 1939년 서덜랜드에 의해 처음 사용되었다. 오늘날에는 화이트칼라범죄의 유형이 다양화됨에 따라 일반적인 용어의 제한을 거부하고, 범죄의 유형과 주제를 통해 분류함으로써 초기 서덜랜드의 정의보다 그 개념이나 적용범위를 넓게 해석한다.

정답 | ③

CHAPTER 04 2026 박상민 JUSTICE 교정학

범죄예방 및 범죄방지대책

01

범죄예측에 대한 설명으로 옳은 것은? 교정7급 2020

① 전체적 평가법은 통계적 예측법에서 범하기 쉬운 객관성 문제를 개선하기 위해 개발된 방법이다.
② 통계적 예측법은 범죄자의 소질과 인격에 대한 상황을 분석하여 범죄자의 범죄성향을 임상적 경험에 의하여 예측하는 방법이다.
③ 버제스(E. W. Burgess)는 경험표(experience table)라 불렸던 예측표를 작성·활용하여 객관적인 범죄예측의 기초를 마련하였다.
④ 가석방 시의 예측은 교도소에서 가석방을 결정할 때 수용생활 중의 성적만을 고려하여 결정한다.

해설

① 통계적 예측법은 전체적 평가법에서 범하기 쉬운 객관성 문제를 개선하기 위해 고안된 방법이다.
② 전체적 평가법이나 임상적 예측법에 대한 설명이다. 통계적 예측법은 여러 자료를 통하여 범죄예측요인을 수치화함으로써 점수의 비중에 따라 범죄를 예측하는 것이다.
④ 가석방시의 예측은 가석방을 결정할 때 그 대상자의 재범위험성 등을 예측하는 것으로, 수용성적뿐만 아니라 사회복귀 후의 환경 등을 고려하여 가석방 여부를 결정한다.

정답 | ③

02

범죄예측에 한 설명으로 옳은 것은? 교정9급 2011

① 임상적 예측방법은 정신의학, 심리학 등을 바탕으로 행위자를 조사·관찰한 후 범죄를 예측하기 때문에 조사자의 주관이 개입이 될 여지가 없어 자료해석의 오류가능성이 없다.
② 수사단계의 예측은 선도조건부 기소유예와 같은 처분의 결정시 소년에 대한 잠재 비행성을 판단하는 데 유용하다.
③ 현행법상의 제도로는 재판단계에서의 피고인에 대한 다양한 조사를 하는 데 한계가 있으므로 판결 전 조사제도 도입이 시급하다.
④ 통계적 예측은 개별 범죄인에게 존재하는 고유한 특성이나 개인의 편차를 예측과정에 반영할 수 있다.

해설

① 임상적 예측방법은 정신의학, 심리학 등을 바탕으로 행위자를 조사·관찰한 후 범죄를 예측하기 때문에 조사자의 주관이 개입이 될 여지가 있어 객관성에 한계가 있다.
③ 현행법상 판결 전 조사제도는 성인과 소년에 대해 운영되고 있다.
④ 개별 범죄인에게 존재하는 고유한 특성이나 개인의 편차를 예측과정에 반영할 수 있는 것은 임상적 예측방법이다.

정답 | ②

03

환경범죄학(Environmental Criminology)에 대한 설명으로 옳지 않은 것은? 교정7급 2016

① 범죄사건을 가해자, 피해자, 특정 시공간상에 설정된 법체계 등의 범죄환경을 통해 설명하였다.
② 브랜팅햄(Brantingham) 부부의 범죄패턴이론(Crime Pattern Theory)에 따르면 범죄자는 일반인과 같은 정상적인 시공간적 행동패턴을 갖지 않는다.
③ 환경설계를 통한 범죄예방(CPTED)을 주장한 제프리(Jeffrey)는 “세상에는 환경적 조건에 따른 범죄행동만 있을 뿐 범죄자는 존재하지 않는다”라고 주장하였다.
④ 환경범죄학의 다양한 범죄분석 기법은 정보주도 경찰활동(Intelligence–Led Policing; ILP)에 활용되고 있다.

해설

①·② 범죄패턴이론은 범죄의 공간적 패턴을 분석할 때 범죄자들이 평범한 일상생활 속에서 범죄기회와 조우하는 과정을 설명한다. 범죄는 일정한 장소적 패턴이 있으며 이는 범죄자의 일상적인 행동패턴과 유사하다는 논리로 범죄자의 여가활동장소나 이동경로·이동수단 등을 분석하여 범행지역을 예측함으로써 연쇄살인이나 연쇄강간 등의 연쇄범죄해결에 도움을 줄 수 있다는 범죄예방론이다.
③ 환경설계를 통한 범죄예방을 주장한 제프리는 사회환경의 개선을 통해서만 범죄방지가 가능하다고 보았다.
④ 정보주도 경찰활동이란 치안정보 또는 그 배경이 되는 내외의 정치, 경제, 사회, 문화 등의 일반적 정보 등을 수집, 작성, 배포하는 경찰활동을 말한다.

정답 | ②

CHAPTER 05

형벌론

01

사형폐지론을 주장한 학자만을 모두 고르면?

교정9급 2023

> ㄱ. 베카리아(C. Beccaria)
> ㄴ. 루소(J. Rousseau)
> ㄷ. 리프만(M. Liepmann)
> ㄹ. 캘버트(E. Calvert)

① ㄱ, ㄴ ② ㄱ, ㄷ
③ ㄱ, ㄷ, ㄹ ④ ㄴ, ㄷ, ㄹ

해설

사형폐지론자

- 토마스 모어(Thomas More): 16세기 초 「유토피아」에서 사형제도 폐지를 제창하였다.
- 베카리아(C. Beccaria): 18세기 후반 「범죄와 형벌」에서 사형제도 폐지를 주장하였다("사형보다는 자유박탈이 더 효과적이다").
  ※ 베카리아의 사형제도 폐지 주장과 인도주의사상의 영향으로 사형의 적용범위를 제한하거나 사형제도 자체를 폐지하는 경향이 나타나게 되었다.
- 존 하워드(J. Howard): 「감옥상태론」에서 베카리아의 주장에 동조하였다.
- 리프만(Liepmann): 교육형주의자로서 사형보다는 교육을 중시하였다.
- 캘버트(E. Calvert)

사형존치론자

대표적인 학자로는 칸트(Kant), 헤겔(Hegel), 루소(Rousseau), 로크(Locke) 등의 계몽주의 사상가들이 있고, 그 외 롬브로조(Lombroso), 메츠거(Mezger), 블랙스톤(Blackstone) 등도 사형존치를 주장하였다.

정답 | ③

02

「형법」상 형의 집행에 대한 설명으로 옳지 않은 것은?

교정9급 2024

① 징역은 교정시설에 수용하여 집행하며, 정해진 노역(勞役)에 복무하게 한다.

② 유기징역 또는 유기금고에 자격정지를 병과한 때에는 징역 또는 금고의 집행을 종료하거나 면제된 날로부터 정지기간을 기산한다.

③ 벌금과 과료는 판결확정일로부터 30일 내에 납입하여야 한다. 다만, 벌금을 선고할 때에는 동시에 그 금액을 완납할 때까지 노역장에 유치할 것을 명하여야 한다.

④ 벌금이나 과료의 선고를 받은 사람이 그 금액의 일부를 납입한 경우에는 벌금 또는 과료액과 노역장 유치기간의 일수(日數)에 비례하여 납입금액에 해당하는 일수를 노역장 유치일수에서 뺀다.

해설

③ 벌금과 과료는 판결확정일로부터 30일 내에 납입하여야 한다. 단, 벌금을 선고할 때에는 동시에 그 금액을 완납할 때까지 노역장에 유치할 것을 명할 수 있다(형법 제69조 제1항).
① 동법 제67조
② 동법 제44조 제2항
④ 동법 제71조

정답 | ③

03

형과 관련된 제도와 그 효과에 대한 설명으로 옳은 것은? 교정7급 2011

① 집행유예 – 선고의 실효 또는 취소됨이 없이 유예기간이 경과하면 형의 선고는 효력을 잃는다.
② 선고유예 – 선고유예를 받은 날로부터 2년이 경과하면 형의 선고는 취소된 것으로 간주한다.
③ 가석방 – 가석방 처분을 받은 후 처분이 실효 또는 취소되지 않고 기간이 경과하면 형의 집행이 면제된다.
④ 시효 – 시효가 완성되면 형의 집행이 종료된 것으로 본다.

해설

② 선고유예 – 선고유예를 받은 날로부터 2년이 경과하면 면소된 것으로 간주한다.
③ 가석방 – 가석방처분을 받은 후 처분이 실효 또는 취소되지 않고 기간이 경과하면 형의 집행이 종료된다.
④ 시효 – 완성되면 형의 집행이 면제된 것으로 본다.

정답 | ①

04

선고유예와 가석방 제도에 대한 설명으로 옳은 것은? 교정7급 2013

① 선고유예와 가석방 모두 법원의 재량으로 결정할 수 있다.
② 선고유예와 가석방 모두 자격정지 이상의 형을 받은 전과가 없어야 한다.
③ 선고유예나 가석방시 사회봉사를 명할 수 있다.
④ 선고유예의 경우는 유예기간이 경과하면, 전과가 남지 않는 것이 가석방의 경우와 다르다.

해설

① 선고유예는 법원의 재량으로, 가석방은 행정관청의 결정 및 허가에 의해 시행되는 것이다.
② 선고유예는 자격정지 이상의 형을 받은 전과가 없어야 하고, 가석방은 형기의 1/3을 경과하거나 무기형의 경우 20년이 경과되면 대상이 된다.
③ 선고유예나 가석방시 사회봉사를 명할 수 없다.

정답 | ④

05

기소유예제도에 대한 설명으로 옳지 않은 것은?

교정7급 2017

① 피의자의 법적 안전성을 침해할 수 있다.
② 법원 및 교정시설의 부담을 줄여줄 수 있다.
③ 단기자유형의 폐해를 막는 방법이 될 수 있다.
④ 피의자에 대한 형벌적 기능을 수행하지 않는다.

해설

①·④ 기소유예제도는 무죄결정을 내리는 것이 아니라 시효가 완성될 때까지 기소를 유예하는 것이므로 법적 안정성을 침해할 수 있다. 왜냐하면 기소유예기간 동안 피의자는 불안한 법적 지위를 가져야 하기 때문이다. 그러나 이러한 피의자의 불이익 때문에 기소유예제도는 오히려 형벌적 기능을 담당할 수 있다고 한다.
②·③ 기소유예제도의 장점에 해당한다.

정답 | ④

06

벌금형의 특성에 대한 설명으로 옳지 않은 것은?

교정9급 2014

① 제3자의 대납이 허용되지 않는다.
② 국가에 대한 채권과 상계가 허용된다.
③ 공동연대책임이 허용되지 않는다.
④ 벌금은 범죄인의 사망으로 소멸된다.

해설

국가에 대한 채권과 상계가 허용되지 않는다. 한편 벌금은 일신전속적 성격이지만 예외가 없는 것(조세, 전매, 기타 공과에 관하여 받은 벌금형)은 아니다.

정답 | ②

07

「형법」상 형벌에 대한 설명으로 옳지 않은 것은?

교정9급 2015

① 과료를 납입하지 아니한 자도 노역장 유치가 가능하다.

② 유기징역 또는 유기금고에 자격정지를 병과한 때에는 징역 또는 금고의 집행을 종료하거나 면제된 날로부터 정지기간을 기산한다.

③ 벌금형의 선고유예는 인정되지만 벌금형의 집행유예는 500만원 초과일 경우는 인정되지 않는다.

④ 행위자에게 유죄의 재판을 아니 할 때에는 몰수의 요건이 있는 때에도 몰수만을 선고할 수는 없다.

해설

④ 몰수는 타형에 부가하여 과한다. 단, 행위자에게 유죄의 재판을 아니할 때에도 몰수의 요건이 있는 때에는 몰수만을 선고할 수 있다(형법 제49조).

① 벌금을 납입하지 아니한 자는 1일 이상 3년 이하, 과료를 납입하지 아니한 자는 1일 이상 30일 미만의 기간 노역장에 유치하여 작업에 복무하게 한다(동법 제69조 제2항).

② 동법 제44조 제2항

정답 | ④

08

노역장 유치제도에 대한 설명으로 옳은 것은?

교정9급 2010

① 현행법상 벌금을 선고해야 할 경우, 이를 대신하여 노역장 유치를 명할 수 있다.

② 현행법상 노역장 유치기간은 벌금액을 자유형으로 환산한 기간으로 하며 1년을 초과할 수 없다.

③ 단기자유형의 폐해를 줄이기 위해 노역장 유치가 그 대안으로 기능할 수 있다.

④ 벌금형에 대해 집행유예를 인정하는 것도 노역장 유치제도의 개선방안이 될 수 있다.

해설

① 현행법상 벌금을 선고해야 할 경우, 벌금을 완납할 때까지 노역장 유치를 명할 수 있다. 범죄자 본인이 벌금을 완납할 가능성이 낮은 경우에 법원이 완납할 때까지 노역장 유치명령을 하는 것이지, 법원에 선택권이 있는 것은 아니다.

② 현행법상 노역장 유치기간은 벌금액을 자유형으로 환산한 기간으로 하며 3년을 초과할 수 없다.

③ 노역장 유치는 그 자체가 단기자유형의 폐해가 있는 사안이기 때문에 대안이 될 수 없고, 범죄자의 지불능력이나 경제적 능력 등을 고려하여 지급하는 일수벌금제도 등이 그 대안이 될 수 있다.

정답 | ④

09

「형법」상 벌금과 과료에 대한 설명으로 옳지 않은 것은? 교정9급 2019

① 벌금은 5만원 이상으로 하되 감경하는 경우에는 5만원 미만으로 할 수 있으며, 과료는 2천원 이상 5만원 미만으로 한다.

② 벌금과 과료는 판결확정일로부터 30일 내에 납입하여야 한다. 단, 벌금 또는 과료를 선고할 때에는 동시에 그 금액을 완납할 때까지 노역장에 유치할 것을 명할 수 있다.

③ 선고하는 벌금이 1억원 이상 5억원 미만인 경우에는 300일 이상, 5억원 이상 50억원 미만인 경우에는 500일 이상, 50억원 이상인 경우에는 1,000일 이상의 유치기간을 정하여야 한다.

④ 벌금을 납입하지 아니한 자는 1일 이상 3년 이하, 과료를 납입하지 아니한 자는 1일 이상 30일 미만의 기간 노역장에 유치하여 작업에 복무하게 한다.

해설

② 벌금과 과료는 판결확정일로부터 30일 내에 납입하여야 한다. 단, 벌금을 선고할 때에는 동시에 그 금액을 완납할 때까지 노역장에 유치할 것을 명할 수 있다(형법 제69조 제1항).

① 동법 제45조, 제47조

③ 동법 제70조 제2항

④ 동법 제69조 제2항

정답 | ②

10

벌금형에 대한 설명으로 옳은 것은? 교정9급 2013

① 벌금은 판결확정일로부터 90일 내에 납입하여야 하며, 벌금을 선고할 때에는 동시에 그 금액을 완납할 때까지 노역장에 유치할 것을 명할 수 있다.

② 벌금형의 형의 시효는 2년이며, 강제처분을 개시함으로 인하여 시효의 중단이 이루어진다.

③ 환형유치기간은 1일 5만원을 기준으로 환산한 벌금액에 상응하는 일수이며, 유치기간의 상한은 없다.

④ 500만원 미만의 벌금형이 확정된 벌금 미납자는 노역장유치를 대신하여 사회봉사 신청을 할 수 있다.

해설

①·②·③은 명확히 틀린 지문이고, ④는 상대적으로 답이 된다고 보아야 한다. 즉, 최대 500만원이기 때문에 500만원 미만이 아닌 300만원이라고 해도 틀린 지문은 아니다.

① 벌금은 판결확정일로부터 30일 내에 납입하여야 하며, 벌금을 선고할 때에는 동시에 그 금액을 완납할 때까지 노역장에 유치할 것을 명할 수 있다.

② 벌금형의 형의 시효는 5년이며, 강제처분을 개시함으로 인하여 시효의 중단이 이루어진다.

③ 환형유치기간은 1일 5만원을 기준으로 환산한 벌금액에 상응하는 일수이며, 유치기간의 상한은 3년이다.

> 벌금 미납자의 사회봉사 집행에 관한 특례법 시행령 제2조(사회봉사의 신청과 벌금액)
> 「벌금 미납자의 사회봉사 집행에 관한 특례법(이하 "벌금미납자법")」 제4조 제1항 본문에 따른 벌금형의 금액은 500만원으로 한다.

정답 | ④

11

「벌금 미납자의 사회봉사 집행에 관한 특례법」 및 동법 시행령상 벌금 미납자의 사회봉사집행에 대한 설명으로 옳은 것은? 교정9급 2015

① 징역 또는 금고와 동시에 벌금을 선고받은 사람은 사회봉사를 신청할 수 있다.

② 법원은 사회봉사를 허가하는 경우 벌금 미납액에 의하여 계산된 노역장 유치 기간에 상응하는 사회봉사시간을 산정하여야 하나, 산정된 사회봉사시간 중 1시간 미만은 집행하지 아니한다.

③ 1,000만원의 벌금형이 확정된 벌금 미납자는 검사의 납부명령일부터 30일 이내에 검사에게 사회봉사를 신청할 수 있다.

④ 사회봉사 대상자는 사회봉사의 이행을 마치기 전에는 벌금의 전부 또는 일부를 낼 수 없다.

해설

② 벌금미납자법 제6조 제4항

① 징역 또는 금고와 동시에 벌금을 선고받은 사람은 사회봉사를 신청할 수 없다(동법 제4조 제2항).

③ 대통령령으로 정한 금액(500만원) 범위 내의 벌금형이 확정된 벌금 미납자는 검사의 납부명령일부터 30일 이내에 주거지를 관할하는 지방검찰청(지방검찰청지청을 포함)의 검사에게 사회봉사를 신청할 수 있다(동법 제4조 제1항, 동법 시행령 제2조).

④ 사회봉사 대상자는 사회봉사의 이행을 마치기 전에 벌금의 전부 또는 일부를 낼 수 있다(동법 제12조 제1항).

정답 | ②

12

벌금 미납자의 사회봉사에 대한 설명으로 옳은 것은? 교정7급 2012

① 법원으로부터 200만원의 벌금형을 선고받고 벌금을 완납할 때까지 노역장에 유치할 것을 명받은 사람은 지방검찰청의 검사에게 사회봉사를 신청할 수 있다.

② 검사는 납부능력확인을 위한 출석요구기간을 포함하여 피고인의 사회봉사신청일로부터 7일 이내에 사회봉사의 청구여부를 결정해야 한다.

③ 사회봉사신청을 기각하는 검사의 처분에 대해 불복하는 자는 사회봉사신청을 기각한 검사가 소속한 지방검찰청에 상응하는 법원에 이의신청을 할 수 있다.

④ 법원은 사회봉사를 허가하는 경우 벌금미납액에 의하여 계산된 노역장유치기간에 상응하는 사회봉사기간을 산정하되, 산정된 사회봉사기간 중 1시간 미만은 1시간으로 집행한다.

해설

① 법원으로부터 200만원의 벌금형을 선고받고 벌금을 완납할 때까지 노역장에 유치할 것을 명받은 사람은 지방검찰청의 검사에게 사회봉사를 신청할 수 없다.

② 검사는 납부능력확인을 위한 출석요구기간을 제외하여 피고인의 사회봉사신청일로부터 7일 이내에 사회봉사의 청구여부를 결정해야 한다.

④ 법원은 사회봉사를 허가하는 경우 벌금미납액에 의하여 계산된 노역장유치기간에 상응하는 사회봉사기간을 산정하되, 산정된 사회봉사기간 중 1시간 미만은 집행하지 않는다.

정답 | ③

13

벌금 미납자의 사회봉사 집행에 대한 설명으로 옳지 않은 것으로만 묶인 것은? 교정7급 2013

ㄱ. 법원으로부터 벌금선고와 동시에 벌금을 완납할 때까지 노역장에 유치할 것을 명받은 사람은 사회봉사를 신청할 수 없다.
ㄴ. 벌금 미납자의 사회봉사신청에 대하여 검사는 벌금 미납자의 경제적 능력, 사회봉사 이행에 필요한 신체적 능력, 주거의 안정성 등을 고려하여 사회봉사 허가여부를 결정한다.
ㄷ. 신청인이 일정한 수입원이나 재산이 있어 벌금을 낼 수 있다고 판단되는 경우에는 사회봉사를 허가하지 아니한다.
ㄹ. 사회봉사는 보호관찰관이 집행하며, 사회봉사 대상자의 성격, 사회경력, 범죄의 원인 및 개인적 특성을 고려하여 사회봉사의 집행분야를 정한다.
ㅁ. 사회봉사는 원칙적으로 1일 9시간을 넘겨 집행할 수 없지만, 보호관찰관이 사회봉사의 내용상 연속집행의 필요성이 있다고 판단하는 경우에는 최대 14시간까지 집행할 수 있다.

① ㄱ, ㄷ　　② ㄴ, ㄹ
③ ㄴ, ㅁ　　④ ㄷ, ㅁ

해설

ⓛ·ⓜ이 옳지 않다.

ⓛ 벌금 미납자의 사회봉사신청에 대하여 법원은 벌금 미납자의 경제적 능력, 사회봉사 이행에 필요한 신체적 능력, 주거의 안전성 등을 고려하여 사회봉사 허가여부를 결정한다.

ⓜ 사회봉사는 원칙적으로 1일 9시간을 넘겨 집행할 수 없지만, 보호관찰관이 사회봉사의 내용상 연속집행의 필요성이 있다고 판단하는 경우에는 최대 13시간까지 집행할 수 있다.

정답 | ③

14

「벌금 미납자의 사회봉사 집행에 관한 특례법」에 대한 설명으로 옳지 않은 것은? 교정7급 2019

① 대통령령으로 정한 금액 범위 내의 벌금형이 확정된 벌금 미납자는 검사의 납부명령일부터 30일 이내에 주거지를 관할하는 지방검찰청(지방검찰청 지청을 포함한다)의 검사에게 사회봉사를 신청할 수 있다. 다만, 검사로부터 벌금의 일부납부 또는 납부연기를 허가받은 자는 그 허가기한 내에 사회봉사를 신청할 수 있다.

② 사회봉사 대상자는 법원으로부터 사회봉사 허가의 고지를 받은 날부터 7일 이내에 사회봉사 대상자의 주거지를 관할하는 보호관찰소의 장에게 주거, 직업, 그 밖에 대통령령으로 정하는 사항을 신고하여야 한다.

③ 사회봉사는 1일 9시간을 넘겨 집행할 수 없다. 다만, 사회봉사의 내용상 연속집행의 필요성이 있어 보호관찰관이 승낙하고 사회봉사 대상자가 분명히 동의한 경우에만 연장하여 집행할 수 있다.

④ 사회봉사의 집행은 사회봉사가 허가된 날부터 6개월 이내에 마쳐야 한다. 다만, 보호관찰관은 특별한 사정이 있으면 검사의 허가를 받아 6개월의 범위에서 한 번 그 기간을 연장하여 집행할 수 있다.

해설

사회봉사 대상자는 법원으로부터 사회봉사 허가의 고지를 받은 날부터 10일 이내에 사회봉사 대상자의 주거지를 관할하는 보호관찰소의 장에게 주거, 직업, 그 밖에 대통령령으로 정하는 사항을 신고하여야 한다(벌금미납자법 제8조 제1항).

정답 | ②

15

형의 실효와 복권에 대한 설명으로 옳지 않은 것은?

교정9급 2024

① 벌금형을 받은 사람이 자격정지 이상의 형을 받지 아니하고 그 형의 집행을 종료한 날부터 2년이 경과한 때에 그 형은 실효된다.

② 자격정지의 선고를 받은 자가 피해자의 손해를 보상하고 자격정지 이상의 형을 받음이 없이 정지기간의 2분의 1을 경과한 때에는 본인 또는 검사의 신청에 의하여 법원은 자격의 회복을 선고할 수 있다.

③ 징역 5년 형의 집행을 종료한 사람이 형의 실효를 받기 위해서는 피해자의 손해를 보상하고 자격정지 이상의 형을 받음이 없이 7년을 경과한 후 해당 사건에 관한 기록이 보관되어 있는 검찰청에 형의 실효를 신청하여야 한다.

④ 「형법」 제81조(형의 실효)에 따라 형이 실효되었을 때에는 수형인명부의 해당란을 삭제하고 수형인명표를 폐기한다.

해설

③ 징역 또는 금고의 집행을 종료하거나 집행이 면제된 자가 피해자의 손해를 보상하고 자격정지 이상의 형을 받음이 없이 7년을 경과한 때에는 본인 또는 검사의 신청에 의하여 그 재판의 실효를 선고할 수 있다(형법 제81조).

① 형실효법 제7조 제1항 제3호

② 형법 제82조

④ 형실효법 제8조 제1항 제1호

> 형실효법 제7조(형의 실효)
> ① 수형인이 자격정지 이상의 형을 받지 아니하고 형의 집행을 종료하거나 그 집행이 면제된 날부터 다음 각 호의 구분에 따른 기간이 경과한 때에 그 형은 실효된다. 다만, 구류(拘留)와 과료(科料)는 형의 집행을 종료하거나 그 집행이 면제된 때에 그 형이 실효된다.
> 1. 3년을 초과하는 징역·금고 : 10년
> 2. 3년 이하의 징역·금고 : 5년
> 3. 벌금 : 2년

정답 | ③

16

형의 집행 등에 대한 설명으로 옳지 않은 것은? (다툼이 있는 경우 판례에 의함)

교정9급 2021

① 형사사건으로 외국법원에 기소되어 무죄판결을 받은 경우, 그 무죄판결을 받기까지 미결구금일수도 외국에서 형의 전부 또는 일부가 집행된 경우로 보아 국내법원에서 선고된 유죄판결의 형에 전부 또는 일부를 산입하여야 한다.

② 처단형은 선고형의 최종적인 기준이 되므로 그 범위는 법률에 따라서 엄격하게 정하여야 하고 별도의 명시적 규정이 없는 이상 「형법」 제56조에서 열거하는 가중, 감경사유에 해당하지 않는 다른 성질의 감경사유를 인정할 수 없다.

③ 판결 주문에서 경합범의 일부에 대하여 유죄가 선고되더라도 다른 부분에 대하여 무죄가 선고되었다면 형사보상을 청구할 수 있으나, 그 경우라도 미결구금일수의 전부 또는 일부가 유죄에 대한 본형에 산입되는 것으로 확정되었다면, 그 본형이 실형이든 집행유예가 부가된 형이든 불문하고 그 산입된 미결구금일수는 형사보상의 대상이 되지 않는다.

④ 형집행정지 심의위원회 위원은 학계, 법조계, 의료계, 시민단체 인사 등 학식과 경험이 있는 사람 중에서 각 지방검찰청 검사장이 임명 또는 위촉한다.

해설

① 외국에서 무죄판결을 받고 석방되기까지의 미결구금은, 국내에서의 형벌권 행사가 외국에서의 형사절차와는 별개의 것인 만큼 우리나라 형벌법규에 따른 공소의 목적을 달성하기 위하여 필수불가결하게 이루어진 강제처분으로 볼 수 없고, 유죄판결을 전제로 한 것이 아니어서 해당 국가의 형사보상제도에 따라 구금 기간에 상응하는 금전적 보상을 받음으로써 구제받을 성질의 것에 불과하다. 또한 형사절차에서 미결구금이 이루어지는 목적, 미결구금의 집행 방법 및 피구금자에 대한 처우, 미결구금에 대한 법률적 취급 등이 국가별로 다양하여 외국에서의 미결구금으로 인해 피고인이 받는 신체적 자유 박탈에 따른 불이익의 양상과 정도를 국내에서의 미결구금이나 형의

집행과 효과 면에서 서로 같거나 유사하다고 단정할 수도 없다. 따라서 위와 같이 외국에서 이루어진 미결구금을 형법 제57조 제1항에서 규정한 '본형에 당연히 산입되는 미결구금'과 같다고 볼 수 없다(대법원 2017.8.24. 2017도5977).

② 대법원 2019.4.18. 2017도14609

③ 그 본형이 실형이든 집행유예가 부가된 형이든 불문하고 그 산입된 미결구금 일수는 형사보상의 대상이 되지 않는다. 그 미결구금은 유죄에 대한 본형에 산입되는 것으로 확정된 이상 형의 집행과 동일시되므로, 형사보상할 미결구금 자체가 아닌 셈이기 때문이다(대법원 2017.11.28. 2017모1990).

④ 형사소송법 제471조의2 제2항

정답 | ①

17

현행법상 형의 실효에 대한 설명으로 옳지 않은 것은?

교정9급 2017

① 수형인이 3년 이하의 징역형인 경우, 자격정지 이상의 형을 받지 아니하고 형의 집행을 종료하거나 그 집행이 면제된 날부터 5년이 경과한 때에 그 형은 실효된다.

② 구류와 과료는 형의 집행을 종료하거나 그 집행이 면제된 날부터 1년이 경과한 때에 그 형은 실효된다.

③ 하나의 판결로 여러 개의 형이 선고된 경우에는 각 형의 집행을 종료하거나 그 집행이 면제된 날부터 가장 무거운 형에 대한 「형의 실효 등에 관한 법률」에서 정한 형의 실효기간이 경과한 때에 형의 선고는 효력을 잃는다. 이때 징역과 금고는 같은 종류의 형으로 보고 각 형기를 합산한다.

④ 징역 또는 금고의 집행을 종료하거나 집행이 면제된 자가 피해자의 손해를 보상하고 자격정지 이상의 형을 받음이 없이 7년을 경과한 때에는 본인 또는 검사의 신청에 의하여 법원은 그 재판의 실효를 선고할 수 있다.

해설

①·② 수형인이 자격정지 이상의 형을 받지 아니하고 형의 집행을 종료하거나 그 집행이 면제된 날부터 다음 각 호의 구분에 따른 기간이 경과한 때에 그 형은 실효된다. 다만, 구류(拘留)와 과료(科料)는 형의 집행을 종료하거나 그 집행이 면제된 때에 그 형이 실효된다(형의 실효 등에 관한 법률 제7조 제1항).

1. 3년을 초과하는 징역·금고: 10년
2. 3년 이하의 징역·금고: 5년
3. 벌금: 2년

③ 동법 제7조 제2항

④ 형법 제81조

정답 | ②

18

판결 전 조사제도에 대한 설명으로 옳지 않은 것은?

교정7급 2012

① 「보호관찰 등에 관한 법률」에 의하면 판결 전 조사의 대상자를 소년으로 한정하고 있다.
② 사실심리절차와 양형절차를 분리하는 소송절차이분(訴訟節次 二分)을 전제로 하며, 미국에서 보호관찰(Probation)제도와 밀접한 관련을 가지고 발전되어 온 제도이다.
③ 판결 전 조사보고서의 내용에 대하여 피고인에게 반대신문권을 인정할 것인지의 여부가 문제되는데, 미국은 법원이 피고인과 변호인에게 보고서에 대하여 논박할 기회를 충분히 제공하도록 하고 있다.
④ 형사정책적으로 양형의 합리화뿐만 아니라 사법적 처우의 개별화에도 그 제도적 의의가 있다.

해설

보호관찰 등에 관한 법률」에 의하면 판결 전 조사의 대상자를 성인과 소년 모두로 규정하고 있다.

정답 | ①

CHAPTER 06

보안처분론

01

형벌과 보안처분의 관계에 대한 설명으로 옳지 않은 것은? 교정9급 2012

① 치료감호와 형이 병과된 경우에는 치료감호를 먼저 집행한다.
② 현행 헌법에서 보안처분 법정주의를 선언하고 있다.
③ 보안처분은 일반예방보다는 범죄자의 개선과 사회방위 등 특별예방을 중시한다.
④ 보안처분은 행위자의 책임에 의해 제한되는 한도 내에서만 정당성을 갖는다.

해설

행위자의 책임에 의해 제한되는 한도 내에서만 정당성을 갖는 것은 보안처분이 아니라 형벌이다. 보안처분은 행위자의 미래의 범죄적 위험성에 대해서 과해지는 강제처분으로 범죄자에 대한 법익침해는 사회방위와 균형을 이루어야 하는 비례성의 원칙이 강조된다.

정답 | ④

02

형벌과 보안처분의 관계에 대한 설명으로 옳지 않은 것은? 교정7급 2024

① 일원주의에 따르면 형벌과 보안처분은 모두 사회방위와 범죄인의 교육 및 개선을 목적으로 하므로 본질적인 차이가 없다고 본다.
② 이원주의에 따르면 형벌의 본질은 책임을 기초로 한 과거 행위에 대한 응보이고, 보안처분은 장래의 위험성에 대한 대책이므로 양자는 그 기능이 다르다고 본다.
③ 대체주의는 보안처분에 의해서도 형벌의 목적을 달성할 수 있는 경우, 형벌을 폐지하고 이를 보안처분으로 대체해야 한다는 입장이다.
④ 대체주의에 대해서는 책임원칙에 어긋나고 정의관념에 반한다는 비판이 있다.

해설

대체주의는, 형벌은 책임 정도에 따라 선고하되, 집행단계에서 보안처분으로 대체하거나 보안처분의 집행종료 후에 집행할 것을 주장하는데, 범죄인의 사회복귀를 위해서는 보안처분의 선집행이 합리적이고, 보안처분도 자유의 박탈 내지 제한을 그 내용으로 하므로 형벌의 목적을 달성할 수 있다고 본다.

정답 | ③

03

「치료감호 등에 관한 법률」에 대한 설명으로 옳지 않은 것은? 교정9급 2011

① 소아성기호증, 성가학증 등 성적 성벽이 있는 정신성적장애자로서 금고 이상의 형에 해당하는 성폭력범죄를 지은 피치료감호자를 치료감호시설에 수용하는 기간은 15년을 초과할 수 없다.
② 치료감호사건의 제1심 재판관할은 지방법원 및 지방법원지원의 단독판사로 한다.
③ 치료감호가 청구된 사건은 판결의 확정 없이 치료감호가 청구되었을 때부터 15년이 지나면 청구의 시효가 완성된 것으로 본다.
④ 보호관찰기간이 끝나면 피보호관찰자에 대한 치료감호가 끝난다.

해설

치료감호사건의 제1심 재판관할은 지방법원 및 지방법원지원의 합의부로 한다. 검사의 청구는 항소심 변론종결시까지로 하고 있고, 치료감호 대상자에 대한 치료감호를 청구할 때에는 정신건강의학과 등의 전문의의 진단이나 감정을 참고하여야 한다. 다만, 정신성적 장애자에 대하여는 정신건강의학과 등의 전문의의 진단이나 감정을 받은 후 치료감호를 청구하여야 한다.

정답 | ②

04

「치료감호 등에 관한 법률」상 치료감호에 대한 설명으로 옳지 않은 것은? 교정9급 2015

① 「형법」상의 강간죄, 강제추행죄, 준강간죄, 준강제추행죄 등은 치료감호 대상 성폭력범죄의 범위에 해당한다.
② 피치료감호자가 70세 이상인 때에는 검사는 치료감호의 집행을 정지할 수 있다.
③ 법원은 공소제기된 사건의 심리결과 치료감호를 할 필요가 있다고 인정할 때에는 검사에게 치료감호 청구를 요구할 수 있다.
④ 치료감호와 형이 병과된 경우에는 형을 먼저 집행한다.

해설

① 치료감호 등에 관한 법률(이하 “치료감호법”) 제2조의2
② 동법 제24조
③ 동법 제4조 제7항
④ 치료감호와 형이 병과된 경우에는 치료감호를 먼저 집행한다. 이 경우 치료감호의 집행기간은 형 집행기간에 포함한다(동법 제18조).

정답 | ④

05

「치료감호 등에 관한 법률」에 대한 설명으로 옳은 것은?

교정9급 2013

① 「치료감호법」은 죄의 종류와 상관없이 금고 이상의 형에 해당하는 죄를 지은 심신장애자, 마약 등 중독자, 정신성적(精神性的) 장애자 등 가운데 치료의 필요성과 재범의 위험성이 인정되는 경우를 치료감호의 대상으로 하고 있다.

② 검사는 범죄가 성립되지 않는 경우 공소를 제기할 수 없고, 따라서 치료감호만을 독립적으로 청구할 수도 없다.

③ 치료감호와 형이 병과된 경우에는 치료감호를 먼저 집행하고, 치료감호심의위원회가 치료감호 집행기간의 형 집행기간 산입 여부를 결정한다.

④ 법원은 공소제기된 사건의 심리결과 치료감호를 할 필요가 있다고 인정할 때에는 검사에게 치료감호의 청구를 요구할 수 있다.

해설

① 치료감호법은 심신장애자와 약물중독자는 죄의 종류와 상관없지만, 정신성적(精神性的) 장애자는 성폭력범죄를 지은 자로 죄의 종류를 한정하고 있다.

② 검사는 범죄가 성립되지 않는 경우 공소를 제기할 수 없지만, 상황에 따라서는 치료감호만을 독립적으로 청구할 수 있다.

③ 치료감호와 형이 병과된 경우에는 치료감호를 먼저 집행하고, 치료감호심의위원회와 관계없이 치료감호 집행기간은 형집행 기간에 당연히 산입된다.

> 치료감호법 제2조(치료감호대상자)
> 1. 「형법」 제10조 제1항에 따라 벌할 수 없거나 같은 조 제2항에 따라 형이 감경(減輕)되는 심신장애자로서 금고 이상의 형에 해당하는 죄를 지은 자
> 2. 마약·향정신성의약품·대마, 그 밖에 남용되거나 해독(害毒)을 끼칠 우려가 있는 물질이나 알코올을 식음(食飮)·섭취·흡입·흡연 또는 주입받는 습벽이 있거나 그에 중독된 자로서 금고 이상의 형에 해당하는 죄를 지은 자
> 3. 소아성기호증(小兒性嗜好症), 성적가학증(性的加虐症) 등 성적 성벽(性癖)이 있는 정신성적 장애자로서 금고 이상의 형에 해당하는 성폭력범죄를 지은 자

정답 | ④

06

치료감호 등에 관한 법률상 옳은 것은? 교정9급 2020

① 마약·향정신성의약품·대마, 그 밖에 남용되거나 해독(害毒)을 끼칠 우려가 있는 물질이나 알코올을 식음(食飮)·섭취·흡입·흡연 또는 주입받는 습벽이 있거나 그에 중독된 자가 금고 이상의 형에 해당하는 죄를 범하여 치료감호의 선고를 받은 경우 치료감호시설 수용 기간은 1년을 초과할 수 없다.

② 구속영장에 의하여 구속된 피의자에 대하여 검사가 공소를 제기하지 아니하는 결정을 하고 치료감호 청구만을 하는 때에는 그 구속영장의 효력이 당연히 소멸하므로 검사는 법원으로부터 치료감호영장을 새로이 발부받아야 한다.

③ 치료감호와 형(刑)이 병과(倂科)된 경우에는 치료감호를 먼저 집행하며, 이 경우 치료감호의 집행기간은 형 집행기간에 포함되지 않는다.

④ 피치료감호자의 텔레비전 시청, 라디오 청취, 신문·도서의 열람은 일과시간이나 취침시간 등을 제외하고는 자유롭게 보장된다.

해설

④ 치료감호법 제27조

① 치료감호시설 수용 기간은 2년을 초과할 수 없다(동법 제16조 제2항 제2호).

② 구속영장에 의하여 구속된 피의자에 대하여 검사가 공소를 제기하지 아니하는 결정을 하고 치료감호 청구만을 하는 때에는 구속영장은 치료감호영장으로 보며 그 효력을 잃지 아니한다(동법 제8조).

③ 치료감호와 형이 병과된 경우에는 치료감호를 먼저 집행한다. 이 경우 치료감호의 집행기간은 형 집행기간에 포함한다(동법 제18조).

정답 | ④

07

「치료감호 등에 관한 법률」상 치료감호에 대한 설명으로 옳은 것은? 교정9급 2019

① 「형법」상 살인죄(제250조 제1항)의 죄를 범한 자의 치료감호기간을 연장하는 신청에 대한 검사의 청구는 치료감호기간 또는 치료감호가 연장된 기간이 종료하기 3개월 전까지 하여야 한다.

② 치료감호심의위원회는 치료감호만을 선고받은 피치료감호자에 대한 집행이 시작된 후 6개월이 지났을 때에는 상당한 기간을 정하여 그의 법정대리인, 배우자, 직계친족, 형제자매에게 치료감호시설 외에서의 치료를 위탁할 수 있다.

③ 근로에 종사하는 피치료감호자에게는 근로의욕을 북돋우고 석방 후 사회정착에 도움이 될 수 있도록 법무부장관이 정하는 바에 따라 작업장려금을 지급할 수 있다.

④ 법원은 치료감호사건을 심리하여 그 청구가 이유 없다고 인정할 때 또는 피고사건에 대하여 심신상실 외의 사유로 무죄를 선고하거나 사형을 선고할 때에는 판결로써 청구기각을 선고하여야 한다.

해설

④ 법원은 치료감호사건을 심리하여 그 청구가 이유 없다고 인정할 때 또는 피고사건에 대하여 심신상실 외의 사유로 무죄를 선고하거나 사형을 선고할 때에는 판결로써 청구기각을 선고하여야 한다(치료감호법 제12조 제1항).

① 살인범죄를 저질러 치료감호를 선고받은 피치료감호자가 살인범죄를 다시 범할 위험성이 있고 계속 치료가 필요하다고 인정되는 경우에는 법원은 치료감호시설의 장의 신청에 따른 검사의 청구로 3회까지 매회 2년의 범위에서 피치료감호자를 치료감호시설에 수용하는 기간을 연장하는 결정을 할 수 있고(동법 제16조 제3항), 검사의 청구는 피치료감호자를 치료감호시설에 수용하는 기간 또는 치료감호가 연장된 기간이 종료하기 6개월 전까지 하여야 한다(동법 제16조 제5항).

② 치료감호심의위원회는 치료감호만을 선고받은 피치료감호자에 대한 집행이 시작된 후 1년이 지났을 때에는 상당한 기간을 정하여 그의 법정대리인, 배우자, 직계친족, 형제자매(법정대리인 등)에게 치료감호시설 외에서의 치료를 위탁할 수 있다(동법 제23조 제1항).

③ 근로에 종사하는 피치료감호자에게는 근로의욕을 북돋우고 석방 후 사회정착에 도움이 될 수 있도록 법무부장관이 정하는 바에 따라 근로보상금을 지급하여야 한다(동법 제29조).

정답 | ④

08

「치료감호 등에 관한 법률」상 보호관찰에 대한 설명으로 옳지 않은 것은? 교정9급 2018

① 보호관찰의 기간은 3년으로 한다.

② 피치료감호자에 대한 치료감호가 가종료되었을 때 보호관찰이 시작된다.

③ 피치료감호자가 치료감호시설 외에서 치료받도록 법정대리인 등에게 위탁되었을 때 보호관찰이 시작된다.

④ 치료감호심의위원회의 치료감호 종료결정이 있어도 보호관찰기간이 남아 있다면 보호관찰은 계속된다.

해설

④ 보호관찰기간이 끝나기 전이라도 제37조에 따른 치료감호심의위원회의 치료감호의 종료결정이 있을 때에는 보호관찰이 종료된다(치료감호법 제32조 제3항 제2호).
① 동조 제2항
②·③ 동조 제1항

보호관찰의 시작사유
- 피치료감호자에 대한 치료감호가 가종료되었을 때
- 피치료감호자가 치료감호시설 외에서 치료받도록 법정대리인등에게 위탁되었을 때
- 제16조 제2항 각 호에 따른 기간 또는 같은 조 제3항에 따라 연장된 기간(이하 "치료감호기간"이라 한다)이 만료되는 피치료감호자에 대하여 제37조에 따른 치료감호심의위원회가 심사하여 보호관찰이 필요하다고 결정한 경우에는 치료감호기간이 만료되었을 때

보호관찰의 종료사유
- 보호관찰기간이 끝났을 때
- 보호관찰기간이 끝나기 전이라도 제37조에 따른 치료감호심의위원회의 치료감호의 종료결정이 있을 때
- 보호관찰기간이 끝나기 전이라도 피보호관찰자가 다시 치료감호 집행을 받게 되어 재수용되었을 때

정답 | ④

09

「치료감호 등에 관한 법률」상 피치료감호자의 보호관찰에 대한 설명으로 옳지 않은 것은? 교정7급 2022

① 피치료감호자에 대한 치료감호가 가종료되면 보호관찰이 시작된다.

② 피치료감호자가 치료감호시설 외에서 치료받도록 법정대리인 등에게 위탁되었을 때 보호관찰이 시작된다.

③ 보호관찰의 기간은 3년으로 한다.

④ 피보호관찰자가 새로운 범죄로 금고 이상의 형의 집행을 받게 되었을지라도 보호관찰은 종료되지 아니하고 해당 형의 집행기간 동안 보호관찰기간은 정지된다.

해설

④ 피보호관찰자가 보호관찰기간 중 새로운 범죄로 금고 이상의 형의 집행을 받게 된 때에는 보호관찰은 종료되지 아니하며, 해당 형의 집행기간 동안 피보호관찰자에 대한 보호관찰기간은 계속 진행된다(치료감호법 제32조 제4항).
① 동법 제32조 제1항 제1호
② 동법 제32조 제1항 제2호
③ 동법 제32조 제2항

정답 | ④

10

「치료감호 등에 관한 법률」상 치료감호제도에 대한 설명으로 옳지 않은 것은? 교정9급 2007

① 치료감호처분은 법원이 선고하는 사법처분으로 그 집행은 검사가 지휘한다.
② 근로에 종사하는 피치료감호자에 대하여는 근로보상금을 지급하여야 한다.
③ 피치료감호자는 자신들의 처우개선에 관한 청원을 할 수 있다.
④ 치료감호와 형이 병과된 경우에는 형을 먼저 집행한다.

해설

치료감호와 형이 병과된 경우에는 치료감호를 먼저 집행한다. 이 경우 치료감호의 집행기간은 형기에 포함한다(치료감호법 제18조).
참고로, 치료감호의 청구는 검사가 법원에 하며, 검사는 공소제기한 사건의 항소심 변론종결 시까지 치료감호의 청구를 할 수 있다. 다만, 치료감호의 선고기관은 법원이고, 치료감호의 제1심 재판관할은 지방법원 합의부 및 지방법원지원 합의부로 한다.

정답 | ④

11

「치료감호 등에 관한 법률」상 치료감호의 내용에 대한 설명으로 옳은 것은? 교정9급 2021

① 치료감호 대상자는 의사무능력이나 심신미약으로 인하여 형이 감경되는 심신장애인으로서 징역형 이상의 형에 해당하는 죄를 지은 자이다.
② 피치료감호자를 치료감호시설에 수용하는 기간은 치료감호대상자에 해당하는 심신장애인과 정신성적 장애인의 경우 15년을 초과할 수 없다.
③ 피치료감호자의 치료감호가 가종료되었을 때 시작되는 보호관찰의 기간은 2년으로 한다.
④ 보호관찰 기간이 끝나더라도 재범의 위험성이 없다고 판단될 때까지 치료감호가 종료되지 않는다.

해설

① 금고 이상의 형에 해당하는 죄를 지은 자이다(치료감호법 제2조 제1항).
② 동법 제16조 제2항
③ 보호관찰의 기간은 3년으로 한다(동법 제32조 제2항).
④ 피치료감호자에 대한 치료감호가 가종료되었을 때 또는 피치료감호자가 치료감호시설 외에서 치료받도록 법정대리인 등에게 위탁되었을 때에는 보호관찰기간이 끝나면 피보호관찰자에 대한 치료감호가 끝난다(동법 제35조 제1항).

정답 | ②

12

「치료감호법등에 관한 법률」상 치료감호에 대한 설명으로 옳지 않은 것은? 교정9급 2016

① 피치료감호자에 대한 치료감호가 가종료되었을 때 시작되는 보호관찰의 기간은 3년으로 한다.
② 치료감호심의위원회는 피치료감호자에 대하여 치료감호 집행을 시작한 후 매 6개월마다 치료감호의 종료 또는 가종료 여부를 심사·결정한다.
③ 소아성기호증, 성적가학증 등 성적 성벽(性癖)이 있는 정신성적 장애인으로서 금고 이상의 형에 해당하는 성폭력범죄를 지은 자는 치료감호대상자가 될 수 있다.
④ 치료감호의 내용과 실태는 대통령령으로 정하는 바에 따라 공개하여야 한다. 이 경우 피치료감호자나 그의 보호자가 동의한 경우라도 피치료감호자의 개인신상에 관한 것은 공개할 수 없다.

해설

① 치료감호법 제32조 제1항·제2항
② 동법 제22조
③ 동법 제2조 제1항 제3호
④ 이 법에 따른 치료감호의 내용과 실태는 대통령령으로 정하는 바에 따라 공개하여야 한다. 이 경우 피치료감호자나 그의 보호자가 동의한 경우 외에는 피치료감호자의 개인신상에 관한 것은 공개하지 아니한다(동법 제20조).

정답 | ④

13

다음에서 설명하는 올린(L. E. Ohlin)의 보호관찰관 유형은? 교정7급 2021

> 이 유형의 보호관찰관은 주로 직접적인 지원이나 강연 또는 칭찬과 꾸중 등 비공식적인 방법을 이용한다. 또한 보호관찰관은 사회의 보호, 즉 사회방위와 범죄자 개인의 개선·보호를 조화시키고자 하므로 역할갈등을 크게 겪는다.

① 처벌적 보호관찰관(punitive probation officer)
② 보호적 보호관찰관(protective probation officer)
③ 복지적 보호관찰관(welfare probation officer)
④ 수동적 보호관찰관(passive probation officer)

해설

보호적 보호관찰관 유형이다.

올린의 보호관찰관유형

유형	주요 특징
처벌적 보호관찰관	위협과 처벌을 수단으로 범죄자를 사회에 동조하도록 강요하고 사회의 보호, 범죄자의 통제 그리고 범죄자에 대한 체계적 의심 등 강조
보호적 보호관찰관	• 사회와 범죄자의 보호 양자 사이를 망설이는 유형 • 주로 직접적인 지원이나 강연 또는 칭찬과 꾸중의 방법을 이용 • 사회와 범죄자의 입장을 번갈아 편들기 때문에 어정쩡한 입장에 처하기 쉬움
복지적 보호관찰관	• 자신의 목표를 범죄자에 대한 복지의 향상에 두고 범죄자의 능력과 한계를 고려하여 적응할 수 있도록 도움을 줌 • 범죄자의 개인적 적응 없이는 사회의 보호도 있을 수 없다고 믿음
수동적 보호관찰관	자신의 임무를 단지 최소한의 노력을 요하는 것으로 인식하는 사람

정답 | ②

14

올린(L. E. Ohlin)의 관점에 따라 보호관찰관의 유형을 통제와 지원이라는 두 가지 차원에서 그림과 같이 구분할 때, ㉠~㉣에 들어갈 유형을 바르게 연결한 것은?

교정7급 2018

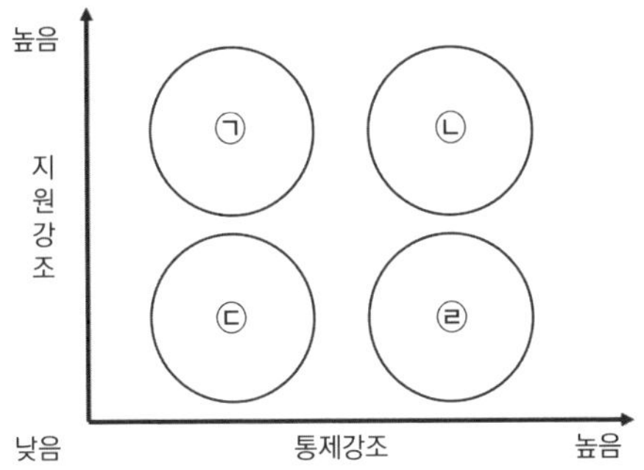

	㉠	㉡	㉢	㉣
①	복지적 관찰관	보호적 관찰관	수동적 관찰관	처벌적 관찰관
②	보호적 관찰관	복지적 관찰관	수동적 관찰관	처벌적 관찰관
③	복지적 관찰관	보호적 관찰관	처벌적 관찰관	수동적 관찰관
④	보호적 관찰관	복지적 관찰관	처벌적 관찰관	수동적 관찰관

해설

올린은 보호관찰관의 유형을 총 네 가지로 분류하는데, 처벌적 보호관찰관은 위협을 수단으로 대상자를 규율에 동조하도록 통제를 강조, 복지적 보호관찰관은 목표를 대상자에 대한 복지향상에 두고 지원기능을 강조한다. 그 다음으로 보호적 보호관찰관은 통제기능과 지원기능을 적절히 조화시키려는 보호관찰관, 마지막으로 수동적 보호관찰관은 통제나 지원 모두에 소극적이며 자신의 임무는 최소한의 개입이라고 믿는 관찰관으로 분류하였다.

㉠ 지원을 강조하나 통제는 약화되는 복지적 보호관찰관
㉡ 지원과 통제를 모두 강조하는 보호적 보호관찰관
㉢ 지원과 통제가 모두 약화되는 수동적 보호관찰관
㉣ 지원은 약화되고, 통제를 강조하는 처벌적 보호관찰관

정답 | ①

15

보호관찰의 지도 · 감독 유형으로 올린(L. E. Ohlin)이 제시한 내용 중 지역사회보호와 범죄자보호 양쪽 사이에서 갈등을 가장 크게 겪는 보호관찰관의 유형은?

교정9급 2017

① 보호적 보호관찰관
② 수동적 보호관찰관
③ 복지적 보호관찰관
④ 중개적 보호관찰관

해설

올린(Ohlin)은 보호관찰관의 유형을 처벌적(Punitive), 보호적(Protective), 복지적(Welfare), 수동적(Passive) 보호관찰관으로 구분하였다.

처벌적 보호관찰관
- 위협을 수단으로 대상자를 규율에 동조하도록 강요해 통제를 강조하는 보호관찰관
- 사회의 보호, 범죄자의 통제, 범죄자에 대한 체계적 의심 등을 강조

보호적 보호관찰관
- 통제기능과 지원기능을 적절히 조화시키려는 보호관찰관
- 주로 직접적인 지원이나 강연 또는 칭찬과 꾸중의 방법을 사용
- 지역사회보호와 범죄자보호 양쪽 사이에서 갈등을 가장 크게 겪는 유형

복지적 보호관찰관
- 자신의 목표를 대상자에 대한 복지향상에 두고 지원기능을 강조하는 보호관찰관
- 범죄자의 개인적 적응 없이는 사회의 보호도 있을 수 없다고 믿음

수동적 보호관찰관
통제나 지원 모두에 소극적이며 자신의 임무는 최소한의 개입이라고 믿는 보호관찰관

정답 | ①

16

다음 설명에 해당하는 스미크라(Smykla)의 보호관찰 모형은? 교정7급 2017

> 보호관찰관은 외부자원을 적극 활용하여 보호관찰 대상자들이 다양하고 전문적인 사회적 서비스를 받을 수 있도록 사회기관에 위탁하는 것을 주요 일과로 삼고 있다.

① 프로그램모형(program model)
② 중재자모형(brokerage model)
③ 옹호모형(advocacy model)
④ 전통적모형(traditional model)

해설

보호관찰의 모형화

스미크라(Smykla)는 보호관찰관의 기능과 자원의 활용이라는 측면에서 보호관찰을 모형화하고 있다.

- 전통적 모형: 보호관찰관이 지식인으로서 내부자원을 이용하여 지역적으로 균등배분된 대상자에 대해서 지도·감독에서 보도·원호에 이르기까지 다양한 기능을 수행하나 통제를 보다 중시하는 모형이다.
- 프로그램모형
  - 보호관찰관은 전문가를 지향하나 목적수행을 위한 자원은 내부적으로 해결하려는 모형이다.
  - 보호관찰관이 전문가로 기능하기 때문에 대상자를 분류하여 보호관찰관의 전문성에 따라 배정하게 된다.
  - 이 모형의 문제는 범죄자의 상당수는 특정한 한 가지 문제만으로 범죄자가 된 것은 아니며, 한 가지의 처우만을 필요로 하는 것도 아니라는 것이다.
- 옹호모형: 보호관찰관은 지식인으로서 외부자원을 적극 활용하여 대상자가 다양하고 전문적인 사회적 서비스를 제공받을 수 있도록 무작위로 배정된 대상자들을 사회기관에 위탁하는 것을 주된 임무로 한다.
- 중개모형: 보호관찰관은 전문가로서 자신의 전문성에 맞게 배정된 대상자에 대하여 사회자원의 개발과 중개의 방법으로 외부자원을 적극 활용하여 전문적인 보호관찰을 한다.

정답 | ③

17

(가)와 (나)에 들어갈 내용을 바르게 연결한 것은? 교정7급 2021

> (가)는(은) 보호관찰관의 기능과 자원의 활용에 따라 보호관찰을 모형화하였는데, 이 중 (나) 모형이란 전문성을 갖춘 보호관찰관이 외부의 사회적 자원을 적극 개발하고 활용하는 유형을 말한다.

	(가)	(나)
①	Crofton	옹호(advocacy)
②	Crofton	중개(brokerage)
③	Smykla	옹호(advocacy)
④	Smykla	중개(brokerage)

해설

스미크라의 보호관찰 모형

전통적 모형	내부자원 활용 + 대상자에 대해서 지도·감독에서 보도 원호에 이르기까지 다양한 기능을 수행하나 통제가 더 강조됨
프로그램 모형	내부적으로 해결하고 관찰관이 전문가로 기능하기 때문에 대상자를 분류하여 관찰관의 전문성에 따라 배정하게 됨
옹호모형	외부자원을 적극 활용하여 관찰대상자에게 다양하고 전문적인 사회적 서비스를 제공받을 수 있도록 무작위로 배정된 대상자들을 사회기관에 위탁하는 것을 주요 일과로 삼고 있음
중개모형	사회자원의 개발과 중개의 방법으로 외부자원을 적극 활용하여 대상자가 전문적인 보호관찰을 받을 수 있게 하는 것

정답 | ④

18

보호관찰 대상자의 보호관찰 기간으로 옳지 않은 것은?

교정7급 2021

① 「치료감호 등에 관한 법률」상 치료감호 가종료자: 3년
② 「소년법」상 단기 보호관찰처분을 받은 자: 1년
③ 「형법」상 보호관찰을 조건으로 형의 선고유예를 받은 자: 1년
④ 「가정폭력범죄의 처벌 등에 관한 특례법」상 보호관찰처분을 받은 자: 1년

해설

보호관찰처분을 받은 자의 보호관찰 기간은 6개월을 초과할 수 없다(가정폭력범죄처벌법 제41조).

정답 | ④

19

보호관찰이 가능한 기간으로 옳지 않은 것은?

교정7급 2024

① 형의 선고를 유예하면서 보호관찰을 명받은 자는 1년
② 소년부 판사로부터 장기 보호관찰을 명받은 소년으로 보호관찰관의 신청에 따른 결정으로 그 기간이 연장된 자는 최대 4년
③ 「가정폭력범죄의 처벌 등에 관한 특례법」상 보호처분으로 보호관찰을 명받은 후 법원의 결정으로 보호처분의 기간이 변경된 자는 종전의 처분기간을 합산하여 최대 1년
④ 「성매매알선 등 행위의 처벌에 관한 법률」상 보호처분으로 보호관찰을 명받은 후 법원의 결정으로 보호처분의 기간이 변경된 자는 종전의 처분기간을 합산하여 최대 1년

해설

장기 보호관찰기간은 2년으로 한다. 다만, 소년부 판사는 보호관찰관의 신청에 따라 결정으로써 1년의 범위에서 한 번에 한하여 그 기간을 연장할 수 있다(소년법 제33조 제3항).

정답 | ②

20

「보호관찰 등에 관한 법률」상 조사제도에 대한 설명으로 옳지 않은 것은? 교정9급 2023

① 법원은 판결 전 조사 요구를 받은 보호관찰소의 장에게 조사진행 상황에 관한 보고를 요구할 수 있다.

② 판결 전 조사 요구를 받은 보호관찰소의 장은 지체 없이 이를 조사하여 서면 또는 구두로 해당 법원에 알려야 한다.

③ 법원은 피고인에 대하여 형법 제59조의2 및 제62조의2에 따른 보호관찰을 명하기 위하여 필요하다고 인정하면 그 법원의 소재지 또는 피고인의 주거지를 관할하는 보호관찰소의 장에게 피고인에 관한 사항의 조사를 요구할 수 있다.

④ 법원은 소년법 제12조에 따라 소년보호사건에 대한 조사 또는 심리를 위하여 필요하다고 인정하면 그 법원의 소재지 또는 소년의 주거지를 관할하는 보호관찰소의 장에게 소년의 품행, 경력, 가정상황, 그 밖의 환경 등 필요한 사항에 관한 조사를 의뢰할 수 있다.

해설

② 판결 전 조사 요구를 받은 보호관찰소의 장은 지체 없이 이를 조사하여 서면으로 해당 법원에 알려야 한다(보호관찰법 제19조 제2항 전단). 즉, 구두는 허용되지 않는다.
① 동법 제19조 제3항
③ 동법 제19조 제1항
④ 동법 제19조의2 제1항

정답 | ②

21

「보호관찰 등에 관한 법률」상 보호관찰 대상자의 일반적인 준수사항에 해당하는 것만을 모두 고른 것은? 교정9급 2017

> ㉠ 주거지에 상주(常住)하고 생업에 종사할 것
> ㉡ 범죄행위로 인한 손해를 회복하기 위하여 노력할 것
> ㉢ 범죄로 이어지기 쉬운 나쁜 습관을 버리고 선행(善行)을 하며 범죄를 저지를 염려가 있는 사람들과 교제하거나 어울리지 말 것
> ㉣ 보호관찰관의 지도·감독에 따르고 방문하면 응대할 것
> ㉤ 주거를 이전(移轉)하거나 1개월 이상 국내외 여행을 할 때에는 미리 보호관찰관에게 신고할 것
> ㉥ 일정량 이상의 음주를 하지 말 것

① ㉠, ㉡, ㉢, ㉣
② ㉠, ㉢, ㉣, ㉤
③ ㉡, ㉢, ㉣, ㉤, ㉥
④ ㉠, ㉡, ㉢, ㉣, ㉤, ㉥

해설

- 일반준수사항[보호관찰 등에 관한 법률(이하 "보호관찰법") 제32조 제2항]: ㉠·㉢·㉣·㉤
- 특별준수사항(동법 제32조 제3항): ㉡·㉥

일반준수사항
- 주거지에 상주(常住)하고 생업에 종사할 것
- 범죄로 이어지기 쉬운 나쁜 습관을 버리고 선행(善行)을 하며 범죄를 저지를 염려가 있는 사람들과 교제하거나 어울리지 말 것
- 보호관찰관의 지도·감독에 따르고 방문하면 응대할 것
- 주거를 이전(移轉)하거나 1개월 이상 국내외 여행을 할 때에는 미리 보호관찰관에게 신고할 것

정답 | ②

22

「보호관찰 등에 관한 법령」상 대상자의 특별준수사항을 포함한 준수사항으로 옳지 않은 것은?

교정7급 2023

① 사행행위에 빠지지 아니할 것
② 피해자 등 재범의 대상이 될 우려가 있는 특정인에 대한 접근금지
③ 주거를 이전할 때에는 미리 보호관찰관의 허가를 받을 것
④ 일정량 이상의 음주를 하지 말 것

해설

주거를 이전하거나 1개월 이상 국내외 여행을 할 때에는 미리 보호관찰관에게 신고할 것은 일반준수사항이다. 나머지는 특별준수사항이다.

보호관찰법 제32조(보호관찰 대상자의 준수사항)
② 보호관찰 대상자는 다음의 사항을 지켜야 한다(일반준수사항).
1. 주거지에 상주하고 생업에 종사할 것
2. 범죄로 이어지기 쉬운 나쁜 습관을 버리고 선행을 하며 범죄를 저지를 염려가 있는 사람들과 교제하거나 어울리지 말 것
3. 보호관찰관의 지도·감독에 따르고 방문하면 응대할 것
4. 주거를 이전하거나 1개월 이상 국내외 여행을 할 때에는 미리 보호관찰관에게 신고할 것
③ 법원 및 심사위원회는 판결의 선고 또는 결정의 고지를 할 때에는 제2항의 준수사항 외에 범죄의 내용과 종류 및 본인의 특성 등을 고려하여 필요하면 보호관찰 기간의 범위에서 기간을 정하여 다음 각 호의 사항을 특별히 지켜야 할 사항으로 따로 과(科)할 수 있다(특별준수사항).
1. 야간 등 재범의 기회나 충동을 줄 수 있는 특정 시간대의 외출 제한
2. 재범의 기회나 충동을 줄 수 있는 특정 지역·장소의 출입 금지
3. 피해자 등 재범의 대상이 될 우려가 있는 특정인에 대한 접근 금지
4. 범죄행위로 인한 손해를 회복하기 위하여 노력할 것
5. 일정한 주거가 없는 자에 대한 거주장소 제한
6. 사행행위에 빠지지 아니할 것
7. 일정량 이상의 음주를 하지 말 것
8. 마약 등 중독성 있는 물질을 사용하지 아니할 것
9. 「마약류관리에 관한 법률」상의 마약류 투약, 흡연, 섭취 여부에 관한 검사에 따를 것
10. 그 밖에 보호관찰 대상자의 재범방지를 위하여 필요하다고 인정되어 대통령령으로 정하는 사항

정답 | ③

23

「보호관찰등에 관한 법률 시행령」상 보호관찰 대상자가 지켜야 할 특별준수사항으로 옳지 않은 것은?

교정7급 2013

① 운전면허를 취득할 때까지 자동차(원동기장치자전거를 포함한다) 운전을 하지 않을 것
② 정당한 수입원에 의하여 생활하고 있음을 입증할 수 있는 자료를 정기적으로 보호관찰관에게 제출할 것
③ 주거지를 이전하는 경우 이전예정지, 이전이유, 이전일자를 신고할 것
④ 보호관찰 대상자가 준수할 수 있고 자유를 부당하게 제한하지 아니하는 범위에서 개선·자립에 도움이 된다고 인정되는 구체적인 사항

해설

보호관찰법 시행령 제18조(주거이전 등의 신고)
① 보호관찰대상자는 법 제32조 제2항 제4호의 규정에 의한 신고를 할 때에는 법무부령이 정하는 바에 의하여 본인의 성명, 주거, 주거이전예정지 또는 여행지, 주거이전이유 또는 여행목적, 주거이전일자 또는 여행기간 등을 신고하여야 한다.
② 보호관찰대상자가 다른 보호관찰소의 관할구역 안으로 주거를 이전한 때에는 10일 이내에 신주거지를 관할하는 보호관찰소에 출석하여 서면으로 주거이전의 사실을 신고하여야 한다(보호관찰법 시행령 제18조).

정답 | ③

24

「보호관찰 등에 관한 법률」상 사회봉사명령에 대한 설명으로 옳지 않은 것은? 교정9급 2016

① 보호관찰관은 국공립기관이나 그 밖의 단체에 사회봉사명령 집행의 전부 또는 일부를 위탁할 수 있다.

② 법원은 「형법」상 사회봉사를 명할 경우에 대상자가 사회봉사를 할 분야와 장소 등을 지정하여야 한다.

③ 사회봉사명령 대상자는 주거를 이전하거나 1개월 이상 국내외 여행을 할 때에는 미리 보호관찰관에게 신고하여야 한다.

④ 「형법」상 형의 집행유예 시 사회봉사를 명할 때에는 다른 법률에 특별한 규정이 없으면 500시간의 범위에서 그 기간을 정하여야 한다.

해설

② 법원은 사회봉사·수강명령 대상자가 사회봉사를 하거나 수강할 분야와 장소 등을 지정할 수 있다(보호관찰법 제59조 제2항).
① 동법 제61조 제1항
③ 동법 제62조 제2항
④ 동법 제59조 제1항

정답 | ②

25

「보호관찰 등에 관한 법률」상 사회봉사명령에 대한 설명으로 옳지 않은 것은? 교정7급 2022

① 사회봉사명령 대상자가 그 집행 중 금고 이상의 형의 집행을 받게 된 때에는 해당 형의 집행이 종료·면제되거나 가석방된 경우 잔여 사회봉사명령을 집행하지 않는다.

② 보호관찰관은 사회봉사명령 집행의 전부 또는 일부를 국공립기관이나 그 밖의 단체에 위탁할 수 있다.

③ 법원은 형의 집행을 유예하는 경우, 500시간의 범위에서 기간을 정하여 사회봉사를 명할 수 있다.

④ 형의 집행유예기간이 지난 때에는 사회봉사는 잔여 집행기간에도 불구하고 종료한다.

해설

① 사회봉사·수강명령 대상자가 사회봉사·수강명령 집행 중 금고 이상의 형의 집행을 받게 된 때에는 해당 형의 집행이 종료·면제되거나 사회봉사·수강명령 대상자가 가석방된 경우 잔여 사회봉사·수강명령을 집행한다(보호관찰법 제63조 제2항).
② 동법 제61조 제1항
③ 동법 제59조 제1항
④ 동법 제63조 제1항

> 보호관찰법 제63조(사회봉사·수강의 종료)
> ① 사회봉사·수강은 사회봉사·수강명령 대상자가 다음 각 호의 어느 하나에 해당하는 때에 종료한다.
> 1. 사회봉사명령 또는 수강명령의 집행을 완료한 때
> 2. 형의 집행유예 기간이 지난 때
> 3. 「형법」 제63조 또는 제64조에 따라 사회봉사·수강명령을 조건으로 한 집행유예의 선고가 실효되거나 취소된 때
> 4. 다른 법률에 따라 사회봉사·수강명령이 변경되거나 취소·종료된 때

정답 | ①

26

「보호관찰 등에 관한 법률」상 보호관찰소 소속 공무원이 보호관찰 대상자에 대한 정당한 직무집행 과정에서 도주방지, 항거억제, 자기 또는 타인의 생명 · 신체에 대한 위해방지를 위하여 필요하다고 인정되는 상당한 이유가 있을 때 사용할 수 있는 보호장구는?

교정7급 2017

① 보호의자
② 보호복
③ 머리보호장비
④ 전자충격기

해설

전자충격기만이 보호장구에 해당한다(형집행법 제46조의3 제1항).

보호장구의 종류

- 수갑
- 포승
- 보호대(帶)
- 가스총
- 전자충격기

정답 | ④

27

보호관찰에 대한 설명으로 옳은 것은? 교정9급 2010

① 보호관찰은 법원의 판결이나 결정이 확정된 때부터 시작된다.
② 보호관찰은 부가적 처분으로써 부과할 수 있을 뿐이고 독립적 처분으로 부과할 수 없다.
③ 보호관찰대상자가 보호관찰의 준수사항을 위반한 경우 보호관찰을 취소해야 한다.
④ 보호관찰에 대한 임시해제 결정이 취소된 때에는 그 임시해제기간은 보호관찰기간에 산입되지 않는다.

해설

② 보호관찰은 집행유예의 경우 부가적 처분으로써 부과할 수 있고, 보호처분의 경우에는 독립적 처분으로 부과할 수 있다.
③ 보호관찰대상자가 보호관찰의 준수사항을 위반한 경우 보호관찰을 취소할 수 있다.
④ 보호관찰에 대한 임시해제 결정이 취소된 때에는 그 임시해제기간은 준수사항에 대한 준수의무 등 자유제한이 수반되기 때문에 보호관찰기간에 산입된다.

정답 | ①

28

보호관찰을 규정하고 있지 않은 법률은? 교정9급 2011

① 형법
② 치료감호법
③ 청소년보호법
④ 성폭력범죄의 처벌 등에 관한 특례법

해설

「청소년보호법」은 보호관찰에 대한 규정이 없다.
참고로, 현행법상 보호관찰을 규정하고 있는 법률은 「형법」, 「치료감호법」, 「성폭력범죄의 처벌 등에 관한 특례법」, 「아동·청소년의 성보호에 관한 법률」 등이 있다.

정답 | ③

29

현행법상 보호관찰에 대한 설명으로 옳은 것은?

교정7급 2010

① 징역을 선고받은 소년이 가석방된 경우에는 남은 잔여 형기 동안 보호관찰을 받는다.
② 법원은 성인보호관찰 대상자에게는 특정 시간대의 외출 제한 등과 같은 특별준수사항을 따로 과할 수 없다.
③ 법원은 성인형사피고인에게 보호관찰을 명하기 위하여 필요하다고 인정하면 그 법원의 소재지 또는 피고인의 주거지를 관할하는 보호관찰소의 장에게 판결 전 조사를 요구할 수 있다.
④ 검사는 선도조건부 기소유예처분으로 소년형사사건을 종결하면서 보호관찰을 받을 것을 명할 수 있다.

해설

① 징역을 선고받은 소년이 가석방된 경우에는 시설에서 집행한 형기만큼 보호관찰을 받는다.
② 법원은 성인보호관찰 대상자에게는 특정 시간대의 외출 제한 등과 같은 특별준수사항을 따로 과할 수 있다.
④ 검사는 보호관찰소에 선도를 위탁할 수는 있으나 보호관찰을 받을 것을 명할 수 없다. 이는 법원의 관할이다.

정답 | ③

30

사회 내 처우에 대한 설명으로 옳지 않은 것은?

교정7급 2013

① 시설 내 처우의 범죄학습효과와 낙인효과를 피할 수 있다.

② 「형법」, 「치료감호법」, 「청소년보호법」, 「성폭력범죄의 처벌 등에 관한 특례법」은 보호관찰 규정을 두고 있다.

③ 사회 내 처우에는 전자감시, 가택구금, 사회봉사명령 그리고 외출제한명령 등이 포함된다.

④ 사회 내 처우의 주대상자는 원칙으로 비행청소년이나 경미범죄자 또는 과실범이다.

해설

형법, 치료감호법, 성폭력범죄의 처벌 등에 관한 특례법(예컨대 집행유예나 선고유예 시 성인은 임의적 보호관찰부과, 소년은 필요적 부과)은 보호관찰 규정을 두고 있지만, 청소년보호법은 보호관찰 규정을 두고 있지 않는다.

정답 | ②

31

「보호관찰 등에 관한 법률」상 사회봉사명령과 수강명령에 대한 설명으로 옳지 않은 것은?

교정9급 2020

① 법원은 「형법」 제62조의2에 따른 사회봉사를 명할 때에는 500시간, 수강을 명할 때에는 200시간의 범위에서 그 기간을 정하여야 한다. 다만, 다른 법률에 특별한 규정이 있는 경우에는 그 법률에서 정하는 바에 따른다.

② 법원은 「형법」 제62조의2에 따른 사회봉사 또는 수강을 명하는 판결이 확정된 때부터 3일 이내에 판결문 등본 및 준수사항을 적은 서면을 피고인의 주거지를 관할하는 보호관찰소의 장에게 보내야 한다.

③ 사회봉사·수강명령 대상자는 주거를 이전하거나 10일 이상의 국외여행을 할 때에는 미리 보호관찰관에게 신고하여야 한다.

④ 사회봉사·수강명령 대상자가 사회봉사·수강명령 집행 중 금고 이상의 형의 집행을 받게 된 때에는 해당 형의 집행이 종료·면제되거나 사회봉사·수강명령 대상자가 가석방된 경우 잔여 사회봉사·수강명령을 집행한다.

해설

③ 사회봉사·수강명령 대상자는 주거를 이전하거나 1개월 이상 국내외 여행을 할 때에는 미리 보호관찰관에게 신고하여야 한다(보호관찰법 제62조 제2항 제2호).

① 동법 제59조 제1항

② 동법 제60조 제1항

④ 동법 제63조 제2항

정답 | ③

32

보호관찰제도에 관한 법령과 판례에 대한 설명으로 옳은 것은? 교정7급 2013

① 현역 군인 등 군법 적용 대상자에 대해서도 보호관찰, 사회봉사명령, 수강명령을 명할 수 있다.

② 성폭력범죄를 범한 피고인에게 형의 집행을 유예하면서 보호관찰을 받을 것을 명하지 않은 채 위치추적 전자장치 부착을 명하는 것은 적법하다.

③ 「가정폭력범죄의 처벌 등에 관한 특례법」상 사회봉사명령을 부과하면서, 행위시 법상 사회봉사명령 부과시간의 상한인 100시간을 초과하여 상한을 200시간으로 올린 신법을 적용한 것은 적법하다.

④ 보호관찰명령 없이 사회봉사·수강명령만 선고하는 경우, 보호관찰대상자에 대한 특별준수사항을 사회봉사·수강명령 대상자에게 그대로 적용하는 것은 적합하지 않다.

해설

사회봉사·수강명령 대상자에 대한 준수사항은 보호관찰과는 별개로 규정되어 있다.

정답 | ④

33

보호관찰제도에 대한 설명으로 옳은 것을 모두 고른 것은? 교정7급 2009

ㄱ. 성인에 대해 보호관찰을 시작하게 된 계기는 「형법」과 「보호관찰 등에 관한 법률」의 입법에 의해서이다.
ㄴ. 「보호관찰 등에 관한 법률」에 의하면 성인에 대해서도 검사는 선도조건부 기소유예를 부과할 수 있다.
ㄷ. 형집행유예 보호관찰의 기간은 원칙적으로 집행을 유예한 기간으로 한다.
ㄹ. 대법원은 보호관찰의 성격을 보안처분으로 규명하면서 죄형법정주의 원칙이 적용되지 않는다고 판시하였다.

① ㄱ, ㄴ, ㄷ ② ㄴ, ㄷ, ㄹ
③ ㄱ, ㄴ, ㄷ, ㄹ ④ ㄷ, ㄹ

해설

우리나라의 보호관찰은 1989년 7월 1일 소년범에 대해 최초로 실시하였다. 이후 1994년 성인과 소년을 포함한 성폭력사범에 대해 실시하였는데, 이는 성인에 대한 실시계기가 되었고, 성인 전체형사범에 대한 본격적인 실시는 1995년 「형법」 개정, 1995년 「보호관찰 등에 관한 법률」의 제정에 이어 1997년 1월이다.

정답 | ②

34

「보호관찰 등에 한 법률」상 보호관찰심사위원회에 대한 설명으로 옳은 것만을 모두 고른 것은?

교정9급 2013

ㄱ. 가석방과 그 취소에 한 사항을 심사한다.
ㄴ. 보호관찰의 정지와 그 취소에 관한 사항을 심사한다.
ㄷ. 심사위원회의 위원은 고위공무원단에 속하는 별정직 국가공무원 또는 3급상당의 별정직 국가공무원으로 한다.
ㄹ. 심사위원회는 위원장을 포함하여 5명 이상 9명 이하의 위원으로 구성한다.
ㅁ. 심사위원회는 심사에 필요하다고 인정하면 국공립기관이나 그 밖의 단체에 사실을 알아보거나 관계인의 출석 및 증언과 관계 자료의 제출을 요청할 수 있다.

① ㄱ, ㄴ, ㄷ　　② ㄱ, ㄴ, ㄹ
③ ㄱ, ㄷ, ㅁ　　④ ㄴ, ㄷ, ㄹ

해설

㉠·㉡·㉣이 옳은 지문이다.

㉢ 심사위원회의 위원은 판사, 검사, 변호사, 보호관찰소장, 지방교정청장, 교도소장, 소년원장 및 보호관찰에 관한 지식과 경험이 풍부한 사람 중에서 법무부장관이 임명하거나 위촉한다.

㉤ 심사위원회는 심사에 필요하다고 인정하면 보호관찰 대상자와 그 밖의 관계인을 소환하여 심문하거나 상임위원 또는 보호관찰관에게 필요한 사항을 조사하게 할 수 있고, 국공립기관이나 그 밖의 단체에 사실을 알아보거나 관계 자료의 제출을 요청할 수 있다. 즉 관계인의 출석 및 증언이 아니라 소환 및 심문이다(보호관찰법 제11조)

정답 | ②

35

「보호관찰 등에 관한 법률」상 보호관찰심사위원회가 심사 · 결정하는 사항으로 옳지 않은 것은?

교정9급 2020

① 가석방과 그 취소에 관한 사항
② 임시퇴원, 임시퇴원의 취소 및 「보호소년 등의 처우에 관한 법률」 제43조 제3항에 따른 보호소년의 퇴원에 관한 사항
③ 보호관찰의 임시해제와 그 취소에 관한 사항
④ 보호관찰을 조건으로 한 형의 선고유예의 실효

해설

보호관찰을 조건으로 한 형의 선고유예의 실효 및 집행유예의 취소는 법원에서 한다.

보호관찰법 제6조(관장 사무)
심사위원회는 이 법에 따른 다음 각 호의 사항을 심사·결정한다.
1. 가석방과 그 취소에 관한 사항
2. 임시퇴원, 임시퇴원의 취소 및 「보호소년 등의 처우에 관한 법률」 제43조 제3항에 따른 보호소년의 퇴원(이하 "퇴원"이라 한다)에 관한 사항
3. 보호관찰의 임시해제와 그 취소에 관한 사항
4. 보호관찰의 정지와 그 취소에 관한 사항
5. 가석방 중인 사람의 부정기형의 종료에 관한 사항
6. 이 법 또는 다른 법령에서 심사위원회의 관장 사무로 규정된 사항
7. 제1호부터 제6호까지의 사항과 관련된 사항으로서 위원장이 회의에 부치는 사항

정답 | ④

36

보호관찰심사위원회의 심사 · 결정사항으로 옳지 않은 것은? 교정7급 2024

① 소년수형자에 대한 가석방과 그 취소
② 성충동 약물치료의 치료명령을 받아 보호관찰 중인 자의 보호관찰 준수사항 위반 정도와 치료기간 연장
③ 가석방되는 성인수형자에 대한 보호관찰의 필요성과 보호관찰이 부과된 가석방의 취소
④ 가석방 또는 임시퇴원된 사람이 있는 곳을 알 수 없어 보호관찰을 계속할 수 없는 때의 보호관찰 정지 및 그 해제

해설

치료기간의 연장은 검사의 청구로 법원이 결정한다.

성충동약물치료법 제16조(치료기간의 연장 등)
① 치료 경과 등에 비추어 치료명령을 받은 사람에 대한 약물치료를 계속 하여야 할 상당한 이유가 있거나 다음 각 호의 어느 하나에 해당하는 사유가 있으면 법원은 보호관찰소의 장의 신청에 따른 검사의 청구로 치료기간을 결정으로 연장할 수 있다. 다만, 종전의 치료기간을 합산하여 15년을 초과할 수 없다.
1. 정당한 사유 없이 「보호관찰 등에 관한 법률」 제32조 제2항(제4호는 제외한다) 또는 제3항에 따른 준수사항을 위반한 경우
2. 정당한 사유 없이 제15조 제2항을 위반하여 신고하지 아니한 경우
3. 거짓으로 제15조 제3항의 허가를 받거나, 정당한 사유 없이 제15조 제3항을 위반하여 허가를 받지 아니하고 주거 이전, 국내여행 또는 출국을 하거나 허가기간 내에 귀국하지 아니한 경우

정답 | ②

37

사회봉사명령에 적합한 성인 대상자의 유형으로 적합하지 않은 것은? 교정9급 2007

① 사회적으로 고립되어 있거나 단편적인 생활양식을 가진 자
② 자신을 비하하거나 목적 없이 생활하면서 자신의 능력을 모르는 때
③ 마약이나 알코올 중독으로 비고의적 범죄를 범한 경우
④ 근로정신이 희박하고 다른 사람의 재물을 탐내거나 직무와 관련하여 부당한 대가를 받은 때

해설

마약이나 알코올 중독으로 비고의적 범죄를 범한 경우는 수강명령이나 상태의 심각성에 따라 치료감호 등이 필요한 대상자 유형에 해당된다.

사회봉사명령과 수강명령 대상자 여부

- 사회봉사명령 부적합자
  - 마약 · 약물중독 범죄자
  - 상습 및 심한 폭력, 성적 도착범
  - 정신질환, 정신장애
  - 육체적 장애로 작업감당이 어려운 자
- 수강명령 적합자
  - 본드 등 약물 · 마약범
  - 알코올 중독
  - 심리적 정서상 특이자

정답 | ③

38

사회봉사명령제도의 과제와 효율화 방안에 관한 설명으로 옳은 것은? 교정7급 2007

① 사회봉사명령제도는 본래 장기자유형에 대한 대체방안으로 논의되었다.
② 사회봉사명령 대상자에게 사회적으로 기피하는 일을 시킴으로 인해 인권침해라는 비난이 일수도 있다.
③ 사회봉사명령제도는 사회 내 처우로서 범죄배양효과(crime breeding effect)를 방지하기 어렵다.
④ 제도의 목적이 다양함으로 인해 봉사명령의 효과가 증대되고 있다.

해설

① 사회봉사명령제도는 본래 단기자유형에 대한 대책방안으로 논의되었다.
③ 사회봉사명령제도는 사회 내 처우로서 시설 내 처우에 비해 범죄배양효과(crime breeding effect)를 방지하는 데 유리하다.
④ 보호관찰제도에 비해 법원이 명확하고 객관적으로 명령한 것을 성취한다는 제한된 목표를 가지고 있다.

정답 | ②

39

사회봉사명령 및 수강명령에 대한 설명으로 옳지 않은 것은? 교정7급 2011

① 사회봉사명령 또는 수강명령의 집행을 완료하거나 형의 집행 유예기간이 지났을 때 사회봉사명령 및 수강명령은 종료된다.
② 보호관찰은 사회봉사명령 또는 수강명령의 집행을 국공립기관에 위탁했을 때 이를 법원 또는 법원의 장에게 통보해야 한다.
③ 사회봉사명령 및 수강명령 대상자는 법무부령으로 정하는 바에 따라 주거, 직업, 그 밖에 필요한 사항을 보호관찰소의 장에게 신고해야 한다.
④ 사회봉사명령 또는 수강명령은 보호관찰관이 집행하고, 보호관찰은 국공립기관이나 그 밖의 단체에 그 집행의 전부 또는 일부를 위탁할 수 있다.

해설

사회봉사명령·수강명령 대상자는 대통령령으로 정하는 바에 따라 주거, 직업, 그 밖에 필요한 사항을 관할 보호관찰소의 장에게 신고해야 한다(보호관찰법 제62조 제1항).

> 보호관찰법 제62조(사회봉사·수강명령 대상자의 준수사항)
> ① 사회봉사·수강명령 대상자는 대통령령으로 정하는 바에 따라 주거, 직업, 그 밖에 필요한 사항을 관할 보호관찰소의 장에게 신고하여야 한다.
> ② 사회봉사·수강명령 대상자는 다음의 사항을 준수하여야 한다.
> 1. 보호관찰관의 집행에 관한 지시에 따를 것
> 2. 주거를 이전하거나 1개월 이상 국내외여행을 할 때에는 미리 보호관찰관에게 신고할 것
> ③ 법원은 판결의 선고를 할 때 제2항의 준수사항 외에 대통령령으로 정하는 범위에서 본인의 특성 등을 고려하여 특별히 지켜야 할 사항을 따로 과(科)할 수 있다.
> ④ 제2항과 제3항의 준수사항은 서면으로 고지하여야 한다.

정답 | ③

40

사회봉사명령제도에 대한 설명으로 옳은 것은? (다툼이 있는 경우 판례에 의함) 교정7급 2012

① 「형법」상 사회봉사명령은 집행유예기간 내에 이를 집행한다.
② 「소년법」상 사회봉사명령은 12세 이상의 소년에게만 할 수 있다.
③ 보호관찰과 사회봉사명령 또는 수강명령은 동시에 명할 수 없다.
④ 「형법」상 사회봉사명령은 집행유예 또는 선고유예를 선고받은 사람에게 부과할 수 있다.

해설

② 「소년법」상 사회봉사명령은 14세 이상의 소년에게만 할 수 있다.
③ 보호관찰과 사회봉사명령 또는 수강명령은 동시에 명할 수 있다.
④ 「형법」상 사회봉사명령은 집행유예를 선고받은 사람에게 부과할 수 있다. 선고유예는 제외된다.

정답 | ①

41

사회봉사명령에 대한 다음 설명 중 옳지 않은 것으로만 묶인 것은? 교정9급 2008

㉠ 1988년 12월 31일 소년법의 개정으로 우리나라에 처음 도입되었다.
㉡ 「소년법」상의 사회봉사명령은 12세 이상의 소년에게만 할 수 있다.
㉢ 형법은 사회봉사명령을 형의 집행유예에 대한 부수처분으로 규정하고 있다.
㉣ 「성폭력범죄의 처벌 등에 관한 특례법」은 형의 선고를 유예하는 경우에도 수강명령을 명할 수 있도록 규정하고 있다.
㉤ 현행법상의 사회봉사명령은 대상자의 동의 없이도 부과할 수 있다는 점에서 영국에서 발달한 사회봉사명령제도가 차이가 있다.

① ㉠, ㉡　　② ㉢, ㉣
③ ㉡, ㉤　　④ ㉡, ㉣

해설

㉡ 「소년법」상의 사회봉사명령은 14세 이상의 소년에게만 할 수 있다.
㉣ 「성폭력범죄의 처벌 등에 관한 특례법」은 형의 집행을 유예하는 경우에도 수강명령을 명할 수 있도록 규정하고 있다.

사회봉사명령제도 연혁

- 사회봉사명령제도는 1960년대 영국에서 당사자의 동의하에 자유형을 자유노동으로 대체시킴으로써 과밀수용을 해소하기 위한 시도에서 비롯하였다(우리나라 ×).
- 1970년 영국의 '형벌제도에 대한 자문위원회'가 작성한 비구금형벌과 반구금형벌 보고서(우튼보고서)에서 사회봉사명령제도의 도입을 제시하였다.
- 보호관찰보다 형벌적 성격이 강하여 단기구금형을 대체할 수 있다는 장점이 있어 1972년 「형사재판법」에 최초로 도입된 후 영국 및 여러 나라로 전파되었다.
- 영국, 프랑스, 포르투갈 등은 사회봉사명령을 독립된 형벌로 인정하고 있는 반면, 우리나라를 비롯한 독일 등은 집행유예 등에 따른 보호관찰의 조건으로 인정하고 있다.

정답 | ④

42

다음 수강명령의 부과 대상이 될 수 없는 자는?

교정9급 2013

① 「경범죄처벌법」상 과다노출이나 지속적 괴롭힘 행위를 한 자
② 「성매매 알선 등 행위의 처벌에 관한 법률」상 성매매를 한 자
③ 「가정폭력범죄의 처벌 등에 관한 특례법」상 가정폭력사범
④ 「성폭력범죄의 처벌 등에 관한 특례법」상 집행유예선고를 받은 성폭력범죄자

해설

경범죄처벌법에는 사회봉사명령과 수강명령 관련 규정이 없다. 성매매 알선 등 행위의 처벌에 관한 법률상 성매매를 한 자는 각각 100시간이 원칙이고, 200시간까지 연장이 가능하고, 가정폭력범죄의 처벌 등에 관한 특례법상 가정폭력사범은 각각 200시간이 원칙이고 400시간까지 연장이 가능하다. 참고로, 성폭력범죄의 처벌 등에 관한 특례법상 집행유예선고를 받은 성폭력범죄자는 성인의 경우 임의적 부과사유가 되고, 소년의 경우에는 필요적 부과사유가 된다.

정답 | ①

43

「보호관찰 등에 관한 법률」상 구인에 대한 설명으로 옳지 않은 것은?

교정7급 2014

① 보호관찰소의 장은 구인사유가 있는 경우 관할 지방검찰청의 검사에게 신청하여 검사의 청구로 관할 지방법원 판사의 구인장을 발부받아 보호관찰 대상자를 구인할 수 있다.
② 보호관찰소의 장은 구인사유가 있는 경우로서 긴급하여 구인장을 발부받을 수 없는 경우에는 그 사유를 알리고 구인장 없이 보호관찰 대상자를 구인할 수 있다.
③ 보호관찰소의 장은 보호관찰 대상자를 긴급구인한 경우에는 긴급구인서를 작성하여 48시간 내에 관할 지방검찰청 검사의 승인을 받아야 한다.
④ 보호관찰소의 장은 긴급구인에 대하여 관할 지방검찰청 검사의 승인을 받지 못하면 즉시 보호관찰 대상자를 석방하여야 한다.

해설

보호관찰소의 장은 보호관찰 대상자를 긴급구인한 경우에는 긴급구인서를 작성하여 즉시 관할 지방검찰청 검사의 승인을 받아야 한다. 48시간 이내와 관련된 것은 구인된 후 유치허가 신청을 해야 하는 시간이다.

정답 | ③

44

「보호관찰 등에 관한 법률」상 구인(제39조 또는 제40조)한 보호관찰 대상자의 유치에 대한 설명으로 옳지 않은 것은? 교정7급 2019

① 보호관찰소의 장은 가석방 및 임시퇴원의 취소 신청이 필요하다고 인정되면 보호관찰 대상자를 수용기관 또는 소년분류심사원에 유치할 수 있다.

② 보호관찰 대상자를 유치하려는 경우에는 보호관찰소의 장이 검사에게 신청하여 검사의 청구로 관할 지방법원 판사의 허가를 받아야 하며, 이 경우 검사는 보호관찰 대상자가 구인된 때부터 48시간 이내에 유치 허가를 청구하여야 한다.

③ 유치된 사람에 대하여 보호관찰을 조건으로 한 형의 선고유예가 실효되거나 집행유예가 취소된 경우 또는 가석방이 취소된 경우에는 그 유치기간을 형기에 산입한다.

④ 유치의 기간은 구인한 날부터 20일로 한다. 다만, 보호처분의 변경 신청을 위한 유치에 있어서는 심사위원회의 심사에 필요하면 10일의 범위에서 한 차례만 유치기간을 연장할 수 있다.

해설

법원은 보호관찰을 조건으로 한 형의 선고유예의 실효 및 집행유예의 취소 청구의 신청 또는 보호처분의 변경 신청이 있는 경우에 심리를 위하여 필요하다고 인정되면 심급마다 20일의 범위에서 한 차례만 유치기간을 연장할 수 있다(보호관찰법 제43조 제2항).

보호관찰법 제43조(유치기간)
③ 보호관찰소의 장은 가석방 및 임시퇴원의 취소 신청이 있는 경우에 심사위원회의 심사에 필요하면 검사에게 신청하여 검사의 청구로 지방법원 판사의 허가를 받아 10일의 범위에서 한 차례만 유치기간을 연장할 수 있다.

정답 | ④

45

[보기]에서 보호관찰과 수강명령을 병과할 수 있는 대상자를 모두 고른 것은? 교정7급 2016

[보기]
㉠ 「형법」상 선고유예를 받은 자
㉡ 「형법」상 가석방된 자
㉢ 「소년법」상 보호관찰관의 장기·단기보호관찰 처분을 받은 소년 중 12세 이상인 자
㉣ 「성폭력범죄의 처벌 등에 관한 특례법」상 성폭력범죄를 범한 사람으로서 형의 집행을 유예받은 자

① ㉡, ㉣　② ㉢, ㉣
③ ㉠, ㉡, ㉢　④ ㉠, ㉢, ㉣

해설

㉠ 보호관찰 대상자에 해당하며(보호관찰법 제3조 제1항), 수강명령은 선고유예 시에는 할 수 없고 집행유예 시에 명할 수 있다(동법 제3조 제2항).
㉡ 보호관찰 대상자에 해당하며(동법 제3조 제1항), 수강명령은 명할 수 없다(동법 제3조 제2항).
㉢ 보호관찰 대상자와 수강명령 대상자에 해당하며(동법 제3조 제1항·제2항), 보호관찰관의 단기 보호관찰과 수강명령, 보호관찰관의 장기 보호관찰과 수강명령은 병합할 수 있으며(소년법 제32조 제2항), 수강명령은 12세 이상의 소년에게만 할 수 있다(동법 제32조 제4항).
㉣ 보호관찰 대상자와 수강명령 대상자에 해당하며(보호관찰법 제3조 제1항·제2항), 법원이 성폭력범죄를 범한 사람에 대하여 유죄판결(선고유예는 제외)을 선고하는 경우에는 500시간의 범위에서 재범예방에 필요한 수강명령을 병과하여야 한다(성폭력범죄의 처벌 등에 관한 특례법 제16조 제2항). 성폭력범죄를 범한 자에 대하여 수강명령은 형의 집행을 유예할 경우에 그 집행유예기간 내에서 병과한다. 다만, 이수명령은 성폭력범죄자가 「전자장치 부착 등에 관한 법률」 제9조의2 제1항 제4호에 따른 이수명령을 부과받은 경우에는 병과하지 아니한다(동법 제16조 제3항).

정답 | ②

46

「보호관찰 등에 관한 법률」상 갱생보호제도에 대한 설명으로 옳지 않은 것은? 교정9급 2021

① 법무부장관은 갱생보호사업의 허가를 취소하거나 정지하려는 경우에는 청문을 하여야 한다.

② 법무부장관은 갱생보호사업자가 정당한 이유 없이 갱생보호사업의 허가를 받은 후 6개월 이내에 갱생보호사업을 시작하지 아니하거나 1년 이상 갱생보호사업의 실적이 없는 경우, 그 허가를 취소하여야 한다.

③ 갱생보호는 갱생보호 대상자의 신청에 의한 갱생보호와 법원의 직권에 의한 갱생보호로 규정되어 있다.

④ 갱생보호사업을 효율적으로 추진하기 위하여 한국법무보호복지공단을 설립한다.

해설

③ 갱생보호 대상자와 관계 기관은 보호관찰소의 장, 갱생보호사업 허가를 받은 자 또는 한국법무보호복지공단에 갱생보호 신청을 할 수 있다(보호관찰법 제66조 제1항). 즉, 갱생보호 대상자와 관계 기관의 신청에 의한 임의적 갱생보호의 원칙에 의해 운영되고 있다.

① 동법 제70조의2

② 동법 제70조 제4호

④ 동법 제71조

정답 | ③

47

갱생보호에 대한 설명으로 옳지 않은 것은? 교정7급 2009

① 갱생보호의 실시에 관한 사무는 한국법무보호복지공단이 관장한다.

② 한국법무보호복지공단 이외의 자로서 갱생보호사업을 하고자 하는 자는 법무부장관의 허가를 받아야 한다.

③ 갱생보호대상자와 관계기관은 보호관찰소의 장, 갱생보호사업의 허가를 받은 자 또는 한국법무보호복지공단에 갱생보호신청을 할 수 있다.

④ 갱생보호 대상자는 형사처분 또는 보호처분을 받은 자로서 자립갱생을 위한 보호의 필요성이 인정되는 자이다.

해설

갱생보호의 실시에 관한 사무는 보호관찰소가 관장하고, 갱생보호의 사업은 한국법무보호복지공단에서 관장한다.

> 보호관찰법 제15조(보호관찰소의 관장 사무)
> 보호관찰소(보호관찰지소를 포함한다. 이하 같다)는 다음 각 호의 사무를 관장한다.
> 1. 보호관찰, 사회봉사명령 및 수강명령의 집행
> 2. 갱생보호
> 3. 검사가 보호관찰관이 선도(善導)함을 조건으로 공소제기를 유예하고 위탁한 선도 업무
> 4. 제18조에 따른 범죄예방 자원봉사위원에 대한 교육훈련 및 업무지도
> 5. 범죄예방활동
> 6. 이 법 또는 다른 법령에서 보호관찰소의 관장 사무로 규정된 사항
>
> 동법 제71조(한국법무보호복지공단의 설립)
> 갱생보호사업을 효율적으로 추진하기 위하여 한국법무보호복지공단(이하 "공단"이라 한다)을 설립한다.

정답 | ①

48

우리나라 갱생보호제도에 대한 설명으로 옳지 않은 것은? 교정7급 2011

① 갱생보호 대상자는 형사처분 또는 보호처분을 받은 사람이다.
② 갱생보호사업을 하려는 자는 법무부장관의 허가를 받아야 한다.
③ 우리나라는 석방자에 대한 필요적 갱생보호를 인정하고 있다.
④ 갱생보호사업을 효율적으로 추진하기 위하여 한국법무보호복지공단이 설립되어 있다.

해설

우리나라는 석방자에 대해 본인의 신청이나 동의가 있는 경우에 할 수 있는 임의적 갱생보호를 인정하고 있다.

정답 | ③

49

「보호관찰 등에 관한 법률」상 갱생보호제도에 대한 설명으로 옳은 것은? 교정7급 2015

① 형사처분 또는 보호처분을 받은 자, 형 집행정지 중인 자 등이 갱생보호의 대상자이다.
② 갱생보호 대상자는 보호관찰소의 장에게만 갱생보호 신청을 할 수 있다.
③ 갱생보호사업을 하려는 자는 대통령령으로 정하는 바에 따라 지방교정청장의 허가를 받아야 한다.
④ 갱생보호의 방법에는 주거 지원, 출소예정자 사전상담, 갱생보호 대상자의 가족에 대한 지원이 포함된다.

해설

④ 보호관찰법 제65조 제1항
① 형사처분 또는 보호처분을 받은 사람으로서 보호의 필요성이 인정되는 사람이 갱생보호의 대상자가 된다(동법 제3조 제3항). 그러므로 형 집행정지 중인 자는 갱생보호의 대상자가 아니다.
② 갱생보호 대상자와 관계 기관은 보호관찰소의 장, 갱생보호사업 허가를 받은 자 또는 한국법무보호복지공단에 갱생보호 신청을 할 수 있다(동법 제66조 제1항).
③ 갱생보호사업을 하려는 자는 법무부령으로 정하는 바에 따라 법무부장관의 허가를 받아야 한다(동법 제67조 제1항).

정답 | ④

50

「보호관찰 등에 관한 법률」상 '갱생보호 대상자에 대한 숙식제공'에 관한 설명으로 옳지 않은 것은?

교정7급 2018

① 숙식제공은 갱생보호시설에서 갱생보호 대상자에게 숙소·음식물 및 의복 등을 제공하고 정신교육을 하는 것으로 한다.

② 숙식을 제공한 경우에는 법무부장관이 정하는 바에 의하여 소요된 최소한의 비용을 징수할 수 있다.

③ 숙식제공기간의 연장이 필요하다고 인정되는 때에는 매회 6월의 범위 내에서 3회에 한하여 그 기간을 연장할 수 있다.

④ 숙식제공기간을 연장하고자 할 때에는 해당 갱생보호시설의 장의 신청이 있어야 한다.

해설

④ 사업자 또는 공단은 영 제41조 제2항 단서의 규정에 의하여 갱생보호대상자에 대한 숙식제공의 기간을 연장하고자 할 때에는 본인의 신청에 의하되, 자립의 정도, 계속보호의 필요성 기타 사항을 고려하여 이를 결정하여야 한다(보호관찰법 시행규칙 제60조).

① 동법 시행령 제41조 제1항

② 동조 제3항

③ 동조 제2항

정답 | ④

51

「보호관찰 등에 관한 법률 시행령」상 갱생보호의 개시와 방법에 대한 설명으로 옳지 않은 것은?

교정7급 2023

① 숙식제공은 6월을 초과할 수 없으나, 필요하다고 인정하는 때에는 매회 6월의 범위 내에서 3회에 한하여 그 기간을 연장할 수 있다.

② 주거지원은 갱생보호 대상자에게 주택의 임차에 필요한 지원을 하는 것이다.

③ 갱생보호는 갱생보호 대상자가 친족 또는 연고자 등으로부터 도움을 받을 수 없는 경우에 한정하여 행한다.

④ 취업지원은 갱생보호 대상자에게 직장을 알선하고 필요한 경우 신원을 보증하는 것이다.

해설

③ 갱생보호는 갱생보호를 받을 사람(이하 "갱생보호 대상자"라 한다)이 친족 또는 연고자 등으로부터 도움을 받을 수 없거나 이들의 도움만으로는 충분하지 아니한 경우에 한하여 행한다(보호관찰법 시행령 제40조 제1항).

① 동법 시행령 제41조 제2항

② 동법 시행령 제41조의2

④ 동법 시행령 제45조

정답 | ③

52

갱생보호제도에 관한 설명으로 옳지 않은 것은?

교정9급 2007

① 미국에서 갱생보호제도는 위스터(R. Wister)를 중심으로 한 '불행한 수형자를 돕는 필라델피아 협회' 등 민간단체를 중심으로 한 출소자 보호활동에서 출발하였다.

② 갱생보호사업을 하려는 자는 요건을 갖추어 법무부에 신고함으로써 갱생보호사업을 할 수 있다.

③ 갱생보호 대상자는 형사처분 또는 보호처분을 받은 자이다.

④ 갱생보호의 목적을 효율적으로 달성하기 위하여 한국법무보호복지공단이 법인으로 설립되어 있다.

해설

갱생보호사업을 하고자 하는 자는 법무부령이 정하는 바에 의하여 법무부장관의 허가를 받아야 한다. 참고로 수익사업도 법무부장관의 허가사항이다.

정답 | ②

53

「보호관찰 등에 관한 법률」상 갱생보호제도에 대한 설명으로 옳지 않은 것은?

교정9급 2014

① 갱생보호는 숙식제공, 주거지원, 창업지원, 직업훈련 및 취업지원 등의 방법으로 한다.

② 갱생보호사업을 하려는 자는 대통령령으로 정하는 바에 따라 법무부장관의 허가를 받아야 한다.

③ 법무부장관은 갱생보호사업자의 허가를 취소하려면 청문을 하여야 한다.

④ 갱생보호사업을 효율적으로 추진하기 위하여 한국법무보호복지공단을 설립한다.

해설

갱생보호사업을 하려는 자는 법무부령으로 정하는 바에 따라 법무부장관의 허가를 받아야 한다.

정답 | ②

54

「보호관찰 등에 관한 법률 시행규칙」상 원호협의회에 대한 설명으로 옳은 것은? 교정9급 2014

① 위원의 임기는 3년으로 한다.
② 원호협의회는 3명 이상 5명 이하의 위원으로 구성한다.
③ 위원장은 보호관찰 대상자에 대한 특정분야의 원호활동을 각 위원에게 개별적으로 의뢰할 수 있다.
④ 검사는 원호활동을 종합적이고 체계적으로 전개하기 위하여 원호협의회를 설치할 수 있다.

해설

③ 위원장은 보호관찰 대상자와 그의 가족에 대한 특정 분야의 원호활동을 각 위원에게 개별적으로 의뢰할 수 있다(보호관찰법 시행규칙 제25조의2 제6항).
① 위원의 임기는 2년으로 한다.
② 원호협의회는 5명 이상의 위원으로 구성한다.
④ 보호관찰소장은 원호활동을 종합적이고 체계적으로 전개하기 위하여 원호협의회를 설치할 수 있다.

정답 | ③

55

전자감독제도에 대한 설명으로 옳지 않은 것은? 교정9급 2023

① 프라이버시 침해 우려가 없다.
② 교정시설 수용인구의 과밀을 줄일 수 있다.
③ 사법통제망이 지나치게 확대될 우려가 있다.
④ 대상자의 위치는 확인할 수 있으나 구체적인 행동은 통제할 수 없다.

해설

전자감독제도가 보편화되면 시민의 자유(프라이버시 침해)에 위협이 될 수 있다.

정답 | ①

56

전자감시제도에 관한 설명으로 옳지 않은 것은?

교정7급 2008

① 보호관찰관의 감시업무부담을 경감시키고, 시설수용보다 관리비용을 절감할 수 있다는 장점도 제기되고 있다.

② 전자감시기구는 일반인들의 눈에 잘 띄지 않으므로 낙인효과도 작고, 시민의 자유침해를 최소화하여 형사사법망의 축소에도 도움이 된다.

③ 전자감시제도는 인간을 기계와 장비의 감시대상으로 전락시키며, 대상자의 사생활을 감시하여 과잉금지원칙에 위배된다는 비판이 있다.

④ 전자감시방법으로는 일정한 시간간격을 두고 무선신호를 자동적으로 발신하는 계속적 감시시스템, 감시컴퓨터가 무작위로 대상자의 자택에 전화를 걸어 소재를 확인하는 단속적 감시시스템 그리고 대상자에게 외출을 허용하지만 부착된 송신기가 발신하는 무선신호를 통하여 그 소재를 확인하는 탐지시스템이 있다.

해설

전자감시기구는 일반인들의 눈에 쉽게 노출될 수 있기 때문에 낙인효과가 생길 수도 있고, 시민의 자유를 침해할 소지가 있으며, 형사사법망의 확대라는 문제점이 제기된다.

전자감시제도의 특징

- 부착 대상 범죄는 성폭력범죄, 미성년자 대상 유괴범죄, 살인범죄, 강도범죄 및 스토킹범죄이다.
- 만 19세 미만의 사람에게는 전자장치를 부착할 수 없다.
- 부착명령은 검사가 법원에 청구할 수 있다.
- 부착명령은 검사의 지휘를 받아 보호관찰관이 집행한다.
- 부착명령은 전자장치 부착을 명하는 법원의 판결이 확정된 때부터 집행한다.
- 부착명령을 선고받은 사람은 부착기간 동안 보호관찰을 받는다.
- 부착 대상자에게 준수사항을 부과할 수 있다.
- 최장 30년까지 부착할 수 있다.

정답 | ②

57

교정관계법에 대한 설명으로 옳지 않은 것은?

교정7급 2011

① 「전자장치 부착 등에 관한 법률」에서 부착명령은 심사위원회의 지휘를 받아 보호관찰관이 집행한다.

② 갱생보호의 신청 및 조치에 관한 사항은 「보호관찰 등에 관한 법률」에 규정되어 있다.

③ 「형의 집행 및 수용자의 처우에 관한 법률」에서 수용자는 수형자, 미결수용자, 사형확정자는 물론 감치명령을 받은 자도 포함한다.

④ 「치료감호 등에 관한 법률」에서 검사는 치료감호 대상자가 치료감호를 받을 필요가 있을 경우 법원에 치료감호를 청구할 수 있다.

해설

전자장치 부착 등에 관한 법률(이하 "전자장치부착법")에서 부착명령은 검사의 지휘를 받아 보호관찰관이 집행한다.

정답 | ①

58

「전자장치 부착 등에 관한 법률」상 검사가 성폭력범죄를 다시 범할 위험성이 있다고 인정되는 사람에 대해 전자장치를 부착하도록 하는 명령을 법원에 청구할 수 있는 경우에 해당하지 않는 것은? 교정7급 2017

① 정신적 장애가 있는 사람이 성폭력범죄를 저지른 때
② 성폭력범죄를 2회 이상 범하여 그 습벽이 인정된 때
③ 19세 미만의 사람에 대하여 성폭력범죄를 저지른 때
④ 성폭력범죄로 전자장치를 부착받은 전력이 있는 사람이 다시 성폭력범죄를 저지른 때

해설

재범의 위험성이 있는 성폭력범죄자는 다음과 같다.

- 성폭력범죄로 징역형의 실형을 선고받은 사람이 그 집행을 종료한 후 또는 집행이 면제된 후 10년 이내에 성폭력범죄를 저지른 때
- 성폭력범죄로 이 법에 따른 전자장치를 부착받은 전력이 있는 사람이 다시 성폭력범죄를 저지른 때
- 성폭력범죄를 2회 이상 범하여(유죄의 확정판결을 받은 경우를 포함한다) 그 습벽이 인정된 때
- 19세 미만의 사람에 대하여 성폭력범죄를 저지른 때
- 신체적 또는 정신적 장애가 있는 사람에 대하여 성폭력범죄를 저지른 때

정답 | ①

59

「전자장치 부착 등에 관한 법률」상 전자장치 부착에 대한 설명으로 옳은 것은? 교정7급 2023

① 19세 미만의 사람에 대하여 성폭력범죄를 저지른 경우에는 부착기간 상한을 법이 정한 부착기간 상한의 2배로 한다.
② 19세 미만의 사람에 대하여 성폭력범죄를 저지른 사람에게 부착명령을 선고하는 경우, 법원은 어린이 보호구역 등 특정 지역·장소에의 출입금지 및 접근금지를 준수사항으로 부과하여야 한다.
③ 피부착자는 주거를 이전하거나 7일 이상 국내여행을 하거나 출국할 때에는 미리 보호관찰관에게 신고하여야 한다.
④ 살인범죄로 징역형의 실형 이상의 형을 선고받아 그 집행이 면제된 후 다시 살인범죄를 저지른 사람에 대해서 검사는 부착명령을 청구하여야 한다.

해설

④ 전자장치부착법 제5조 제3항
① 부착기간 상한이 아닌 하한의 2배로 한다(동법 제9조 제1항).
② 법원은 성폭력범죄를 저지른 사람(19세 미만의 사람을 대상으로 성폭력범죄를 저지른 사람으로 한정한다) 또는 스토킹범죄를 저지른 사람에 대해서 부착명령을 선고하는 경우에는 다음 각 호의 구분에 따라 준수사항을 부과하여야 한다(동법 제9조의2 제3항).
  1. 19세 미만의 사람을 대상으로 성폭력범죄를 저지른 사람: 제1항 제1호(야간, 아동·청소년의 통학시간 등 특정 시간대의 외출제한) 및 제3호(피해자 등 특정인에의 접근금지)의 준수사항을 포함할 것. 다만, 제1항 제1호의 준수사항을 부과하여서는 아니 될 특별한 사정이 있다고 판단하는 경우에는 해당 준수사항을 포함하지 아니할 수 있다.
  2. 스토킹범죄를 저지른 사람: 제1항 제3호의 준수사항을 포함할 것
③ 피부착자는 주거를 이전하거나 7일 이상의 국내여행을 하거나 출국할 때에는 미리 보호관찰관의 허가를 받아야 한다(동법 제14조 제3항).

정답 | ④

60

「전자장치 부착 등에 관한 법률」상 전자장치 부착에 대한 설명으로 옳지 않은 것은? 교정9급 2019

① 검사는 강도범죄로 징역형의 실형을 선고받은 사람이 그 집행을 종료한 후 8년 뒤 다시 강도범죄를 저지른 경우, 강도범죄를 다시 범할 위험성이 있다고 인정되는 때에는 부착명령을 법원에 청구할 수 있다.

② 전자장치 피부착자가 9일 간 국내여행을 하거나 출국할 때에는 미리 보호관찰관의 허가를 받아야 한다.

③ 보호관찰소의 장 또는 피부착자 및 그 법정대리인은 해당 보호관찰소를 관할하는 심사위원회에 부착명령의 임시해제를 신청할 수 있으며, 이 신청은 부착명령의 집행이 개시된 날부터 3개월이 경과한 후에 하여야 한다.

④ 만 19세 미만의 자에 대해서는 부착명령을 선고할 수 없다.

해설

④ 만 19세 미만의 자에 대하여 부착명령을 선고한 때에는 19세에 이르기까지 이 법에 따른 전자장치를 부착할 수 없다(전자장치부착법 제4조). 전자장치 부착명령을 선고할 수 있으나, 19세에 이르기까지 부착할 수 없다.

① 검사는 강도범죄로 징역형의 실형을 선고받은 사람이 그 집행을 종료한 후 또는 집행이 면제된 후 10년 이내에 다시 강도범죄를 저지른 자로서 강도범죄를 다시 범할 위험성이 있다고 인정되는 사람에 대하여 부착명령을 법원에 청구할 수 있다(동법 제5조 제4항 제1호).

② 피부착자는 주거를 이전하거나 7일 이상의 국내여행을 하거나 출국할 때에는 미리 보호 관찰관의 허가를 받아야 한다(동법 제14조 제3항).

③ 보호관찰소의 장 또는 피부착자 및 그 법정대리인은 해당 보호관찰소를 관할하는 심사위원회에 부착명령의 임시해제를 신청할 수 있으며, 이 신청은 부착명령의 집행이 개시된 날부터 3개월이 경과한 후에 하여야 한다(동법 제17조 제1항·제2항).

정답 | ④

61

검사가 전자장치 부착명령을 반드시 청구하여야 하는 경우는? 교정9급 2012

① 성폭력범죄로 징역형의 실형을 선고받은 사람이 그 집행을 종료한 후 또는 집행이 면제된 후 10년 이내에 성폭력범죄를 저지른 때

② 성폭력범죄를 2회 이상 범하여(유죄의 확정판결을 받은 경우를 포함) 그 습벽이 인정된 때

③ 유괴범죄로 징역형의 실형 이상의 형을 선고받아 그 집행 종료 후 다시 유괴범죄를 행한 때

④ 살인범죄를 지른 사람으로서 살인범죄를 다시 범할 위험성이 있다고 인정되는 경우

해설

성폭력범죄자에 대한 전자장치 부착명령의 청구는 임의적 규정이고, 유괴범죄와 살인범죄의 경우 초범은 임의적이지만, 재범 이상은 필요적 규정이다. 따라서 ①·②는 재범과 관련 없이 성폭력범죄자이기 때문에 임의적 청구대상이 되고, ④는 초범이기 때문에 임의적 청구 대상이며, ③은 재범 이상이기 때문에 필요적 청구대상이 된다.

정답 | ③

62

「전자장치 부착 등에 관한 법률」에 대한 설명으로 옳지 않은 것은? 교정9급 2015

① 법원은 특정범죄를 범한 자에 대하여 형의 집행을 유예하면서 보호관찰을 받을 것을 명할 때에는 전자장치를 부착할 것을 명할 수는 없다.
② 전자장치 부착집행 중 보호관찰 준수사항 위반으로 유치허가장의 집행을 받아 유치된 때에는 부착집행이 정지된다.
③ 만 19세 미만의 자에 대하여 부착명령을 선고한 때에는 19세에 이르기까지 이 법에 따른 전자장치를 부착할 수 없다.
④ 법원은 부착명령청구를 기각하는 경우로서 보호관찰명령을 선고할 필요가 있다고 인정하는 때에는 직권으로 보호관찰명령을 선고할 수 있다.

해설

① 법원은 특정범죄를 범한 자에 대하여 형의 집행을 유예하면서 보호관찰을 받을 것을 명할 때에는 보호관찰기간의 범위 내에서 기간을 정하여 준수사항의 이행여부 확인 등을 위하여 전자장치를 부착할 것을 명할 수 있다(전자장치부착법 제28조 제1항).
② 동법 제24조 제3항
③ 동법 제4조
④ 동법 제21조의2 제2항

정답 | ①

63

「전자장치 부착 등에 관한 법률」에 대한 설명으로 옳은 것은? 교정7급 2020

① 만 18세 미만의 자에 대하여 부착명령을 선고한 때에는 18세에 이르기까지 이 법에 따른 전자장치를 부착할 수 없다.
② 전자장치 부착기간은 이를 집행한 날부터 기산하되, 초일은 산입하지 아니한다.
③ 전자장치 부착명령의 청구는 공소제기와 동시에 하여야 한다.
④ 법원이 특정범죄를 범한 자에 대하여 형의 집행을 유예하고 보호관찰을 받을 것을 명하면서 전자장치를 부착할 것을 명한 경우 이 부착명령은 집행유예가 실효되면 그 집행이 종료된다.

해설

① 만 19세 미만의 자에 대하여 부착명령을 선고한 때에는 19세에 이르기까지 이 법에 따른 전자장치를 부착할 수 없다(전자장치부착법 제4조).
② 전자장치 부착기간은 이를 집행한 날부터 기산하되, 초일은 시간을 계산함이 없이 1일로 산정한다(동법 제32조 제1항).
③ 부착명령의 청구는 공소가 제기된 특정범죄사건의 항소심 변론종결 시까지 하여야 한다(동법 제5조 제5항).
④ 동법 제28조 제1항, 동법 제30조 제2호

정답 | ④

64

「전자장치 부착 등에 관한 법률」에 대한 설명으로 옳지 않은 것은? 교정9급 2014

① 특정범죄는 성폭력범죄, 미성년자 대상 유괴범죄, 살인범죄, 강도범죄 및 스토킹범죄를 말한다.
② 만 19세 미만의 자에 대하여 전자장치의 부착명령을 선고할 수 없다.
③ 전자장치 부착명령의 선고는 특정범죄사건의 양형에 유리하게 참작되어서는 아니 된다.
④ 부착명령 판결을 선고받지 아니한 특정범죄자로서 형의 집행 중 가석방되어 보호관찰을 받게 되는 자는 준수사항 이행 여부확인 등을 위하여 가석방기간 동안 전자장치를 부착하여야 한다.

해설

만 19세 미만의 자에 대하여 부착명령을 선고한 때에는 19세에 이르기까지 전자장치를 부착할 수 없다. 즉, 선고는 가능하다.

정답 | ②

65

「전자장치 부착 등에 관한 법률」에 대한 설명으로 옳지 않은 것은? 교정9급 2011

① '특정범죄'란 성폭력범죄, 미성년자 대상 유괴범죄와 살인범죄, 강도범죄 및 스토킹범죄를 말한다.
② 법원은 만 19세 미만의 자에 대하여는 전자장치 부착명령을 선고할 수 없다.
③ 검사는 미성년자 대상 유괴범죄로 징역형의 실형 이상의 형을 선고받아 그 집행이 종료 또는 면제된 후 다시 유괴범죄를 저지른 경우에는 전자장치 부착명령을 청구하여야 한다.
④ 전자장치 부착명령과 함께 선고한 형이 사면되어 그 선고의 효력이 상실하게 된 때에는 그 부착명령의 집행은 종료된다.

해설

만 19세 미만의 자에 대하여 부착명령을 선고한 때에는 19세에 이르기까지 전자장치부착법에 따른 전자장치를 부착할 수 없다(형집행법 제4조)는 것이지, 선고를 할 수 없다는 것이 아니다.

정답 | ②

66

「전자장치 부착 등에 관한 법률」상 전자장치 부착명령에 대한 설명으로 옳은 것은? 교정9급 2013

① 전자장치 부착명령 대상자는 성폭력범죄자, 미성년자 대상 유괴범죄자, 살인범죄에만 국한된다.

② 검사는 부착명령을 청구하기 위하여 필요하다고 인정하는 때에는 소속 검찰청 소재지를 관할하는 보호관찰소의 장에게 피의자와의 관계, 심리상태 등 피해자에 관하여 필요한 사항의 조사를 요청할 수 있다.

③ 부착명령 청구사건의 제1심 재판은 지방법원 합의부의 관할로 한다.

④ 법원은 부착명령 청구가 있는 때에는 부착명령 청구서의 부본을 피부착명령 청구자 또는 그의 변호인에게 송부하여야 하며, 공판기일 7일 전까지 송부하여야 한다.

해설

① 전자장치 부착명령 대상자는 성폭력범죄자, 미성년자 대상 유괴범죄자, 살인범죄자, 강도범죄자 및 스토킹범죄자이다(전자장치부착법 제2조 제1호).

② 검사는 부착명령을 청구하기 위하여 필요하다고 인정하는 때에는 피의자의 주거지 또는 소속 검찰청 소재지를 관할하는 보호관찰소의 장에게 범죄의 동기, 피해자와의 관계, 심리상태, 재범의 위험성 등 피의자에 관하여 필요한 사항의 조사를 요청할 수 있다(동법 제6조).

④ 법원은 부착명령 청구가 있는 때에는 지체 없이 부착명령 청구서의 부본을 피부착명령청구자 또는 그의 변호인에게 송부하여야 한다. 이 경우 특정범죄사건에 대한 공소제기와 동시에 부착명령 청구가 있는 때에는 제1회 공판기일 5일 전까지, 특정범죄사건의 심리 중에 부착명령 청구가 있는 때에는 다음 공판기일 5일 전까지 송부하여야 한다(동법 제8조).

정답 | ③

67

「전자장치 부착 등에 관한 법률」상 전자장치 부착 등에 대한 설명으로 옳은 것은? 교정7급 2016

① 전자장치 피부착자는 주거를 이전하거나 3일 이상의 국내여행 또는 출국할 때에는 미리 보호관찰관의 허가를 받아야 한다.

② 19세 미만의 사람에 대하여 성폭력범죄를 저지른 경우에는 전자장치 부착기간의 상한과 하한은 법률에서 정한 부착기간의 2배로 한다.

③ 검사는 성폭력범죄로 징역형의 실형을 선고받은 사람이 그 집행을 종료한 후 또는 집행이 면제된 후 15년 이내에 성폭력범죄를 저지르고, 성폭력범죄를 다시 범할 위험성이 있다고 인정되는 때에는 전자장치를 부착하도록 하는 명령을 법원에 청구할 수 있다.

④ 여러 개의 특정범죄에 대하여 동시에 전자장치 부착명령을 선고할 때에는 법정형이 가장 중한 죄의 부착기간 상한의 2분의 1까지 가중하되, 각 죄의 부착기간의 상한을 합산한 기간을 초과할 수 없다. 다만, 하나의 행위가 여러 특정범죄에 해당하는 경우에는 가장 중한 죄의 부착기간을 부착기간으로 한다.

해설

④ 전자장치부착법 제9조 제2항

① 전자장치 피부착자는 주거를 이전하거나 7일 이상의 국내여행을 하거나 출국할 때에는 미리 보호관찰관의 허가를 받아야 한다(동법 제14조 제3항).

② 19세 미만의 사람에 대하여 특정범죄(성폭력범죄, 미성년자 대상 유괴범죄, 살인범죄, 강도범죄 및 스토킹범죄)를 저지른 경우에는 전자장치 부착기간 하한을 법률에서 정한 부착기간 하한의 2배로 한다(동법 제9조 제1항).

③ 그 집행을 종료한 후 또는 집행이 면제된 후 10년 이내에 성폭력범죄를 저지른 때(동법 제5조 제1항).

정답 | ④

68

「전자장치 부착 등에 관한 법률」상 검사가 성폭력범죄를 다시 범할 위험성이 있다고 인정되는 사람에 대하여 전자장치 부착명령을 청구할 수 있는 사유로 명시되지 않은 것은? 교정7급 2022

① 성폭력범죄로 징역형의 실형을 선고받은 사람이 그 집행을 종료한 후 또는 집행이 면제된 후 10년 이내에 성폭력범죄를 저지른 때
② 성폭력범죄를 2회 이상 범하여(유죄의 확정판결을 받은 경우를 포함한다) 그 습벽이 인정된 때
③ 신체적 또는 정신적 장애가 있는 사람이 성폭력범죄를 저지른 때
④ 19세 미만의 사람에 대하여 성폭력범죄를 저지른 때

해설

성폭력범죄자가 신체적 또는 정신적 장애가 있는 때가 아닌, 신체적 또는 정신적 장애가 있는 사람에 대하여 성폭력범죄를 저지른 때이다.

전자장치부착법 제5조(전자장치 부착명령의 청구)
① 검사는 다음 각 호의 어느 하나에 해당하고, 성폭력범죄를 다시 범할 위험성이 있다고 인정되는 사람에 대하여 전자장치를 부착하도록 하는 명령(이하 "부착명령"이라 한다)을 법원에 청구할 수 있다.
1. 성폭력범죄로 징역형의 실형을 선고받은 사람이 그 집행을 종료한 후 또는 집행이 면제된 후 10년 이내에 성폭력범죄를 저지른 때
2. 성폭력범죄로 이 법에 따른 전자장치를 부착받은 전력이 있는 사람이 다시 성폭력범죄를 저지른 때
3. 성폭력범죄를 2회 이상 범하여(유죄의 확정판결을 받은 경우를 포함한다) 그 습벽이 인정된 때
4. 19세 미만의 사람에 대하여 성폭력범죄를 저지른 때
5. 신체적 또는 정신적 장애가 있는 사람에 대하여 성폭력범죄를 저지른 때

정답 | ③

69

「전자장치 부착 등에 관한 법률」상 법원이 19세 미만의 사람에 대해서 성폭력범죄를 저지른 사람에 대해서 전자장치 부착명령을 선고하는 경우, 반드시 포함하여 부과해야 하는 준수사항으로 옳은 것은? 교정9급 2021

① 어린이 보호구역 등 특정지역 · 장소에의 출입금지
② 주거지역의 제한
③ 피해자 등 특정인에의 접근금지
④ 특정범죄 치료 프로그램의 이수

해설

전자장치부착법 제9조의2(준수사항)
① 법원은 제9조 제1항에 따라 부착명령을 선고하는 경우 부착기간의 범위에서 준수기간을 정하여 다음 각 호의 준수사항 중 하나 이상을 부과할 수 있다. 다만, 제4호의 준수사항은 500시간의 범위에서 그 기간을 정하여야 한다.
1. 야간, 아동 · 청소년의 통학시간 등 특정 시간대의 외출제한
2. 어린이 보호구역 등 특정지역 · 장소에의 출입금지 및 접근금지
2의2. 주거지역의 제한
3. 피해자 등 특정인에의 접근금지
4. 특정범죄 치료 프로그램의 이수
5. 마약 등 중독성 있는 물질의 사용금지
6. 그 밖에 부착명령을 선고받는 사람의 재범방지와 성행교정을 위하여 필요한 사항
② 삭제 <2010.4.15.>
③ 제1항에도 불구하고 법원은 성폭력범죄를 저지른 사람(19세 미만의 사람을 대상으로 성폭력범죄를 저지른 사람으로 한정한다) 또는 스토킹범죄를 저지른 사람에 대해서 제9조제1항에 따라 부착명령을 선고하는 경우에는 다음 각 호의 구분에 따라 제1항의 준수사항을 부과하여야 한다.
1. 19세 미만의 사람을 대상으로 성폭력범죄를 저지른 사람: 제1항 제1호 및 제3호의 준수사항을 포함할 것. 다만, 제1항 제1호의 준수사항을 부과하여서는 아니 될 특별한 사정이 있다고 판단하는 경우에는 해당 준수사항을 포함하지 아니할 수 있다.
2. 스토킹범죄를 저지른 사람: 제1항 제3호의 준수사항을 포함할 것

정답 | ③

70

전자감시제도에 대한 설명으로 옳지 않은 것은 몇 개인가? (다툼이 있는 경우 판례에 의함) 교정9급 2010

> ㉠ 성폭력범죄뿐만 아니라 미성년자 대상 유괴범죄에 하여도 전자장치를 부착할 수 있다.
> ㉡ 형 집행의 종료 후에 부착명령을 집행하도록 한다면 일사부재리의 원칙에 반한다.
> ㉢ 성폭력범죄를 2회 이상 범하여 그 습벽이 인정되고, 재범의 위험성이 있다고 판단되는 경우 검사는 부착명령을 법원에 청구할 수 있다.
> ㉣ 교도소장 등은 가석방 예정자가 석방되기 5일 전까지 그의 주거지를 관할하는 경찰서장에게 그 사실을 통보 하여야 한다.
> ㉤ 법원은 부착명령 청구가 이유 있다고 인정하는 때에는 5년의 범위 내에서 부착기간을 정하여 판결로 부착명령을 선고하여야 한다.
> ㉥ 피부착자가 정당한 사유 없이 전자장치를 해제하거나 손상한 때에는 2년 이상의 유기징역에 처한다.
> ㉦ 전자감시제도는 성폭력범죄자의 재범방지와 성행교정을 통한 재사회화를 위한 일종의 보안처분이다.

① 1개 ② 2개 ③ 3개 ④ 4개

해설

㉡·㉣·㉤·㉥이 틀린 설명이다.

㉡ 형집행의 종료 후에 부착명령을 집행하도록 한다면 일사부재리의 원칙에 반하는 것이 아니다. 즉, 형벌이 아니라 보안처분이기에 가능한 것이다.

㉣ 교도소장 등은 가석방예정자가 석방되기 5일 전까지 그의 주거지를 관할하는 보호관찰소장에게 그 사실을 통보하여야 한다.

㉤ 법원은 부착명령청구가 이유 있다고 인정하는 때에는 최장 30년의 범위 내에서 부착기간을 정하여 판결로 부착명령을 선고하여야 한다.

㉥ 전자장치 부착업무를 담당하는 자가 정당한 사유 없이 피부착자의 전자장치를 해제하거나 손상한 때에는 1년 이상의 유기징역형에 처한다. 피부착자가 임의분리 및 손상 등을 한 경우에는 7년 이하의 징역 또는 2천만원 이하의 벌금에 처하도록 한다.

정답 | ④

71

「성폭력범죄자의 성충동 약물치료에 관한 법률」상 치료명령에 대한 설명으로 옳은 것은? 교정7급 2024

① 치료감호심의위원회는 징역형과 함께 치료명령을 받은 자로 형기가 남아 있지 아니하거나 12개월 미만인 피치료감호자에 대하여 치료감호의 종료, 가종료, 치료위탁 결정을 하는 경우, 치료명령의 집행이 필요하지 아니하다고 인정되면 치료명령의 집행면제를 결정할 수 있다.

② 교도소, 소년교도소, 구치소 및 치료감호시설의 장은 치료명령을 받은 사람이 석방되기 2개월 전까지 치료명령을 받은 사람의 주거지를 관할하는 보호관찰소의 장에게 그 사실을 통보하여야 한다.

③ 법원은 피고사건에 대하여 선고를 유예하거나 집행유예를 선고하는 때라도 치료명령을 선고할 수 있다.

④ 성폭력 수형자에게 고지된 법원의 치료명령 결정에 대한 항고와 그 항고법원의 결정에 대한 재항고는 치료명령 결정의 집행을 정지하는 효력이 없다.

해설

④ 성충동약물치료법 제22조 제11항

① 「치료감호 등에 관한 법률」 제37조에 따른 치료감호심의위원회(이하 "치료감호심의위원회"라 한다)는 같은 법 제16조 제1항에 따른 피치료감호자 중 치료명령을 받은 사람(피치료감호자 중 징역형과 함께 치료명령을 받은 사람의 경우 형기가 남아 있지 아니하거나 9개월 미만의 기간이 남아 있는 사람에 한정한다)에 대하여 같은 법 제22조 또는 제23조에 따른 치료감호의 종료·가종료 또는 치료위탁 결정을 하는 경우에 치료명령의 집행이 필요하지 아니하다고 인정되면 치료명령의 집행을 면제하는 결정을 하여야 한다(동법 제8조의3 제1항).

② 교도소, 소년교도소, 구치소 및 치료감호시설의 장은 치료명령을 받은 사람이 석방되기 3개월 전까지 치료명령을 받은 사람의 주거지를 관할하는 보호관찰소의 장에게 그 사실을 통보하여야 한다.(동법 11조 2항)

③ 법원은 피고사건에 대하여 선고를 유예하거나 집행유예를 선고하는 때에는 판결로 치료명령 청구를 기각하여야 한다(동법 제8조 제3항 제4호).

정답 | ④

72

「성폭력범죄자의 성충동 약물치료에 관한 법률」상 치료명령의 집행에 대한 설명으로 옳지 않은 것은?

교정9급 2014

① 치료명령은 검사의 지휘를 받아 보호관찰관이 집행한다.
② 치료명령의 시효는 치료명령을 받은 사람을 체포함으로써 중단된다.
③ 치료명령의 임시해제 신청은 치료명령의 집행이 개시된 날부터 1년이 지난 후에 하여야 한다.
④ 치료명령을 받은 사람은 7일 이상의 국내여행을 할 때에는 미리 보호관찰관의 허가를 받아야 한다.

해설

치료명령의 임시해제 신청은 치료명령의 집행이 개시된 날부터 6개월이 지난 후에 하여야 한다.

성충동약물치료법 제17조(치료명령의 임시해제 신청 등)
① 보호관찰소의 장 또는 치료명령을 받은 사람 및 그 법정대리인은 해당 보호관찰소를 관할하는 「보호관찰 등에 관한 법률」 제5조에 따른 보호관찰 심사위원회(이하 "심사위원회"라 한다)에 치료명령의 임시해제를 신청할 수 있다.
② 제1항의 신청은 치료명령의 집행이 개시된 날부터 6개월이 지난 후에 하여야 한다. 신청이 기각된 경우에는 기각된 날부터 6개월이 지난 후에 다시 신청할 수 있다.
③ 임시해제의 신청을 할 때에는 신청서에 임시해제의 심사에 참고가 될 자료를 첨부하여 제출하여야 한다.

정답 | ③

73

「성폭력범죄자의 성충동 약물치료에 관한 법률」상 '성폭력 수형자 중 검사가 치료명령을 청구할 수 있는 대상자'에 대한 치료명령에 관한 설명으로 옳지 않은 것은?

교정7급 2018

① 법원의 치료명령 결정에 따른 치료기간은 10년을 초과할 수 없다.
② 치료비용은 법원의 치료명령 결정을 받은 사람이 부담하는 것이 원칙이다.
③ 가석방심사위원회는 성폭력 수형자의 가석방 적격심사를 할 때 치료명령이 결정된 사실을 고려하여야 한다.
④ 법원의 치료명령 결정이 확정된 후 집행을 받지 아니하고 10년이 경과하면 시효가 완성되어 집행이 면제된다.

해설

① 법원은 치료명령 청구가 이유 있다고 인정하는 때에는 15년의 범위에서 치료기간을 정하여 판결로 치료명령을 선고하여야 한다[성폭력범죄자의 성충동 약물치료에 관한 법률(이하 "성충동약물치료법") 제8조 제1항].
② 동법 제24조 제1항
③ 동법 제23조 제2항
④ 동법 제22조 제14항

정답 | ①

74

「성폭력범죄자의 성충동 약물치료에 관한 법률」상 약물 치료에 대한 설명으로 옳지 않은 것은? 교정7급 2014

① 법원은 정신건강의학과 전문의의 진단 또는 감정 의견만으로 치료명령 피청구자의 성도착증 여부를 판단하기 어려울 때에는 다른 정신건강의학과 전문의에게 다시 진단 또는 감정을 명할 수 있다.
② 치료명령을 선고받은 사람은 치료기간 동안 보호관찰 등에 관한 법률에 따른 보호관찰을 받는다.
③ 치료명령을 받은 사람은 치료기간 중 상쇄약물의 투약 등의 방법으로 치료의 효과를 해하여서는 아니 된다.
④ 국가는 치료명령의 결정을 받은 모든 사람의 치료기간 동안 치료비용을 부담하여야 한다.

해설

치료명령의 판결을 받은 경우에는 원칙적으로 국가가 치료비용을 부담하여야 하고, 치료명령의 결정을 받은 경우에는 원칙적으로 대상자가 치료비용을 부담하여야 하고, 예외적으로 국가가 부담할 수 있다.

정답 | ④

75

「성폭력범죄자의 성충동 약물치료에 관한 법률」에 대한 내용으로 옳지 않은 것은? 교정9급 2021

① 치료명령은 검사의 지휘를 받아 보호관찰관이 집행한다.
② 치료명령을 받은 사람은 형의 집행이 종료되거나 면제·가석방 또는 치료감호의 집행이 종료·가종료 또는 치료위탁되는 날부터 7일 이내에 주거지를 관할하는 보호관찰소에 출석하여 서면으로 신고하여야 한다.
③ 치료명령의 집행 중 구속영장의 집행을 받아 구금된 때에는 치료명령의 집행이 정지된다.
④ 치료기간은 연장될 수 있지만, 종전의 치료기간을 합산하여 15년을 초과할 수 없다.

해설

② 치료명령을 받은 사람은 형의 집행이 종료되거나 면제·가석방 또는 치료감호의 집행이 종료·가종료 또는 치료위탁되는 날부터 10일 이내에 주거지를 관할하는 보호관찰소에 출석하여 서면으로 신고하여야 한다(성충동약물치료법 제15조 제2항).
① 동법 제13조 제1항
③ ㉠ 치료명령의 집행 중 구속영장의 집행을 받아 구금된 때, ㉡ 치료명령의 집행 중 금고 이상의 형의 집행을 받게 된 때, ㉢ 가석방 또는 가종료·가출소된 자에 대하여 치료기간 동안 가석방 또는 가종료·가출소가 취소되거나 실효된 때에는 치료명령의 집행이 정지된다(동법 제14조 제4항).
④ 동법 제16조 제1항

정답 | ②

76

「성폭력범죄자의 성충동 약물치료에 관한 법률」상 성폭력수형자의 치료명령청구 및 가석방에 대한 설명으로 옳지 않은 것은? 교정7급 2022

① 교도소·구치소의 장은 가석방요건을 갖춘 성폭력수형자에 대하여 약물치료의 내용, 방법, 절차, 효과, 부작용, 비용부담 등에 관하여 충분히 설명하고 동의 여부를 확인하여야 한다.

② 가석방요건을 갖춘 성폭력수형자가 약물치료에 동의한 경우 수용시설의 장은 지체 없이 수용시설의 소재지를 관할하는 지방검찰청의 검사에게 인적사항과 교정성적 등 필요한 사항을 통보하여야 한다.

③ 수용시설의 장은 법원의 치료명령결정이 확정된 성폭력수형자에 대하여 가석방심사위원회에 가석방 적격심사를 신청하여야 한다.

④ 검사는 성폭력수형자의 주거지 또는 소속 검찰청 소재지를 관할하는 교도소·구치소의 장에게 범죄의 동기 등 성폭력수형자에 관하여 필요한 사항의 조사를 요청할 수 있다.

해설

④ 검사는 치료명령을 청구하기 위하여 필요하다고 인정하는 때에는 치료명령 피청구자의 주거지 또는 소속 검찰청(지청을 포함한다) 소재지를 관할하는 보호관찰소(지소를 포함한다)의 장에게 범죄의 동기, 피해자와의 관계, 심리상태, 재범의 위험성 등 치료명령 피청구자에 관하여 필요한 사항의 조사를 요청할 수 있다(성충동약물치료법 제5조 제1항). 즉, 교도소·구치소의 장이 아닌 보호관찰소의 장이다.

① 동법 제22조 제2항 제1호

② 동조 제2항 제2호

③ 동법 제23조 제1항

정답 | ④

77

「보안관찰법」에 대한 설명으로 옳지 않은 것은? 교정9급 2014

① 보안관찰처분의 기간은 2년이다.

② 검사가 보안관찰처분을 청구한다.

③ 보안관찰처분심의위원회의 위촉위원의 임기는 2년이다.

④ 보안관찰을 면탈할 목적으로 은신한 때에는 5년 이하의 징역에 처한다.

해설

보안관찰법 제27조 제1항 보안관찰처분대상자 또는 피보안관찰자가 보안관찰처분 또는 보안관찰을 면탈할 목적으로 은신 또는 도주한 때에는 3년 이하의 징역에 처한다.

정답 | ④

78

내란목적살인죄로 5년의 징역형을 선고받고 1년 간의 형집행을 받은 자로서 다시 내란죄를 범할 가능성이 있다고 판단되는 자에게 내릴 수 있는 처분은?

교정7급 2012

① 보호감호처분 ② 치료감호처분
③ 보안관찰처분 ④ 보안감호처분

해설

보안관찰 해당범죄는 내란목적살인(미수)죄와 동 예비·음모·선동·선전죄, 외환죄, 여적죄, 간첩죄, 모병·시설제공·시설관리·물건제공이적죄와 동 미수범 및 예비·음모·선동·선전죄 등이 있다. 재범의 방지를 위한 관찰이 필요한 자에 대하여는 검사의 청구에 의하여 보안관찰처분심의위원회의 의결을 거쳐 법무부장관이 보안관찰처분을 행할 수 있도록 하고 있다.

정답 | ③

CHAPTER 07

소년범죄와 그 대책

01

소년보호의 원칙에 대한 설명으로 옳지 않은 것은?

교정9급 2010

① 인격주의는 소년을 보호하기 위하여 소년의 행위에서 나타난 개성과 환경을 중시하는 것을 말한다.
② 예방주의는 범행한 소년의 처벌이 아니라 이미 범행한 소년이 더 이상 범죄를 범하지 않도록 하는 데에 있다.
③ 개별주의는 소년사건에서 소년보호조치를 취할 때 형사사건과 병합하여 1건의 사건으로 취하는 것을 말한다.
④ 과학주의는 소년의 범죄환경에 대한 연구와 소년범죄자에게 어떤 종류의 형벌을 어느 정도 부과할 것인가에 대한 전문가의 활용을 말한다.

해설

개별주의는 처우의 개별화의 원리에 따라 개성을 중시한 구체적인 인격에 대한 처우를 강구하는 것을 의미한다. 소년사건에서 소년보호조치를 취할 때 소년 개개인을 1건의 독립된 사건으로 취급하는 것을 의미하는데, 이는 범죄인에게 알맞은 처우를 찾는 형벌의 개별화이념을 기초로 구체적 인간을 대상으로 한다.

정답 | ③

02

청소년범죄 관련 다이버전(diversion, 전환) 프로그램에 대한 설명으로 옳지 않은 것은?

교정9급 2020

① 다이버전은 형사사법기관이 통상적인 형사절차를 대체하는 절차를 활용하여 범죄인을 처리하는 제도를 말한다.
② 공식적인 형사처벌로 인한 낙인효과를 최소화하려는 목적을 갖고 있다.
③ 다이버전은 주체별로 경찰에 의한 다이버전, 검찰에 의한 다이버전, 법원에 의한 다이버전 등으로 분류하는 경우도 있다.
④ 경찰의 선도조건부 기소유예 제도가 대표적인 기소 전 다이버전 프로그램이라고 할 수 있다.

해설

선도조건부 기소유예 제도는 검찰단계의 기소전 다이버전 프로그램이다.
참고로, 선도조건부 기소유예 제도는 검사가 범죄소년에 대하여 일정한 기간 동안 준수사항을 이행하고 민간인인 범죄예방위원의 선도를 받을 것을 조건으로 기소유예처분을 하고, 그 소년이 준수사항을 위반하거나 재범을 하지 않고 선도기간을 경과한 때에는 공소를 제기하지 않는 제도를 말하며 소년에 대한 다이버전제도의 일종이라고 할 수 있다.

정답 | ④

03

다음에서 설명하는 수용자 구금제도는? 교정9급 2020

> 이 제도는 '보호' 또는 '피난시설'이란 뜻을 갖고 있으며, 영국 켄트지방의 지역 이름을 따 시설을 운영했던 것에서 일반화되어 오늘날 소년원의 대명사로 사용되곤 한다.
> 주로 16세에서 21세까지의 범죄소년을 수용하여 직업훈련 및 학과교육 등을 실시함으로써 교정, 교화하려는 제도이다.

① 오번 제도(Auburn system)
② 보스탈 제도(Borstal system)
③ 카티지 제도(Cottage system)
④ 펜실베니아 제도(Pennsylvania system)

해설

보스탈 제도에 대한 설명이다. 보스탈 제도는 1897년 브라이스에 의해 창안된 것으로, 초기에는 군대식의 통제방식으로 엄격한 규율·분류수용·중노동 등이 처우의 기본원칙으로 적용되었다. 그 후 1906년 범죄방지법에 의해 보스탈제도가 법제화되면서 영국의 가장 효과적인 시설 내 처우로 주목받고 있다. 1920년 보스탈 감옥의 책임자 페터슨은 종래의 군대식 규율에 의한 강압적 훈련을 비판하고, 소년의 심리변화를 목적으로 하는 각종 처우방식을 적용하였다. 1930년대의 보스탈 제도는 개방처우 하에서 생산활동, 인근지역과의 관계, 수용자 간의 토의 등을 중시한 소년교정시설의 선구적 모델이 되었다.

정답 | ②

04

소년사법에 있어서 4D(비범죄화, 비시설수용, 적법절차, 전환)에 대한 설명으로 옳지 않은 것은?

교정9급 2022

① 비범죄화(decriminalization)는 경미한 일탈에 대해서는 비범죄화하여 공식적으로 개입하지 않음으로써 낙인을 최소화하자는 것이다.
② 비시설수용(deinstitutionalization)은 구금으로 인한 폐해를 막고자 성인교도소가 아닌 소년 전담시설에 별도로 수용하는 것을 의미한다.
③ 적법절차(due process)는 소년사법절차에서 절차적 권리를 철저하고 공정하게 보장하여야 한다는 것을 의미한다.
④ 전환(diversion)은 비행소년을 공식적인 소년사법절차 대신에 비사법적인 절차에 의해 처우하자는 것이다.

해설

비시설수용
소년 범죄자에 대하여 시설에 수용하지 않고, 직·간접적으로 영향을 주며 소년을 보호할 책임이 있는 가족이나 학교, 사회복지시설 등이 직접 소년을 보호함으로써 온건하고 자비로운 방법으로 소년이 지역사회에 정착할 수 있도록 하는 것을 말하며 소년교도소나 소년원의 수용이 아니다.

정답 | ②

05

바톨라스(C. Bartolas)의 소년교정모형에 대한 설명이다. [보기 1]에 제시된 설명과 [보기 2]에서 제시된 교정모형을 옳게 짝지은 것은? 교정9급 2019

[보기 1]

㉠ 비행소년은 통제할 수 없는 요인에 의해서 범죄자로 결정되어졌으며, 이들은 사회적 병질자이기 때문에 처벌의 대상이 아니라 치료의 대상이다.

㉡ 범죄소년은 치료의 대상이지만 합리적이고 책임있는 결정을 할 수 있다고 하면서, 현실요법 · 집단지도 상호작용 · 교류분석 등의 처우를 통한 범죄소년의 사회 재통합을 강조한다.

㉢ 비행소년에 대해서 소년사법이 개입하게 되면 낙인의 부정적 영향 등으로 인해 지속적으로 법을 어길 가능성이 증대되므로, 청소년을 범죄소년으로 만들지 않는 길은 시설에 수용하지 않는 것이다.

㉣ 지금까지 소년범죄자에 대하여 시도해 온 다양한 처우 모형들이 거의 실패했기 때문에 유일한 대안은 강력한 조치로서 소년범죄자에 대한 훈육과 처벌뿐이다.

[보기 2]

A. 의료모형 B. 적응(조정)모형
C. 범죄통제모형 D. 최소제한(제약)모형

	㉠	㉡	㉢	㉣
①	A	B	C	D
②	A	B	D	C
③	A	C	D	B
④	B	A	D	C

해설

A. 의료(치료)모형: 교정은 치료라고 보고, 소년원에 있어 교정교육기법의 기저가 되었다.

B. 적응(조정)모형: 범죄자는 치료의 대상이지만 스스로 책임 있는 선택과 합리적 결정을 할 수 있는 자로 본다.

C. 범죄통제(정의)모형: 청소년도 자신의 행동에 대해서 책임을 져야 하므로, 청소년 범죄자에 대한 처벌을 강화하는 것만이 청소년범죄를 줄일 수 있다.

D. 최소제한(제약)모형: 낙인이론에 근거하여 시설수용의 폐단을 지적하며 처벌 및 처우개념을 모두 부정하며 불간섭주의를 주장한다.

정답 | ②

06

바톨라스(Bartollas)와 밀러(Miller)의 소년교정모델에 대한 설명으로 옳지 않은 것은? 교정7급 2014

① 의료모형(medical model) – 비행소년은 자신이 통제할 수 없는 요인에 의해서 범죄자로 결정되었으며, 이들은 사회적으로 약탈된 사회적 병질자이기 때문에 처벌의 대상이 아니라 치료의 대상이다.

② 적응모형(adjustment model) – 범죄자 스스로 책임 있는 선택과 합법적 결정을 할 수 없다. 그 결과, 현실요법, 환경요법 등의 방법이 처우에 널리 이용된다.

③ 범죄통제모형(crime control model) – 청소년도 자신의 행동에 대해서 책임을 져야 하므로, 청소년 범죄자에 대한 처벌을 강화하는 것만이 청소년범죄를 줄일 수 있다.

④ 최소제한모형(least – restrictive model) – 비행소년에 대해서 소년사법이 개입하게 되면, 이들 청소년들이 지속적으로 법을 위반할 가능성이 증대될 것이다.

해설

적응모형(adjustment model)은 개선모형이라고도 하고, 범죄자 스스로 책임 있는 선택과 합법적 결정을 할 수 있는 존재이기 때문에 그렇게 살아갈 수 있도록 현실요법, 환경요법, 직업훈련 등의 방법이 처우에 널리 이용된다.

정답 | ②

07

미국의 데이비드 스트리트(David Street) 등의 학자들은 「처우조직(Organization For Treatment)」이라는 자신들의 저서에서 소년범죄자들에 대한 처우조직을 여러 유형으로 분류하였다. 다음 설명에 해당하는 유형은? 교정7급 2016

- 소년범죄자의 태도와 행동의 변화 그리고 개인적 자원의 개발에 중점을 둔다.
- 소년범죄자를 지역사회의 학교로 외부통학을 시키기도 한다.
- 처우시설의 직원들은 대부분 교사로서 기술 습득과 친화적 분위기 창출에 많은 관심을 둔다.
- 처우시설 내 규율의 엄격한 집행이 쉽지 않다.

① 복종 및 동조(obedience/conformity) 유형
② 처우(treatment) 유형
③ 재교육 및 발전(reeducation/development) 유형
④ 변화 및 혁신(changement/innovation) 유형

해설

데이비드 스트리트(David Street) 등은 「처우조직」(1966)이라는 자신들의 저서에서 처우 – 구금 – 처우의 연속선상에서 처우조직을 복종·동조, 재교육·발전 그리고 처우의 세 가지 유형으로 분류하였다.

구금적 시설 (복종·동조 모형)	• 대규모 보안 직원, 적은 수의 처우 요원 • 규율의 엄격한 집행 • 수용자는 강제된 동조성을 강요받는 준군대식 형태로 조직 • 습관, 동조성훈련, 권위에 대한 복종이 강조 • 조절(conditioning)이 주된 기술 • 청소년은 외부통제에 즉각적으로 동조하도록 요구받음 • 강력한 직원통제와 다양한 부정적 제재에 의해 추구 • 구금을 강조하는 대부분의 소년교정시설을 대표한다.
재교육과 개선을 강조하는 시설 (재교육·발전 모형)	• 엄격한 규율과 제재가 적용되었으나 복종보다는 교육을 강조 • 직원들은 대부분이 교사로서 기술습득과 가족과 같은 분위기 창출에 관심 • 훈련을 통한 청소년의 변화를 강조 • 복종·동조모형에 비해 청소년과 직원의 밀접한 관계 강조 • 청소년의 태도와 행동의 변화, 기술의 습득, 개인적 자원의 개발에 중점

처우를 중시하는 조직 (처우 모형)	• 가능한 많은 처우요원을 고용하고 있어서 조직구조가 가장 복잡 • 청소년의 처우계획을 진전시키기 위하여 처우요원과 보안요원의 협조와 청소년 각자의 이해를 강조 • 처우모형은 청소년의 인성변화를 강조 • 청소년의 심리적 재편에 초점 • 처벌은 자주 이용되지 않으며 엄하지 않게 집행됨 • 다양한 활동과 성취감 강조 • 자기 존중심의 개발과 자기 성찰을 강조 • 개인적 통제와 사회적 통제를 동시에 강조하기 때문에 청소년의 개인적 문제해결에 도움을 주며 지역사회생활에의 준비도 강조 됨

정답 | ③

08

소년보호사건의 심리에 대한 설명으로 옳지 않은 것은?

교정7급 2011

① 심리는 친절하고 온화하게 하며, 공개를 원칙으로 한다.

② 소년부 판사는 적당하다고 인정되는 자에게 참석을 허가할 수 있다.

③ 소년부 판사는 심리기일을 변경할 수 있다.

④ 소년부 판사는 본인, 보호자, 참고인을 소환할 수 있다.

해설

심리는 친절하고 온화하게 하며, 비공개를 원칙으로 한다. 또한 직권주의에 의한 소송구조하에서 재판이 진행된다.

소년보호사건과 소년형사사건의 비교

구별	보호처분	형사처분
연령	10세 이상 19세 미만	14세 이상 19세 미만
심리대상	범죄·촉법·우범소년	범죄소년
법적 제재	보호처분	형벌
1심법원	법원 소년부(단독판사)	형사법원
심리구조	직권주의	당사자주의
검사의 재판관여	관여 불가	당연 관여
재판공개	비공개	공개
적용법률	소년법	형법, 형소법, 소년법
진술거부권	인정	인정
변론	필요적 또는 임의적 보조인	필요적 변론 (국선변호인)
조사	소년부 판사의 조사명령, 검사의 결정 전 조사	법원의 조사위촉, 법원의 판결 전 조사
미결구금	소년분류심사원 등(임시조치)	구치소
교정시설	소년원	소년교도소

정답 | ①

09

「소년법」상 소년사건 처리절차에 대한 설명으로 옳지 않은 것은? 교정9급 2021

① 형벌법령에 저촉되는 행위를 한 10세 이상 14세 미만의 소년에 대하여 경찰서장은 직접 관할 소년부에 송치할 수 없다.

② 보호사건을 송치받은 소년부는 보호의 적정을 기하기 위하여 필요하다고 인정하면 결정으로써 사건을 다른 관할 소년부에 이송할 수 있다.

③ 소년부 판사는 사건의 조사 또는 심리에 필요하다고 인정하면 기일을 지정하여 사건 본인이나 보호자 또는 참고인을 소환할 수 있다.

④ 소년부 판사는 심리 결과 보호처분을 할 수 없거나 할 필요가 없다고 인정하면 그 취지의 결정을 하고, 이를 사건 본인과 보호자에게 알려야 한다.

해설

① 촉법소년(형벌법령에 저촉되는 행위를 한 10세 이상 14세 미만의 소년)·우범소년(형벌법령에 저촉되는 행위를 할 우려가 있는 10세 이상 19세 미만인 소년)이 있을 때에는 경찰서장은 직접 관할 소년부에 송치하여야 한다(소년법 제4조 제2항).
② 동법 제6조 제1항
③ 동법 제13조 제1항
④ 동법 제29조 제1항

정답 | ①

10

소년사법의 대표적 제도인 소년법원의 특성으로 옳지 않은 것은? 교정9급 2021

① 소년법원은 반사회성이 있는 소년의 형사처벌을 지양하며 건전한 성장을 도모하기 위한 교화개선과 재활철학을 이념으로 한다.

② 소년법원은 범죄소년은 물론이고 촉법소년, 우범소년 등 다양한 유형의 문제에 개입하여 비행의 조기발견 및 조기처우를 하고 있다.

③ 소년법원의 절차는 일반법원에 비해 비공식적이고 융통성이 있다.

④ 소년법원은 감별 또는 분류심사 기능과 절차 및 과정이 잘 조직되어 있지 못한 한계가 있다.

해설

소년법원이 일반법원과 다른 특성

- 비행소년을 형사법원에서 재판할 때 생기는 부작용인 부정적 낙인으로부터 아동을 보호하기 위한 것이다.
- 소년법원은 처음부터 처벌과 억제 지향에 반대되는 교화개선과 재활의 철학을 지향하고 있다.
- 관할대상이 범죄소년만을 대상으로 하지 않는다. 비행소년은 물론이고, 지위비행자와 방치된 소년뿐만 아니라 다양한 유형의 가정문제까지도 대상으로 하고 있다.
- 소년법원의 절차가 일반법원에 비해 훨씬 비공식적이고 융통성이 있다는 점이 있는 반면, 적법절차에 대한 관심은 적다.
- 일반법원에 비해 소년법원은 감별 또는 분류심사 기능과 절차 및 과정이 비교적 잘 조직되어 있다.
- 일반법원이 선택할 수 있는 형의 종류에 비해 소년법원에서 결정할 수 있는 처분의 종류가 더 다양하다.

정답 | ④

11

소년에 대한 다이버전(diversion)에 해당하지 않는 것을 모두 고르면? 교정7급 2008

㉠ 선도조건부 기소유예 ㉡ 「소년법」상 압수·수색 ㉢ 불처분결정 ㉣ 신입자 수용특칙 ㉤ 「소년법」상 심리불개시의 결정 ㉥ 경찰의 훈방처분 ㉦ 소년교도소 수용처분

① ㉠, ㉣, ㉦ ② ㉡, ㉢, ㉤
③ ㉡, ㉣, ㉦ ④ ㉡, ㉢, ㉥

해설

「소년법」상 압수·수색은 공식적 기관의 개입을 의미하고, 신입자 수용특칙도 교정기관의 개입을 의미하며, 소년교도소 수용처분 역시 공식적 기관의 개입을 의미하여 공식적 개입으로부터 비공식적 개입으로의 전환을 강조하는 다이버전에는 포함되지 않는다.

정답 | ③

12

「소년법」에서 소년부 판사가 조사 또는 심리상의 필요에 따라 결정으로 취한 임시조치 중 「형법」 제57조 제1항의 판결선고 전 구금일수에 산입할 수 있는 것은? 교정7급 2012

① 보호자 또는 시설에 위탁
② 소년분류심사원에 위탁
③ 병원이나 그 밖의 요양소에 위탁
④ 소년원에 단기위탁

해설

소년사건에 대하여 임시조치로서 소년분류심사원에 위탁된 경우에 그 기간도 판결선고 전의 구금일수로 간주된다. 따라서 판결선고 전에 구속되었거나 소년분류심사원에 위탁되었던 경우에는 그 구속 또는 위탁의 기간에 해당하는 기간은 노역장에 유치된 것으로 보아 판결선고 전 구금일수에 산입한다.

정답 | ②

13

「소년법」상 소년부 판사가 취할 수 있는 임시조치로 옳지 않은 것은? 교정9급 2018

① 소년을 보호할 수 있는 적당한 자에게 1개월간 감호위탁
② 소년분류심사원에 3개월간 감호위탁
③ 요양소에 3개월간 감호위탁
④ 보호자에게 1개월간 감호위탁

해설

소년법 제18조(임시조치)
① 소년부 판사는 사건을 조사 또는 심리하는 데에 필요하다고 인정하면 소년의 감호에 관하여 결정으로써 다음 각 호의 어느 하나에 해당하는 조치를 할 수 있다.
1. 보호자, 소년을 보호할 수 있는 적당한 자 또는 시설에 위탁
2. 병원이나 그 밖의 요양소에 위탁
3. 소년분류심사원에 위탁
② 동행된 소년 또는 제52조 제1항에 따라 인도된 소년에 대하여는 도착한 때로부터 24시간 이내에 제1항의 조치를 하여야 한다.
③ 제1항 제1호 및 제2호의 위탁기간은 3개월을, 제1항 제3호의 위탁기간은 1개월을 초과하지 못한다. 다만, 특별히 계속 조치할 필요가 있을 때에는 한 번에 한하여 결정으로써 연장할 수 있다.
④ 제1항 제1호 및 제2호의 조치를 할 때에는 보호자 또는 위탁받은 자에게 소년의 감호에 관한 필요 사항을 지시할 수 있다.
⑤ 소년부 판사는 제1항의 결정을 하였을 때에는 소년부 법원서기관·법원사무관·법원주사·법원주사보, 소년분류심사원 소속 공무원, 교도소 또는 구치소 소속 공무원, 보호관찰관 또는 사법경찰관리에게 그 결정을 집행하게 할 수 있다.
⑥ 제1항의 조치는 언제든지 결정으로써 취소하거나 변경할 수 있다.

정답 | ②

14

「소년법」상 보호사건의 조사와 심리에 대한 설명으로 옳지 않은 것은? 교정7급 2023

① 소년부 또는 조사관이 범죄사실에 관하여 소년을 조사할 때에는 미리 소년에게 불리한 진술을 거부할 수 있음을 알려야 한다.
② 소년부는 조사 또는 심리를 할 때에 정신건강의학과의사 등 전문가의 진단, 소년분류심사원의 분류심사 결과와 의견, 보호관찰소의 조사 결과와 의견 등을 고려하여야 한다.
③ 소년부 판사는 조사 또는 심리에 필요하다고 인정하여 기일을 지정해서 소환한 사건 본인의 보호자가 정당한 이유 없이 소환에 응하지 아니하면 동행영장을 발부할 수 있다.
④ 소년부 판사가 사건을 조사 또는 심리하는 데에 필요하다고 인정하여 소년의 감호에 관한 결정으로써 병원이나 그 밖의 요양소에 위탁하는 조치를 하는 경우, 그 위탁의 최장기간은 2개월이다.

해설

④ 보호자, 소년을 보호할 수 있는 적당한 자 또는 시설에 위탁하거나, 병원이나 그 밖의 요양소에 위탁하는 기간은 3개월을, 소년분류심사원에 위탁하는 기간은 1개월을 초과하지 못한다. 다만, 특별히 계속 조치할 필요가 있을 때에는 한 번에 한하여 결정으로써 연장할 수 있다(소년법 제18조 제3항).
① 동법 제10조
② 동법 제12조
③ 동법 제13조 제2항

정답 | ④

15

중학생 甲(15세)은 동네 편의점에서 물건을 훔치다가 적발되어 관할 법원 소년부에서 심리를 받고 있다. 「소년법」상 甲에 대한 심리 결과 소년부 판사가 결정으로써 할 수 있는 보호처분의 내용에 해당하지 않는 것은?

교정7급 2017

① 50시간의 수강명령
② 250시간의 사회봉사명령
③ 1년의 단기보호관찰
④ 1개월의 소년원 송치

해설

② 사회봉사명령 처분은 14세 이상의 소년에게만 할 수 있고(소년법 제32조 제3항), 200시간을 초과할 수 없다(동법 제33조 제4항).
① 수강명령 처분은 12세 이상의 소년에게만 할 수 있고(동법 제32조 제4항), 100시간을 초과할 수 없다(동법 제33조 제4항).
③ 단기 보호관찰기간은 1년으로 한다(동법 제33조 제2항).
④ 동법 제32조 제8호

정답 | ②

16

「소년법」상 보호처분에 있어서 2호와 3호 처분을 바르게 연결한 것은?

교정9급 2009

＜2호＞	＜3호＞
① 단기보호관찰	장기보호관찰
② 수강명령	사회봉사명령
③ 사회봉사명령	단기보호관찰
④ 보호자에게 감호위탁	수강명령

해설

2호 처분은 12세 이상 수강명령(100시간 범위 내), 3호 처분은 14세 이상 사회봉사명령(200시간 범위 내)이다. 4호 처분은 단기보호관찰(1년 이내), 5호 처분은 장기보호관찰(2년에 1년 연장 가능)이다.

보호처분

종류	내용	기간	전부 또는 일부 병합
1호	보호자 등에게 감호위탁	6월 (6월의 범위, 1차 연장 ○)	• 수강명령 • 사회봉사명령 • 단기 보호관찰 • 장기 보호관찰
2호	수강명령 (12세 이상)	100시간 이내	• 보호자 등 감호위탁 • 사회봉사명령 • 단기 보호관찰 • 장기 보호관찰
3호	사회봉사명령 (14세 이상)	200시간 이내	• 보호자 등 감호위탁 • 수강명령 • 단기 보호관찰 • 장기 보호관찰
4호	단기 보호관찰	1년 (연장 X)	• 보호자 등 감호위탁 • 수강명령 • 사회봉사명령 • 소년보호시설 등에 감호위탁
5호	장기 보호관찰	2년 (1년의 범위, 1차 연장 ○)	• 보호자 등에게 감호위탁 • 수강명령 • 사회봉사명령 • 소년보호시설 등에 감호위탁 • 1개월 이내 소년원 송치
6호	소년보호시설 등에 감호위탁	6월 (6월의 범위, 1차 연장 ○)	• 단기 보호관찰 • 장기 보호관찰
7호	병원, 요양소, 의료재활소년원에 위탁	6월 (6월의 범위, 1차 연장 ○)	-

8호	1개월 이내 소년원 송치	1월 이내	장기 보호관찰
9호	단기 소년원 송치	6월 이내 (연장 X)	-
10호	장기 소년원 송치 (12세 이상)	2년 이내 (연장 X)	-

보호처분 보충

- 병합이 안 되는 보호처분 : 7호(의료재활소년원에 위탁), 9호(단기 소년원 송치), 10호(장기 소년원 송치)
- 14세 이상 : 3호(사회봉사명령)
- 12세 이상 : 2호(수강명령), 10호(장기 소년원 송치)

정답 | ②

17

「소년법」상 보호처분에 대한 설명으로 옳은 것은?

교정9급 2021

① 사회봉사명령은 14세 이상의 소년에게만 할 수 있다.

② 수강명령과 장기 소년원 송치는 14세 이상의 소년에게만 할 수 있다.

③ 보호관찰관의 단기 보호관찰과 장기 보호관찰 처분 시에는 2년 이내의 기간을 정하여 야간 등 특정 시간대의 외출을 제한하는 명령을 보호관찰대상자의 준수 사항으로 부과할 수 있다.

④ 수강명령은 200시간을, 사회봉사명령은 100시간을 초과할 수 없으며, 보호관찰관이 그 명령을 집행할 때에는 사건 본인의 정상적인 생활을 방해하지 아니하도록 하여야 한다.

해설

① 소년법 제32조 제3항

② 수강명령 및 장기 소년원 송치 처분은 12세 이상의 소년에게만 할 수 있다(동법 제32조 제4항).

③ 보호관찰관의 단기 보호관찰 또는 장기 보호관찰의 처분을 할 때에 1년 이내의 기간을 정하여 야간 등 특정 시간대의 외출을 제한하는 명령을 보호관찰대상자의 준수 사항으로 부과할 수 있다(동법 제32조의2 제2항).

④ 수강명령은 100시간을, 사회봉사명령은 200시간을 초과할 수 없으며, 보호관찰관이 그 명령을 집행할 때에는 사건 본인의 정상적인 생활을 방해하지 아니하도록 하여야 한다(동법 제33조 제4항).

정답 | ①

18

㉠, ㉡에 들어갈 숫자가 바르게 연결된 것은? 교정9급 2014

> 「소년법」상 소년부 판사는 심리 결과 보호처분을 할 필요가 있다고 인정하면 (㉠)세 이상의 소년에 대하여 (㉡)시간을 초과하지 않는 범위 내에서 수강명령처분을 할 수 있다.

	㉠	㉡		㉠	㉡
①	12	100	②	12	200
③	14	100	④	14	200

해설

수강명령은 12세 이상 소년에 대하여 100시간 범위 내에서 부과할 수 있다. 사회봉사명령은 14세 이상 소년에 대하여 200시간 범위 내에서 부과할 수 있다.

종류	내용	기간	전부 또는 일부 병합
2호	수강명령 (12세 이상)	100시간 이내	• 보호자 등 감호위탁 • 사회봉사명령 • 단기 보호관찰 • 장기 보호관찰
3호	사회봉사명령 (14세 이상)	200시간 이내	• 보호자 등 감호위탁 • 수강명령 • 단기 보호관찰 • 장기 보호관찰

정답 | ①

19

「소년법」상 소년부 판사가 내릴 수 있는 보호처분의 내용으로 옳지 않은 것은? 교정9급 2011

① 1개월 이내의 소년원 송치
② 소년분류심사원에서의 특별교육
③ 소년보호시설에 감호 위탁
④ 보호관찰의 장기보호관찰

해설

소년분류심사원에서의 특별교육은 보호처분 관련규정에 없고, 다만 보호자에 대한 특별교육에 대한 부가처분에 대한 규정이 있다.

소년부 판사의 임시조치
- 보호자, 소년을 보호할 수 있는 적당한 자 또는 시설에 위탁
- 병원이나 그 밖의 요양소에 위탁
- 소년분류심사원에 위탁

> 소년법 제18조(임시조치)
> ① 소년부 판사는 사건을 조사 또는 심리하는 데에 필요하다고 인정하면 소년의 감호에 관하여 결정으로써 다음 각 호의 어느 하나에 해당하는 조치를 할 수 있다.
> 1. 보호자, 소년을 보호할 수 있는 적당한 자 또는 시설에 위탁(3월 이내, 1회 연장 가능)
> 2. 병원이나 그 밖의 요양소에 위탁(3월 이내, 1회 연장 가능)
> 3. 소년분류심사원에 위탁(1월 이내, 1회 연장 가능)
> ② 동행된 소년 또는 제52조제1항에 따라 인도된 소년에 대하여는 도착한 때로부터 24시간 이내에 제1항의 조치를 하여야 한다.
> ③ 제1항제1호 및 제2호의 위탁기간은 3개월을, 제1항제3호의 위탁기간은 1개월을 초과하지 못한다. 다만, 특별히 계속 조치할 필요가 있을 때에는 한 번에 한하여 결정으로써 연장할 수 있다.
> ④ 제1항제1호 및 제2호의 조치를 할 때에는 보호자 또는 위탁받은 자에게 소년의 감호에 관한 필요 사항을 지시할 수 있다.
> ⑤ 소년부 판사는 제1항의 결정을 하였을 때에는 소년부 법원서기관·법원사무관·법원주사·법원주사보, 소년분류심사원 소속 공무원, 교도소 또는 구치소 소속 공무원, 보호관찰관 또는 사법경찰관리에게 그 결정을 집행하게 할 수 있다.
> ⑥ 제1항의 조치(임시조치)는 언제든지 결정으로써 취소하거나 변경할 수 있다.

정답 | ②

20

「소년법」상 보호관찰관의 장기보호관찰 처분을 받은 자의 보호처분 기간 연장에 대한 설명으로 옳은 것은?

교정9급 2015

① 소년부 판사는 소년에 대한 보호관찰 기간을 연장할 수 없다.
② 소년부 판사는 소년의 신청에 따라 결정으로써 2년의 범위에서 한 번에 한하여 그 기간을 연장할 수 있다.
③ 소년부 판사는 보호관찰관의 신청에 따라 결정으로써 1년의 범위에서 한 번에 한하여 그 기간을 연장할 수 있다.
④ 소년부 판사는 보호관찰관의 신청에 따라 결정으로써 2년의 범위에서 한 번에 한하여 그 기간을 연장할 수 있다.

해설

장기 보호관찰기간은 2년으로 한다. 다만, 소년부 판사는 보호관찰관의 신청에 따라 결정으로써 1년의 범위에서 한 번에 한하여 그 기간을 연장할 수 있다(소년법 제33조 제3항).

정답 | ③

21

「소년법」상 보호처분에 대한 설명으로 옳은 것은?

교정9급 2012

① 보호자 및 보호·복지시설 등에의 위탁은 최장 12개월까지 가능하다.
② 사회봉사명령과 수강명령은 14세 이상의 소년에게만 부과할 수 있다.
③ 단기로 소년원에 송치된 소년의 보호기간은 1년을 초과하지 못한다.
④ 단기보호관찰은 1회에 한하여 연장할 수 있으나, 장기보호관찰은 연장할 수 없다.

해설

② 사회봉사명령은 14세 이상, 수강명령은 12세 이상의 소년에게 부과할 수 있다.
③ 단기로 소년원에 송치된 소년의 보호기간은 6개월을 초과하지 못한다.
④ 장기보호관찰은 1회에 한하여 연장할 수 있으나, 단기보호관찰은 연장할 수 없다.

정답 | ①

22

「소년법」상 보호처분에 대한 설명으로 옳지 않은 것은?

교정9급 2018

① 사회봉사명령은 200시간을, 수강명령은 100시간을 초과할 수 없으며, 보호관찰관이 그 명령을 집행할 때에는 사건 본인의 정상적인 생활을 방해하지 아니하도록 하여야 한다.

② 보호처분이 계속 중일 때에 사건 본인이 처분 당시 19세 이상인 것으로 밝혀진 경우에는 소년부 판사는 결정으로써 그 보호처분을 취소하여야 한다.

③ 장기 보호관찰처분을 할 때에는 해당 보호관찰기간 동안 야간 등 특정 시간대의 외출을 제한하는 명령을 보호관찰대상자의 준수 사항으로 부과할 수 있다.

④ 사회봉사명령은 14세 이상의 소년에게만 할 수 있으며, 수강명령은 12세 이상의 소년에게만 할 수 있다.

해설

③ 보호관찰관의 단기(短期) 보호관찰 또는 보호관찰관의 장기(長期) 보호관찰의 처분을 할 때에 1년 이내의 기간을 정하여 야간 등 특정 시간대의 외출을 제한하는 명령을 보호관찰대상자의 준수 사항으로 부과할 수 있다(소년법 제32조의2 제2항).

① 동법 제33조 제4항

② 동법 제38조

④ 동법 제32조 제3항·제4항

소년법 제38조(보호처분의 취소)
① 보호처분이 계속 중일 때에 사건 본인이 처분 당시 19세 이상인 것으로 밝혀진 경우에는 소년부 판사는 결정으로써 그 보호처분을 취소하고 다음의 구분에 따라 처리하여야 한다.
1. 검사·경찰서장의 송치 또는 제4조 제3항의 통고에 의한 사건인 경우에는 관할 지방법원에 대응하는 검찰청 검사에게 송치한다.
2. 제50조에 따라 법원이 송치한 사건인 경우에는 송치한 법원에 이송한다.
② 제4조 제1항 제1호·제2호의 소년에 대한 보호처분이 계속 중일 때에 사건 본인이 행위 당시 10세 미만으로 밝혀진 경우 또는 제4조 제1항 제3호의 소년에 대한 보호처분이 계속 중일 때에 사건 본인이 처분 당시 10세 미만으로 밝혀진 경우에는 소년부 판사는 결정으로써 그 보호처분을 취소하여야 한다.

정답 | ③

23

「소년법」상 보호처분 중 기간의 연장이 허용되지 않는 것은?

교정9급 2017

① 보호자에게 감호위탁

② 소년보호시설에 감호위탁

③ 보호관찰관의 단기 보호관찰

④ 보호관찰관의 장기 보호관찰

해설

①·② 보호자 등에게 감호위탁, 아동복지시설이나 그 밖의 소년보호시설에 감호위탁, 병원·요양소 또는 소년의료시설에 위탁기간은 6개월로 하되, 소년부 판사는 결정으로써 6개월의 범위에서 한 번에 한하여 그 기간을 연장할 수 있다. 다만, 소년부 판사는 필요한 경우에는 언제든지 결정으로써 그 위탁을 종료시킬 수 있다(소년법 제33조 제1항).

③ 단기 보호관찰기간은 1년으로 한다(동법 제33조 제2항).

④ 장기 보호관찰기간은 2년으로 한다. 다만, 소년부 판사는 보호관찰관의 신청에 따라 결정으로써 1년의 범위에서 한 번에 한하여 그 기간을 연장할 수 있다(동법 제33조 제3항).

정답 | ③

24

소년보호사건에 대한 설명으로 옳지 않은 것만을 모두 고른 것은? 교정9급 2013

> ㄱ. 형벌법령에 저촉되는 행위를 한 12세 소년이 있을 때에 경찰서장은 직접 관할 소년부에 소년을 송치하여야 한다.
> ㄴ. 법으로 정한 사유가 있고 소년의 성격이나 환경에 비추어 향후 형벌법령에 저촉되는 행위를 할 우려가 있더라도 10세 우범소년은 소년부에 송치할 수 없다.
> ㄷ. 「소년법」상 14세의 촉법소년은 소년부 보호사건의 대상이 되고, 정당한 이유없이 가출하는 9세 소년은 소년부 보호사건의 대상에서 제외된다.
> ㄹ. 죄를 범한 소년을 발견한 보호자 또는 학교·사회복리시설·보호관찰소(보호관찰지소 포함)의 장은 이를 관할 소년부에 통고할 수 있다.

① ㄱ, ㄴ　　② ㄱ, ㄷ
③ ㄴ, ㄷ　　④ ㄷ, ㄹ

해설

㉠·㉣은 맞는 지문이고 ㉡·㉢은 틀린 지문이다.

㉡ 법으로 정한 사유가 있고 소년의 성격이나 환경에 비추어 향후 형벌법령에 저촉되는 행위를 할 우려가 있는 10세 우범소년은 소년부에 송치할 수 있다.

㉢ 「소년법」상 14세 미만의 촉법소년은 소년부 보호사건의 대상이 되고, 정당한 이유없이 가출하는 9세 소년은 소년부 보호사건의 대상에서 제외된다. 즉 우범소년은 10세 이상 19세 미만인 자를 의미하고, 촉법소년은 14세 아닌 10세 이상 14세 미만인 자를 의미한다.

정답 | ③

25

다음은 「소년법」상 소년보호처분에 대한 설명이다. 옳은 지문의 개수는? 교정9급 2014

> • 보호처분이 계속 중일 때에 사건 본인에 대하여 유죄판결이 확정된 경우에 보호처분을 한 소년부 판사는 그 처분을 존속할 필요가 없다고 인정하면 결정으로써 보호처분을 취소할 수 있다.
> • 소년부 판사는 가정상황 등을 고려하여 필요하다고 판단되면 보호자에게 소년원·소년분류심사원 또는 보호관찰소 등에서 실시하는 소년의 보호를 위한 특별교육을 받을 것을 명할 수 있다.
> • 증인·감정인·통역인·번역인에게 지급하는 비용, 숙박료, 그 밖의 비용에 대하여는 형사소송법 중 비용에 관한 규정을 준용한다.
> • 사회봉사명령 처분은 12세 이상의 소년에게만 할 수 있다.
> • 보호처분이 계속 중일 때에 사건 본인에 대하여 새로운 보호처분이 있었을 때에는 그 처분을 한 소년부 판사는 이전의 보호처분을 한 소년부에 조회하여 어느 하나의 보호처분을 취소하여야 한다.

① 2개　　② 3개
③ 4개　　④ 5개

해설

사회봉사명령 처분은 14세 이상의 소년에게만 할 수 있다.

정답 | ③

26

「소년법」에 대한 설명으로 옳은 것은? 교정9급 2015

① 소년이 소년분류심사원에 위탁되었는지 여부를 불문하고 보조인이 없을 때에는 법원은 국선보조인을 선정하여야 한다.

② 검사가 소년피의자에 대하여 선도조건부 기소유예를 하는 경우, 소년의 법정대리인의 동의를 받으면 족하고 당사자인 소년의 동의는 요하지 아니한다.

③ 소년부 판사는 피해자 또는 그 법정대리인이 의견진술을 신청할 때에는 피해자나 그 법정대리인의 진술로 심리절차가 현저하게 지연될 우려가 있는 경우에도 심리 기일에 의견을 진술할 기회를 주어야 한다.

④ 법원이 소년에 대한 피고사건을 심리한 결과 보호처분에 해당할 사유를 인정하여 사건을 관할 소년부에 송치하였으나, 소년부가 사건을 심리한 결과 사건의 본인이 19세 이상인 것으로 밝혀지면 결정으로써 송치한 법원에 사건을 다시 이송해야 한다.

해설

④ 소년법 제50조 · 제51조

① 소년이 소년분류심사원에 위탁된 경우 보조인이 없을 때에는 법원은 변호사 등 적정한 자를 보조인으로 선정하여야 하며(동법 제17조의2 제1항), 소년이 소년분류심사원에 위탁되지 아니하였을 때에도 소년에게 신체적 · 정신적 장애가 의심되는 경우, 빈곤이나 그 밖의 사유로 보조인을 선임할 수 없는 경우, 그 밖에 소년부 판사가 보조인이 필요하다고 인정하는 경우 법원은 직권에 의하거나 소년 또는 보호자의 신청에 따라 보조인을 선정할 수 있다(동법 제17조의2 제2항).

② 검사는 피의자에 대하여 범죄예방자원봉사위원의 선도, 소년의 선도 · 교육과 관련된 단체 · 시설에서의 상담 · 교육 · 활동 등의 선도 등을 받게 하고, 피의사건에 대한 공소를 제기하지 아니할 수 있다. 이 경우 소년과 소년의 친권자 · 후견인 등 법정대리인의 동의를 받아야 한다(동법 제49조의3).

③ 소년부 판사는 피해자 또는 그 법정대리인 · 변호인 · 배우자 · 직계친족 · 형제자매가 의견진술을 신청할 때에는 피해자나 그 대리인 등에게 심리 기일에 의견을 진술할 기회를 주어야 한다. 다만, 신청인이 이미 심리절차에서 충분히 진술하여 다시 진술할 필요가 없다고 인정되는 경우, 신청인의 진술로 심리절차가 현저하게 지연될 우려가 있는 경우에는 그러하지 아니하다(동법 제25조의2).

정답 | ④

27

「소년법」상 보호사건의 심리와 조사에 대한 설명으로 옳지 않은 것은? 교정9급 2024

① 소년이 소년분류심사원에 위탁되지 아니하였을 때에도 소년에게 신체적·정신적 장애가 의심되는 경우, 법원은 직권에 의하거나 소년 또는 보호자의 신청에 따라 보조인을 선정할 수 있다.

② 소년부 판사는 보조인이 심리절차를 고의로 지연시키는 등 심리진행을 방해하거나 소년의 이익에 반하는 행위를 할 우려가 있다고 판단하는 경우에는 보조인 선임의 허가를 취소하여야 한다.

③ 소년부 판사는 사안이 가볍다는 이유로 심리를 개시하지 아니한다는 결정을 할 때에는 소년에게 훈계하거나 보호자에게 소년을 엄격히 관리하거나 교육하도록 고지할 수 있다.

④ 소년부 판사는 심리기일을 지정하고 본인과 보호자를 소환하여야 한다. 다만, 필요가 없다고 인정한 경우에는 보호자는 소환하지 아니할 수 있다.

해설

② 소년부 판사는 보조인이 심리절차를 고의로 지연시키는 등 심리진행을 방해하거나 소년의 이익에 반하는 행위를 할 우려가 있다고 판단하는 경우에는 보조인 선임의 허가를 취소할 수 있다(소년법 제17조 제4항).

① 동법 제17조의2 제2항 제1호

③ 동법 제19조 제2항

④ 동법 제21조 제1항

정답 | ②

28

15세 된 甲은 학교에서 乙이 평소에 자신을 괴롭히는 것을 참지 못해 乙에게 폭행을 가하였다. 甲에 대해서 검사가 취한 조치 중 옳지 않은 것은? 교정7급 2009

① 甲에 대해 선도가 필요하다고 판단하고 조건부 기소유예처분을 하였다.

② 甲에게 피해변상 등의 방법으로 피해자인 乙과 화해할 것을 권고하였다.

③ 형사처분보다는 보호처분이 필요하다고 판단하고 甲을 지방법원 소년부로 송치하였다.

④ 甲의 폭행을 벌금형에 처할 사건으로 판단하고 약식명령을 청구하였다.

해설

甲에게 피해변상 등의 방법으로 피해자인 乙과 화해할 것을 권고할 수 있는 권한은 소년부 판사의 권한이다.

> 소년법 제25조의3(화해권고)
> ① 소년부 판사는 소년의 품행을 교정하고 피해자를 보호하기 위하여 필요하다고 인정하면 소년에게 피해 변상 등 피해자와의 화해를 권고할 수 있다.
> ② 소년부 판사는 제1항의 화해를 위하여 필요하다고 인정하면 기일을 지정하여 소년, 보호자 또는 참고인을 소환할 수 있다.
> ③ 소년부 판사는 소년이 제1항의 권고에 따라 피해자와 화해하였을 경우에는 보호처분을 결정할 때 이를 고려할 수 있다.

정답 | ②

29

소년보호사건 처리절차에 대한 설명으로 옳은 것은?

교정7급 2010

① 소년이 소년분류심사원에 위탁된 경우, 보조인이 없을 때에는 법원은 소년 본인이나 보호자의 신청에 따라 변호사 등 적정한 자를 보조인으로 선임할 수 있다.

② 소년부 판사는 사건을 조사 또는 심리하는 데에 필요하다고 인정하면 소년의 감호에 관하여 결정으로써 보호자나 소년을 보호할 수 있는 적당한 자 또는 병원이나 소년분류심사원에 위탁하는 조치를 할 수 있다.

③ 소년부가 심리한 결과 12세 소년이 금고 이상의 형에 해당하는 범죄를 범하여 형사처분을 할 필요가 있다고 인정하면 결정으로써 사건을 관할 검찰청 검사에게 송치하여야 한다.

④ 소년부 판사는 심리 과정에서 소년에게 피해자와의 화해를 권고할 수 있으며, 소년이 피해자와 화해하였을 경우에는 불처분 결정으로 심리를 종결하여야 한다.

해설

① 소년이 소년분류심사원에 위탁된 경우, 보조인이 없을 때에는 법원은 직권으로 변호사 등 적정한 자를 보조인으로 선정하여야 한다(소년법 제17조의2).

③ 소년부는 조사 또는 심리한 결과 금고 이상의 형에 해당하는 범죄사실이 발견된 경우 그 동기와 죄질이 형사처분을 할 필요가 있다고 인정하면 결정으로써 사건을 관할 지방법원에 대응한 검찰청 검사에게 송치하여야 한다. 또한 소년부는 조사 또는 심리한 결과 사건의 본인이 19세 이상인 것으로 밝혀진 경우에는 결정으로써 사건을 관할 지방법원에 대응하는 검찰청 검사에게 송치하여야 한다(소년법 제7조).

④ 소년부 판사는 심리과정에서 소년에게 피해자와의 화해를 권고할 수 있으며, 소년이 피해자와 화해하였을 경우에는 보호처분을 결정할 때 이를 고려할 수 있다(소년법 제25조의3).

정답 | ②

30

「소년법」상 보호사건의 조사와 심리에 대한 설명으로 옳지 않은 것은?

교정9급 2023

① 소년부 판사는 조사관에게 사건 본인, 보호자 또는 참고인의 심문이나 그 밖에 필요한 사항을 조사하도록 명할 수 있다.

② 소년이 소년분류심사원에 위탁된 경우 보조인이 없을 때에는 법원은 변호사 등 적정한 자를 보조인으로 선정하여야 한다.

③ 소년부 판사는 소년부 법원서기관·법원사무관·법원주사·법원주사보나 보호관찰관 또는 사법경찰관리에게 동행영장을 집행하게 할 수 있다.

④ 소년부는 조사 또는 심리를 할 때에 정신건강의학과의사·심리학자·사회사업가·교육자나 그 밖의 전문가의 진단, 소년분류심사원의 분류심사 결과와 의견, 소년교도소의 조사 결과와 의견을 고려하여야 한다.

해설

④ 소년부는 조사 또는 심리를 할 때에 정신건강의학과의사·심리학자·사회사업가·교육자나 그 밖의 전문가의 진단, 소년분류심사원의 분류심사 결과와 의견, 보호관찰소의 조사 결과와 의견 등을 고려하여야 한다(소년법 제12조).

① 동법 제11조 제1항

② 동법 제17조의2 제1항

③ 동법 제16조 제2항

정답 | ④

31

「소년법」상 항고에 대한 설명으로 옳지 않은 것은?

교정7급 2018

① 항고를 제기할 수 있는 기간은 7일로 한다.
② 항고는 결정의 집행을 정지시키는 효력이 없다.
③ 보호처분의 변경 결정에 대해서는 항고할 수 없다.
④ 항고를 할 때에는 항고장을 원심 소년부에 제출하여야 한다.

해설

③ 제32조에 따른 보호처분의 결정 및 제32조의2에 따른 부가처분 등의 결정 또는 제37조의 보호처분·부가처분 변경 결정이 다음 각 호의 어느 하나에 해당하면 사건 본인·보호자·보조인 또는 그 법정대리인은 관할 가정법원 또는 지방법원 본원 합의부에 항고할 수 있다(소년법 제43조 제1항).
① 동법 제43조 제2항
② 동법 제46조
④ 동법 제44조 제1항

정답 | ③

32

소년분류심사원에 대한 설명으로 옳지 않은 것은?

교정7급 2009

① 소년분류심사원에서는 의학, 심리학, 교육학, 사회학, 그 밖의 전문적인 지식과 기술을 활용하여 수용자에 대한 분류심사를 실시하여 그 결과를 해당 법원 소년부 또는 검사에게 통지하여야 한다.
② 소년분류심사원의 위탁기간은 1개월을 초과하지 못하나 분류심사상 필요하다고 인정할 때는 1회에 한하여 결정으로써 연장할 수 있다.
③ 소년분류심사원은 법원소년부가 상담·조사를 의뢰한 소년의 상담과 조사의 임무를 수행한다.
④ 가정법원 소년부 또는 지방법원 소년부가 소년의 형사처분에 대한 결정을 하기 위하여 소년분류심사원에 그 분류심사를 위탁한다.

해설

가정법원 소년부 또는 지방법원 소년부가 소년의 보호처분에 대한 결정을 하기 위하여 소년분류심사원에 그 분류심사를 위탁한다.

정답 | ④

33

소년형사사건에 대한 설명으로 옳지 않은 것은?

교정9급 2012

① 소년부는 검사로부터 송치된 보호처분 사건을 조사 또는 심리한 결과 그 동기와 죄질이 금고 이상의 형사처분을 할 필요가 있다고 인정할 때에는 결정으로써 해당 검찰청 검사에게 송치할 수 있다.
② ①에 따라 검사에게 송치된 사건을 검사는 다시 소년부에 송치할 수 있다.
③ 검사는 소년 피의사건에 대하여 소년부 송치, 공소제기, 기소유예 등의 처분을 결정하기 위하여 필요하다고 인정하면 피의자의 주거지 또는 검찰청 소재지를 관할하는 보호관찰소의 장 등에게 피의자의 품행, 경력, 생활환경이나 그 밖에 필요한 사항에 관한 조사를 요구할 수 있다.
④ 법원은 소년에 대한 피고사건을 심리한 결과 보호처분에 해당할 사유가 있다고 인정하면 결정으로써 사건을 관할 소년부에 송치하여야 한다.

해설

소년부에서 검사에게 송치한 사건을 검사가 다시 소년부에 송치할 수 없다.
참고로, ③은 검사의 결정 전 조사의 내용이고, ④는 법원이 소년부에 송치하는 사유이다.

정답 | ②

34

「소년법」상 형사사건의 심판에 대한 설명으로 옳지 않은 것은?

교정7급 2022

① 징역 또는 금고를 선고받은 소년에 대하여는 특별히 설치된 교도소 또는 일반 교도소 안에 특별히 분리된 장소에서 그 형을 집행한다. 다만, 소년이 형의 집행 중에 23세가 되면 일반 교도소에서 집행할 수 있다.
② 죄를 범할 당시 18세 미만인 소년에 대하여 사형 또는 무기형으로 처할 경우에는 15년의 유기징역으로 한다.
③ 징역 또는 금고를 선고받은 소년에 대하여는 무기형의 경우에는 5년, 15년 유기형의 경우에는 3년, 부정기형의 경우에는 단기의 3분의 1의 기간이 각각 지나면 가석방을 허가할 수 있다.
④ 소년에 대한 형사사건의 심리는 다른 피의사건과 관련된 경우 심리에 지장이 없으면 그 절차를 병합하여야 한다.

해설

④ 소년에 대한 형사사건의 심리는 다른 피의사건과 관련된 경우에도 심리에 지장이 없으면 그 절차를 분리하여야 한다(소년법 제57조).
① 동법 제63조
② 동법 제59조
③ 동법 제65조

정답 | ④

35

「소년법」상 형사사건 처리 절차에 대한 설명으로 옳지 않은 것은? 교정9급 2022

① 소년에 대한 구속영장은 부득이한 경우가 아니면 발부하지 못한다.

② 부정기형을 선고받은 소년에 대하여는 단기의 3분의 1이 지나면 가석방을 허가할 수 있다.

③ 소년이 법정형으로 장기 2년 이상의 유기형에 해당하는 죄를 범한 경우에는 그 형의 범위에서 장기와 단기를 정하여 선고한다.

④ 검사가 소년부에 송치한 사건을 소년부는 다시 해당 검찰청 검사에게 송치할 수 없다.

해설

④ 소년부는 검사에 의하여 송치된 사건을 조사 또는 심리한 결과 그 동기와 죄질이 금고 이상의 형사처분을 할 필요가 있다고 인정할 때에는 결정으로써 해당 검찰청 검사에게 송치할 수 있다(소년법 제49조 제2항). 다만 제49조 제2항에 따라 송치한 사건은 다시 소년부에 송치할 수 없다(동법 제49조 제3항: 역송금지).

① 동법 제55조 제1항

② 동법 제65조 제3호

③ 동법 제60조 제1항

정답 | ④

36

「소년법」상 형사사건의 처리에 대한 설명으로 옳은 것은? 교정9급 2019

① 죄를 범할 당시 19세 미만인 소년에 대하여 사형 또는 무기형으로 처할 경우에는 15년의 유기징역으로 한다.

② 보호처분이 계속 중일 때에 사건 본인에 대하여 유죄판결이 확정된 경우에 보호처분을 한 소년부 판사는 결정으로써 보호처분을 취소하여야 한다.

③ 소년보호사건에서 소년부 판사는 사건의 조사 또는 심리에 필요하다고 인정하면 기일을 지정하여 사건 본인이나 보호자 또는 참고인을 소환할 수 있으며, 사건 본인이나 보호자가 정당한 이유 없이 소환에 응하지 아니하면 소년부 판사는 동행영장을 발부할 수 있다.

④ 검사가 소년피의사건에 대하여 소년부 송치결정을 한 경우에는 소년을 구금하고 있는 시설의 장은 검사의 이송 지휘를 받은 때로부터 법원 소년부가 있는 시·군에서는 12시간 이내에 소년을 소년부에 인도하여야 한다.

해설

③ 소년법 제13조

① 죄를 범할 당시 18세 미만인 소년에 대하여 사형 또는 무기형으로 처할 경우에는 15년의 유기징역으로 한다(동법 제59조).

② 보호처분이 계속 중일 때에 사건 본인에 대하여 유죄판결이 확정된 경우에 보호처분을 한 소년부 판사는 그 처분을 존속할 필요가 없다고 인정하면 결정으로써 보호처분을 취소할 수 있다(동법 제39조).

④ 검사의 소년부 송치(동법 제49조 제1항)나 법원의 소년부 송치(동법 제50조)에 따른 소년부 송치결정이 있는 경우에는 소년을 구금하고 있는 시설의 장은 검사의 이송 지휘를 받은 때로부터 법원 소년부가 있는 시·군에서는 24시간 이내에, 그 밖의 시·군에서는 48시간 이내에 소년을 소년부에 인도하여야 한다.

정답 | ③

37

「소년법」상 소년 형사절차에 대한 설명으로 옳지 않은 것은? 교정9급 2018

① 18세 미만인 소년에게는 노역장유치를 선고할 수 없다.

② 소년에 대한 형사사건은 다른 피의사건과 관련된 경우에도 분리하여 심리하는 것이 원칙이다.

③ 형의 집행유예를 선고하면서 부정기형을 선고할 수 있다.

④ 소년에 대한 구속영장은 부득이한 경우가 아니면 발부할 수 없다.

해설

③ 형의 집행유예나 선고유예를 선고할 때에는 제1항을 적용하지 아니한다(소년법 제60조 제3항).

① 동법 제62조

② 소년에 대한 형사사건의 심리는 다른 피의사건과 관련된 경우에도 심리에 지장이 없으면 그 절차를 분리하여야 한다(동법 제57조).

④ 동법 제55조 제1항

정답 | ③

38

「소년법」상 소년에 관한 형사사건에 대한 설명으로 옳지 않은 것은? 교정7급 2015

① 단기 3년, 장기 6년의 징역형을 선고받은 소년에게는 1년이 지나면 가석방을 허가할 수 있다.

② 소년에 대한 형사사건의 심리는 다른 피의사건과 관련된 경우에는 그 절차를 병합하여야 한다.

③ 보호처분이 계속 중일 때에 징역, 금고 또는 구류를 선고받은 소년에 대하여는 먼저 그 형을 집행한다.

④ 징역 또는 금고를 선고받은 소년에 대하여는 특별히 설치된 교도소 또는 일반 교도소 안에 특별히 분리된 장소에서 그 형을 집행하나, 소년이 형의 집행 중에 23세가 되면 일반 교도소에서 집행할 수 있다.

해설

② 소년에 대한 형사사건의 심리는 다른 피의사건과 관련된 경우에도 심리에 지장이 없으면 그 절차를 분리하여야 한다(소년법 제57조).

① 징역 또는 금고를 선고받은 소년에 대하여는 다음 각 호의 기간이 지나면 가석방(假釋放)을 허가할 수 있다(동법 제65조).

1. 무기형의 경우에는 5년
2. 15년 유기형의 경우에는 3년
3. 부정기형의 경우에는 단기의 3분의 1

③ 동법 제64조

④ 동법 제63조

정답 | ②

39

소년에 대한 부정기형에 관한 설명으로 옳지 않은 것은? (다툼이 있는 경우 판례에 의함) 교정7급 2009

① 부정기형이 소년을 성인과 차별대우한다고 해서 「헌법」 제11조에서 천명하고 있는 평등의 원칙에 반하는 것은 아니다.

② 선택형으로서 무기징역형을 선택한 후 작량감경을 하여 유기징역형을 선고할 경우에는 부정기형을 선고할 수 있다.

③ 부정기형의 경우 장기와 단기의 폭에 관하여 법률에 정한 바가 없으므로 그 폭이 6월에 불과하더라도 위법하다고 보기 어렵다.

④ 「소년법」상 형의 감경 대상이 되는 소년인지 여부는 사실심 판결선고 시를 기준으로 하여야 한다.

해설

작량감경(정상참작감경)이란 법관의 재량에 의한 감경을 의미하는데, 무기징역형에 대한 정상참작감경의 경우 정기형을 선고해야 한다는 견해가 지배적이다. 즉, 소년에 대해 사형이나 무기징역형을 선택한 후 정상참작감경을 하여 유기징역형을 선고할 경우에는 15년의 유기징역으로 한다는 것이다. 범행 시 18세 미만인 자에 대한 사형과 무기형의 완화로 인한 형벌은 부정기형을 선고할 수 없다.

정답 | ②

40

소년형사사건의 처리에 대한 설명으로 옳지 않은 것은? 교정9급 2011

① 사건의 조사·심리를 위해 소년분류심사원에 위탁된 기간은 「형법」 제57조 제1항의 판결선고 전 구금일수로 본다.

② 무기형을 선고받은 소년에 대하여는 5년이 경과하면 가석방을 허가할 수 있다.

③ 보호처분이 계속되는 중 징역·금고·구류의 선고를 받은 소년에 대해서는, 계속되는 보호처분을 먼저 집행한다.

④ 18세 미만인 소년에게는 원칙으로 환형처분이 금지된다.

해설

보호처분이 계속되는 중 징역·금고·구류의 선고를 받은 소년에 대해서는 먼저 그 형을 집행한다.

정답 | ③

41

우리나라 소년범죄 대책에 대한 설명으로 옳은 것은?

교정9급 2007

① 소년범죄가 날로 심각해지고 「소년법」상 소년원 수용처분의 대상자가 급증하면서 과밀수용에 대한 비판이 있다.

② 소년법원상 남성과 여성, 보호소년과 위탁소년 및 유치소년은 분리수용하도록 되어 있다.

③ 최근에는 소년범에 대한 비공식절차는 바람직하지 않다는 점에서 공식절차가 더 강조되고 있다.

④ 소년원학교에는 「초·중등교육법」에 의한 자격을 갖춘 교원을 두어야 하며, 교원은 일반직공무원으로 임용할 수 없다.

해설

① 소년범죄가 날로 심각해지고 있으나 전환제도와 같은 형사사법의 정책으로 인해 「소년법」상 소년원 수용처분의 대상자가 감소하면서 과밀수용에 대한 문제가 개선되고 있다.

③ 최근에는 소년범에 대한 공식절차는 바람직하지 않다는 점에서 비공식절차가 더 강조되고 있다.

④ 소년원학교에는 「초·중등교육법」에 의한 자격을 갖춘 교원을 두어야 하고, 교원은 일반직공무원으로도 임용할 수 있다.

정답 | ②

42

「형의 집행 및 수용자의 처우에 관한 법령」과 「소년법」상 소년수용자의 처우에 대한 설명으로 옳지 않은 것은?

교정7급 2023

① 19세 이상 수형자와 19세 미만 수형자를 같은 교정시설에 수용하는 경우에는 서로 분리하여 수용한다.

② 소년에 대한 부정기형을 집행하는 기관의 장은 형의 단기가 지난 소년범의 행형성적이 양호하고 교정의 목적을 달성하였다고 인정되는 경우에는 관할 지방법원 판사의 명령에 따라 그 형의 집행을 종료시킬 수 있다.

③ 15년 유기징역형을 선고받은 15세 소년이 3년이 지나 가석방된 경우, 가석방된 후 그 처분이 취소되지 아니하고 3년이 경과한 때에 형의 집행을 종료한 것으로 한다.

④ 19세 미만 수형자의 처우를 전담하는 시설에는 별도의 공동학습공간을 마련하고 학용품 및 소년의 정서함양에 필요한 도서, 잡지 등을 갖춰 두어야 한다.

해설

② 소년에 대한 부정기형을 집행하는 기관의 장은 형의 단기가 지난 소년범의 행형성적이 양호하고 교정의 목적을 달성하였다고 인정되는 경우에는 <u>관할 검찰청 검사의 지휘에 따라</u> 그 형의 집행을 종료시킬 수 있다(소년법 제60조 제4항).

① 형집행법 제13조 제2항

③ 징역 또는 금고를 선고받은 소년이 가석방된 후 그 처분이 취소되지 아니하고 가석방 전에 집행을 받은 기간과 같은 기간이 지난 경우에는 형의 집행을 종료한 것으로 한다(소년법 제66조 본문).

④ 형집행법 시행규칙 제59조의2 제2항

정답 | ②

43

「보호소년 등의 처우에 관한 법률」상 보호소년의 처우에 관한 설명으로 옳지 않은 것은? 교정7급 2007

① 여성과 남성은 각각 분리수용할 수 있다.
② 보호소년 등의 보호 및 교정교육에 지장이 있다고 인정되는 경우에는 보호소년 등의 편지를 제한할 수 있으며, 편지의 내용을 검열할 수 있다.
③ 보호소년의 직계존속의 회갑 또는 형제자매의 혼례가 있는 때에는 외출을 허가할 수 있다.
④ 14세 이상의 보호소년이 규율을 위반하였을 경우에는 지정된 실내에서 20일 이내의 근신에 처할 수 있다.

해설

남성과 여성, 보호소년과 위탁소년의 분리수용은 필요적 규정이다.

정답 | ①

44

「보호소년 등의 처우에 관한 법률」에서 규정된 보호장비에 해당하는 것만을 모두 고른 것은? 교정9급 2017

㉠ 수갑	㉡ 포승
㉢ 가스총	㉣ 전자충격기
㉤ 보호대	㉥ 발목보호장비

① ㉠, ㉡, ㉢
② ㉡, ㉣, ㉤
③ ㉠, ㉡, ㉢, ㉣, ㉤
④ ㉠, ㉢, ㉣, ㉤, ㉥

해설

보호장비의 종류에는 수갑, 포승, 가스총, 전자충격기, 머리보호장비, 보호대가 있다[보호소년 등의 처우에 관한 법률(이하 "보호소년법") 제14조의2 제1항].

정답 | ③

45

「보호소년 등의 처우에 관한 법률」상 보호장비의 사용에 대한 설명으로 옳은 것만을 모두 고르면?

교정9급 2023

ㄱ. 보호장비는 필요한 최소한의 범위에서 사용하여야 하며, 보호장비를 사용할 필요가 없게 되었을 때에는 지체 없이 사용을 중지하여야 한다.
ㄴ. 원장은 보호소년등이 위력으로 소속 공무원의 정당한 직무집행을 방해하는 경우에는 소속 공무원으로 하여금 가스총을 사용하게 할 수 있다. 이 경우 사전에 상대방에게 이를 경고하여야 하나, 상황이 급박하여 경고할 시간적인 여유가 없는 때에는 그러하지 아니하다.
ㄷ. 원장은 보호소년등이 자해할 우려가 큰 경우에는 소속 공무원으로 하여금 보호소년등에게 머리보호장비를 사용하게 할 수 있다.
ㄹ. 원장은 법원 또는 검찰의 조사·심리, 이송, 그 밖의 사유로 호송하는 경우에는 소속 공무원으로 하여금 보호소년등에 대하여 수갑, 포승 또는 보호대 외에 가스총이나 전자충격기를 사용하게 할 수 있다.

① ㄱ, ㄴ　　② ㄴ, ㄹ
③ ㄱ, ㄴ, ㄷ　　④ ㄱ, ㄷ, ㄹ

해설

ㄱ, ㄴ, ㄷ이다.
ㄱ. 보호소년법 제14조의2 제6항
ㄴ. 동법 제14조의2 제3항 제4호·제4항
ㄷ. 동법 제14조의2 제5항
ㄹ. 원장은 법원 또는 검찰의 조사·심리, 이송, 그 밖의 사유로 호송하는 경우에는 소속 공무원으로 하여금 보호소년등에 대하여 수갑, 포승 또는 보호대를 사용하게 할 수 있다(동법 제14조의2 제2항 제2호). 즉, 가스총이나 전자충격기는 사용하게 할 수 없다.

보호소년법 제14조의2(보호장비의 사용)
② 원장은 다음 각 호의 어느 하나에 해당하는 경우에는 소속 공무원으로 하여금 보호소년등에 대하여 수갑, 포승 또는 보호대를 사용하게 할 수 있다.
1. 이탈·난동·폭행·자해·자살을 방지하기 위하여 필요한 경우
2. 법원 또는 검찰의 조사·심리, 이송, 그 밖의 사유로 호송하는 경우
3. 그 밖에 소년원·소년분류심사원의 안전이나 질서를 해칠 우려가 현저한 경우
③ 원장은 다음 각 호의 어느 하나에 해당하는 경우에는 소속 공무원으로 하여금 보호소년등에 대하여 수갑, 포승 또는 보호대 외에 가스총이나 전자충격기를 사용하게 할 수 있다.
1. 이탈, 자살, 자해하거나 이탈, 자살, 자해하려고 하는 때
2. 다른 사람에게 위해를 가하거나 가하려고 하는 때
3. 위력으로 소속 공무원의 정당한 직무집행을 방해하는 때
4. 소년원·소년분류심사원의 설비·기구 등을 손괴하거나 손괴하려고 하는 때
5. 그 밖에 시설의 안전 또는 질서를 크게 해치는 행위를 하거나 하려고 하는 때

정답 | ③

46

「보호소년 등의 처우에 관한 법률」에 대한 설명으로 옳은 것은? 교정9급 2022

① 보호소년등은 남성과 여성, 보호소년과 위탁소년 및 유치소년, 16세 미만인 자와 16세 이상인 자 등의 기준에 따라 분리수용한다.

② 보호소년등이 규율 위반행위를 하여 20일 이내의 기간 동안 지정된 실(室) 안에서 근신하는 징계를 받은 경우에는 그 기간 중 원내 봉사활동, 텔레비전 시청 제한, 단체 체육활동 정지, 공동행사 참가 정지가 함께 부과된다.

③ 보호장비는 징벌의 수단으로 사용되어서는 아니 된다.

④ 소년원 또는 소년분류심사원에서 보호소년등이 사용하는 목욕탕, 세면실 및 화장실에는 전자영상장비를 설치하여서는 아니 된다.

해설

③ 보호소년법 제14조의2 제7항

① 보호소년등은 다음 각 호(제1호: 남성과 여성, 제2호: 보호소년, 위탁소년 및 유치소년)의 기준에 따라 분리수용한다(동법 제8조 제2항).

② 제1항 제7호(20일 이내의 근신)의 처분을 받은 보호소년등에게는 그 기간 중 같은 항 제4호부터 제6호(20일 이내의 텔레비전 시청 제한, 20일 이내의 단체 체육활동 정지, 20일 이내의 공동행사 참가 정지)까지의 처우 제한이 함께 부과된다. 그러나 원내 봉사활동은 포함되지 않는다.

④ 보호소년등이 사용하는 목욕탕, 세면실 및 화장실에 전자영상장비를 설치하여 운영하는 것은 자해등의 우려가 큰 때에만 할 수 있다. 이 경우 전자영상장비로 보호소년등을 감호할 때에는 여성인 보호소년등에 대해서는 여성인 소속 공무원만, 남성인 보호소년등에 대해서는 남성인 소속 공무원만이 참여하여야 한다(동법 제14조의3 제2항).

정답 | ③

47

「보호소년 등의 처우에 관한 법률」에 대한 설명으로 옳지 않은 것은? 교정9급 2014

① 보호소년 등을 소년원이나 소년분류심사원에 수용할 때에는 법원소년부의 결정서에 의하여야 한다.

② 보호소년 등이 소년원이나 소년분류심사원을 이탈하였을 때에는 그 소속 공무원이 재수용할 수 있다.

③ 보호소년 등은 그 처우에 대하여 불복할 때에는 법무부장관에게 문서로 청원할 수 있다.

④ 원장은 보호소년 등이 규율을 위반하였을 경우 훈계, 원내 봉사활동, 14세 이상인 자에게 지정된 실내에서 30일 이내의 기간 동안 근신하게 할 수 있다.

해설

원장은 보호소년 등이 규율을 위반하였을 경우 훈계, 원내봉사활동, 14세 이상인 자에게 지정된 실내에서 20일 이내의 기간 동안 근신하게 할 수 있다.

정답 | ④

48

「보호소년 등의 처우에 관한 법률」상 옳은 것만을 모두 고르면?

교정7급 2021

ㄱ. 신설하는 소년원 및 소년분류심사원은 수용정원이 150명 이상의 규모가 되도록 하여야 한다. 다만, 소년원 및 소년분류심사원의 기능·위치나 그 밖의 사정을 고려하여 그 규모를 축소할 수 있다.
ㄴ. 소년분류심사원장은 유치소년이 시설의 안전과 수용질서를 현저히 문란하게 하는 보호소년에 대한 교정교육을 위하여 유치기간을 연장할 필요가 있는 경우에는 유치 허가를 한 지방법원 판사 또는 소년분류심사원 소재지를 관할하는 법원소년부에 유치 허가의 취소에 관한 의견을 제시할 수 있다.
ㄷ. 20일 이내의 기간 동안 지정된 실(室) 안에서 근신하게 하는 징계는 14세 미만의 보호소년 등에게는 부과하지 못한다.
ㄹ. 출원하는 보호소년 등에 대한 사회정착지원의 기간은 6개월 이내로 하되, 6개월 이내의 범위에서 한 번에 한하여 그 기간을 연장할 수 있다.
ㅁ. 원장은 법원 또는 검찰의 조사·심리, 이송, 그 밖의 사유로 보호소년 등을 호송하는 경우, 소속 공무원으로 하여금 수갑, 포승이나 전자충격기를 사용하게 할 수 있다.

① ㄱ, ㄴ ② ㄷ, ㄹ
③ ㄱ, ㄷ, ㄹ ④ ㄴ, ㄹ, ㅁ

해설

ㄱ. 신설하는 소년원 및 소년분류심사원은 수용정원이 150명 이내의 규모가 되도록 하여야 한다. 다만, 소년원 및 소년분류심사원의 기능·위치나 그 밖의 사정을 고려하여 그 규모를 증대할 수 있다(보호소년법 제6조 제1항).
ㄴ. 의견을 제시할 수 없다.

보호소년법 제9조(보호처분의 변경 등)
① 소년원장은 보호소년이 다음 각 호의 어느 하나에 해당하는 경우에는 소년원 소재지를 관할하는 법원소년부에 「소년법」 제37조에 따른 보호처분의 변경을 신청할 수 있다.
1. 중환자로 판명되어 수용하기 위험하거나 장기간 치료가 필요하여 교정교육의 실효를 거두기가 어렵다고 판단되는 경우
2. 심신의 장애가 현저하거나 임신 또는 출산(유산·사산한 경우를 포함한다), 그 밖의 사유로 특별한 보호가 필요한 경우
3. 시설의 안전과 수용질서를 현저히 문란하게 하는 보호소년에 대한 교정교육을 위하여 보호기간을 연장할 필요가 있는 경우
② 소년분류심사원장은 위탁소년이 제1항 각 호의 어느 하나에 해당하는 경우에는 위탁 결정을 한 법원소년부에 「소년법」 제18조에 따른 임시조치의 취소, 변경 또는 연장에 관한 의견을 제시할 수 있다.
③ 소년분류심사원장은 유치소년이 제1항 제1호 또는 제2호에 해당하는 경우에는 유치 허가를 한 지방법원 판사 또는 소년분류심사원 소재지를 관할하는 법원소년부에 유치 허가의 취소에 관한 의견을 제시할 수 있다(제3호는 의견제시 사항이 아님).

ㄷ. 동법 제15조 제3항
ㄹ. 동법 제45조의2 제2항
ㅁ. 원장은 법원 또는 검찰의 조사·심리, 이송, 그 밖의 사유로 보호소년 등을 호송하는 경우에는 소속 공무원으로 하여금 수갑, 포승 또는 보호대를 사용하게 할 수 있다. 가스총이나 전자충격기는 사용하게 할 수 없다.

보호소년법 제14조의2(보호장비의 사용)
③ 원장은 다음 각 호의 어느 하나에 해당하는 경우에는 소속 공무원으로 하여금 보호소년 등에 대하여 수갑, 포승 또는 보호대 외에 가스총이나 전자충격기를 사용하게 할 수 있다.
1. 이탈, 자살, 자해하거나 이탈, 자살, 자해하려고 하는 때
2. 다른 사람에게 위해를 가하거나 가하려고 하는 때
3. 위력으로 소속 공무원의 정당한 직무집행을 방해하는 때
4. 소년원·소년분류심사원의 설비·기구 등을 손괴하거나 손괴하려고 하는 때
5. 그 밖에 시설의 안전 또는 질서를 크게 해치는 행위를 하거나 하려고 하는 때

정답 | ②

49

소년원에서 12세의 보호소년이 규율을 위반하였을 경우, 이에 대해 소년원장이 취한 조치로 옳은 것은?

교정9급 2013

① 훈계하고 교정성적 점수를 감점하였다.
② 지정된 실내에서 15일 동안 근신하게 하였다.
③ 원외에서 7일 동안 봉사활동을 하게 하였다.
④ 보호소년의 임시퇴원 허가를 취소하고 직권으로 계속 수용하였다.

해설

① 징계는 훈계, 원내 봉사활동, 14세 이상인 자에 대하여 지정된 실내에서 20일 이내의 기간 동안 근신하게 하는 것이 주징계이고, 교정성적의 감점은 부수적인 처분이다.
② 근신은 14세 이상이어야 하기 때문에 해당되지 않는다.
③ 원내에서 7일 동안 봉사활동을 하게 한다.
④ 보호소년의 임시퇴원 허가를 취소하고 직권으로 계속 수용한다는 규정은 없다

정답 | ①

50

「보호소년 등의 처우에 관한 법률」상 보호소년의 처우에 대한 설명으로 옳지 않은 것은?

교정9급 2016

① 퇴원이 허가된 보호소년이 질병에 걸리거나 본인의 편익을 위하여 필요하면 본인의 신청에 의하여 계속 수용할 수 있다.
② 보호소년이 친권자와 면회를 할 때에는 소속 공무원이 참석하지 아니한다. 다만, 보이는 거리에서 보호소년을 지켜볼 수 있다.
③ 여성인 보호소년이 사용하는 목욕탕에 영상정보처리기기를 설치하여 운영하는 것은 자해 등의 우려가 큰 때에만 할 수 있다. 이 경우 여성인 소속 공무원만이 참여하여야 한다.
④ 소년원장은 보호소년의 보호 및 교정교육에 지장을 주지 아니하는 범위에서 가족과 전화통화를 허가할 수 있으며, 교정교육상 특히 필요하다고 인정할 때 직권으로 외출을 허가할 수 있다.

해설

② 보호소년 등이 면회를 할 때에는 소속 공무원이 참석하여 보호소년 등의 보호 및 교정교육에 지장이 없도록 지도할 수 있으며(보호소년법 제18조 제2항), 제2항에도 불구하고 보호소년 등이 변호인 또는 보조인(변호인 등)과 면회를 할 때에는 소속 공무원이 참석하지 아니한다. 다만, 보이는 거리에서 보호소년 등을 지켜볼 수 있다(동법 제18조 제3항).
① 퇴원 또는 임시퇴원이 허가된 보호소년이 질병에 걸리거나 본인의 편익을 위하여 필요하면 본인의 신청에 의하여 계속 수용할 수 있다(동법 제46조 제1항).
③ 전자영상장비로 보호소년등을 감호할 때에는 여성인 보호소년등에 대해서는 여성인 소속 공무원만, 남성인 보호소년등에 대해서는 남성인 소속 공무원만이 참여하여야 한다(동법 제14조의3 제2항 후단).
④ 소년원장은 보호소년 등의 보호 및 교정교육에 지장을 주지 아니하는 범위에서 가족 등과 전화통화를 허가할 수 있으며(동법 제18조 제6항), 보호소년에게 외출 사유가 있을 때에는 본인이나 보호자 등의 신청에 따라 또는 직권으로 외출을 허가할 수 있다(동법 제19조).

정답 | ②

51

「보호소년 등의 처우에 관한 법률」상 보호소년의 수용·보호에 대한 설명으로 옳지 않은 것은? 교정9급 2019

① 소년원장은 미성년자인 보호소년이 친권자나 후견인이 없거나 있어도 그 권리를 행사할 수 없을 때에는 법원의 허가를 받아 적당한 자로 하여금 그 보호소년을 위하여 친권자나 후견인의 직무를 행사하게 하여야 한다.

② 소년원장은 공동으로 비행을 저지른 관계에 있는 사람의 편지인 경우 등 보호소년의 보호 및 교정교육에 지장이 있다고 인정되는 경우에는 보호소년의 편지 왕래를 제한할 수 있으며, 편지의 내용을 검사할 수 있다.

③ 보호소년이 사용하는 목욕탕, 세면실 및 화장실에 전자영상장비를 설치하여 운영하는 것은 이탈·난동·폭행·자해·자살, 그 밖에 보호소년의 생명·신체를 해치거나 시설의 안전 또는 질서를 해치는 행위의 우려가 큰 때에만 할 수 있다.

④ 소년원장은 분류수용, 교정교육상의 필요, 그 밖의 이유로 보호소년을 다른 소년원으로 이송하는 것이 적당하다고 인정하면 법무부장관의 허가를 받아 이송할 수 있다.

해설

소년원장은 미성년자인 보호소년 등이 친권자나 후견인이 없거나 있어도 그 권리를 행사할 수 없을 때에는 법원의 허가를 받아 그 보호소년 등을 위하여 친권자나 후견인의 직무를 행사할 수 있다(보호소년법 제23조).

정답 | ①

52

「아동·청소년의 성보호에 관한 법률」에 대한 설명으로 옳지 않은 것은? 교정9급 2007

① 청소년의 성을 사는 행위를 대상으로 된 청소년의 선도보호를 위하여 처벌되지 아니하고 「소년법」상 보호사건으로 처리할 수 있다.

② 19세 미만의 청소년과 성매매를 했을 경우 처벌대상이 된다.

③ 신상 등의 공개는 행정처분의 성격을 가지므로 청소년위원회의 결정에 의하도록 규정하고 있다.

④ 공개대상범죄를 범한 자라도 청소년인 경우에는 공개할 수 없다.

해설

법원의 판결로써 공개한다.

정답 | ③

memo _

PART

박상민 JUSTICE 교정학

3

최신기출

2025년 교정9급

교정학개론

01

손베리(Thornberry)의 상호작용이론(interactional theory)에 대한 설명으로 옳은 것은?

① 사회통제이론과 사회학습이론을 결합한 통합이론이다.

② 청소년의 비행경로를 조기개시형(early starters)과 만기개시형(late starters)으로 구분한다.

③ 사회적 반응이 일탈의 특성과 강도를 규정하는 원인이다.

④ 사회학습 요소로 차별접촉, 차별강화, 애착, 모방을 제시한다.

해설

① 손베리는 통제이론과 학습이론을 결합하여 비행을 상호작용적 과정이라는 관점에서 파악하였다.

② 패터슨(Patterson)에 대한 설명이다. 손베리는 청소년기를 3단계로 나누었으며, 청소년기 이후에는 대학, 취업, 결혼 등이 중요한 영향을 준다고 한다.

③ 낙인이론에 대한 설명이다. 손베리는 청소년기에 발생한 전통사회와의 결속약화와 비행친구와의 접촉 등 사회적 환경이 원인이라고 주장하였다.

④ 에이커스(Akers)의 차별적 강화이론에 대한 설명이다.

손베리의 상호작용이론

- 최초의 비행은 청소년기에 전통사회와의 결속이 약화되면서 발생한다.
  예 부모에 대한 애착, 학교에 대한 전념, 전통적 가치에 대한 믿음 등이 약화될수록 비행가능성이 증가한다고 본다.
- 비행친구와의 접촉은 비행의 강도 및 빈도를 증가시킨다.
- 상호작용적 과정은 개인의 생애주기를 통해 발전하고, 각 연령단계마다 이에 영향을 주는 요인들이 상이하다.
  예 유년기에는 가족, 청소년기에는 친구의 역할이 중요

정답 | ①

02

「형의 집행 및 수용자의 처우에 관한 법률」상 미결수용자의 처우에 대한 설명으로 옳지 않은 것은?

① 소장은 미결수용자가 징벌집행 중인 경우, 변호인과의 접견 시간과 횟수를 제한할 수 있다.

② 소장은 도주우려가 크거나 특히 부적당한 사유가 있다고 인정하면 미결수용자의 재판참석 시 교정시설에서 지급하는 의류를 입게 할 수 있다.

③ 미결수용자의 머리카락과 수염은 특히 필요한 경우가 아니면 본인의 의사에 반하여 짧게 깎지 못한다.

④ 미결수용자와 변호인과의 접견에는 교도관이 참여하지 못하지만, 보이는 거리에서 미결수용자를 관찰할 수 있다.

해설

① 소장은 미결수용자가 징벌대상자로서 조사받고 있거나 징벌집행 중인 경우에도 소송서류의 작성, 변호인과의 접견·편지수수, 그 밖의 수사 및 재판 과정에서의 권리행사를 보장하여야 한다(형집행법 제85조).

② 동법 제82조

③ 동법 제83조

④ 동법 제84조 제1항

정답 | ①

03

「교도작업의 운영 및 특별회계에 관한 법률」상 교도작업에 대한 설명으로 옳은 것은?

① 특별회계는 교도소장이 운용·관리한다.
② 특별회계의 결산상 잉여금은 다음 연도의 세입에 이입한다.
③ 교도작업으로 생산된 제품은 민간기업 등에 직접 판매할 수 없다.
④ 법무부장관은 교도작업으로 생산되는 제품의 종류와 수량을 회계연도 개시 2개월 전까지 공고하여야 한다.

해설

② 교도작업법 제11조의2
① 특별회계는 법무부장관이 운용·관리한다(동법 제8조 제2항).
③ 교도작업으로 생산된 제품은 민간기업 등에 직접 판매하거나 위탁하여 판매할 수 있다(동법 제7조).
④ 법무부장관은 교도작업으로 생산되는 제품의 종류와 수량을 회계연도 개시 1개월 전까지 공고하여야 한다(동법 제4조).

정답 | ②

04

「형의 집행 및 수용자의 처우에 관한 법률 시행규칙」상 경비처우급 조정 등에 대한 설명으로 옳지 않은 것은?

① 형기의 6분의 5에 도달한 자에 대한 정기재심사의 경우, 경비처우급 상향 조정의 평정소득점수 기준은 7점 이상이다.
② 경비처우급 하향 조정의 평정소득점수 기준은 5점 이하이다.
③ 조정된 처우등급에 따른 처우는 그 조정이 확정된 날부터 한다.
④ 소장은 수형자의 경비처우급을 조정한 경우, 지체 없이 해당 수형자에게 그 사항을 알려야 한다.

해설

③ 조정된 처우등급에 따른 처우는 그 조정이 확정된 다음 날부터 한다. 이 경우 조정된 처우등급은 그 달 초일부터 적용된 것으로 본다(형집행법 시행규칙 제82조 제1항).
① 동법 시행규칙 제81조 제1호
② 동법 시행규칙 제81조 제2호
④ 동법 시행규칙 제82조 제2항

정답 | ③

05

「형의 집행 및 수용자의 처우에 관한 법률」상 수용자가 정보공개를 청구할 수 있는 대상이 아닌 것은?

① 법무부장관 ② 교정본부장
③ 지방교정청장 ④ 소장

해설

수용자는 「공공기관의 정보공개에 관한 법률」에 따라 법무부장관, 지방교정청장 또는 소장에게 정보의 공개를 청구할 수 있다(형집행법 제117조의2 제1항).

정답 | ②

06

「치료감호 등에 관한 법률」상 치료감호에 대한 설명으로 옳지 않은 것은?

① 마약류 중독으로 금고 이상의 형에 해당하는 죄를 지어, 치료감호시설에서 치료를 받을 필요가 있고 재범의 위험성이 있는 자의 치료감호기간은 2년을 초과할 수 없다.
② 피치료감호자에 대한 치료감호가 가종료되었을 때 보호관찰기간은 3년으로 한다.
③ 치료감호와 형(刑)이 병과(倂科)된 경우에는 치료감호를 먼저 집행하며, 이 경우 치료감호의 집행기간은 형 집행기간에서 제외한다.
④ 법무부장관은 연 2회 이상 치료감호시설의 운영실태 및 피치료감호자등에 대한 처우상태를 점검하여야 한다.

해설

③ 치료감호와 형(刑)이 병과(倂科)된 경우에는 치료감호를 먼저 집행한다. 이 경우 치료감호의 집행기간은 형 집행기간에 포함한다(치료감호법 제18조).
① 동법 제16조 제2항 제2호
② 피치료감호자가 다음 각 호의 어느 하나에 해당하게 되면 「보호관찰 등에 관한 법률」에 따른 보호관찰(이하 "보호관찰"이라 한다)이 시작된다(동법 제32조 제12항).
1. 피치료감호자에 대한 치료감호가 가종료되었을 때
2. 피치료감호자가 치료감호시설 외에서 치료받도록 법정대리인등에게 위탁되었을 때
3. 치료감호기간이 만료되는 피치료감호자에 대하여 치료감호심의위원회가 심사하여 보호관찰이 필요하다고 결정한 경우에는 치료감호기간이 만료되었을 때

참고로, 보호관찰의 기간은 3년으로 한다(동법 제32조 제2항).
④ 동법 제31조

정답 | ③

07

갑오개혁 이후의 행형제도에 대한 설명으로 옳지 않은 것은?

① 감옥규칙의 제정으로 사법권이 행정권으로부터 독립되었다.
② 형법대전은 근대 서구의 법체계를 모방한 법전이다.
③ 기유각서에 의해 통감부에서 감옥사무를 관장하였다.
④ 미군정기에 재소자석방청원제가 실시되었다.

해설

1895년 3월 25일 재판소구성법의 제정으로 사법권이 행정권으로부터 독립됨으로써 근대적 개념의 사법기관 및 사법제도의 정비가 이루어졌다. 이전에는 사법권과 행정권, 검찰기관과 재판기관 모두 독립되어 있지 않았으나, 재판소구성법에 따라 각 재판소는 판사와 검사를 구분하고, 판사는 재판을, 검사는 범죄수사와 소추를 담당하게 되었다.

정답 | ①

08

「형의 집행 및 수용자의 처우에 관한 법률 시행규칙」상 자비구매물품 등에 대한 설명으로 옳은 것은?

① 소장은 감염병의 유행 등으로 자비구매물품의 사용이 중지된 경우에는 구매신청을 제한하여야 한다.
② 소장은 교도작업제품으로서 자비구매물품으로 적합한 것은 법무부장관으로부터 지정받은 자비구매물품 공급자를 거쳐 우선하여 공급할 수 있다.
③ 교정본부장은 자비구매물품 공급의 교정시설 간 균형 및 교정시설의 안전과 질서유지를 위하여 공급물품의 품목 및 규격 등에 대한 통일된 기준을 제시할 수 있다.
④ 소장은 공급제품이 부패, 파손, 규격미달, 그 밖의 사유로 수용자에게 공급하기에 부적당하다고 인정하는 경우에는 교정본부장에게 이를 보고하고 필요한 조치를 하여야 한다.

해설

② 형집행법 시행규칙 제18조
① 소장은 감염병의 유행 또는 수용자의 징벌집행 등으로 자비구매물품의 사용이 중지된 경우에는 구매신청을 제한할 수 있다(동법 시행규칙 제17조 제2항).
③ 법무부장관은 자비구매물품 공급의 교정시설 간 균형 및 교정시설의 안전과 질서유지를 위하여 공급물품의 품목 및 규격 등에 대한 통일된 기준을 제시할 수 있다(동법 시행규칙 제16조 제3항).
④ 검수관은 공급제품이 부패, 파손, 규격미달, 그 밖의 사유로 수용자에게 공급하기에 부적당하다고 인정하는 경우에는 소장에게 이를 보고하고 필요한 조치를 하여야 한다(동법 시행규칙 제19조 제2항).

정답 | ②

09

「형의 집행 및 수용자의 처우에 관한 법률」상 작업시간 등에 대한 설명으로 옳지 않은 것은?

① 휴식·운동·식사·접견 등 실제 작업을 실시하지 않는 시간을 제외한 1일의 작업시간은 8시간을 초과할 수 없다.

② 작업장의 운영을 위하여 불가피한 경우에는 공휴일·토요일에도 작업을 부과할 수 있다.

③ 19세 미만 수형자의 작업시간은 1일에 8시간을, 1주에 40시간을 초과할 수 없다.

④ 취사·청소·간병 등 교정시설의 운영과 관리에 필요한 작업의 1일 작업시간은 12시간을 초과할 수 있다.

해설

④ 취사·청소·간병 등 교정시설의 운영과 관리에 필요한 작업의 1일 작업시간은 12시간 이내로 한다(형의 집행 및 수용자의 처우에 관한 법률 제71조 제2항). 따라서 초과할 수 없다.

① 동법 제71조 제1항

② 동법 제71조 제5항 제2호

③ 동법 제71조 제4항

> 형집행법 제71조(작업시간 등)
> ① 1일의 작업시간(휴식·운동·식사·접견 등 실제 작업을 실시하지 않는 시간을 제외한다)은 8시간을 초과할 수 없다.
> ② 취사·청소·간병 등 교정시설의 운영과 관리에 필요한 작업의 1일 작업시간은 12시간 이내로 한다.
> ③ 1주의 작업시간은 52시간을 초과할 수 없다. 다만, 수형자가 신청하는 경우에는 1주의 작업시간을 8시간 이내의 범위에서 연장할 수 있다.
> ④ 19세 미만 수형자의 작업시간은 1일에 8시간을, 1주에 40시간을 초과할 수 없다.
> ⑤ 공휴일·토요일과 대통령령으로 정하는 휴일에는 작업을 부과하지 아니한다. 다만, 다음 각 호의 어느 하나에 해당하는 경우에는 작업을 부과할 수 있다.
> 1. 취사·청소·간병 등 교정시설의 운영과 관리에 필요한 작업을 하는 경우
> 2. 작업장의 운영을 위하여 불가피한 경우
> 3. 공공의 안전이나 공공의 이익을 위하여 긴급히 필요한 경우
> 4. 수형자가 신청하는 경우

정답 | ④

10

억제이론에 대한 설명으로 옳은 것은?

① 인간은 자유의지를 가지고 합리적인 판단에 따라 행동한다고 가정한다.

② 처벌의 엄중성은 처벌받을 가능성을 의미한다.

③ 처벌의 확실성은 강한 처벌을 통한 범죄억제를 의미한다.

④ 처벌의 신속성은 초기 고전주의 범죄학자들이 범죄억제에 있어 가장 강조한 핵심요소이다.

해설

① 억제이론은 고전주의 범죄학에 기반하므로, 인간은 자유의지를 가지고 합리적인 판단에 따라 행동한다고 가정하고, 그에 대한 책임으로 적정한 형벌이 따라야 한다고 주장한다.

② 확실성에 대한 설명이다. 엄중성은 형벌의 정도가 엄중할수록 사람들은 형벌에 대한 두려움에 범죄를 자제한다는 것을 의미한다.

③ 엄중성에 대한 설명이다. 확실성은 형벌의 집행이 확실할수록 사람들은 형벌에 대한 두려움에 범죄를 자제한다는 것을 의미한다.

④ 고전주의 범죄학자들이 가장 강조한 핵심요소는 처벌의 확실성이다.

정답 | ①

11

「교도관직무규칙」상 사회복귀업무 교도관의 직무에 대한 설명으로 옳지 않은 것은?

① 수형자의 학력신장에 필요한 교육과정 개설계획을 수립하여 소장에게 보고하고, 소장의 지시를 받아 교육을 하여야 한다.

② 수형자가 귀휴등의 요건에 해당하고 귀휴등을 허가할 필요가 있다고 인정하는 경우에는 그 사실을 상관에게 보고하여야 한다.

③ 수형자가 교정성적이 우수하고 재범의 우려가 없는 등 가석방 요건을 갖추었다고 인정되는 경우에는 상관에게 보고하는 등 적절한 조치를 하여야 한다.

④ 사형확정자나 사형선고를 받은 사람의 심리적 안정을 위하여 수시로 상담을 하여야 하며, 필요하다고 인정하는 경우에는 외부인사와 결연을 주선하여 수용생활이 안정되도록 하여야 한다.

해설

③ 분류심사업무 교도관은 수형자가 교정성적이 우수하고 재범의 우려가 없는 등 가석방 요건을 갖추었다고 인정되는 경우에는 상관에게 보고하는 등 적절한 조치를 하여야 한다(교도관직무규칙 제73조).
① 동 규칙 제60조
② 동 규칙 제64조
④ 동 규칙 제63조 제3항

교도관직무규칙 제59조(사회복귀업무 교도관의 직무)
교정직교도관 중 사회복귀업무를 수행하는 자(이하 "사회복귀업무 교도관"이라 한다)는 이 장 제1절의 직무 외에 다음 각 호의 사무를 겸하여 담당한다.
1. 수용자의 서신·집필
2. 수용자의 종교·문화
3. 수형자의 교육 및 교화프로그램
4. 수형자의 귀휴, 사회 견학, 가족 만남의 집 또는 가족 만남의 날 행사(이하 이 절에서 "귀휴등"이라 한다)
5. 수형자의 사회복귀 지원

동 규칙 제67조(분류심사업무 교도관의 직무)
교정직교도관 중 분류심사업무를 수행하는 자(이하 "분류심사업무 교도관"이라 한다)는 이 장 제1절의 직무 외에 다음 각 호의 사무를 겸하여 담당한다.
1. 수형자의 인성, 행동특성 및 자질 등의 조사·측정·평가(이하 "분류심사"라 한다)
2. 교육 및 작업의 적성 판정
3. 수형자의 개별처우계획 수립 및 변경
4. 가석방

정답 | ③

12

「형의 집행 및 수용자의 처우에 관한 법률」상 수형자의 분류심사에 대한 설명으로 옳지 않은 것은?

① 수형자의 분류심사는 형이 확정된 경우에 개별처우계획을 수립하기 위하여 하는 심사와 일정한 형기가 지나거나 상벌 또는 그 밖의 사유가 발생한 경우에 개별처우계획을 조정하기 위하여 하는 심사로 구분한다.

② 소장은 분류심사를 위하여 수형자를 대상으로 상담 등을 통한 신상에 관한 개별사안의 조사, 심리·지능·적성 검사, 그 밖에 필요한 검사를 하여야 한다.

③ 소장은 분류심사를 위하여 외부전문가로부터 필요한 의견을 듣거나 외부전문가에게 조사를 의뢰할 수 있다.

④ 법무부장관은 수형자를 과학적으로 분류하기 위하여 분류심사를 전담하는 교정시설을 지정·운영할 수 있다.

해설

② 소장은 분류심사를 위하여 수형자를 대상으로 상담 등을 통한 신상에 관한 개별사안의 조사, 심리·지능·적성 검사, 그 밖에 필요한 검사를 할 수 있다(형집행법 제59조 제3항).
① 동법 제59조 제2항
③ 동법 제59조 제4항
④ 동법 제61조

정답 | ②

13

「형의 집행 및 수용자의 처우에 관한 법률」상 교정시설 등에 대한 설명으로 옳지 않은 것은?

① 신설하는 교정시설은 수용인원이 500명 이내의 규모가 되도록 하여야 하나 교정시설의 기능·위치나 그 밖의 사정을 고려하여 그 규모를 늘릴 수 있다.

② 교정시설의 거실·작업장·접견실이나 그 밖의 수용생활을 위한 설비는 그 목적과 기능에 맞도록 설치되어야 한다.

③ 법무부장관은 교정시설의 운영, 교도관의 복무, 수용자의 처우 및 인권실태 등을 파악하기 위하여 매년 1회 이상 교정시설을 순회점검하거나 소속 공무원으로 하여금 순회점검하게 하여야 한다.

④ 교정시설의 설치 및 운영에 관한 업무의 일부를 위탁받을 수 있는 법인의 자격요건, 교정시설의 시설기준, 수용대상자의 선정기준, 수용자 처우의 기준, 위탁절차, 국가의 감독, 그 밖에 필요한 사항은 따로 대통령령으로 정한다.

해설

④ 교정시설의 설치 및 운영에 관한 업무의 일부를 위탁받을 수 있는 법인 또는 개인의 자격요건, 교정시설의 시설기준, 수용대상자의 선정기준, 수용자 처우의 기준, 위탁절차, 국가의 감독, 그 밖에 필요한 사항은 따로 법률로 정한다(형집행법 제7조 제2항).
① 동법 제6조 제1항
② 동법 제6조 제2항
③ 동법 제8조

정답 | ④

14

「형의 집행 및 수용자의 처우에 관한 법령」상 귀휴를 허가할 수 있는 요건으로 옳지 않은 것은?

① 개방경비처우급 수형자 A는 3년의 징역형을 선고받고 현재 3개월 동안 복역 중인 자로 장모의 장례식에 참석하기 위해 귀휴를 신청하였다.

② 완화경비처우급 수형자 B는 무기형을 선고받고 현재 5년 동안 복역 중인 자로 손자의 결혼식에 참석하기 위해 귀휴를 신청하였다.

③ 개방처우급 수형자 C는 2년의 징역형을 선고받고 현재 6개월 동안 복역 중인 자로 본인의 회갑잔치에 참석하기 위해 귀휴를 신청하였다.

④ 완화경비처우급 수형자 D는 두 개의 범죄로 3년의 징역형과 5년의 징역형을 함께 선고받고 현재 3년 동안 복역 중인 자로 해외유학을 떠나는 딸을 배웅하기 위해 귀휴를 신청하였다.

해설

③ 개방처우급 수형자 C는 2년의 징역형 형기의 3분의 1, 즉 8개월이 지나지 않았으므로, 소장은 귀휴를 허가할 수 없다.

①·②·④ 직계존속, 배우자, 배우자의 직계존속 또는 본인의 회갑일이나 고희일인 때는 일반귀휴사유에 해당한다(형집행법 시행규칙 제129조 제3항 제1호).

형집행법 제77조(귀휴)
① 소장은 6개월 이상 형을 집행받은 수형자로서 그 형기의 3분의 1(21년 이상의 유기형 또는 무기형의 경우에는 7년)이 지나고 교정성적이 우수한 사람이 다음 각 호의 어느 하나에 해당하면 1년 중 20일 이내의 귀휴를 허가할 수 있다(일반귀휴).
1. 가족 또는 배우자의 직계존속이 위독한 때
2. 질병이나 사고로 외부의료시설에의 입원이 필요한 때
3. 천재지변이나 그 밖의 재해로 가족, 배우자의 직계존속 또는 수형자 본인에게 회복할 수 없는 중대한 재산상의 손해가 발생하였거나 발생할 우려가 있는 때
4. 그 밖에 교화 또는 건전한 사회복귀를 위하여 법무부령으로 정하는 사유가 있는 때

② 소장은 다음 각 호의 어느 하나에 해당하는 사유가 있는 수형자에 대하여는 제1항에도 불구하고 5일 이내의 특별귀휴를 허가할 수 있다(특별귀휴).
1. 가족 또는 배우자의 직계존속이 사망한 때
2. 직계비속의 혼례가 있는 때

③ 소장은 귀휴를 허가하는 경우에 법무부령으로 정하는 바에 따라 거소의 제한이나 그 밖에 필요한 조건을 붙일 수 있다.
④ 제1항 및 제2항의 귀휴기간은 형 집행기간에 포함한다.

동법 시행규칙 제129조(귀휴허가)
① 소장은 법 제77조에 따른 귀휴를 허가하는 경우에는 제131조의 귀휴심사위원회의 심사를 거쳐야 한다.
② 소장은 개방처우급·완화경비처우급 수형자에게 법 제77조 제1항에 따른 귀휴를 허가할 수 있다. 다만, 교화 또는 사회복귀 준비 등을 위하여 특히 필요한 경우에는 일반경비처우급 수형자에게도 이를 허가할 수 있다.
③ 법 제77조 제1항 제4호에 해당하는 귀휴사유는 다음 각 호와 같다.
1. 직계존속, 배우자, 배우자의 직계존속 또는 본인의 회갑일이나 고희일인 때
2. 본인 또는 형제자매의 혼례가 있는 때
3. 직계비속이 입대하거나 해외유학을 위하여 출국하게 된 때
4. 직업훈련을 위하여 필요한 때
5. 「숙련기술장려법」 제20조 제2항에 따른 국내기능경기대회의 준비 및 참가를 위하여 필요한 때
6. 출소 전 취업 또는 창업 등 사회복귀 준비를 위하여 필요한 때
7. 입학식·졸업식 또는 시상식에 참석하기 위하여 필요한 때
8. 출석수업을 위하여 필요한 때
9. 각종 시험에 응시하기 위하여 필요한 때
10. 그 밖에 가족과의 유대강화 또는 사회적응능력 향상을 위하여 특히 필요한 때

정답 | ③

15

「형의 집행 및 수용자의 처우에 관한 법률 시행규칙」상 경비등급별 처우수준에 대한 설명으로 옳은 것은?

① 중경비처우급 수형자는 가족만남의 집을 이용할 수 없다.

② 일반경비처우급 수형자는 월 2회 이내의 경기 또는 오락회에 참여할 수 있다.

③ 완화경비처우급 수형자는 교정시설 밖에서 이루어지는 종교행사에 참석할 수 없다.

④ 개방처우급 수형자는 교정시설 밖에서 이루어지는 사회견학에 참석할 수 없다.

해설

① 소장은 개방처우급 · 완화경비처우급 수형자에 대하여 가족만남의 날 행사에 참여하게 하거나 가족만남의 집을 이용하게 할 수 있고, 교화를 위하여 특히 필요한 경우에는 일반경비처우급 수형자에 대하여도 가족만남의 날 행사 참여 또는 가족만남의 집 이용을 허가할 수 있다(형집행법 시행규칙 제89조 제1항 · 제3항). 즉, 중경비처우급 수형자는 가족만남의 집을 이용할 수 없다.

② 소장은 개방처우급 · 완화경비처우급 또는 자치생활 수형자에 대하여 월 2회 이내에서 경기 또는 오락회를 개최하게 할 수 있다. 다만, 소년수형자에 대하여는 그 횟수를 늘릴 수 있다(동법 시행규칙 제91조 제1항).

③ · ④ 소장은 개방처우급 · 완화경비처우급 수형자에 대하여 교정시설 밖에서 이루어지는 다음 각 호에 해당하는 활동을 허가할 수 있다. 다만, 처우상 특히 필요한 경우에는 일반경비처우급 수형자에게도 이를 허가할 수 있다(동법 시행규칙 제92조 제1항).

1. 사회견학
2. 사회봉사
3. 자신이 신봉하는 종교행사 참석
4. 연극, 영화, 그 밖의 문화공연 관람

정답 | ①

16

사회 내 처우에 대한 설명으로 옳지 않은 것은?

① 사회봉사명령은 유죄가 인정된 범죄자에게 일정 시간 보수를 책정하여 사회에 유익한 근로를 하도록 명하는 제도이다.

② 수강명령은 유죄가 인정된 범죄자에게 일정 시간 교육받도록 함으로써 교화개선을 도모하는 제도이다.

③ 배상명령은 범죄자가 피해자에게 금전적으로 배상하는 것으로, 구금 대신 직업활동에 전념할 수 있게 하는 제도이다.

④ 집중보호관찰은 일반보호관찰이 범죄자에게 지나치게 관대한 처분이라는 시민의 불만을 불식시키면서 교정시설의 과밀수용을 해소할 수 있는 제도이다.

해설

사회봉사명령은 유죄가 인정된 범죄자나 비행소년을 교도소나 소년원에 구금하는 대신, 일정 기간 무보수로 사회에 유익한 근로에 종사토록 명하는 제도이다.

정답 | ①

17

「보호관찰 등에 관한 법령」상 갱생보호제도에 대한 설명으로 옳지 않은 것은?

① 보호관찰소는 갱생보호 사무를 관장한다.
② 갱생보호 대상자는 형사처분 또는 보호처분을 받은 사람으로서 자립갱생을 위한 숙식제공, 주거지원, 직업훈련 및 취업 지원 등 보호의 필요성이 인정되는 사람이다.
③ 법무부장관은 한국법무보호복지공단을 지휘·감독하고, 감독상 필요한 경우에는 그 업무에 관한 사항을 보고하게 하거나 자료의 제출이나 그 밖에 필요한 명령을 할 수 있다.
④ 한국법무보호복지공단은 갱생보호 대상자의 적절한 보호를 위하여 필요한 경우, 수용기관의 장에게 수용기간, 가족관계 및 보호자관계 등의 사항을 통보하여 줄 것을 요청할 수 있고, 이 경우 갱생보호 대상자의 동의는 필요하지 아니하다.

해설

④ 갱생보호사업의 허가를 받은 자 또는 공단은 갱생보호 대상자의 적절한 보호를 위하여 필요한 경우, 갱생보호 대상자의 동의를 받아 수용기관의 장에게 다음 각 호의 사항을 통보하여 줄 것을 요청할 수 있다(보호관찰법 시행령 제46조의2 제1항).
1. 수용기간
2. 가족관계 및 보호자관계
3. 직업경력 및 학력
4. 생활환경
5. 성장과정
6. 심리적 특성
7. 범행내용 및 범죄횟수

① 동법 제15조
② 동법 제3조 제3항
③ 동법 제97조 제1항·제2항

보호관찰법 제15조(보호관찰소의 관장 사무)
보호관찰소(보호관찰지소를 포함한다)는 다음 각 호의 사무를 관장한다.
1. 보호관찰, 사회봉사명령 및 수강명령의 집행
2. 갱생보호
3. 검사가 보호관찰관이 선도(善導)함을 조건으로 공소제기를 유예하고 위탁한 선도 업무
4. 범죄예방 자원봉사위원에 대한 교육훈련 및 업무지도
5. 범죄예방활동
6. 이 법 또는 다른 법령에서 보호관찰소의 관장 사무로 규정된 사항

정답 | ④

18

전환제도(diversion)의 장점만을 모두 고르면?

ㄱ. 경미한 범죄자가 형사사법의 대상이 됨으로써 형사사법망이 확대된다.
ㄴ. 범죄자에게 범죄를 중단할 수 있는 변화의 기회를 제공한다.
ㄷ. 형사사법제도의 운영이 최적 수준이 되도록 자원을 배치한다.
ㄹ. 범죄자에 대한 보다 인도적인 처우방법이다.

① ㄱ, ㄴ
② ㄱ, ㄷ
③ ㄴ, ㄹ
④ ㄴ, ㄷ, ㄹ

해설

ㄱ. 경미한 범죄자가 형사사법의 대상이 됨으로써 형사사법망이 확대된다는 것은 전환제도의 단점이다.

정답 | ④

19

「형의 집행 및 수용자의 처우에 관한 법령」상 장애인수용자와 노인수용자의 처우에 대한 설명으로 옳지 않은 것은?

① 장애인수형자 전담교정시설의 장은 장애인의 재활에 관한 전문적인 지식을 가진 의료진과 장비를 갖추도록 노력하여야 한다.
② 장애인수형자 전담교정시설의 장은 장애인수형자에 대한 직업훈련이 석방 후의 취업과 연계될 수 있도록 그 프로그램의 편성 및 운영에 특히 유의하여야 한다.
③ 소장은 노인수용자가 작업을 원하는 경우에는 나이·건강상태 등을 고려하여 해당 수용자가 감당할 수 있는 정도의 작업을 부과하되, 이 경우 보안과장의 의견을 들어야 한다.
④ 소장은 노인수용자에 대하여 나이·건강상태 등을 고려하여 그 처우에 있어 적정한 배려를 하여야 하며, 필요하다고 인정하면 운동시간을 연장하거나 목욕횟수를 늘릴 수 있다.

해설

③ 소장은 노인수용자가 작업을 원하는 경우에는 나이·건강상태 등을 고려하여 해당 수용자가 감당할 수 있는 정도의 작업을 부과한다. 이 경우 의무관의 의견을 들어야 한다(형집행법 시행규칙 제48조 제2항).
① 동법 시행규칙 제52조
② 동법 시행규칙 제53조
④ 동법 제54조 제4항, 동법 시행규칙 제46조 제1항

정답 | ③

20

다음 교정처우 이념에 대한 설명으로 옳지 않은 것은?

> 소년보호사건의 경우 판사가 소년의 품행을 교정하고 피해자를 보호하는 데 필요하다고 인정하면 소년에게 피해 변상 등 피해자와의 화해를 권고할 수 있고, 화해가 잘 이루어진 경우에는 이를 보호처분 결정에 고려할 수 있다.

① 공식적인 형사사법 체계가 가해자에게 부여하는 낙인효과를 줄일 수 있다.
② 범죄의 정황, 가해자와 피해자 등 사건과 관련된 사안에 대해 개별적으로 고려할 수 있다.
③ 강력범죄자보다는 소년 범죄자에게 적합하기 때문에 사회적 무질서를 바로잡는 것과는 무관하다.
④ 가해자로 하여금 자신의 행동에 대한 원인과 결과를 직시하게 하고 행위에 대한 진정한 책임을 갖게 한다.

해설

③ 설명은 소년법 제25조의3 화해권고제도에 대한 내용이다. 이는 소년범에게 반성의 기회를 제공하고 화해를 유도함으로써 소년범을 올바른 길로 인도하는 제도로, 회복적 사법에 해당한다 할 것이다. 다만, 사회적 무질서 또한 화해를 통한 사회재통합으로 해소할 수 있으므로, 무관하다고 할 수는 없다.
①·②·④ 회복적 사법에 대한 내용이다.

회복적 사법(Restorative Justice)
- 피해자와 가해자뿐만 아니라 지역사회 더 나아가 국가가 주체가 되어 범죄로 인한 피해를 건설적인 방향으로 해결하여 사회재통합을 추구하는 과정이다.
- 범죄란 단순히 법익침해가 아닌 하나의 사회현상이라는 사실을 중시하고, 관련자 모두를 참여시켜 사회적 차원에서 문제를 해결해 나간다.
- 1970년대 이후 북미와 유럽에서 시행되고 있는 배상명령제도, 가해자·피해자 화해프로그램 등이 이에 속한다.

회복적 사법의 유형
- 조정모델: 피해자, 가해자, 조정자(중립적 제3자)가 참여하는 프로그램
  예 피해자-가해자 화해모델, 피해자-가해자 조정모델
- 협의모델: 피해자, 가해자, 가해자의 후원자들이 참여하는 프로그램
  예 가족집단회의모델(피해자, 가해자와 그의 가족, 친구 등이 참여하여 가해자를 중심으로 집단적 책임을 강조)
- 서클모델: 피해자, 가해자, 그들의 가족, 지원자, 지역사회가 참여하는 프로그램
  예 양형서클

응징적 패러다임과 회복주의 패러다임

구분	응징적 패러다임 (Retributive Paradigm)	회복적 패러다임 (Restorative Paradigm)
초점	법의 위반	인간관계의 침해
내용	응징적	회복적
방식	강제적	협조적
주체	정부, 범죄자 등	정부, 지역사회, 가해자·피해자, 그들의 가족 등
장소	격리시설 내	지역사회 내
시기	사후대응적	사전예방적
관심	적법절차 준수	참여자의 만족
역점	공식절차를 통한 개인의 권리보호	비공식절차를 통한 책임강조와 집단갈등 해결

memo _

memo _